KB154337

역사신학 4

Historical Theology 4

by William Cunningham
translated by Chang W. Seo

역사 신학

4

HISTORICAL THEOLOGY 4

윌리엄 커닝함 지음 ｜ 서창원 역

진리의 깃발

목 차

William
Cunningham

발간사

『역사신학』이라는 평범한 제목이 붙은 이 두 권의 책[1]은 전적으로 커닝함 박사가 강의하기 위해 준비한 원고들로 구성된 것이다. 그는 뉴 칼리지를 이끌고 있는 동안 교회사를 수강한 학생들에게 연례적으로 강의했으며, 그 강의 원고를 완벽한 형태로 남겨 두었다. 이 원고들은 세월이 지났음에도 일반적인 핵심사항들뿐 아니라 특별한 진술들조차도 변경할 것이 전혀 없는 내용을 담고 있다. 그러나 사소한 것들은 저자가 직접 신중하게 수정하였다.

커닝함 박사가 교수직에 임명되었을 당시에는 신학교의 교회사 수업에서 단순히 교회의 발흥과 성장에 대한 강의보다는 본질적으로 교회를 이끈 인물들과 사건들, 그리고 그 사건들에 연관되어 있는 교리적인 것들을 곁들인 강의를 하는 것이 전통이었고, 이것은 신학교 강당에서 변함없이 지켜 온 실천사항이었다. 그런데 교회사에 관련된 시민적이고 교회사적인 수많은 논문들과 교재들이 확산되면서, 현대 역사연구의 열매들로 인해 강의방법에 대한 불만족은 더해 갔고, 배우고자 하는 욕구도 사라지

---

1) 편집자 주) 첫 권은 초대교회로부터 종교개혁자들의 신학 입문을 소개하고 있으며 둘째 권은 보다 자세하게 종교개혁자들의 신학에서부터 스코틀랜드 교회에 이르는 개혁신학을 상술하는 아주 방대한 책이다. 금번 한국어 번역판은 독자들의 편의를 도모하고 주제와 시대의 세분화를 위해서 네 권으로 나누어 출판한다.

게 되었다. 이 때문에 윌리엄 커닝함은 그 주제에 대한 목적을 달성하고자 다른 방향의 강의를 도입할 결심을 하게 되었다. 그는 교회사의 핵심과 상세한 내용파악을 위해 시중에서 구할 수 있는 다양한 교회사책을 학생들에게 소개하고, 그것들 중 한두 권을 그의 수업에서 구두시험을 위한 주교재로 사용하였다. 그리고 자주 반복되는 설명들은 가급적 피하고 교회사 그 자체보다 교회사로부터 반드시 익혀야 할 교훈들을 학생들이 깊이 새기도록 추구하였다.

커닝함은 강의에서 종종 자신의 신앙적 견해를 표출하기도 했다. 그는 기독교회의 기록들을 연구함으로써 얻을 수 있는 가치 있고 중요한 유익은 역사의 과정 속에서 진리와 오류의 논쟁 속에서 이루어진 큰 발전을 설명한 것에서 찾을 수 있다고 말하기도 했다. 또한, 그는 그러한 것들이 발생한 사건들이나 그와 같이 제시된 필요성들을 통해서 '하나님의 말씀으로 공급받아 내세워지는 확고한 주장들과 단호한 입장들'과 '더 명료하고 적확한 내용들과 계시의 주도적인 교리들'을 이끌어 낼 수 있다고 확신하였다. 교회사에서 상당한 분량을 차지하고 있는 이단들과 진리와 오류에 대한 논쟁들은 하나님의 축복 가운데서 통일된 결과를 만들어 냈다. 그것은 논쟁들을 통해 선정된 구체적인 용어로 제시되었으며, 이전보다 더욱 성경에 충실한 근거 위에 세워지곤 했다. 진리의 거부나 반박과 상관없이 우리가 믿어야 할 것이 무엇인지에 대한 정확한 이해를 통해서 이루어졌던 것이다. 그리고 그 결과, 기독교의 진리는 애매모호하거나 오해하는 것에서부터 명확한 방식으로 더욱 정교하게 다듬어지게 되었다. 즉, 그것을 새로운 형식으로 강연하여 재생산함으로써 기독교 신앙을 올바르게 구체화하고 표현해 왔던 이전의 방식보다 더 나은 방안을 수용하여 가르친 것이었다.

호된 논쟁과정을 거쳐 진짜 오류로부터 빠져나와 정화되고, 비본질적인 진리로부터 분리하기까지 성경의 기본 교리들에 대해서 충분히 이해하였다고 말할 수 있는 사람은 거의 없을 것이다. 또한, 교회의 신앙고백서들 안에서 그 교리들의 풍성함과 다른 교리들과 관련된 사항들에 관하여 정확하게 선언할 수 있는 자들은 그리 많지 않을 것이다. 4, 5세기에 벌어진 삼위일체 논쟁과 종교개혁 당시에 벌어진 칭의론 논쟁들은 교회의 역사가 종종 증언하는 이 같은 사례에 해당된다. 우리는 이러한 의견들에 대해서 빚진 자들이다. 이 사건들은 그리스도의 교회의 연합과 평강을 깨는 것들이었지만 너무도 중요한 성경적 진리들의 완벽하고 만족스러운 발전과 정립을 위하여 필요한 과정 중 하나였다. 만일 그것들 중 몇몇이 왜곡되거나 전적으로 부정하는 일이 벌어지지 않았다면, 형식적으로나마 명목상 평화가 지속되었을 것이다. 그리고 진리에 대한 부분적인 이해만 이루어지게 되었거나 부정확한 표현들로 남아 있게 되었을 것이다.

교회사 강의의 목적

교회사 강의에서 커닝함 박사는 교회의 기록물들에 대한 연구로부터 도출할 수 있는 교훈들을 강조하는 것을 목적으로 삼았다. 그는 신앙의 주된 교리들을 공격하거나 잘못 전달하는 사람들과 다툼이 벌어질 때, 교회 역사의 추론 안에서 발견할 수 있는 교훈들을 강조함으로써 진리가 더욱 드러나기를 바랐다. 용광로에서 나온 진리들은 그 불 때문에 더욱 순결해진 진리로 탄생되는 것이다. 그는 교회사에서 사도시대 이후로 검증되어 온 논증들과 기독교 진리의 근본적인 논제들을 제시하고 방어해 온

다양한 논쟁들을 소개하면서, 진리가 오류 가운데 빠지지 않도록 이끌었다. 그리고 그 진리 안에서 본질적인 것과 비본질적인 것을 구분하는 과정에 대한 입장들이 커닝함에게 기회들을 제공해 주었다. 또한, 반드시 가르치고 연구해야 할 중요한 진리들을 위하여 교회사의 교훈들을 드러내고 반복해서 가르쳐야 하는 수단을 그에게 공급하였다.

임무수행을 위해 그는 이와 같은 목적을 이루고, 그의 주제를 효과적으로 감당하기에 적합한 방식들을 취했다. 이전에도 그랬듯이 그 안에서 살아가는 그의 신앙과 하나님의 말씀에 적극적으로 헌신하는 믿음생활은 그가 쓴 원고의 각 페이지마다 강하게 표시되어 나타났다. 또한, 모든 분야에서 박학다식한 그의 신학적 지식과 교회사에 대해 속속들이 파악하고 있는 폭넓은 식견, 그리고 주제를 펼쳐 나가는 데 적합한 지성적인 명료성과 확고함이 드러나 있다.

그는 대부분의 논쟁 속에 녹아 있는 잠재적 요소들까지 꿰뚫는 통찰력과 재판관다운 침착함, 그리고 명확함을 지녔다. 그리고 논쟁 속에 내포되어 있는 효과와 그 모든 것이 담고 있는 것들에 대한 판단력과 이해력을 바탕으로, 최소한의 영역 안에서 지루하고 복잡한 논쟁의 참된 결과를 뚜렷하게 제시했고, 아무런 상관이 없는 것과 반드시 다루어야 할 본질적인 것이 무엇인지를 예리하게 분리시켰다. 뿐만 아니라 그는 거기에 미치는 각각의 요소를 정확하게 분배시켰다. 비록 그가 언어의 마술사와 같았지만, 이 책 안에 거론된 중요한 진술들 속에는 단지 언어적 기교 그 이상의 감탄할 만한 뭔가가 들어 있다. 예리한 판단력, 건전한 지성력, 입장에 대한 폭넓고 포괄적인 이해력, 신학적 지식의 무르익음, 진리에 대한 애정은 그가 분파주의자라는 느낌이나 논쟁의 책략자라는 인식을 순식간에 제거시킨다. 또한, 그가 다룬 주제에서 하나님의 계시를 대하는 가운데 드러나는 하나님의 권위를 깊이 공경하는 그의 자세는 칭찬받을 만한 충분한 요소들이다.

엉킨 것을 잘 풀어내는 능력, 그 상황의 이점이 무엇인지 명료하게 제시하는 기술, 질문의 내용을 정확하게 파악하는 자질은 그 어떤 논쟁들보다 뛰어난 것이었다. 그는 실로 종종 논쟁에 대한 필요를 느끼지 못하게 만들거나 필요가 없는 것으로 만들어 버렸다. 그의 지성은 그의 자질을 드러내기에 충분했으며, 논쟁이 어느 쪽으로 흘러가고 있는지 가장 중요한 요점을 파악하도록 이끌었다. 이 덕분에 그는 논쟁에 깊이 관여된 사람들과 그것들이 만들어지는 상황에 빠져들지 않았다. 이 책은 각각의 논쟁이 지닌 본질과 그 결과를 잘 보여 주는 영구 소장의 가치가 있는 책이라고 해도 손색이 없을 정도이다. 모든 시대에 걸쳐 하나님의 말씀을 공부하는 학생들이 관심을 가질 만하고, 교훈을 던져 주기에 충분한 책이 될 것을 확신한다.

인쇄소에 넘기기 전에 커닝함의 원고를 수정한 부분은 거의 없다. 다만 주제들을 어떤 순서대로 재배열시킬 것인지에 대해서 받아 적은 것이 전부였다. 그리고 두 권의 분량으로 출판한 것은 책을 만드는 편집자의 손에 의해서 계획된 것이었다. 강의실에서 강의된 순서들은 커닝함 박사가 2년 과정에 적합한 강의내용들로 잘 배치한 것이었고, 그의 지시에 따라 두 반으로 나눠서 가르친 것이었다. 그러나 이 배열을 조금 수정하는 것이 좋다는 편집자들의 의견에 따라, 주제들과 더 연관되어 있는 내용들을 모으고, 논쟁의 연대기 순서에 따라 배열하게 되었다. 일반적으로 본질적인 것에 해당되지 않는 것처럼 보이는 몇몇의 강의들과 내용들은 포함시키지 않았지만 강의의 핵심적인 사항들은 두 권의 내용 속에 모두 담았다. 어떤 경우에는 삽입시켜서 주제의 관련성을 더 명확하게 한 경우도 있다. 최소한의 변형은 강의 형식의 변경이 필요로 할 때, 바꾸어 본 책으로 편찬된 것이다. 요점을 되풀이하여 설명하는 것과 단순히 학문적인 참고사항들은 삭제했으며, 논쟁의 본질을 비켜 가게 한다든지 저자의 의도를 빗나가게 하는 것이 아닌 것들에 해당되는 발음이나 용어들은 수정을 가했다.

　늘 말해 왔던 것처럼 뉴 칼리지의 사서인 존 라잉 목사의 훌륭한 도움을 깊이 감사한다. 수많은 인용구들을 살펴 정확한 정보를 담을 수 있도록 하였으며, 이 책들에 포함되어 있는 참고문헌들을 바르게 정리하는 일에 기여하였다. 기꺼이 시간을 할애하고 수고를 아끼지 않은 그의 노고로 인하여 본 책이 출판하게 되었다. 모쪼록 그의 사랑의 수고에 감사드린다.

제임스 부카난

제임스 배너만

1862년 11월 에든버러 뉴 칼리지에서.

추천사

윌리엄 커닝함의 『역사신학』이 한국어로 출판되는 것은 한국의 장로회주의 발전에 하나의 중요한 이정표입니다. 한국의 장로교회들은 전 세계에 있는 개혁교회들 중에 어린 식구들 부류에 속해 있습니다. 왕성하고 열정이 넘치는 한국의 장로교도들은 아시아에서 기독교를 위한 불타오르는 하나의 길입니다. 역사가 오래된 지역들과 풍부한 역사를 가진 백성들 가운데서 기독교 증언의 밝은 등불을 비추이는 놀라운 통로이기도 합니다.

그보다 더 중요한 것은 한국의 장로교회가 각각 기독교 시대의 많은 세기를 통해서 발전되어 온 기독교교리의 역사를 발굴하는 것입니다. 여러분들은 오랜 세월 동안 갈고닦은 풍성한 기독교 역사와 함께 고귀한 신앙을 소유한 그 반열에 들어섰습니다. 이 역사는 그의 교회와 교회를 세우시는 그의 방편과 수단들을 위한 그리스도의 사랑의 증인으로서 가치가 있는 것입니다.

못지않게 중요한 것은 교회가 교리문제나 예배문제나 실천적인 문제에 있어서 성경으로부터 돌아서고, 오류의 길목에서 방황하게 될 때 이 역사 속에는 무슨 일이 벌어졌는지에 대한 경고들로 가득히 채워져 있다는 사실입니다. 오늘날 이단들은 새로운 것이 아닙니다. 동일한 이단들이 과거에도 있었습니다. 역사는 그로 인해 얼마나 큰 해악이 파생되었는지를 기록하고 있습니다. 아시아에서 장로회주의의 미래는 균형을 잘 잡는 것입니다. 어느 학자는 "과거를 기억할 수 없는 자들은 그것을 반복하는 정죄를 당하게 된다."라고 말한 바 있습니다.

그렇기 때문에 이제 한국의 장로교도들은 과거 기독교의 풍부함들을 내 것으로 소유할 때입니다. 스코틀랜드의 윌리엄 커닝함보다 여러분들을 잘 안내해 주기에 적합한 분은 아무도 없습니다. 슬프게도 그분 이후로 등장한 스코틀랜드 장로교도들의 세대들은 그가 가르치려고 애쓴 교훈들을 습득하는 데 실패하였습니다. 스코틀랜드의 교회들은 한국의 교회들처럼 활력이 넘쳤고 살아 있었지만, 오류에 빠졌고 그들의 길을 잃었습니다. 그 왕성한 장면들은 대체로 다 지나가 버리고 말았습니다.[2]

우리 주 예수 그리스도께서 한번은 제자들에게 이렇게 말씀하셨습니다.

"다른 사람들은 노력하였고 너희는 그들의 노력한 것에 참여하였느니라."(요 4:38)

윌리엄 커닝함이 보여 주고 있듯이, 과거에 많은 사람들은 기독교 신앙을 공식화하고 강론하고 변론하기 위해 많은 땀을 흘렸습니다. 이 『역사신학』에서 커닝함은 한국의 장로교도들에게 도움을 제공하고 있습니다. 한국장로교도들이 다른 많은 사람들이 수고하였던 것에 참여하고 동

---

2) 이렇게 말한 교리적인 부패와 그에 따른 쇠퇴에 대한 역사는 이안 하밀톤이 쓴 책 『The Erosion of Calvinist Orthodoxy: Drifting from the Truth in Confessional Scottish Churches』(Christian Focus Publications, Ross-shire, Scotland: 2010)에서 언급된 것이다.

시에 이 위대한 작업에서 각자의 역할을 잘 감당할 수 있도록 도움을 주고 있는 것입니다. 귀한 책을 한국어로 번역하여 소개하고 있는 칼빈주의 개혁신앙을 전하고 가르치고자 오랫동안 수고를 아끼지 아니하는 나의 친구 서창원 목사의 노고에 깊이 감사를 드립니다. 커닝함의 이 귀한 책이 한국의 장로교도들 모두에게 다 읽혀지기를 소망하며 추천의 글을 드립니다.

Joel R. Beeke 박사

(미국 퓨리탄개혁신학교 총장)

추천사

참 신학의 역사로서의 역사신학

역사신학은 역사와 신학의 물리적이거나 화학적인 결합을 제시하지 않을 뿐더러, 단지 역사와 신학의 주변이나 경계선상에 있지도 않다. 역사신학은 역사 자체를 주체로 삼는 역사적 신학도, 역사 자체를 대상으로 삼는 역사상 신학도 아니다. 그것은 신학의 역사적 의미나 역사의 신학적 의미를 편향적으로 추구하지 않는다는 점에서 교리사나 신학사와도 구별된다. 그렇다면 무엇인가? 본서에서 우리는 역사신학의 정체성과 적실성이 역사의 신학(theologia historiae)이 아니라 신학의 역사(historia theologiae)에 터 잡고 있다는 사실과, 그리하여 그 의의와 가치가 참 신학(theologia vera)과 거짓 신학(theologia falsa)을 역사라는 시공간대를 빌려 차별화하는 데 있다는 사실을 추론하게 된다. 이러한 추론에는 신학의 대상인 계시의 절대성과 객관성이 역사와 무관하게 전제되어야 한다. 그렇지 않으면 종내 신학의 역사가 아니라 역사의 신학으로 전락해 버리기 때문이다. 이러한 혜안을 갖게 하는 유사한 시도가 이전에도 없지 않았지만, 우리가 커닝함을 다시금 찾는 이유는 '그의 역사신학'이 지닌 고유함 때문이다. 그것은 기원을 말한다면 성경적이고, 성격에 주목한다면 변증적이며, 역사적 구현을 헤아려 본다면 장로교 혹은 장로회적이라고 자리매김될 것이다.

본서는 결코 역사 자체를 말하지는 않는다. 이곳에서, 역사는 신학이 존재하는 역사, 신학적으로 존재해야 하는 역사로 제시된다. 당대의 실증주의나 회의주의로부터 파생된 역사상대주의를 극복하기 위한 절치부심과 더불어 그것에 대한 혐오나 경멸도 지면마다-다만 온건하게-배어 있다. 본서의 저자는 역사철학자도 아니고 기독교 역사학자도 아니다. 그는 '역사상' 전개된 신학의 '역사적' 의미를 재조명함으로써 그 자체로 통시적이자 공시적인, 곧 구속사적이며 구원론적인 성경의 가르침이 그 가운데 어떻게 개진되고 있는지를 파악하고자 한다. 본서는 초대교회로부터 17세기에 이르는 기독교사를 초대교회, 중세교회, 개신교라고 하는 소위 주류적 흐름에 주안점을 두고 다루고 있다. 본서의 체계는 큰 맥락에서 보면 교리적 의미를 갖는 역사적 사건과 교리 자체를 두 축으로 삼고 진행되는데, 이러한 방법론은 교리사의 맥을 면면히 이어 온 하르낙(Adolf von Harnack), 제베르그(Reinholf Seeberg), 켈리(J. N. D. Kelly), 펠리칸(Jaroslav Pelikan) 등의 저술들과 신경을 그 역사적 배경과 함께 다룬 샤프(Philip Schaff)의 대작을 통하여 전혀 우리에게 낯설지 않다. 다만 이러한 서책들이 교리사 일반을 어떤 역사적 관점에서 전반적으로 소개하는 데 주력하는 반면에, 본서의 저자는 칼빈(John Calvin)의 신학에 터 잡아 녹스(John Knox)에 의해서 형성된 스코틀랜드 장로교 신학의 관점에서 근본교리의 정통성을 논의하고 있다는 점이 주목된다. 이런 측면에서 본서는 쉐드(William G. T. Shedd)의 교리사와 유사한 점이 많다.

본서를 통하여 경건하고 순수한 독자는 참 교회와 참 교리가 불가분리하다는 사실과 교리는 성경에 의해서 규정된 규범으로서 교회의 서고 넘어짐의 조항이 되므로 교리에 대해서 불민해서는 성도가 바로 설 수 없을 뿐만 아니라 교회도 진리이신 그리스도의 몸으로서의 마땅한 자리에 있을 수 없게 된다는 교훈을 깊이 얻게 될 것이다. 또한, 교리의 형성과 계승과 심화가 역사의 사건으로서 조목별로 일목요연하게 소개되어 있을 뿐 아니라 그 신학적 의미가 심오하게 추구되어 있기 때문에 성경의 진리로부터 나온 참 교리(doctrina vera)가 역사의 마디마디에서 어떻게 변함없이 보존되어 왔으며 그 내용의 깊이를 더하고 그 유익의 폭을 넓혀 왔는지를 맛볼 수 있을 것이다. 본서에서 논의되는 삼위일체론, 기독론, 교회론, 인간의 타락론, 자유의지론, 이신칭의론, 속죄론, 국가론 등은 각각의 조직신학 분과의 핵심을 제시하고 있으며, 초대교회의 형성과 주요한 교리논쟁들, 중세교회와 신학과 캐논법, 종교개혁과 로마가톨릭의 반종교개혁, 소시니안주의와 알미니우스주의, 국가교회론 등은 기독교 역사에 있어서 각 시대가 갖는 신학적 의미를 밀도 있게 전하고 있다. 무엇보다 칼빈과 그를 잇는 개혁신학자들의 사상과 개혁교회의 형성과 발전을 다룬 부분은 이에 대한 세간의 많은 오해를 불식시키고 그 진실을 명쾌하고도 정치하게 전개하고 있는, 저자의 신학적 기예가 가장 돋보이는 영역이라고 여겨진다.

번역은 원어에 생명력을 부여하여 다른 언어로 전달하는 또 하나의 창작이라고 해도 과언이 아닐 것이다. 다만 그 창작은 본래의 뜻에 충실히 매여야 한다는 점에서 이차적이라고 해야 할 것이다. 그러므로 옮겨지고 옮기는 두 언어에 대한 통전적 이해와 더불어 언어에 무관히 그 자체로 존재하는 문장의 고유한 의미를 어김없이 전달해 낼 수 있는 전문적 식견이 번역자에게 요구된다고 할 것이다. 우리는 서창원 목사님이 이 두 가지를 겸비하신 분으로서 본서 번역에 최적임자이심을 믿어 의심하지 않는다. 우리가 원서에 못지않게 본 역서에 기대를 거는 한 큰 이유가 여기에 있다.

문병호 교수

(총신대학교 신학대학원 조직신학)

추천사

성경을 잘 이해하도록 도움을 주는 가치 있는 것들 중 역사신학을 잘 이해하는 것보다 더 나은 것은 몇 가지가 안 된다. 성경에 대한 우리의 해석이 잘 되었는지를 검증할 수 있게 해 주는 장치는 역사신학 안에 있다. 성경을 잘못 헛되이 해석하는 것은 엄청 위험한 일이다. 그렇기 때문에 역사신학에 대한 공부는 진리에 빛을 비추어 주게 되고 오류에 대하여 경고를 하게 한다. 교회사의 저자들은 해 아래 새것이 없다고 이구동성으로 말한다. 여러분은 역사신학 공부를 통해서 여호와증인에 대한 이단사상이 아리안주의에서 찾아짐을 발견하게 될 것이다. 현대 알미니안주의에 대한 이단성은 펠라기안주의와 로마가톨릭주의에서 발견하게 될 것이다. 더 나아가서 여러분은 우리의 선조들이 만들어 놓은 이 귀한 것들과 다른 오류들에 대하여 예리하게 지적한 것들을 통해서 큰 도움을 얻게 될 것이다.

그 선진들이 남겨 놓은 역사신학의 고전들 중 하나가 윌리엄 커닝함이 쓴 역사신학 책이다. 이 책이 한국어로 번역되어 한국 교회가 소유하게 된 것은 한국 교회에 커다란 축복이라고 말하지 않을 수 없다. 더 나아가 독자들은 서창원 박사가 변역한 이 번역본의 정확성을 통해서도 큰 유익을 얻게 될 것이라고 믿는다. 서창원 박사는 한국에서 활동하고 있는 가

장 유능한 신학자들과 번역자들 중 한 사람이라고 믿는다. 그리하여 나는
이 책을 기쁨으로 마음을 다해 추천해 드린다.

Joseph A. Pipa Jr 박사

(미국 그린빌장로교신학교 총장)

『역사신학』 제4권을 출판하며

　19세기 스코틀랜드의 칼빈이라 불릴 만큼 개혁신학의 확고한 진수를 드러내 보인 윌리엄 커닝함의 역사신학 전권을 출간하게 되어 말로 다할 수 없는 감격과 기쁨을 느낀다. 마치 꿈을 꾸는 듯하다. 교수사역과 목회사역을 감당하는 여분에 틈틈이 번역을 했던지라 4년이라는 긴 세월이 지났다. 인내하며 기다려 준 독자들의 성원과 기도에 깊이 감사드린다.

　신학은 역사적 발전 과정의 산물이다. 물론 계시 역시 역사 속에서 하나님께서 점진적으로 드러내 주신 것이지만 그 계시를 이해하고 설명하고 확정하는 작업은 온전히 인간들의 몫이었다. 그 과정에 계시의 주인이신 하나님께서 속속 들어 사용하신 위대한 하나님의 사람들의 수고와 땀이 맺은 고귀한 신앙의 유산들을 일목요연하게 읽어 내려갈 수 있는 보물을 남겨주신 저자를 만나게 되고, 그 저자를 한국의 독자들에게 소개할 수 있는 기회를 가지게 된 것이 역자의 크나큰 영광이다.

　특별히 학교에서 장로교회사를 가르쳐 온 교수 입장에서 성경과 장로회주의 원리에 충실하게 역사를 관찰하고 우리의 보물들을 차근차근 제시해 준 세밀한 연구과정과 선언을 볼 수 있게 된 즐거움이 번역하는 시간 내내 끊이지 않았다. 물론 그 과정은 순탄하지만은 않았다. 영어 문장의 어려움과 신학적 깊이의 부족함 때문에 독자들이 쉽게 이해하도록 문장을 다듬고 순화시키는 작업이 힘들었기 때문이다. 단문으로 마무리함에 역부족을 느낄 때가 참 많았다. 탄탄한 국어실력을 바탕으로 깊이 있는 신학사상을 쉽게 전개해야 하는 지혜와 지식의 한계점 때문에 번번이 한숨을 쉬기도 했다. 자리에 앉아서 그대로 엎드려 눈을 감기도 수없이 했다. 주님의 도움을 구하는 기도로 힘을 얻고 다시 앉아서 읽어보고 점검하였다. 초고를 넘기고 나서 다시 읽어보니 엉망인 곳도 더러 발견하여 재번역 작업을 하기도 했다. 그래도 백 퍼센트 만족감은 여전히 없다. 혹 부족한 부분이 발견된다면 이것은 전적으로 역자의 책임이다.

본 4권의 내용을 한 마디로 규정한다면 죄는 죄를 먹고 자라는 습성 때문에 인간 스스로의 힘으로 결코 제거되지 않는다는 것이다. 그러나 은혜와 사랑이 풍성하신 하나님의 긍휼히 여기심으로 죄에서 사함을 받고 의롭다함을 받는 최고의 복락을 주 예수 그리스도 안에서 만끽한다고 하겠다. 누구도 예외 없이 뒤틀린 나무와 같은 인간이 최고의 목수의 손에 들려지기만 한다면 세상에서 최고로 아름다운 작품으로, 사람들의 사랑을 한 몸에 받는 멋이 깃든 가구들로 소중히 여김을 받게 되는 것이다. 이에 대한 인간의 교만한 논쟁과 반박이 많아도 하나님은 죄인들을 위해서 행하신 하나님의 위대한 일들을 증언하시기를 멈추지 않으셨다. 그 역사적 과정들을 우리에게 절절히 소개해 주신 저자에게 경의를 표하지 않을 수 없다.

본 4권의 내용을 간략히 소개하자면 3권의 말미에 마치지 못한 부분인 그리스도의 속죄론으로부터 시작한다. 이단사상인 소시니안의 주장과 알미니안의 견해들이 어떻게 다른지를 잘 풀어내고 있다. 주님의 십자가 죽으심은 주님 자신의 선언처럼 죄인들을 위한 속전으로 자기 자신을 내어주신 것이지만 이 구속의 효과나 범위가 무엇인지에 대한 치열한 논쟁을 통해서 개혁신학의 진수를 확립한 그 과정들과 결과물들에 대한 선언들을 값지게 조명하고 있다. 알미니우스의 본래 취지가 어떠했는지, 그리고 그를 추종하는 알미니안들이 어떻게 변질시켰는지, 그에 따라 개혁파 신학의 5대 교리를 확립하게 된 도르트 공회의 역사적 과정들을 흥미진진하게 읽을 수 있다. 그리고 장로교회의 신조로 제정된 웨스트민스터 종교회의에서 우리의 신학적 토대를 확고히 다지도록 하나님께서 사용하신 경건한 신학자들의 노고에 경의를 표하게 할 것이다.

사실 본권에서 원서의 260여 쪽의 가장 많은 분량을 차지하고 있는 주제는 속죄론과 알미니안 논쟁이다. 여기에서는 속죄론에서 다뤄질 수 있는 거의 모든 주제들이 취급되고 있다. 복잡하고 다양한 이견들을 낱낱이 지목하면서 왜 칼빈주의 개혁파 신학이 성경적으로 가장 정확한 교리인지를 발견할 수 있게 한다. 특히 칼빈주의 예정론은 칼빈주의자들 사이에서도 이견들이 존재하지만 하나님의 주권을 훼손하거나 인간의 무책임을 방조하는 것이 아니라 도리어 인간의 책임을 더욱 깊이 강조하며 하나님의 주권적 섭리 하에서 도리어 선한 사업에 부요한 자가 되도록 힘쓰게 하는 은혜의 교리임을 확실하게 천명해 준다. 그리고 마지막 부분에서 교회 정치가 왜 장로회주의 원리여야 하는지 국가만능주의 사상의 오류가 무엇이며 교회의 영적 독립성이 왜 필요한지 저자가 섬기는 자유교회 교단의 당위성을 피력하면서 본권은 마무리된다.

본 역사신학이 19세기 저자에 의해서 쓰인 책이기 때문에, 교회사에서 벌어진 18세기 이후의 역사들에 대한 것이 수록되어 있지 않으므로 21세기를 사는 우리들에게 지난 2천년의 기독교 역사를 한 눈에 다 파악할 수 없는 아쉬움은 있다. 특히 장로교회 내에서 벌어진 18세기 토마스 보스톤과 그의 동료들(일명 Marrow Men)이 교단과 벌인 복음 선포와 관련된 신학 논쟁, 하이퍼칼빈주의(Hyper-Calvinism)의 오류 및 대각성 운동에서 불거진 성령론에 대한 논쟁에 대한 언급이 없는 것이 아쉽지만 이 문제는 이 시대를 사는 우리들이 평가해야 할 내용으로 남아 있다.

그러나 하나님의 섭리의 역사에서 18세기 이후로 범 교회적인 교회회의나 공회가 전혀 열려지지 않았다는 사실이 우리에게 주는 교훈은 무엇일까? 수많은 교단으로 분열된 기독교에서 교회회의를 소집할 수 있는 어떤 권위 있는 사람이나 기구가 존재하지 않는다는 현실을 직시하게 한다는 것이다. 신학적 문제가 교단별로 개별적으로 토론되기에 동일한 문제에 대한 교단들의 견해가 상당히 다른 입장이다. 합일점을 찾는다는 것은 그만큼 어렵다. 이런 상황에서 개혁파 교회들이 판단해야 할 것은 이미 우리에게 남겨진 개혁파 유산들(벨직 신앙고백서, 도르트 신경, 하이델베르크 요리문답 및 웨스트민스터 문서들)을 가지고 현재에 벌어지는 모든 일련의 문제들을 판단하고 제시해야 한다는 사실이다. 그런 의미에서 성경을 정확무오한 하나님의 말씀으로 믿고 최소한 개혁파 신앙의 유산을 신조로 받아들이는 교회들은 주님의 보편적인 공교회성 회복에 앞장서야 할 것이다. 그리하여야 이전 세대에 교회회의들이 산출한 공적 권위를 지닌 지침들이 나올 수 있을 것이다.

본4권이 나오기까지 남에게 부탁하고 싶은 유혹을 뿌리치고 내 손으로 일일이 번역하며 라틴어의 난관에 부딪힐 때 후배(권경철 박사)의 도움과 구글 번역기의 협조를 간간히 받아 마무리할 수 있었다. 그리고 반듯한 책이 나올 수 있도록 교정 교열에 힘써준 사랑하는 이희수 목사에게 진심으로 감사드린다. 결혼기념 39주년을 맞이하는 날 마무리 작업이 완료되어 감사하면서 사랑하는 아내에게 진심으로 고마움을 전한다. 바라

건대 이 책이 개혁신학을 사랑하는 동역자들과 후배들에게 사랑받는 도서로 자리매김 했으면 한다. 그리고 우리나라에도 커닝함과 같은 역사신학자가 속속 등장하는 발판이 되었으면 한다. 품격 있는 지성인들로, 주의 영이 항상 머물러 있는 경건의 능력이 있는 인격자로 우리를 빚어가는 진리의 영의 새로운 역사를 갈망하며 역자 서문을 대신한다.

주후 2020년 10월 26일
도봉구 마들로 골짜기에서
하나님의 한 작은 종 서창원 목사

제24장

속죄론 논쟁

제24장
속죄론 논쟁

5. 대속교리에 대한 성경적 증거

우리는 우리가 믿고 있는 이 대속의 교리에 대해서 성경적 증거에 대한 강론 외에 할 수 있는 다른 것은 없다. 이제 이 교리의 특성과 중요성을 지금까지 설명해 온 것들에 대하여 성경적 증거들에 대한 강론을 통해 살펴보고자 한다. 이 증거들은 성경 전반에 걸쳐 존재하는 것을 모은 것이다. 이것들은 자료들의 방대함과 다양함을 비평적 입장에서 예리하게 점검하고 파악한 것이다. 이 위대한 교리를 담아내고 있는 증거는 우리 인류의 타락의 역사로부터 시작하여 진행된 희생제사에 관해 성경이 언급하고 있는 모든 것들을 다 포함한 것이라고 말할 수 있다. 그리고 그리스도의 고난과 죽으심의 특성과 이유 및 결과들에 관해 말씀하고 있는 모든 자료들을 다 파악하여 얻어낸 증거들이다. 인간이 죄 사함을 얻어내거나 자신들이 범한 죄악들로 인해 필연적으로 받을 수밖에 없는 형벌을 면제 받게 되는 방식이나 방도와 관련된 모든 계시들을 세세히 훑어서 발견한 증거들이다.

소시니안들이 성경을 다루고 해석하는 방식에 관해 우리는 이미 다 살펴보았다. 그리고 삼위일체 교리와 그리스도의 위격에 관해 그들이 적용하고 있는 일반적인 주장들은 어떤 것이었는지 그들의 설명들을 다 다루었고, 성경적인 진술들이 다루고 있는 것과 다루지 않는 것이 무엇인지에 대한 설명도 충분히 하였다. 그리고 반대하는 자들 나름의 합리적인 방식들이 있었을지라도 그 방식 역시 올바른 이성을 가지고 그 원리들이 무엇이어야 하는지를 제시하였던 그대로, 속죄라는 주제를 다룸에서도 적용할 것이다. 나는 성경적인 설명들이 무엇을 드러내는지, 또 이 주제와 관련하여 취급하지 않고 있는 것들은 무엇인지 동일한 방식으로 접근하고자 한다. 그러므로 나는 이 일반적인 주제들 외에 아무 것도 말하지 않을 것이다. 대속 교리를 지지하는 성경적 증거들을 제시하는 몇 가지 관찰들은 이 주제를 연구하는 방법과 관련된 힌트들이나 몇 가지 제안을 제시하는 목적과 그 증거들을 분류하는 주도적인 구분을 나타내는 목적에 한정시켜야 한다. 그리고 주된 요점들은 이 주제를 점검하는 것에 집중하게 하는 것이어야 한다.

그리스도께서는 우리의 생명을 위해서 고난당하시고 죽임을 당하셨다. 그의 고난과 죽으심은 죄인들이 죄 사함을 받고 구원을 받는 복락을 주시려는 것이었다. 그로 말미암아 그는 뭔가를 이루셨거나 그 목적 달성에 기여하는 적합한 다른 의도가 있음을 분명히 하셨다. 그러한 그의 고난과 죽으심은 기독교 계시의 신적 기원을 믿는다고 고백하는 모든 기독교인들이 다 인정하는 것이다. 내가 이미 설명했던 것과 같이 이 주제를 연구함에 있어서 논쟁이 된 주된 질문은 이것으로 해결된다. 즉 그리스도의 죽으심과 인간들의 죄악들에 대한 용서하심 사이에 실질적으로 존재하는 관계는 무엇인가? 어떤 방식으로 그리스도의 죽으심이 죄 용서의 효력을 낳는가? 이 중요한 질문의 답변으로 기독교회가 일반적으로 수용해 온 교리는 이것이다. 인간을 죄로부터 건지기 위하여 그리고 그 죄의 결과로부터 해방시키기 위하여, 그리스도께서 자의적으로 죄인들의 자리에 서셨으며 그들의 자리에서 그들 대신에 고난을 당하시고 죽임을 당하셨다는 것이다. 그리스도는 죄인들을 위해서 자신을 속량 제물로 바치셨다. 그의 죽으심은 *죄인들이* 죽어야 할 그 죽음 때문에 그에게 부과된 형벌이었다. 그 죽음은 죄인들이 초래한 죄 값에 공정하고 합당한 것이었다. 죄인들의 자리에서 그들 대신에 부과된 형벌로서 죽으심의 고난으로 말미암아 그리스도는 신적 공의와 신적 율법의 요구들을 만족시키셨다. 죄인들의 자리에서 만족케 하심으로 인해 죄인들의 죄가 속량되었고 대속되었다. 따라서 죄인들을 위한 구속함과 하나님과 화목케 하심을 획득하셨다.

이러한 입장에 대한 성경적 증거는 소시니안 이론과 아리안 이론을 즉각적으로 뒤집는 것이다. 즉 소시니안은 그리스도의 고난과 죽으심의 효과를 진리들을 확언하고 확립하는데 적합한 것으로만 제한하고 있다. 그리고 죄인들의 죄 사함의 참된 근거들이나 혹은 원인들인 회개와 거룩함을 가지도록 죄인들에게 동기를 부여하고 용기를 북돋아 주는 일을 지원해주는 것에만 제한한다. 아리안들이 붙들고 있는 이론은 대체와 만족에 대한 개념을 포함하지 않고, 그리스도를 이러저러한 방식으로 그의 고난과 죽으심으로 인해 하나님께 확실한 영향을 미쳐서 인간의 죄악들에 대한 용서를 획득하고자 그가 취한 방식으로 설명한다. 이 두 이론들을 확 뒤집을 수 있는 우리들의 입장에 대한 증거는 단순히 그들의 주장들이 직간접적으로 성립될 수 없는 거짓이라는 말로 다 되는 것은 아니다. 왜냐하면 내가 앞에서 이 주제에 대하여 일반적으로 설명하였듯이 그들의 입장을 고려하면 일리 있는 주장이 있기 때문이다. 그러나 우리는 그들의 주장이 하나님의 진리 전체를 다 포함하고 있는 것이 아님을 보여줌으로써 그들의 반대이론들을 충분히 뒤집을 수 있다. 사실 그들은 성경이 가르치고 있는 가장 작고 미미한 중요부분 몇 개만 선정하여 설명할 뿐이다. 그 주제에 대하여 성경에 근거하고 있는 다른 가르침들도 충분이 존재하는데 그들은 그것들을 다 빼버린 것이다. 따라서 이 주제에 대하여 성경 교리의 모든 것들을 다 완전하고 정확하게 나타내는 일은 절대적으로 필요하다.

이 주제에 대해서 성경의 증언에 직접적으로 주목하게 하는 가장 우선되는 명백한 고찰은 소시니안이나 아리안들의 입장이 그리스도의 죽으심과 죄인들의 죄 사함 사이에 존속하는 것으로 가리키고 있는 성경적 용어의 일반적인 용법과 연결되어 있는 독특성(*peculiarity*)과 즉각성(*immediateness*)과는 전혀 조화를 이루지 못한다는 것이다. 그에 비해 우리가 믿고 있는 이 교리는 그 모든 것들과 완전히 일치한다. 만일 그리스도의 죽으심이 오로지 간접적으로만 죄 사함을 나타내는 것이요 인간의 확신, 동기 및 행동을 낳게 하는 방식으로 중재하는 하나의 매개체 혹은 중개인으로서 막연한 영향력을 미치는 정도에 불과한 방식이라면, 그리고 그리스도의 죽으심이 다른 원인들이나 영향들 안에서만 이 결과를 낳는 것이요 심지어 그리스도 자신의 인생사에 내포된 다른 것들 안에서만 이 결과를 얻게 된다면, -사실 이러한 것들은 대속교리를 부인하는 내용들 속에 다 내포된 것들이다.- 그렇다면 성경에서 그토록 특별하고 매우 중요한 것들을 왜 다 그리스도의 죽으심과 연계시켜 다루고 있는지, 그에 대한 설명은 불가능한 것이다. 왜 죄 사함의 문제를 다른 어떤 원인들로는 결코 말하지 않는지, 또는 올바른 견해들이나 선한 동기들에 원인이 있다고 말한 적이 결코 없는지는 어떻게 설명할 것인가?

예를 들어 인간의 죄 사함은 그리스도의 가르침이나 그의 부활에 기인한 것이라고 말한 적이 없는 이유는 무엇인가? 그리스도의 죽으심과 인간의 죄 사함은 지속적으로 서로 매우 밀접하고 즉각적으로 관련되어 있음을 왜 그토록 잘 드러내고 있는지 그 이유를 설명할 수 있겠는가? 이러한 분석은 우리가 일반적으로 수용하고 있는 대속교리가 그 답이라고 말하지 않을 수 없게 한다. 그러나 이 교리를 철저하게 확립하기 위하여 그리스도의 죽으심의 특성과 목적 및 결과들에 대해 우리가 알고 있는 성경의 특별한 진술들이 가진 참 의미는 무엇인지, 그리고 그의 죽으심과 죄용서 사이의 실질적인 연결점은 무엇인지에 대해 신중하게 점검해야 할 필요가 있다. 이제 우리는 그 모든 것들을 간략하게 정돈하여 나누고 그 모든 것들을 살펴봄으로 우리가 주목해야할 주된 요점들이 무엇인지를 제시하고자 한다.

1) 중요한 성경적인 단어들

여기에는 이 논쟁이 본질적으로 의존하고 있는 진술의 참되고 적절한 의미를 내포하고 있는 몇 가지 중요한 *단어들*이 있다. 그래서 그 단어들의 의미들을 매우 신중하게 조사하여 가능하다면 확실하게 규명해야 한다. 내가 염두에 둔 단어들은 다음과 같다. *대속(속량)*, 이 단어는 희생제물과 관련하여 구약에서 자주 쓰인 단어들이고, 신약(흠정역)에서는 단 한 번 사용되었다. *담당하다*(bearing), *지고가다*(carrying), 이 단어들은 죄에 적용되었다. *속죄*(propitiation), *화목*(reconciliation), *구속*(redemption)과 같은 단어들이다. 이러한 개념들을 표현하고 있는 단어들은 히브리어와 헬라어에 사용된 것들이다. 예를 들면 히브리어의 하타쓰, 아샴, 코페르, 나사, 사발 그리고 헬라어는 일라오(ἱλάω) 또는 일라스코마이(ἱλάσκομαι), 거기에서 파생된 일라스모스(ἱλασμος)와 일라스테리온(ἱλαστήριον)이 있고, 카탈라쏘(καταλλάσσω), 카탈라게(καταλλαγή), 아고라조(ἀγοράζω), 루투론(λυτυρόν),

안티루트론(ἀντίλυτρον), 페로(φέρω) 및 아나페로(ἀναφέρω)가 있다. 이 모든 단어들은 본 논쟁의 과정에서 세세히 조사한 것들이다. 이 단어들이 무엇을 의미하는지 살펴보지 않는 한 누구라도 그 장점들에 대해서 정통하다고 말할 수 없으며 또 자신이 수용한 견해들을 옹호할 수 없다. 그리고 어느 누구도 자신이 수용한 그 결론을 뒷받침하는 철학적 근거들을 설명할 수 없다.

이 주제 하에서 그리스도께서 죄악들 *때문에* 죽으셨다 혹은 죄인들을 *위하여* 죽으셨다라는 문구들을 보면 '때문에' 혹은 '위하여'로 번역되는 영어의 'for'라는 단어에 의하여 헬라어의 다른 전치사들도 이해할 수 있다. 예를 들면, διά, περί, ὑπέρ, ἀντί 같은 전치사들은 그 용도의 참된 중요도에 상당히 의존되어 있는 것들이다. 물론 이 단어들에 대한 연구조사에 있어서 의도하고자 하는 목적은 성경 저자들에 의해서 사용된 그 전치사들의 특성, 명확성, 일반적인 용도가 무엇인지 정확한 규율과 자료들에 대한 신중하고 진지한 적용을 가지고 확정하고자 하는 것이다. 또한 그 전치사들이 어떤 의미로 삽입된 것인지, 그리하여 저자가 의도하고자 하는 것, 그 성경의 수신자들에게 전달하고자 하는 의도가 무엇인지를 파악하고자 하는 것이다. 이 전치사들의 명확하고 일반적인 의미에 있어서 이 단어들은 그리스도의 죽으심에 해당된다. 이것이 일반적으로 대속론 교리를 직접적으로 지지하고 있는 것들이라는 것은 의심의 여지가 없다.

소시니안의 핵심 주장을 반대하는 자들은 언제나 그 전치사들에 대해서 *그것들이 가끔 다른 의미를 담고 있기 때문에,* 즉 그것들이 반드시 대속교리를 인준하는 것이 아닌 다른 의미도 내포하고 있다는 근거를 제시하고자 애쓴다. 그리하여 이 논쟁에서 그들이 지적하고자 하는 것은 다음과 같은 것들이다. 첫째는 그 제기된 증거를 자세히 조사하려고 본래의 통상적인 의미와는 다른 의미를 나타내고 있는 특별한 단어를 취하는 것이다. 둘째는 본래의 의미를 취한 것이라고 한다면 그 본문 안에서 그것이 대속 교리를 인준하고 있는 것인지 아닌지를 찾고자 본래의 의미와는 다르게 사용되어야 하는 어떤 필요성 혹은 심지어 근거까지 있을 것이라고 주장한다. 이 두 가지 요점들 중 어느 하나에 대한 부정적인 증거는 소시니안의 논지를 뒤집는 결정적인 한 방이다. 그리고 그 본문들은 정통 교리를 세우는 근거들로 삼기에 충분한 것이다. 가장 중요한 본문들의 대부분과 관련하여 대속교리 옹호자들이 이 두 가지 질문들에 대한 부정적 요소를 증명할 뿐 아니라 한 가지 사실을 더 확립하게 되었다. 즉 셋째로 매우 엄격한 비평적 근거들 위에서 그 단어의 본래의 의미는 그 본문의 문맥에 적용되어 사용되어야만 한다는 것이다.

단순한 단어들과 구분된 것들로서 비록 그 단어들이 본 논쟁의 가장 중요한 설명들에 다 들어가 있을지라도 우리는 전형적인 진술들을 깊이 숙고해야만 한다. 여기에서 나는 그리스도께서 자신의 제사장직을 수행하고 자신을 희생 제물로 봉헌하신 것을 언급하고 있는 본문들을 먼저 살펴보고자 한다. 그리스도께서 나타내고 있는 것들은 반박될 수 없는 것들이다. 질문의 요지는 이것이다. 그의 죽으심의 특성, 목적 및 효과와 관련하여 이 제사장직이 우리에게 교훈하는 이상적인 의도하심은 무엇인가? 그리스도의 제사장직과 희생 제사와 관련한 신약성경의 설명들은 어떤 의미로든지 구약의 율법 아래에서 수행된 제사장직과 제사에 대한 설명들과 밀접한 관계를 가지고 있다는 것은 명약관화하다. 그리고 그에 의해서 해석되어야만 한다는 것도 분명하다. 일반적으로 희생제사의 기원과 목적들과 연관 지어 설명하지 않을 수 없다. 왜냐하면 그것들이 다 죄 용서함과 관련하여 하나님께서 시행하게 하신 절차가 가리키는 것과 연계될 수 있기 때문이다. 이것은 논쟁의 폭을 넓히는 상당히 흥미로운 면을 열어준다. 역사적이고 비평적인 관점에서 들여다보게 한다. 이 주제에 대하여 성경으로부터 우리가 배울 수 있는 모든 것들을 들여다보게 할 뿐 아니라 이교도 국가들 가운데 보편적으로 실행되는 희생 제사들로부터 즉 인류가 희생 제사에 대하여 일반적으로 가지고 있는 개념들과 연계시켜서 살펴볼 수 있게 한다.

대속교리를 비판하는 소시니안들과 다른 반대자들이 이 주제에 대하여 일반적으로 주장하는 핵심은 이것이다. 동물 제사들은 본래 하나님께서 제정하신 방식이 아니요 하나님이 요구하신 것이 아니라는 것이다. 그것들은 인간에 의해서 계획되고 고안된 것이다. 동물 제사들은 하나님을 의존하는 인간의 본성적이고 적절한 표현방식이었다. 하나님의 자비하심에 비해 자신들의 합당하지 못한 면들에 대한 적합한 표현방식이었다. 그들의 죄악들에 대한 참회의 표현방식이었다. 그리고 하나님의 선하심에 대하여 하나님께 향한 그들의 의무였을 뿐이다. 그러나 그들의 제사행위에는 일반적으로 대속 혹은 만족케 하심의 그 어떤 개념도 내포하고 있거나 함축하고 있다는 이해가 없다는 주장이다. 하나님의 진노를 달래고 죄를 속량하거나 대속하는 그 어떤 개념도 그 속에는 들어있지 않다는 것이다. 그런데 그런 동물 제사를 하나님께서 모세의 율법에 도입하신 것은 그 제사 행위들이 인간 사회에 만연되어 있고 그 제사 행위들은 아주 유용한 교훈들을 담아내기에 적합한 면들을 지니고 있기 때문이었다는 것이다. 한 마디로 그들의 주장은 레위기가 소개하는 제사들은 속량적이거나 대속적인 것들로 간주될 수 없다는 것이다. 그 제사 제도의 영향 혹은 효과는 단지 의식행위에 한정될 뿐이지 도덕적 범죄까지 확장되는 것이 아니라는 것이다. 신약 성경에서 그리스도께서 제사장으로 그리고 하나의 제물로서 자신을 바치셨다는 설명들은 유대인들의 개념들과 관습에 적합하도록 사용한 것들로 레위기 제사들과 유사한 비유적이고 은유적인 설명에 불과하다는 것이다. 특별히 히브리서에 포함된 이 주제에 대해 상세히 언급하며 지적한 내용들은 소시니안 입장으로 입증된 책자로 40년 전에 출판되었는데 그것은 '먼 거리에서 가져온 유추와 부정확한 추론들에 불과한 것'으로 특징되는 책이다.[1]

이 모든 주장들에 대한 반대 입장에서 일반적으로 대속 교리를 옹호하는 자들은 동물 제사들이 하나님에 의해서 제정된 것으로 본다. 그리고 죄와 죄인들과 관련하여 하나님께서 다루시는 실행 원리들을 상징하거나 예표하거나 가르치고자 하시는 것들을 하나님께서 직접 담아내신 것이라고 주장한다. 제물들을 봉헌하는 자에 의해 혹은 봉헌하는 자를 위해 그의 입장에서는 죄를 고백하는 표현이었다. 그리고 자기 자신의 죄를 그 짐승에게 전이하는 것을 가리켰다. 죄에 합당한 처벌을 그 희생 제물에게 부과하는 것을 의미하였다. 봉헌자의 자리에서 그 희생 제물에 의하여 형벌 받음을 견뎌내는 것을 의미하였다. 그 결과 범죄자가 마땅히 받아야 할 형벌이 면제되는 것이다. 다른 말로 하면 그 동물 제사들은 다른 사람을 위하여 한 사람이 대체되는 것을 암시하는 속량적인 것이었다. 그 동물 제사들은 죄를 범한 것에 대한 만족케 하심 혹은 보상 혹은 동등한 것으로 봉헌되고 열납되는 것임을 내포하고 있는 대속적인 혹은 화목적인 것이었다. 그 결과로 죄 사함이 주어진 것이다. 이러한 개념들은 많은 오류가 뒤섞여 있을지라도 이교도 나라들 가운데서도 그 주제와 관련된 내용들이 만연해 있는 것들임이 명백하다. 그리고 이 개념들은 모세 언약에

---

1) 『The Improved Version』, 544. Ed. 1817. 오늘날로 계산하면 200여 년 전에 출판된 책이다.

서 하나님께서 제정하신 제사행위들의 특성과 목적 및 결과들과 관련하여 만들어진 설명들에 의해서 충분히 인준되는 것들이다. 즉 그것들은 대속적이요 화목적인 용도였다. 그것들은 주로 제사의식을 위해서 제정된 것이다. 그러나 동시에 의식법을 어긴 것에 대한 것과 같은 약간의 도덕적 범죄행위를 위한 것이기도 했다. 물론 그 자체가 도덕적인 범죄를 속량하거나 대속하기에 충분한 것이 될 수 없을지라도 후자의 죄를 지은 자들의 죄악을 속량하거나 제거시키는 제의적 행위로서 작용하는 것이다. 그리하여 그들이 유대인의 신정정치의 원리를 어기거나 무시한 것에 대한 형량으로부터 면제되는 자로 받는 근거 혹은 원인이 되었다. 그들의 도덕적 범죄행위를 짊어진 제의적 행위는 오로지 상징적이거나 예표적인 것뿐이다.

레위기의 희생 제물들에 대한 은유적인 암시에 불과한 그리스도의 제사장직과 제물에 관한 신약성경의 언급은, 희생제사에 대한 모든 가르침과 그것들이 모세의 율법에서 차지하고 있는 위치가 그리스도의 한 희생 제물과 관련된 것에 의해서 규정되고 결정되어진 것들임을 말한다. 그것들은 직접적으로 인간을 믿음에로 이끄는 의도를 지닌 것들이다. 그것들은 그 제사의 효능을 의존하는 원리들을 구체화하고 대표한 것들이었다. 그러므로 그것들은 그 제사들의 참 속성과 의미들을 설명하고자 고용된 것들이었다. 그것들로부터 배우는 모든 것들은 다 우리에게 다음과 같은 확신을 심어주기에 적합한 것들이다. 즉 그것이 다 대속적이요 화목적인 것이었다는 확신이다. 그 제사는 다 다른 사람의 위치에서 다른 사람을 대신하여 수행된 속량적인 것을 나타내는 것으로 수용된다. 따라서 하나님과의 화목을 획득하게 된 것이요 인간들이 범한 죄악들에 대한 필연적인 결과인 형벌을 면제받게 되는 효능을 얻게 된 것이다.

이 모든 것들은 다 대속의 교리를 주장하는 자들에 의해서 견지되어 왔고 확립된 교리이다. 이러한 다양한 원칙들이 자리 잡고 있는 근거들, 대적자들의 반대를 충분히 방어할 수 있게 하는 근거들, 그리고 이러한 요점들에 대하여 그들이 취하고 있는 반대 의견들로부터 방어하는 원론적인 근거들을 가지고 성경을 연구하는 자들은 다 몇 가지 지식을 소유하고 있어야만 한다. 이 논쟁의 영역에서 이 다양한 주제들에 대한 가장 중요하고 근본적으로 파악하고 있어야 할 것은 이 두 가지 질문들을 정립하는 것에 내포되어 있다. 첫째, 레위기 제사제도의 특성과 목적 및 즉각적인 효능은 무엇이었는가? 그것들이 대속적이고 화목적인 제사였는가? 아니었는가? 둘째, 레위기 제사제도와 관련한 성경적인 설명들과 그리스도의 희생 제사과 관련된 설명 사이에 참된 관계는 무엇인가? 전자에 관하여 우리가 알고 있는 것은 후자에 관한 설명들에 대해서 어떤 조명을 주는가? 이 두 질문들은 흥미진진한 논의를 위해 많은 자료들을 나타낸다. 그 질문들의 답을 결정하게 되는 것들에 의해 논쟁의 사실들과 논박거리들에 대해 약간의 지식을 소유하고자 하는 것은 우리의 의무이다.

2) 그리스도의 죽으심의 참된 특성을 다루는 본문들

그리스도의 죽으심의 참된 특성과 즉각적인 목적과 직접적, 즉각적으로 관련된 것들로 구성되어 있는 중요한 본문들을 숙고해야 한다. 성경으로부터 일반적으로 고려해야 할 본문들이 있다. 이것들은 이미 언급했다. 그것들은 이 주제에 대한 확고한 추론을 제기하는 좋은 근거를 마련해 준다. 성경이 명확하게 가르치고 있듯이 신성을 소유하신 분으로서 인성을 지니신 분으로의 죽음이었다고 한다면, 그것은 전적으로 특별하고 초자연적인 특성이나 성질 및 경향을 소유한 것이어야만 한다. 그리고 그것은 그 어느 피조물과 견주어도 성취될 수 있는 영역을 뛰어넘는 결과를 자아내는 효능을 가져다주기에 적합하고 타당한 것이었어야만 한다. 즉 그 결과란 무한하고 영원한 것에 관계된 것이어야 한다. 만일 무죄하시며 온전히 완전하시고 거룩하신 한 분의 죽음이었다고 한다면 우리는 그것이 다른 사람들의 죄를 대신하여 가해진 죽음이며, 다른 이가 받아야 할 형벌을 대신 받겠다는 것이어야만 한다는 결론을 내리지 않을 수 없다. 그와 유사한 결론을, 성경에서 묘사하고 있는 그의 고난에 대한 사실적인 설명들, 특별히 겟세마네 동산에서의 고뇌와 기도, 그리고 십자가상에서 버림당하심에 대한 설명들을 통해 충분히 결론 내리지 않을 수 없다. 만일 그의 고난이 한 순교자나 모범수가 겪는 것과 같은 것이었다면 그리스도의 고난에 대한 설명은 결코 쉽지 않을 것이다. 왜냐하면 그 자체들은 각각 매우 다른 특징과 목적을 지닌 것으로 설명하고 있기 때문이다. 그것들은 우리로 하여금 그리스도에 대해서 죄의 형벌을 견뎌내고 있는 분으로, 즉 하나님께서 그의 거룩한 율법을 실행하심에 의해서 부가된 죄의 형벌을 감내하고 있는 분으로 이해할 수밖에 없게 하는 매우 적합한 것이다.

그러나 여기서 우리가 언급하고자 하는 본문들의 유형은 그의 고난과 죽으심과 관련하여 독특하고 특별한 정보를 포함하고 있는 것들이다. 그 본문들은 그가 죄를 인하여 그리고 죄인들을 *위하여* 고난 당하셨고 죽임 당하셨다는 것을 확신시켜 주는 것들이다. 그가 우리의 죄를 짊어지셨고 제거하셨다. 그는 우리의 허물 때문에 상하셨다. 그는 우리의 죄악을 인하여 채찍에 맞으셨다. 그는 우리의 죄 때문에 불의한 자처럼 고난을 당하셨다. 그는 우리를 위하여 죄인이 되셨다. 그는 우리를 위하여 저주를 받으셨다. 이러한 내용을 담고 있는 본문들이다. 그러한 진술들은 성경에 풍성하다. 질문은 이것이다. 그것들이 고정시키고 있는 내용은 무엇인가? 그리하여 우리가 믿도록 우리에게 제시하는 것들이 과연 무엇인가? 즉 그리스도의 죽으심의 참된 본질과 특성과 관련하여 우리에게 제공하고 있는 것은 무엇인가? 우리의 죄악과 무슨 관련이 있으며 우리의 죄를 지시고 죄 용서받음이 그것과 무슨 관련이 있는 것인가?

이제 이러한 진술들에 우리가 주목하게 된다면, 그리고 그들이 중요하게 내세우고 있는 희미하고 뚜렷하지도 않은 개념들로 만족하는 것 대신에 그것들의 참 의미가 무엇인지를 찾고 그 단어들이 가진 진정한 뉘앙스와 의미가 어떻게 독특하게 사용되었는지를 제대로 이해한다면 우리는 다음과 같은 결론을 내리지 않을 수 없다. 즉 만일 그 단어들은 본래 지니고 있는 의미로 쓰인 것이라면 그 단어들은 우리들에게 우리의 죄가 그리스도의 죽으심을 불러일으킨 원인이었다는 확신을 심어줄 수밖에 없다. 그리고 그의 죽음은 우리의 죄 때문에 필연적인 것으로 해석할 수밖에 없다. 실제로 우리의 죄가 그의 죽음을 불러왔다. 그리스도는 죄인들인 우리의 위치에 서시고 우리가 받아야 할 형벌을 대신 받으시기로 전적으로 동의하신 것이다. 그 결과 마땅히 형량을 피할 수 없게 된 우리의 죄과는 전적으로 그리스도에게 옮겨져 그가 다 짊어지신 것이다. 그리하여 그가 우리의 자리에서 우리 대신에 고난을 당하셨고 우리가 마땅히 받았어야 할 형벌을 대신 받으셨다. 우리가 반드시 겪어야 할 그 모든 고통을 그가 다 견뎌내셨다. 이것이 성경적인 진술들이 지닌 자연스럽고 명백한 의미인 것처럼 일련의 연구과정에서 그것들은 그 단어들을 주목하는 모든 자들에게 그것들이 표현하기에 적합한 개념들을 전달할 것이며 그에 대한 명확하고 분명한 뜻을 실감케 할 것이다. 그래서 그것은 가장 예리하게 조사한 결과로서 그 이전보다 더 확실하고 분명한 의미로 다가오는 것이다. 모든 연구와 창의력을 동원하여 희미하고 흐릿하게 주장해 온 반대자들의 재주들을 다 불식시켜버린 결과물이 되는 것이다.

우리를 위하여 고난당하시고 죽임 당하신 것은 소시니안에 의하면 단순히 우리의 유익을 위한 것이요 우리 때문에 그가 죽으심으로 우리가 혜택을 받게 된다는 단순한 고난이요 죽음에 불과한 것이다. 그렇기 때문에 어떤 의미에서 그리스도께서 죽으셨다는 것은 사실이다. 그러나 이 사실이 이 주제에 대한 성경적 진술들이 우리에게 제공해 주려는 내용의 전부는 아니다. 그 진술들은 하나같이 그리스도께서 죽으신 것이 우리가 서야 할 자리에서 우리를 대신하여 우리가 죽어야 할 죽음을 당하신 것이라는 개념을 자연스럽게 전달하고 타당하게 표출하고 있다. 따라서 그의 죽으심은 대속적인 죽음임을 우리가 시인하지 않을 수 없게 만든다. 그가 우리가 있는 자리에 대신 서시고 우리를 위하여 율법의 모든 요구에 응답하신 자가 되신 것이다.

전치사 '위하여'를 뜻하는 단어는 그 단어가 관계된 대상들이 우리 또는 죄인들일 때 사용된 단어들로서 '디아, 휘페르, 안티'(διά, ὑπέρ, ἀντί)라는 말들이다. '디아'의 자연스럽고 적절한 의미는 '우리 때문에' 혹은 '우리의 유익을 위하여' 라는 뜻이며 그 자체가 다른 어떤 의미를 제시하지 않는다는 것은 모두가 다 인정한다. 그리고 더 나아가 '휘페르'는 '우리의 자리에서' 또는 '우리 때문에'를 뜻하는 전치사이다. 물론 이 단어는 좀 더 평범한 의미로 사용되고 있지만 그런 의미를 가장 잘 드러내는 단어이다. 이것을 인정하지 않는 자들은 없다. 많은 사례들이 그 전치사가 용납될 수 있는 한 사람과 직접적으로 이어지는 관계를 맺고 있음을 보여준다. 그러나 '안티'라는 전치사는 이러한 목적으로 사용된 것은 맞지만 이러한 관점에서 볼 때 상대방 자리에서 한 대상자가 대속적인 의미로서 '그 상대방 대신에 혹은 그 상대방의 자리에서'라는 의미로만 사용될 수 있다는 사실이다. '디아'나 '휘페르'가 사용되는 곳마다 그 전치사들은 다 다른 사람을 위하여 한 사람이 대속적인 자리에 있게 된다는 의미를 반드시 내포하고 있는 것은 아니다. 왜냐하면 그 전치사는 그리스도께서 죽으심이 우리의 유익을 위하여 혹은 우리 때문에 라는 말로도 사용되기 때문이다. 그렇지만 이 전치사는 '디아'의 평범한 의미로서 '~ 때문에' 라는 의미를 지닌 '휘페르'에 해당될 수 있는 의미를 종종 띠고 있기는 해도 그리스도의 죽으심과 그 죽으심에 의하여 혜택을 받기로 된 자들 사이의 존속하는 관계와 관련하여 성경이 가르치고 있는 모든 내용을 다 담아내는 것은 아니다. 이렇게 주장할 만한 근거를 가지게 한다.

그러나 사람이 아닌 죄악들이 그리스도의 고난과 죽으심의 원인들이거나 이유가 될 때 사용된 전치사들은 '디아, 휘페르 및 페리'이다. 성경에 의하면 죄 때문에 -디아(διά), 페리(περί), 휘페르(ὑπέρ), 하말티안(ἁμαρτιαν), 하말티아스(ἁμαρτιας)- 어떤 한 사람이 죽어야 하는 적절한 수단은 이것이다. 언급된 그 죄는 죽음을 불러일으킨 것이요 죽음을 맞이하는 것이다. 그래서 그 죽음은 죽음을 불러일으킨 그 죄 때문에 부과된 형량이었고, 또는 그 죄가 감당해야 할 형량이었다.[2] '죄를 지다', '담당하다'는 말은 성경에서 평범한 의미로 사용되고 있음은 충분히 증명이 된다. 죄를 진다는 것은 죄인이 되었다 혹은 합법적으로 죄를 지은 것에 대한 보응이 된다는 말이다. 결과적으로 그 처벌을 담당해야 하는 것이다. 실로 이 문제와 관련하여 성경에서 사용된 또 다른 단어들이 몇 개 존재한다. 그러나 그 단어들은 의미에 있어서 불확실한 것들이다. 그 자체로는 소시니안들이 죄를 담당한다는 차원의 것보다 더 중요한 의미를 가지

---

2) 그것은 충동적이며 당연히 받아야 하는 공로적이요 최종적인 원인이다. Grotius, 『De Satisfact.』, c. i.,를 보라. Stillimgfleet의 『on Christ's Satisfaction』을 보라.

고 있다는 것을 충분히 증명해 낼 수는 없는 것들이다.

다시 말해서 죄를 없이한다거나 제거한다는 것 그리고 그 결과 구약에서 사용된 히브리어의 *나사* 및 신약에서 *아이로*(αίρω)와 같은 결과를 낳는다는 당위성은 없다. 그러나 구약에서 *사발*, 신약에서 페로(φέρω) 또는 하나페로(άναφέρω)는 의미의 불확실성을 가지고 있는 것은 아니다. 실로 그 단어들은 소시니안들이 간주하는 그들의 주장 전체와 같이 '없이하다' 혹은 '제거하다'는 의미를 내포하고 있는 단어들이다. 그러나 그 단어들의 적절한 의미는 '담당하다' 혹은 '지다'는 뜻임은 충분히 입증할 수 있다. 따라서 *담당하다* 혹은 *지다*는 단어는 죄를 제거하거나 없이한다는 뜻으로 이해할 수 있다. 그리스도께서 우리의 허물로 인해 찔리셨고 우리의 죄악을 인해 상하셨다, 우리 무리의 죄악을 그가 담당하셨다, 우리 때문에 저주를 받으셨다는 말씀과 관련하여 볼 때 그 말씀들이 일반적으로 적절하게 담아내고 있는 의미와 반대되는 내용을 가질 가능성을 주장하거나 내세울 만한 것은 하나도 없는 것이다. 즉 죄로 인해 우리가 마땅히 받아야 할 형벌을 그에게 담당케 하셨으며 그 결과 그는 우리가 서야 할 그 자리에 서시고 우리 대신에 우리가 마땅히 받아야 하고 우리가 초래한 그 모든 형량을 견디셔야 했다는 이런 의미 말고는 다른 무슨 뜻을 나타낸다고 할 수 있겠는가!

3) 하나님과의 화목

그리스도의 죽으심의 효과와 결과를 설명하고 있는 마지막 유형의 본문들이 있다. 그리스도의 죽으심의 결과는 하나님과의 관계에서 인간에게 미치는 것들, 그리고 인간이 어긴 하나님의 율법과의 관계와 관련하여 인간에게 주어진 효력을 담아내는 것들이다. 우리가 다루고 있는 주제와 연계시켜 설명한다면 이것은 한 마디로 하나님과의 화목을 말한다. 죄를 속량하는 것과 죄인들의 구속을 담고 있는 하나님과의 화목과 관련된 헬라어의 용어들은 카탈라게(καταλλαγή), 힐라스모스(ἰλασμος), 루트로시스(λύτρωσις)이다. 이 단어들은 성경에서 전부 다 그리스도의 죽음을 묘사한 것들이다. 이 단어들과 관련하여 제기되는 자연스러운 질문은 두 가지다. 그 두 질문은 한 번에 답변될 수 있다. 첫째, 그 단어들은 무엇을 뜻하는가? 또는 그 단어들이 표현하고 있는 인간의 상태에 미친 변화의 특성은 무엇인가? 둘째, 이러한 변화들이나 효과의 특성으로 말미암아 일단 그리스도의 죽음의 참된 특성을 알게 되었을 때, 특히 그리스도의 죽으심이 우리의 자리에서 우리 대신에 감당하신 것이었으며 따라서 그가 우리의 죄악들을 만족스럽게 해결하셨다는 사실을 분명하게 깨닫게 될 때 그 사실들이 우리에게 던져주는 빛은 무엇인가?

화목에는 서로 요원한 관계에 있었던 양측, 서로 적대적이었던 양측이 이제는 화해와 우정을 나누는 상태에 들어왔다는 내용이 자연스럽게 그리고 일반적으로 포함된다. 만일 이 화목이 성경이 우리에게 단호하게 말씀하고 있는 것과 같이 그리스도의 죽으심으로 말미암아 하나님과 사람 사이의 관계에 영향을 끼친 것이었다면 다음과 같이 추정하는 것은 매우 타당하다. 즉 그리스도의 죽으심은 하나님과 화목케 지내지 못하게 가로막는 모든 장벽들을 제거하였다. 그리스도는 그의 죽음으로 이러저러한 방식으로 양측이 서로 상호 교류하는 자리로 되돌아가게 하는 원리들과 관심사들과 경향들과 온전히 일치하는 상태로 만들었다는 것을 충분히 추론할 수 있는 것이다.

이미 앞에서 언급하였듯이 오판을 방지하기 위하여 인간을 향한 하나님의 영원하시고 불변하시는 사랑에 관하여, 대속은 결과이지 하나님의 사랑이 그 원인이 아니라는 것에 관하여, 그 이전에는 하나님이 생각지도 않아서 존재하지 않았던 어떤 감성이 소개된 것이 아니라는 오해에 기초하여 대속교리를 반대하는 자들 때문에 이를 다시 설명할 필요는 없다. 만일 이것이 분명히 사실이라면-정말로 사실이다, 그리스도의 죽으심 역시 사람들에게 쏟으시는 하나님의 진노를 거두는 것이요, 하나님의 호의를 누리는 자들로 회복되는 효과를 가져 온 것이기에 사람들에게 하나님과 화친케 하는 것으로 설명되는 것이 사실이라면, 하나님의 사랑을 명쾌히 확정함에 걸림돌이 되는 것들은 제거되어야만 함이 명백하게 수반되는 것이다. 그리고 하나님의 친절하심의 징표를 그들에게 수여하신다는 하나님의 실질적인 수단이 열렸다는 것도 자연스럽게 분명히 따라 나오는 것이다.

만일 이러한 장벽들이 그의 공의를 실행하고 확정하는 일에 필요하다는 것과 인간이 어긴 하나님의 율법의 명예를 훼손하는 문제들을 해결해야 하는 것으로 이루어졌다고 한다면, 하나님과 사람 사이에 화목을 이루는 효과를 가져 온 그리스도의 죽으심의 방식이나 방도는 하나님의 공의를 만족시키고 그의 율법의 요구를 충족시키는 *것이었어야만 하는 것이다*. 소시니안들이 주장하는 것은 하나님께서 그리스도의 죽으심으로 인간과 화목케 하셨다고 성경이 말하고 있지 않고, 오직 인간이 하나님과 화목케 되었거나 이런 식으로 하나님께서 인간과 화목케 되는 것이라고 말할 뿐이란다. 그러나 그리스도의 죽음이 화목을 성사시키는 효과를 일으켰다는 이 유일한 방식만이 사람들에게 동기와 격려를 제공함으로 회개케 하고 하나님께로 돌아가게 하는 것이다. 성경에서 그리스도의 죽음이 하나님을 사람들과 화목케 하셨다고 직접적으로 표현하지 않았다고 하자. 그러나 그렇다면 그렇다고 볼 수 있게 하는 동등한 주요 언급들은 어떻게 설명할 것인가? 특히 *화목케 하다*는 단어를 적용함에 있어서 화목케 되었다고 말하는 자들은 상대편에게 가졌던 적개심을 한쪽으로 제쳐놓은 것이 아니라 죄인들을 향한 그리스도의 의로운 적개심을 제거하는 것을 목적으로 하는데 성공시킨 것이라는 것은 성경적인 용법과 일치되는 것이다. 그것이 그리스도의 죽음이라고 표현되고 있음은 쉽게 증명될 수 있다. 우리가 논하고 있는 주제에 적용된 이 단어의 일반적인 용도는 그 단어의 모든 힘과 설득력 안에서 하나님과 사람의 화목은 그리스도의 죽으심의 효과로부터 말미암은 것이라는 추론만이 진짜 구속교리를 논의함에 남겨지는 것이다.

그리스도의 죽으심을 설명하는 두 번째로 중요한 효과는 헬라어 '힐라스코마이'와 그 단어에서 파생된 단어가 제시하고 있는 것처럼 죄가 속량되었다(expiated)는 것이다. 이러한 단어들이 사용되고 있는 진술들은 그리스도의 고난과 죽으심이 하나님과 그의 율법에 대한 인간의 관계에 분명히 효과를 미쳤다는 것을 보여준다. 따라서 그것이 화목을 낳았음을 확정하며 충분히 설명해 주고도 남는 것이다. 이러한 단어들의 참되고 적절한 의미는 하나님의 진노를 달래게 되었다거나 혹은 범죄로 말미암아 제대로 진노를 사게 된 자를 신의 은총을 입게 하는 자로 만들어 그 범죄자가 하나님의 불쾌함을 불러일으킨다든지 혹은 형벌을 받아야할 자로 여길만한 원인을 더 이상 지니고 있는 자로 간주하지 않는다는 것이다. 성경에서 그리스도는 반복적으로 죄를 속량해 주신 분으로(ἱλασμός περι ἁμαρτίας) 묘사되고 있다.[3] 그리고 그의 낮아지심과 희생 제물로 자신을 바침은 자기 백성들의 죄를 속량 혹은 대속하심의 목적을 가리키고 있다

---

3) 요한일서 3:2, 4:10을 보라

는 것이 분명하게 지적되고 있는 것이다(εἰς τὸ ἱλάσκεσθαι τὰς ἁμαρτίας).[4]

이 문장은 우리 성경에 '백성들의 죄를 위하여 화목케 하려 하심'으로 번역되어 있다.[5] 그러나 그것을 더 정확하게 번역한다면 그들의 죄를 속량함으로 말미암아 대속케 하려는 것으로 말해야 한다. 다른 성경 구절을 보면[6] 그 단어가 속죄(ἱλαστήριον)를 뜻하는 말로 사용되고 있다. 이 단어는 신앙의 목적으로서, 그리고 죄 사함의 결과로서 그의 피와 연관되어 있다. 그것은 하나님께서 죄인들을 다루시는 주된 규정원리이다. 왜냐하면 피 흘림이 없이는 죄 사함이 없기 때문이다. 만일 그리스도께서 화목제물이 되셨고 하나님을 대적한 사람들에게 하나님을 화해케 하기 위한 화목제물이었다고 한다면, 그리고 자신의 낮아지심과 피 흘리심을 통해서 이 작업을 효과 있게 하셨다고 한다면 오직 그들의 죄를 위한 대속자로서 혹은 그들의 죄를 속량하심으로 말미암아 그것을 성취할 수 있는 것이다. 다시 말하면 그리스도의 죽으심이 죄를 범한 자들에게 가해져야만 하는 형벌이 왜 가해지지 않았는지는 그 원인이 제거된 적합한 이유로 제시되기 때문에 성사된 것이라고 말할 수 있다. 속량, 대속, 혹은 화목제물과 관련하여 성경에서 제시하고 있는 모든 개념을 따라 *이것은* 구약에서 종종 언급되고 있는 구속을 만드는 것을 뜻하는 것이다. 그 구속함은 죄인들의 자리에서 죄인들에게 부과된 형벌을 대신하여 그가 그 모든 것을 감당하심으로만 성립될 수 있는 것이다.

하나님과 인간의 관계상태에 대하여 그리스도의 죽으심의 효과로 묘사하고 있는 주도적인 이런 단어들에 의해 표현되는 일반적인 개념들은

---

4) 히브리서 2:17
5) 역자 주) 흠정역에는 그렇게 번역되어 있지만 한글 개역성경은 올바르게 백성의 죄를 구속하려 함이라고 번역했다.
6) 로마서 3:25

존 파이 스미스(John Pye Smith) 박사가 잘 적시하고 있다. 그리스도의 화목 제물의 영광스러운 효과들을 다루고 있는 내용들을 일일이 열거함에 있어서 스미스 박사는 특별히 한 문장으로 표현했다: '하나님의 법정적 화목과 구원의 복음 방식을 온 마음으로 받은 모든 죄인들!' 스미스 박사는 여기에 덧붙이기를 '이 모든 중대한 개념은 두 가지 측면에서 묘사된다. 하나는 속량 혹은 *대속*. 이것은 뭔가 행하는 것을 표시하는 것이다.' 즉 사법적 체계 하에서 확실한 범법자를 사유하기 위하여 정당한 근거나 이유를 제공하는 것이다. 둘째는 속죄(propitiation). 법정이 속죄를 인정할 수밖에 없게 하는 원인, 또는 경향이나 의지를 지니고 있는 어떤 무엇을 나타내는 것이다. 그것은 범법자를 용서하는 타당한 이유가 된다고 충분히 동의할 수 있는 것이어야 한다.[7] 셋째, 그리스도의 죽으심이 하나님과 그의 율법과 관련하여 죄인들의 상태에 미친 주도적인 결과는 구속(redemption, λύτρωσις 또는 απολύτρωσις)이다. 성경에서 우리가 확신하듯이 그리스도께서 죄악 때문에 그리고 죄인들을 위하여 죽으신 것이다. 그리하여 그리스도에 의하여, 그리스도의 피로 말미암아, 그리스도께서 자신을 내어주심으로 말미암아 *죄인들*을 구속하였고 또는 값을 주고 산 자가 되었다고 말하는 것이다. 그는 자기 자신의 생명을 내어주었다고 묘사한다. 이 말은 죽음에 자신을 루트론(λύτρον, 값을 치르다)으로 복속시켰다고 말하는 것과 같은 표현이다. 그리고 자기 자신을 죄인들을 위해서 안티루트론(αντίλυτρον, 속전)으로서 내어 주었다는 말이다.

이러한 단어들의 참되고 타당한 일반적인 의미에 관해서는 의심의 여지가 없다. 루트론은 속전(贖錢)을 뜻한다. 채무자 혹은 포로된 자의 해방

---

7) 『네가지 강론』; Dis., ii., 136-7, Edinburgh 1828.

을 확보하고자 지불한 몸값을 의미하는 것이다. 안티루트론 역시 같은 의미이지만 보다 명백한 뜻을 담고 있다. 즉 접두사, 전치사의 효과인데 교환, 보상 혹은 대체의 개념을 내포한다. 한마디로 잡힌 자의 자리에서 그 잡힌 자를 대신하여 몸값을 지불하는 것을 의미한다. 그렇다면 그리스도의 죽으심 혹은 피 흘림은 성경에서 종종 그리고 흔하게 그리스도에 의해서 지불된 속전으로 명백히 묘사되고 있는 것이다. 속전은 죄로부터 인간을 구원하기 위하여 실질적으로 그 효과를 달성하고자, 그리고 죄인들의 하나님과의 관계 그리고 그들의 영원한 복락에 미친 그들의 죄악의 손상으로부터 구원하고자 그가 실질적으로 지불한 대가를 말하는 것이다. 만일 이러한 설명에 어떤 진실이나 실제가 존재한다면, 그 단어들이 우리에게 의미하는 것과 관련하여서 올바른 설명이라고 한다면, 인간의 자연적인 상태와 조건들과 관련하여 성경으로부터 우리가 알고 있는 것들을 연계시켜서 인간의 구원 방식에 가로놓여 있는 난제들이나 장애물들의 진정한 특성들을 살펴볼 때 그리스도께서는 그의 고난과 죽으심을 통해서 죄인들의 자리에서 죄인들을 대신하여 그렇게 하셨다는 결론을 막을 방도가 없는 것이다. 죄인들의 대체자로서 죄인들이 받아야 할 형벌을 감내하심으로 말미암아 죄인들을 위하여 하나님의 공의와 율법을 만족케 하신 것이다.

그렇다면 이러한 것들은 위대한 구속교리를 가르치고 있는 성경의 다양한 증거들을 가지고서 크게 다음의 세 가지로 분류할 수 있다. 첫째는 자기 자신을 희생 제물로 드리신 그리스도의 고난당하심과 죽으심의 일반적인 특성, 둘째는 그리스도께서 죄인들의 자리에서 감당하신 것들, 이것은 그리스도의 죽으심의 참된 특성과 즉각적인 효력 및 죄인들의 마땅히 받아야 할 형벌을 그의 모든 고난에서 감당하셨다는 것을 함축한다.

세 번째요 마지막으로 하나님과 그의 율법과의 죄인들의 관계에 영향을 미친 그리스도의 죽음의 결과, 그것으로 나타난 효과의 모든 양상들, 변화된 모습들, 죄인들을 대신하여 그리스도께서 하신 모든 행동의 강력한 확정, 그리고 그로 인하여 죄인들의 죄악들을 위한 신적 공의를 만족케 하심이 다 여기에 해당된다.

6. 소시니안의 구속론

대속교리를 옹호하는 자들의 모든 주장들은 충분히 논의되었고 그 모든 가르침은 하나하나 다 잘 제시되었다. 이 위대한 교리가 기초하고 있는 주도적인 성경적 입장들의 근거만이 아니라 그 교훈들을 공격하는 반대 주장들 역시 우리가 잘 알고 적절히 대응해야 할 것이다. 그리고 그 반대 주장들은 우리를 어떻게 공격하였고 그들의 공격에 대해서 우리가 어떻게 대응했는지 살펴보는 것도 필요하다. 그러나 이 교리와 관련된 성경적인 증거들을 다룰 때, 일반적으로 소시니안들이 수용한 방식들 두세 가지를 잠시 주목하는 것도 유용하다. 물론 그들은 구속론을 일관되게 부정하는 입장에서 설명하고 싶어 할 것이다. 특히 성경에서 그리스도의 죽으심을 언급하고 있는 것과 그리스도와 관련하여 기록되어 있는 그 밖의 내용들을 구별함으로써 그 중요성을 부정하고 싶었을 것이다. 그리고 그리스도의 죽으심과 인간의 죄 용서함 사이에 분명하게 나타나고 있는 관련성의 독특성과 즉각성을 설명하고 싶었을 것이다. 이 요점에 대해서 주장하는 그들의 실체는 바로 여기에 달려있으며 더 이상의 아무 것도 아니다. 그러나 실제로 속죄교리가 제시하고 있는 것처럼 그것과 죄 용서함 사이에는 특유한 즉각적인 관계는 없다. 그러나 성경의 저자들이 자연스럽게 그런 인상을 전달하기에 가장 적합한 방식으로 그렇게 말하도록 이끌림을 받게 되었는지 그 이유는 지적할 수 있는 것이다.

이것은 그들의 교리적 입장에 대해 잘못 표현한 것이 아니라 그들의 교리가 내포하고 있는 것이 무엇인지를 공정하게 설명한다. 그것은 그렇게 어려운 것이 아니다. 물론 그들은 그리스도 안에 있는 탁월한 모범 사례로, 인간을 향한 사랑의 모델로서 그리스도의 죽으심으로부터 얻게 된 혜택들을 더 확대시키고자 한다. 그리고 그 분의 죽으심이 그의 신적 사명과 그의 가르침이 참된 것임을 확정하는 것으로 부각하고 싶어 한다. 그들이 이 점을 논의함에 있어서 최종적으로 인정하는 것은 성경에서 왜 그것을 그렇게 중요한 것으로 말하고 있는지 그 주된 근거는 그리스도의 사역이 신적인 것이라는 위대한 증거가 되는 것 때문인데 그것을 증거하고자 그의 부활의 단계가 필요하였다는 것이다. 따라서 그가 우리에게 알게 하신 것에 대한 우리의 신앙이나 신뢰의 주된 근거인 그리스도의 신성한 사역의 유일한 목적이 하나님의 뜻을 계시하는 것이요 성립시키는 것이라는 것이다. 이것이 소시니안 주의의 근본적인 원리로서 간주되는 것이다.

우리는 그리스도의 죽으심의 중요성을 그 자체로 혹은 그의 부활과 관련하여 진리를 향한 증언으로서, 신앙과 확신의 분명한 근거로서 바라보는 것으로 과소평가하는 것에는 관심도 없고 그럴 의향도 없다. 그러나 우리가 인정할 수 없는 것은 이러한 견해가 온전히 성경 곳곳에서 이것을 언급하고 있는 그 특별하고도 광활한 중요성을 충분히 담아내고 있다는 주장이다. 그리고 성경 어디에서나 그리스도의 고난과 죽으심과 피 흘리심 및 인간의 죄 사함 사이에 존속하는 것으로 설명하고 있는 독특하고 즉각적인 연계성을 자신들의 주장이 충분히 드러내고 있다는 것은 도저히 동의할 수 없다. 가장 존경받는 학자 중 한 사람인 란트 카펜터(Dr. Lant

Carpenter)박사는 의기양양하게 이렇게 질문을 하고 있다. '사도들은 때때로 복음의 모든 복락들이 그리스도의 죽으신 이 사건에 연계되어 있고 그들의 종교적이고 국가적인 독특성들을 풍부하게 공급해 준 것으로 묘사하고 있는 것을 의아해할 수 있는가?'[8] 카펜터 박사는 현대 유니테리안에 대해서 가장 솔직하게 공격하는 학자이다. 그는 사도들의 입장에서 다양한 상황들을 열거한 후에 그것이 만들어 낸 정서와 관계 안에서 그리스도의 죽음과 독특하고 즉각적인 것으로서 인간의 죄 사함 사이의 연관이 있다는 것을 자연스럽게 나타나지 않을 수 있는 것들임을(그러나 실제로는 그렇지 않다. 왜냐하면 그것은 논지의 본질이기 때문이다) 언급하면서 그렇게 대담한 질문을 던진 것이다.

그렇다면 유니테리안 입장은 이것이다. 비록 사도들이 종종 그리스도의 죽으심과 구원의 복락들 사이에 독특하고 즉각적인 것으로서 연계되어 있다고 묘사하고 있다고 할지라도 우리는 그 사이에 그 어떤 독특하고 즉각적인 연계성이 존재한다고 믿지 않는다. *왜냐하면, 우리는 꼭 그렇다고 말할 수 없는 어떤 상황들과 영향들을 상상할 수 있기 때문이다.* 사도들이 그 두 사이에 그러한 연계성의 존재를 믿었다거나 가르치기를 원하였다는 것을 제시함이 없이도 그렇게 단정 지을 수 없는 상황들이 있기 때문이다.

그러나 *우리의* 입장은 이것이다: 사도들은 적절한 방식으로 그리스도의 고난과 죽으심을 말씀한다. 구원의 복락들도 말씀한다. 그러므로 사도들은 우리에게 그 두 사이에 존재하는 연계성은 독특하고 즉각적인 것임을 가르치고자 했다고 볼 수 있다. 그렇다고 간접적이라거나 빙빙 둘러

---

8) 'Uniterianism the doctrine of the Gospel, or a view of the Scriptural Grounds do Uniterianism', second edition, 1811, P. iii., c. viii., 306, 307.

서 말한 것은 아니다. 그리스도의 고난과 죽으심의 효력의 중재를 통해서 진리를 확립하고 우리의 동기(動機)들에게 영향을 미치는 것으로 말하고 있다. 그러므로 우리는 사도들의 권위 위에서 이 가르침을 믿는다. 이 두 입장 사이에서 결론을 내리게 하는 유일한 정직한 방식은 앞서서 제기된 질문, 즉 사도들이 직접적으로 하나님의 뜻을 계시하라는 사명을 받았느냐 아니냐? 성경을 우리의 신앙의 유일한 규범으로 받을 것이냐 아니냐? 이 두 가지 질문에 바르게 답하는 것이다.

이것은 소시니안들이 만든 자유주의적 용도에 주목하게 한다. 그들은 이 주제에 대한 성경적인 진술들을 왜곡하고 오도하고 있다. 그들의 잘못된 주장은 이것이다. 성경 저자들이 사용한 용어는 매우 은유적이라서 문자적으로 이해할 수 없다는 것이다. 이것이 그들의 성경 해석에 대한 모든 체계에 유유히 흐르고 있는 사상이다. 하지만 그런 왜곡된 해석이 가장 폭넓게 사용되어 해를 끼치고 있는 교리는 대속교리이다. 특별히 히브리서에 대해서 말하면서 '억지스러운 유추와 부정확한 추론'이라고 공격하고 있다. 이 주제는 우리가 지금 여기서 더 나아가고 싶지 않는 일반적인 논쟁에 빠뜨린다. 우리가 그들이 오용하고 있는 부분을 주목하는 것은 그들이 주장하고 제기한 것들에 현혹되는 것을 막기 위한 것뿐이다. 물론 그들은 자기들의 입장, 즉 그런 진술은 다 은유적이라거나 비유적인 것들에 불과하다는 것을 공식적으로나 공개적으로 천명하지는 않았다. 만일 그들이 자신들의 입장을 인정하고 증명하여 어떤 측면에서 틀린 것이 아니라고 해도 결과적으로는 그것이 전적으로 애매모호함과 불확실한 의미를 드러낼 뿐이다.

통상적으로 사용되고 있는 그 단어의 사용 빈도가 상당히 은유적인 것이었다고 말할 수 있다. 그렇게 말하는 이유 중 하나는 정신적인 상태나 활동을 묘사하고자 사용된 대다수의 단어들은 객관적인 자료들을 가지고 말하기 때문이다. 그러나 이것은 그것이 은유적이든 풍유적으로 사용되었든지 그 단어가 우리에게 명확하고 분명한 개념들을 제기하는 것을 막지 못한다.[9] 대부분 그 은유적인 사용은 실질적으로 유사한 것들 혹은 비슷한 것들로부터 취해진 것들이다. 심지어 단어들이나 문구들의 은유적인 사용들이 전적으로 확립된 적이 없을 때, 그리고 결과적으로 일반적인 설법(*usus loquendi*, 대다수 언어에서 이것은 그 사례를 확정해서 고려해야할 것은 아니다)에 의해서 직접적으로 확정할 수 있는 것이 아닐 때도 여전히 그 은유와 유사한 것들 혹은 비슷한 것들을 뒤질 수밖에 없다. 그리할 때 그 단어가 전달하고자 하는 개념이 무엇인지를 뚜렷하게 이해하게 된다. 물론 하다보면 이 주제의 참된 특성과 실질적인 본질들 및 관계들과 관련하여 우리가 지니고 있는 정보를 제대로 적용해 보게 된다.

그리스도는 세상 죄를 지고 가는 *하나님의 어린 양*으로 묘사된다. 여기에 은유적인 무엇이 있다는 것을 누구도 의심하지 않는다. 그러나 의심할 수 없는 또 다른 사실은 그리스도와 어린 양 사이에 무언가 닮은 것이 있다는 개념을 우리에게 전달하려는 의도가 있다는 점이다. 더 나아가 어린 양은 희생 제물로 비쳐진다. 그리스도는 그러한 희생 제물들이 존중하는 죄 사함과 관련하여 어린 양이 행사한 그 희생 제물과 유사하게 인간의 죄를 사함 받도록 어떤 영향력을 행사하였다는 설명이다. 이 둘 사이에 있는 영향 혹은 관계는 이 두 사례들의 경우에 쓰인 특성과 그리고 그것들과 관련하여 우리가 받은 특별한 정보에 대해 알고 있는 모든 것들을 공정하게 적용하는 것으로부터 습득되는 것이어야만 한다. 이 점을 잘 드

---

9) Watson's Imstitutes, P. ii., c. xxi. Works, vol. xi., 87.

러내고 있는 모든 증거들에 대해서 세세하게 점검한 공정한 결과는 성경의 언어가 다음의 확신을 갖게 하기에 적합한 것이다. 즉 모세의 언약 안에서 어린 양의 제물은 실제로 대신 바쳐진 제물의 성격이다. 그것은 실제로 그 제물과 관련된 죄의 속전과 같은 것이다. 마찬가지로 그리스도의 희생 제물은 실제로 대속적인 것이었고 그것은 인간의 위치에서 인간 대신에 드려진 것이었다. 그리고 그것은 인간의 죄악들을 속량하는 속죄 제물이었다. 그것은 인간이 마땅히 받아야 할 형벌을 왜 받지 않게 되었는지 그에 적합하고 타당한 이유를 설명해 주는 속전으로 드려진 것이요 받아들여진 것이었다.

성경에는 그리스도의 고난과 죽으심에 대한 언급들이 상당히 많이 있다. 그리고 인간의 죄악들과 관련되어 그 원인과 그 결과가 무엇인지를 보게 하는 관계성에 대한 언급도 많이 있다. 그러나 그러한 언어는 부분적으로 은유적으로 묘사되어 있다. 물론 *첫째*로 그것이 전적으로 그러하다는 증거는 전혀 없다. 둘째로, 그렇다고 해서 그것을 설명하고 묘사하기 위해서 사용된 은유들이 무엇을 의미하는지 가장 타당하고 확실한 것이라고 확정함에 그 어떤 난관이 있는 것은 아니다. 이 점에 대해서 성경이 진술하고 있는 것들을 종합적으로나 혹은 전반적으로 볼 때 그리스도의 고난과 죽으심은 실제로 희생제물을 드리신 참된 제사였다는 개념을 우리에게 전달하고자 하는 의도가 전혀 없었다고 한다면, 다시 말해서 그의 고난과 죽음이 우리 인간의 자리에서 인간을 대신하여 그렇게 하신 것이 인간이 마땅히 받아야 할 저주와 형벌을 그가 대신 받은 것이요 그로 말미암아 인간의 죄과가 속량함을 받게 되고 형벌로부터 건짐을 받게 되었다는 개념을 전달하려는 의향이 전혀 없는 것이었다고 한다면, 성경은 가르치기에 전혀 적합하지 않은 비이성적인 수수께끼만도 못한 것으로

간주될 수 있는 것이다. 도리어 우리를 매우 당혹스럽게 하고 조롱하는 것이 될 뿐이다.[10]

다른 교리에서도 마찬가지로 여기에서도 소시니안은 단 한 구절 혹은 구절들의 특별한 유형에 속하는 것들을 가지고서 자신들의 유일한 가능성을 논쟁한다. 그러나 그들은 그 전체 주제를 말하고 있는 성경적인 증거들을 무시하거나 바닥에 내동댕이치는 우를 범하고 있다. 우리가 그리스도의 죽으심의 특성과 원인 및 결과들에 대해서 가르치고 있는 문자적인 것이나 은유적인 것이나 성경의 진술 모든 것을 다 종합하여 살펴 볼 때 그 모든 것들을 세세히 조사하여 가르치고 있는 주 내용이 무엇인지 공정하게 평가를 한다면 우리가 지금까지 주장할 수밖에 없게 한 그 결론을 의심케 할 만한 것은 전혀 없다. 그리스도의 죽으심이 속죄 혹은 대속적인 것임을 지지하는 증거는 특히 다양하게 넘쳐나는 것만이 아니라 이 경우에 그 진리가 의도하고 있는 중요성과 관련하여서 그 진리를 확정하는데 특별한 이점을 가지고 있다. 특별한 의미에서 사도들이 처음 이 가르침을 선포하였을 때 그 메시지를 들은 청중들이 어떻게 그 진리를 이해하였는지를 우리는 알고 있다. 물론 우리는 사도들이 당시 청중들이 이해하기에 쉬운 아주 적합하고 타당한 용어들을 사용하였다고 믿어야만 한다. 이것은 일반적으로 조정이론(theory of accommodation)이라 하는 것에 어울리는 오류들과 편견을 수용한 것이 아니다. 성령의 감동하심을 말하지 않고 그 용어의 *정확한* 의미를 전달하기에 적합한 사도들의 성실성을 보면 만일 그들이 그 용어가 이해되어져야 할 의미를 알고 있는 측면에서 이해된 것이었다고 한다면 그 성실성이 요구하는 대로 사도들은 그렇게

---

10) 핫지 박사의 『구속의 특성에 대한 설교』, Spruce Street Lectures, 159-160.

표현하였다고 믿어야 한다.

유대인들이나 이방인들 모두 희생 제사들의 특성과 목적 및 효과에 대한 일반적인 이해가 다르지 않아서 기독교 전체가 이해하고 있는 것과 같이 사도들이 그리스도께서 자신을 희생 제물로 바치셨다는 설명은 그들도 충분히 납득한 것이었음을 증명하는 것은 어렵지 않다. 그렇다면 마치 성경적인 모든 진술들이 다 은유적인 것으로 보일 수 있는 것처럼 그것은 비유적이거나 은유적인 것으로 보이는 그 언어의 모호한 주장을 내세우는 것은 그러한 성경적인 많은 분량의 증거를 폐기하려는 주장에 불과한 것이다. 더 나아가서 사용된 은유들은 무엇이든지 구속론 옹호자들이 그 은유들을 설명하고 있는 것들과 전적으로 확신할 수 없는 의미나 전혀 다른 어떤 뜻을 전달하고 있는 것은 아니다. 이러한 입장들은 하나도 증명되지 않을 뿐 아니라 그 모든 것들이 다 그릇됨을 증명하고도 남는 것들이다. 그러므로 이 위대하고도 근본적인 교리를 위한 증거는 누구도 건드릴 수 없고 공격할 수 없는 견고한 것으로 우뚝 서 있는 교리이다.[11]

이 주제를 언급하고 있는 성경의 증언을 피하고 왜곡하고 있는 소시니안들이 적극 내세우고 있는 방법 중 유독 한 가지만 더 언급하고자 한다. 그러나 그것은 꽤 광범위한 적용이 요구된다. 일반적으로 그것은 다음과 같은 것으로 구성되어 있다고 말할 수 있다. 즉 소시니안들은 그리스도의 고난과 죽으심에 대한 성경적인 설명들 대부분이 결과에 영향을 미치는 수단이나 중간 과정을 나타내지 않고 특정 결과만을 설명하는 것에 불과하다는 것을 보여주려 한다는 것이다. 이것은 두 세 개의 사례들을 보면 가장 잘 이해될 것이다. 인간의 죄와 그로 인한 그리스도의 죽으심 사이

---

11) 존 오웬의 '삼위일체와 만족교리'를 보라. 오웬 전집 10권 532(Russel's Edition).

의 관계성을 언급하면서 그들이 항상 주장하는 것은, 죄는 오직 그리스도의 죽으심의 최종적 원인일 뿐이지 그의 죽음을 이끌만한 강력한 원인을 의미하는 올바른 수단은 없다는 것이다. 그리고 그의 죽음을 공로적인 원인으로 볼만한 측면도 보이지 않는다고 한다.

그리스도의 죽으심에 대한 최종적인 원인이 되는 죄로 말미암는다는 설명은 그들에게 있어서 인간을 죄로부터 구원하고자 하는 그의 죽으심의 목적을 의미하는 것에 불과하다. 물론 이것이 틀린 말은 아니다. 그런데 문제는 그들이 부정하는 것이다. 즉 우리의 죄와 그리스도의 죽으심 사이에 원인적인 관계성이 있다는 것을 담고 있는 성경적인 진술들이 더 있다는 사실을 인정하지 않는다. 반면에 우리는 성경적인 표현들이 우리로 하여금 그리스도께서 인간을 죄로부터 구원하시고자 죽으셨다는 것만이 아니라 더 나아가서 인간의 죄는 그의 죽음을 불러일으킨 주원인이 었다는 것을 주장할 만한 근거를 제공해 주고 있음을 주장하는 것이다. 인간의 죄 때문에 그의 죽으심은 반드시 필요한 것이다. 인간의 죄가 그를 죽게 한 것이다. 우리가 죽어야 마땅했던 죄가 죄인들을 위한 그리스도의 죽으심을 낳게 만든 것이다. 그러나 소시니안들에 의하면 죄인들을 위한 그리스도의 죽으심은 죄인들 때문에 죄인들을 위하여 죽으신 것에 불과한 것이다. 즉 죄인들의 유익을 위해서, 죄인들에게 혜택을 베푸시고자 죽으셨다는 것이다. 이것 역시 우리도 인정한다. 이 주제에 대한 성경적인 설명들 속에 그 사실이 내재되어 있다. 그러나 우리는 여기에서 더 나아가 이에 대한 성경적인 여러 설명들은 그리스도께서 우리를 대신하여 우리의 자리에서 죽으신 것이요 우리의 자리에서 우리 대신에 그가 죽으신 그 수단으로 말미암아 그 결과로서 그가 우리에게 선한 영향을 끼친 것이었다고 주장하는 것이다.

소시니안에 의하면 *죄를 담당하셨다는* 말은 단지 죄를 제거한다거나 치워버린다는 것을 뜻할 뿐이다. 그렇기 때문에 그 말은 그의 중재의 결과에 대하여 설명하는 표현에 불과한 것이다. 결과적으로 인간은 실제로 자신이 범한 죄가 마땅히 받아야 할 그 책벌에 예속되는 것이 아니다. 반면에 우리는 그의 죽으심의 참되고 타당한 의미가 그가 그 책벌을 자신이 받아야 할 것으로 여기고 죄에 대한 책임을 지신 것으로 주장한다. 그리스도는 그 책벌에 대한 법적 인식 혹은 법적 책임을 져야 할 존재로 인식하여 우리의 죄를 대신해 그 형벌을 받으시고 감당하신 것이다. *하나의 수단으로서 우리의 죄를 담당하심으로 말미암아 그리스도는 그 담당한 결과 혹은 목적에 영향을 주어 우리의 죄과를 제거하거나 치워버리셨다.* 그리하여 죄과가 더 이상 우리에게 있지 아니하고 우리는 그 죄과에 따른 형벌을 받지 않게 된 것이다. 이처럼 중대한 우리의 입장에 의하여 우리의 죄는 그리스도의 *것이* 되었고 -그가 짊어지셨다- *그 죄를 멀리 제거하시고자* 그가 그 죄를 담당하신 것이었다.

반면에 소시니안의 해석에 따르면 우리의 죄는 결코 그리스도의 것이 아니다(그리스도의 위에 내려진, 문자적 의미, 역자 주). 그리스도는 그 죄를 결코 담당함이 없이 그 죄를 치워버렸거나 그 결과로 인하여 우리를 자유롭게 하는 결과를 달성했다는 것이다. 소시니안에 의하면 구속이란 계획된 목적으로서 건짐을 의미할 뿐이다. 그 목적 달성을 위한 수단에 대한 언급은 전혀 하지도 않고 단지 그 결과를 낳았다는 것이다. 몇몇 사례들에서 구속하다라는 단어는 좀 폭넓고 일반적인 용도로 사용된 경우들이 발견된다는 것에 대해서는 반박의 여지가 없다. 그러나 우리가 주장하는 것은 그 단어의 일반적인 타당한 용도는 *하나의 목적으로서 속전을 지불하는 수단을 통해서* 구원에 영향을 끼쳤다는 것이다. 우리는 그 단어의 일반적인 타당한 의미로부터 만이 아니라 -그에 대해서 다르게 말할 충분한 이유가 없다- 그 단어가 사용된 구절들 가운데서 찾아지는 모든 연계성, 그리고 특별히 실질적으로 속전이 바쳐진 사례들 가운데서 찾아지는 모든 연계성은 그리스도의 죽으심에 적용함에 있어서 실질적인 구원 자체만이 아니라 구원의 결과에 영향을 미치는 수단으로 설명하고 있는 것이어야만 한다. 물론 각각의 경우에 그 진술들의 참 뜻과 관련하여 철학적이고 비판적인 규칙들과 자료들과 관련된 질문은 진지하고 공정한 적용에 의하여 결정되어져야만 한다. 그러나 소시니안들의 궤변들과 이탈을 경계하면서 이 연구에 있어서 주목하게 하는 주도적인 요점들이 무엇인지를 설명하는 구별된 간략한 이러한 설명들은 성경적 증거에 대한 질문의 참된 의미를 밝히는데 사용되는 것들일 수 있다.

7. 구속(속죄)론에 대한 알미니안 견해

구속론을 소개함에 있어서 나는 대속적인 속죄 혹은 그리스도의 만족케 하심의 실제와 일반적인 특성을 먼저 살펴보았다. 특히 소시니안들의 견해에 반대되는 기독교의 전통적인 가르침으로서 이 부분을 먼저 고찰하였다. 두 번째로는 이 주제에 대해서 알미니안들이 붙들고 있는 교리적 특성이 무엇인지를 살피고자 한다. 이것은 그들의 신학적 체계의 주도적인 특성들과 깊이 연계되어 있다. 셋째로는 칼빈주의 교리적 입장을 띠고 있는 자들 중 알미니안 주장들과 매우 근접한 입장을 가진 대부분의 다른 요점들을 다루고자 한다. 첫 번째 것은 이미 우리가 살펴보았다. 이제부터 나는 두 번째 문제인 구속론 혹은 그리스도의 만족케 하심 교리에 대한 알미니안 견해의 특성이 무엇인지를 살펴보고자 한다. 그러나 나는 여기에 지나치게 많은 시간을 들이고 싶지 않다. 왜냐하면 여기에서 다루게 될 대부분의 주제들은 세 번째 사항에서 다루게 될 내용 중 약간의 변형된 형태로 또 다시 다루게 되기 때문이다. 그것들은 더 위험한 사상이다. 왜냐하면 그들이 붙들고 있는 것과 관련된 진리가 이만저만 많은 것이 아니기 때문이다. 그래서 나는 그 부분에 대해서 상당한 시간을 쏟고자 한다.

구속교리에 대한 알미니안의 주도적인 견해는 언제나 다음과 같은 것들로 구성된다. 그들은 보편적 속죄론 혹은 무제한적 속죄론을 믿는다. 또는 그리스도의 죽으심이 모든 사람들의 죄를 위한 속죄 제사라고 가르친다. 즉 어떤 예외나 구별이 없이 인류 개개인 모든 사람을 위하여 죽으셨다는 것이다. 이 교리는 도르트 공회의에서 예정론을 다루는 과정에서 집중적으로 논의하고 정죄한 다섯 가지 항목 중 두 번째에 해당되는 것이었다. 도르트 회의에서 주어진 이 주제에 대한 주도적인 논제들은 이것이다. 첫째, 그리스도께서 성부 하나님께 바친 속전은 그 자체가 모든 인류를 구속하기에 충분한 것일 뿐 아니라 성부 하나님의 칙령, 의지 및 은혜에 따라서 그것은 실질적으로 모든 사람들을 위하여 지불된 것이었다. 둘째는 그의 죽으심의 공로에 의하여 그리스도는 전 인류 족속들을 성부 하나님과 화목케 하였으며 그의 공로 때문에 성부께서는 그의 공의와 성실성에 일치되게 정죄받기에 합당한 죄인들과 은혜의 새 언약에 들어갈 수 있게 하였다. 이 설명들은 우리의 생각을 속죄의 범위만이 아니라 본질과 목적들 및 효과들을 관찰하게 할 것이며 인간의 건짐과 구원을 위해 지불하는 속전에 대해서 숙고하게 할 것이다.

그리스도의 만족케 하심 교리에 대한 알미니안 입장

이 요점들에 대한 그들의 교리는 다음과 같은 방식의 한 가지 전제 안에서 그들 자신들이 잘 이해하고 있는 것이다: '그리스도는 모든 사람을 위해 죽으셨다. 각각의 사람을 위해서 죽으셨다. 그런 의미로 죽으신 것이며 그 효력을 낳았다. 즉 그리스도는 그 자신의 죽으심으로 말미암아 모든 사람을 위한 화목과 죄 사함을 획득하신 것이다. 그러나 이 조건위에서 신자들 외에는 실질적으로 죄 사함을 소유하고 즐길 수 있는 자는 아무도 없다.'[12] 이 교리의 본질은 이것이다. 첫째, 하나님의 목적 안에서 그리고 그 목적하심에 복종하시는 그리스도 자신의 의지 안에서 그의 죽으심은 모든 인간에게 똑같은 혜택을 끼치는 것으로 의도된 것이었다. 둘째, 그것의 적합한 직접적인 유일한 효과는 사람들에게 더 호의적인 조건위에서 하나님이 인간들과 새 언약을 맺을 수 있게 하였는데 이것은 인간을 위한 그리스도의 죽으심 때문에 인간들에게 수여되었어야 하는 것이다. 이것은 실질적으로 그리스도께서 모든 인간을 위하여 하나님과의 화목과 죄 사함을 획득하신 것과 동일한 것이다. 이것이 그들 교리의 일관된 주장이다. 더 나아가서 특별히 이것은 만일 속죄가 보편적이거나 무제한적인 것이었고 그것은 모든 인간에게 돌아가는 혜택으로 의도된 것이었다고 한다면, 그 속죄의 적합한 특성과 즉각적인 목적은 본질적으로 알미니안들이 제시하고 있는 것으로 나타나야만 하는 것이다. 더 나아가서 일반적으로 보편적 속죄론은 그 특성과 즉각적인 목적에 대한 인간들의 견해에 현저하게 영향을 끼치지 않을 수 없는 것이다.

알미니우스는 소시니안의 주장을 반대하는 기독교의 전통적 구속론, 대속적이고 속죄적인 구속 교리에 다 동의하였다. 물론 그들은 대체와 만

---

12) Acta Synodalia Remonstrantium, P. ii., 280. Amesii Coronis ad Collationem Hagiensem, 90. Nichols' Calvinism and Arminianism Compared, 114-115. Statement and Refutation on the Views of Arminius himself upon this subject, in Witsius, De Œconom. Fœd., Lib. ii., c. vii., sec. ix. Owen's display of Arminianism, c. ix. and x.

족케 하심의 일반적인 개념들을 옹호한다. 즉 그리스도께서 자신이 우리의 위치에 서심, 우리의 자리에서 우리 대신에 하나님의 공의를 만족시키셨다는 것을 옹호한 것이다. 그러나 그들이 세부적으로 그리고 특별하게 그 대체와 만족케 함이 무엇을 의미하는지를 설명할 때, 그리고 어떤 방식으로 그리스도의 속죄 제물이 인간 개개인의 죄 용서와 구원에 관련되는지를 설명할 때는 상당한 차이를 나타내고 있다. 알미니안들과 일반적으로 신적 진리의 체계에 대하여 더 성경적인 입장을 띠고 있는 자들 사이의 차이는 엄청 크다. 그들은 이 문제와 관련하여 통상적으로 사용된 매우 자연스러운 용어들의 중요성을 희석시키거나 교묘히 발뺌하는 변명거리를 늘어놓는다. 속죄의 보편성에 대한 그들의 교리가 그 본질과 즉각적인 목적에 대하여 그들의 수정되고 불확실한 견해를 산출시킨 것인지 아니면 나중에 알게 된 그들 견해의 어떤 분명한 결함과 잘못된 주장들이 보편적 속죄론을 낳게 한 것인지를 판단하는 것은 쉽지 않다.

그러나 분명한 것은 이것이다. 속죄의 본질과 관련한 그들의 교리, 그리고 그 속죄의 범위와 관련한 그들의 교리는 서로 매우 밀접하게 연계되어 있다는 사실이다. 하나는 다른 하나로 나아가게 하고 다른 하나를 낳게 만든다. 보편적 속죄론은 이 문제를 다루고 있는 성경적인 진술들 위에서 발견되어 끄집어낸 것이라고 주장한다. 보편적 속죄론은 분명 성경적인 지지가 없는 *것이 아니다*. 그 가능성은 이것이다. 즉 *이것은* 프로톤 퓨도스(πρωτον ψεύδος)-근본적이고 근원적인 오류-가 속죄론의 본질과 즉각적인 목적과 관련하여 그들의 잘못된 견해를 양산한 것이었다. 이것은 큐셀레우스나 림보르치와[13] 같은 가장 유능한 알미니안 저술가들이 칼

---

13) Curcellaeus Insti. Relig. Christ., Lib. vi., 356.357. Limborch, Theologia Christiana, Lib. iv., c. iii. 318.

빈주의 선택론에 맞서는 독특하고 독립적인 논박으로서 보편적 속죄론을 강하게 주장하게 되었다는 것이 이를 뒷받침한다. 그들은 그리스도께서 모든 사람을 위하여 죽으셨다는 것을 성경으로부터 직접 찾아 증명하고자 했다. 그리하여 그 증거를 찾아내서 추정하기를 영원 때부터 하나님께서 어떤 사람에게는 영생을 어떤 사람은 유기 또는 탈락 또는 버리시기로 하였다는 것은 불가능한 것이라고 했다. 무제한적 속죄론에 대한 칼빈주의 옹호자들은 이 부분을 제대로 파악하지 못한 것으로 보인다.

그러나 이 문제에 대해서 역사적으로 진술된 것이 무엇이었든지 분명한 것은 이것이다. 속죄의 본질과 즉각적인 목적과 효과에 대한 사람들의 견해들과 속죄의 범위 사이에는 매우 밀접한 관계가 있으며 있어야만 한다는 것이다. 만일 그리스도의 죽으심이 그 자신을 한 번도 용서받지 못하고 성결케 된 적도 없고 구원받은 적도 없는 사람들을 위한 것이었다고 한다면 그가 죽기까지 복종하신 목적과 즉각적인 효과들은 적어도 궁극적으로 구원받은 자들만을 위한 그의 희생 제사하고는 매우 다른 것이어야만 한다. 그의 희생 제사의 본질과 그와 관련된 영적 복락들과 영생과 연결된 모든 것들이 적어도 한쪽 부분과 다른 입장에 서 있는 자들과는 판이하게 다른 것이어야만 한다. 이 견해를 설명하는 것이 아주 중요한 일이라고 생각할 것이다. 그러므로 보편적 속죄론을 주장하는 자들의 입장은 우리가 세 번째 입장을 다룰 때까지는 두드러지게 독립적인 주제로 치부하는 것이 바람직할 것이다.

이제 우리는 알미니안들이 붙잡고 있는 그들만의 견해를 설명하려고 한다. 특히 그들의 *보편적 속죄론의 경향과 결과들*에 대한 예시들로서 속죄론의 본질, 목적, 및 즉효들과 관련된 그들의 유별난 주장을 다루고자 한다. 그러나 이 주제에 대한 아주 다른 입장들, 예를 들면, 원죄론, 성령에 의한 중생과 같은 실로 기독교의 다른 근본적인 교리들과 관련하여 알미니안주의자들이라고 하는 이들의 사상 속에 널리 분포되어 있는 것들을 지적하며 개조하고자 한다. *왜냐하면 그들은* 칼빈주의의 독특성들을 다 부정하기 때문이다. 그들이 제시하고 있는 것들은 전반적으로 다 펠라기안 알미니안 사상에 더 적용되는 것들로 내세우는 것들이기 때문이다.

첫째로, 우리가 이미 설명한 것과 같이 알미니안들은 대속 교리의 필요성 아래에서 정통신학자들이 주장하고 있는 모든 것을 부정한다. 그 이유는 이 주제에 대해서 이미 말한 것으로부터 특히 대속의 필요성과 대체와 만족케 함을 내포하고 있는 것으로 그것의 진정한 특성 사이에 연계점을 설명하는 것으로부터 충분히 증명되어져야만 한다. 만일 하나님은 완전하시기 때문에 대속 자체가 필요 없다고 한다면, 도덕적 통치와 율법이 용서나 사함에 대한 예비적인 것으로 대속을 요구했다면, *어떤 것이든지-그 대속의 적합한 특성과 독특한 특징이 어떤 것이든지 그 목적을 섬기는 것이라고 한다면-* 의도된 목적을 달성하기에 충분한 것이어야만 할 것이다. 그리고 물론 대체와 만족케 함은 아주 모호하고 부정확한 측면에서 요구되지 않는 것이어야 하지만 수정되거나 설명되는 정도까지는 인정할 수 있는 것이어야 한다. 일반적으로 알미니안은 소시니안들이 부정하는 것들을 다 인정하는 편이다. 즉 신적 완전성, 통치 및 율법은 죄인들을 용서하고 용납하심의 방식으로 장애물을 개입시켰다는 것, 그리고 그리스도의 대속이 이러한 장애물들을 제거하였거나 치워버렸다는 것을 알미니안들도 인정한다. 물론 그들 중 몇몇은 정통신학자들이 제시한 유사한 근거들 위에서 대속의 필요성을 내세우고 있다.

둘째로, 많은 알미니안들은 그리스도의 고난과 죽으심이 부과된 적절한 형벌적인 것이었음을 부인한다. 그들은 그리스도께서 인간의 죄악들에 해당되는 형벌을 담당하신 것임을 부인한다. 또는 적어도 이러한 언어로 그것을 묘사하는 타당성에 관하여 상당한 어려움을 겪고 있는 자들이다. 물론 그들도 그리스도께서 *우리의 자리에서 우리를 대신하여 어떤 고난을 당하셨다*는 것을 인정한다. 그리고 만일 그들이 소시니안들의 견해를 전적으로 동의하는 것은 아니었지만 그러나 현대에서는 적어도 그리스도의 고난은 타당한 형벌이었다는 것을 부정하든지 또는 인간이 범한 죄 때문에 마땅히 받아야 할 형벌과 같은 것이었다는 것을 부정하든지 둘 중의 하나일 것이다. 이러한 개념들은 성경적인 진술들의 진정한 중요성을 수정하는 입장을 명백히 나타내는 것이다. 그리고 그것은 소시니안주의 경계선으로 내려가는 것을 포함한다.

만일 그리스도께서 우리 대신에 전적으로 고난을 당하셨다면-만일 그리스도께서 우리의 자리에서 우리 대신에 고난당하셨다면- 그렇다면 고난을 당하셔야 할 만한 죄를 지은 것이 없으시기 때문에 그의 고난은 형벌적인(penal) 것이었어야만 한다. 즉 그것은 인간의 죄악들을 인하여 법이 형벌을 요구하고 있는 법조항을 집행함에 있어서 법적으로 부과된 형벌이 되었을 것이다. 우리가 앞에서 이미 설명한 바와 같이 그것은 흔히 행해지는 것처럼 그리스도의 고난의 형벌에 관한 이 질문을 해소하려고 시도하는 것은 단순한 일이 아니다. 형벌에 대한 정의를 미리 내림으로 말미암아 개인이 겪는 고난 측면에서 그 안에 포함된 구성요소로서 개인적인 결함 혹은 개인적인 결함에 대한 양심적인 요소들이 내포되어 있는 것을 전제로 이 문제를 단숨에 해결하겠다는 시도는 쉬운 일이 아니다.

그러나 이 주제와 관련된 가장 중요한 질문은 그리스도께서 고난당하신 것이 형벌이었느냐 혹은 적절한 형벌이었느냐가 아니라 그것이 율법이 죄에 대해서 선언한 그 형벌이었느냐이다. 그리하여 그것이 죄인들에게 공정하게 실행되어야 하는 그 형벌이었느냐 아니냐가 중요한 것이다. 이제 이 시점에서 소시니안들을 반대하여 대속 교리를 모두가 인정하는 신학자들의 다양한 그룹들에 의해서 수용하고 옹호된 주장들에는 *세 가지* 다른 모드가 존재한다. 몇몇은 이 주제에 대한 성경적 교리를 정확하게 표현하고 구현시키는 유일한 방식은 그리스도께서 율법적으로나 형사법적으로 정확하게 형벌인 고난을 당하신 것이요, 이것은 인간이 범죄함으로 초래된 그 죄에 대하여 율법이 선고한 것으로 이해한다. 다른 이들은 성경적인 이 교리의 온전한 중요성은 다음과 같이 표현된다고 한다. 즉 이 주제에 대한 성경적 진술들의 일반적인 범위와 정신은 그리스도께서 그 형벌로서 고난을 당하신 것이 아니었다고 주장함으로써 더 정확하게 묘사된 것이다. 그리스도께서 고난당하심은 전적으로 동등한 것이었다. 죄를 위하여 적절한 보상을 지불한 것과 같은 것이었다. 그의 고난은 비록 동일한 것은 아닐지라도 범죄한 인간이 받는 형벌과 유사하다는 것이다. 다른 사람들은 그 두 설명들을 반대하면서 이 점에 대하여 성경이 가르치는 모든 것은 그리스도의 고난당하심을 우리가 초래한 형벌을 위한 대체자(a substitute)로서 당하신 것이라는 입장에서 구체화된다고 생각한다.

오웬 박사는 이들 중 첫 번째 입장을 열렬히 주장한다. 그는 그리스도께서 받으신 것 혹은 지불하신 고난은 우리가 저질러서 받는 형벌과 똑같은 형벌을 받으신 것이라는 것과 그가 받으신 고난이 우리가 마땅히 받아야 할 것에 상응하는 만큼의 형벌을 받으셨고 지불하셨다는 것 사이의 구별을 힘주어 강조하였다. 또 그는 그의 고난 혹은 지불하심이 같음(idem)과 *유사함*(tantundem) 사이의 구분으로 표현하고 있다. 오웬 박사는 그로티우스와 박스터의 견해와는 달리 이렇게 자신의 교리적 입장을 견지하고 있다. '우리 구세주께서 겪으신 그 형벌은 율법이 우리에게 요구하는 것과 동일한 것이었다. 하나님은 고난당하는 사람들에게는 자신의 율법을 완화시키시지만 형벌에 대해서는 그렇지 않으시다.'[14] 그러나 *아이뎀*과 탄툰뎀 사이의 구분을 동일하게 중요시하지 않는 가장 엄격하고 가장 박식한 정통신학자들도 있다. 그들은 성경적인 이 교리의 진정한 중요성이 그리스도께서 고난당하심은 인간이 저지른 죄에 대한 형벌을 위하여 그에 온전히 상응하는 혹은 적절한 보응이었다고 말함으로 말미암아 정확하게 전달된다고 생각하였다.

예를 들어서 마스트릭트(Mastricht)의 신학 체계는 공식적으로 그리스도의 죽음에 대한 논쟁으로서 그 능력, 명확성 및 정확성 측면에서 눈에 띄게 구별 된다: '그리스도의 죽음은 그가 동의함으로 그에게 정확하게 일어난 것이다.'[15] 그리고 이렇게 주장 한다: '그 충족은 채권자가 동의함으로 제공된 정확한 죄과를 제거한 동일한 것이 아니었지만 그에 상응하는 정도의 값을 그리스도께서 치르신 것이다.' 튜레틴은 전반적으로 그와 동의하는 것처럼 보인다.[16] 혹은 그 두 개념을 참된 것으로서 함께 묶은 것처럼 보인다. 물론 어떤 측면에서는 다른 면이 있지만 본질적으로는 각각이 다르지 않은 것으로 여기는 것 같다. 실로 그는 내가 기억하는 바로는 공식적으로 오웬 박사와 마스트릭트가 서로 반대 입장에 서서 논쟁한 것과 같이 *아이뎀*(같음)과 탄툼뎀(유사함)과 관련한 명확한 문제를 논쟁한 것은 아니었다. 그러나 소시니안과의 논쟁에서 그는 이렇게 주장하였다:

---

14) 오웬의 저작 4권(Russell's edition), 594.

15) Mastricht, 『Theoretico-Oractica Yheologia』, Lib, v., c. xviii., 613, 614, 615, 616, 625.
   'proprie sie dicta, quä id præcisè præstatur, quod est in obligatione.' 'reatus tollitur satisfactione quä non idem præcisè, quod est in obligatione, creditori præstatur: sed tantundem, seu equivalens.

16) turrettin. 『De Satisfactione』, Pars ix., sec. iii.

그리스도는 우리의 죄를 위하여 참되고 진정한 만족을 만들지 않으셨다. 왜냐하면 그는 우리에 의해서 하나님께 지불해야하는 것을 지불한 것이 아니었기 때문이다. 특별히 그리스도는 오직 한시적으로 고난을 받으셨음에 비해 우리는 영원한 죽음을 초래한 것이었기 때문이었다. 그리스도는 무게나 가치에 있어서 온전히 상응하는 것으로 *예비된* 것을 치르신 것인지 우리가 받아야 할 마땅한 동일한 대가를 치르신 것이 아니었다. 그럴지라도 그리스도의 고난은 참되고 적절한 만족이 있다는 것을 주장하는 주요 제안은 적합한 것이다. '적어도 그것은 동일한 것이 아닌 그에 상응하는 것이지만 충분한 것이다' *(esti non idem, modo tantundem habeatur, sufficit).*

한편 그는 '그리스도께서 우리에 의하여 지불되어져야 할 것을 치르셨다'고 주장함으로 말미암아 소시니안 논박의 마이너 제안도 적절한 것이다. 물론 그것은 부속적인 측면이나 상황적인 측면에서는 동일한 것은 아니지만 본질에 있어서는 동일하다. 그의 고난은 비록 기간 면에서는 한시적일지라도, 그는 무한하신 인격자이기 때문에 부과된 형벌로서 그 가치와 무게는 타당하게 무한한 것이다. 따라서 본질적으로는 공의와 율법의 시각에서 죄인들이 마땅히 받아야 할 영벌과 동일시할 수 있다.

그렇다면 *아이뎀(같음)*과 *탄툼뎀(유사함)* 사이의 차이는 오웬 박사가 믿는 것과는 달리 그렇게 중요한 것이 아니다. 한 사람의 한시적인 고난과 다른 존재들의 수백만 년의 영벌의 고난 사이의 차이는 그 외적인 측면들과 부속적인 것들 혹은 그에 수반되는 상황적인 면에서 보면 정말 엄청난 것이다. 그런 면에서 볼 때 인간들은 그게 어떻게 똑같은 거냐며 그렇게 말하기를 매우 꺼려하는 것은 상당히 합리적인 주장이다. 그리스도의 대체와 만족케 하심에 대한 성경의 교리는 만일 그의 죽으심이 인간의 죄악들을 위하여 온전히 상응하는 것 혹은 적당한 보응으로 나타나는 것이라면 충분히 이해될 수 있다. 부과된 형벌로서만이 아니라 본질적으로 죄에 대한 사망을 선고하는 율법의 요구에 참되고 온전한 응대로서 그 무게와 가치도 함께 부과된 것으로 여기는 것이다. 따라서 이것은 성경이 명확히 가르치고 있는 입장을 본질적으로 잘 소화하고 있다. 즉 그리스도는 우리의 죄악을 담당하셨다. 그가 아니었다면 우리가 마땅히 받아야만 했는데 그가 대신 그 형벌을 당하셨다는 것을 의미한다.

그리스도께서 우리가 받아야 할 형벌과 동일한 것이(idem) 아닌 그에 상응하는 유사한 것(tantumdem) 혹은 보응의 형벌을 받은 것이라고 인정한다면 그 위험성은, 인간은 상응이나 혹은 보응의 개념을 희석하거나 제거해 버리기 쉬운 존재라는 점이다. 그리고 그것을 어떤 것이나 혹은 아무것도 아닌 것으로 전락시키기 쉬운 존재이다. 그리고 우리의 경험 자체가 그런 경향을 충분히 설명하고도 남는다. 좀 더 건전한 알미니안들은 그리스도의 죽음이 인간의 죄악들을 위하여 그에 상응하거나 보응하는 것이었음을 인정한다. 그러나 그들은 일반적으로 그것을 온전한 상응(full equivalent)으로 말하는 데는 일반적으로 매우 꺼려하거나 부정해 버렸다. 적절한 보상으로 말했을 뿐이다. 그 이유는 분명하다. 왜냐하면 후자의 개념이 의도된 대상들을 위하여 확실히 효과적인 것이 되어야 함을 제시하기 때문이다. 즉 그것은 어떤 확실한 결과를 달성함에 적합하고 계획된 하나의 큰 틀 안의 일부분이 되어야만 한다. 왜냐하면 일반적인 상응혹은 보응의 개념을 가지고는 매우 모호하고 광의적으로 이해되기 때문에 그들은 어느 정도의 타당성을 가지고서 그에 대한 보편성, 불확실성, 불완전성 및 불분명한 적용에 대한 자신들의 개념을 유지할 수 있게 되는 것이다.

따라서 현대에 와서도 그들은 언제나 어떤 의미로서든지 심지어 상응에 대한 개념조차도 거부하고 앞에서 언급한 제 삼의 방식을 수용하였다. 즉 그리스도는 우리가 받아야만 했던 형벌과 동일한 형벌을 받은 것이 아니며 그에 준하는 형벌도 받은 것이 아니다. 그의 형벌적 고난은 단지 형벌을 대체한 것에 불과한 것이라는 주장이다. 이 개념은 여전히 그들에게 말 그대로 그리스도께 귀속되는 대체와 만족을 어느 정도까지 희석시키거나 약화시킬 수 있는 넓은 범위를 남겨두는 것이다. 따라서 그것은 지금도 언제나 알미니안들이나 또는 칼빈주의자들이나 보편적 혹은 무제한적 속죄론을 신봉하는 자들 대부분은 다 수용한 개념이었다.

상응(equivalent)이라는 단어는 솔직히 말해서 정확히 일치한다는 개념은 아니다. 그럼에도 본질적으로는 동일하다는 의미이다. 적어도 *어떤 분명하게 이해된 표준에 의해서* 본다면 동일한 목적들을 섬기거나 혹은 동일한 대상들에게 효과를 미치는 적절한 역량이 있음을 제시하는 단어이다. 그에 비해 형벌을 위한 대체라는 개념은 거의 어떤 무엇이든지 될 수 있는 것이다. 실로 대체물은 상응하는 것, 심지어 완전히 상응하는 것, 또는 진짜 일치되는 것과는 뭔가 부족하거나 또는 다른 것일 수도 있다. 그러나 그 대체물은 또한 실제에 준하는 것 또는 실질적으로 실제와 일치시킬 수 있는 것이라고 예측할 수 있는 것과는 전혀 아닌 다른 무엇으로 동일하게 묘사할 수 있기도 하다. 그러므로 내가 앞에서 지적하였고 그리고 오웰 박사나 다른 학자들이 파악하고 있는 그 위험성은 엄격하고 명확한 일치성의 개념이나 문구로부터 이탈하는 것에 빠지는 것이다. 만일 상응하는 것이라는 의미가 동일한 것이 아니었다면 그것은 그것을 위한 대체물이었어야만 한다. 그리고 심지어 본질적으로 일치함을 내포하고 있는 완전히 상응하는 것으로서 그 대체물은 대체물이라는 일반적인 이름으로 분류할 수 있는 것이다. 따라서 마침내 불분명하고 모호한 언어의 독창적인 사용에 의하여 늘어질수록 사람들의 개념들은 점차적으로 그리고 눈에 띄게 저조해진다. 그들은 인간이 어긴 율법과의 관계에 있어서, 그리고 그리스도께서 그 율법의 모든 요구사항들을 다 성취하심으로 말미암아 자신을 영화롭게 하며 숭앙받게 한 그리스도의 죽으심에 대한 독특하고 분명한 개념들을 그들의 교묘한 말로 속였다. 그리스도께서 우리의 자리에서 저주가 되셨고 그 율법의 모든 저주로부터 우리를 구속하신 그의 죽으심에 대한 확실한 개념들을 감쪽같이 속게 만들었다.

그리스도께서 고난을 당하신 것은 우리가 범죄하여 초래하게 된 우리가 받아야 할 그 형벌이나 혹은 그에 상응하는 형벌이 아니요 단지 그 형벌을 위한 대체물이었다는 개념은 -그 대체물이 어떤 것이든 하나님께서 받아들이실 만한 대체물이라는 개념은- *그것을 고백하는 대상에 대하여 적합한지 점검이나 시험해 볼 수 있는 어떤 표준이 없이 아무 것이나 하나님은 수용하기를 선택하신다는 것이다.* 이런 주장은 오늘날까지 심지어 다른 측면에서는 알미니안주의를 따르지 않지만 보편 대속교리를 옹호하는 사람들 가운데서 상당히 많이 논의된 것이었다. 그러나 그것도 알미니안 사상이다. 실로 그것은 많은 건전한 알미니안들에 의해서 부인되었고 그리고 칼빈주의자들에 의해서도 솔직하게 그것은 대속교리를 전적으로 부인하는 것보다 나은 것이 실질적으로 조금도 없는 것으로 간주된 개념이다.

이 주제에 대하여 옛 알미니안들의 교리를 설명함에 있어서 그것을 소시니안과 칼빈주의적 견해들 사이의 황금수단(golden mean)으로 묘사하고 있는 림보르치(Limborch)는 그 두 진영의 차이를 다음과 같은 것으로 구성되어 있다고 한다. 즉 칼빈주의자들은 인간이 마땅히 받아야 할 형벌과 똑같은 형벌로서 또는 그에 온전히 상응하는 것으로서 그리스도께서 고난을 당하신 것으로 묘사한다는 것이다. 물론 이것은 본질적으로 동일한 것임을 내포하고 있다. 반면에 알미니안들은 그리스도의 고난이 죄인들을 위한 어떤 무엇 혹은 다른 고난으로 간주한다. 즉 형벌을 위한 대체물로서 작동한 고난이란 것이다. 그리스도는 림보르치의 표현에 의하면 *vice pœnæ*(사악한 고통)을 받는 자로서 우리의 자리에서 우리가 받을 형벌 대신에 받은 자라는 것이다. 그러나 그는 이것이 그리스도께서 우리의 자리에서 우리 대신에 고난을 당하셨거나 형벌을 받으셨다는 것을 사실상 부인하는 것으로 간주될 수 있고 소시니안주의와 근접한 것이라고 느꼈다. 따라서 그는 그 자신의 교리적 입장에서 이것을 반대한다고 제안하였다. 그리고 그에 대한 다음의 질문에 답하였다. 즉 그가 우리의 자리에서 대신 벌 받으신 것이 아니라면 그렇다면 무엇이란 말인가?(*a non ergo nostro loco punitus est?*) 그의 답변은 이것이다: '우리는 그에게서 분명하게 나타난 형벌과 같지 않은 동일한 형벌을 가진 자들이다.'[17] 이 진술에는 우리가 부인할 수 없는 명백한 내용을 허용하고 있다. 즉 우리의 자리에서 그리스도가 받으신 형벌적 고난에 대한 자연스럽고 확실한 의미는 문자적으로 확실한 것이든 또는 본질적으로 상응하는 것이든 우리가 초래한 형벌을 담당하셨다는 것이다. 그리고 이것이 그 단어의 거짓된 의라고 증명이 되지 않는 한 그 단어의 참된 의미임을 붙들어야 한다고 그는 고백한 것이다. 그러면서 그는 다음과 같은 말을 첨부하였다: '그러나 확실한 측면에서 그것이 죄인들을 위하여 하나님을 가장 기쁘시게 하는 방편으로 나타나는 대속적인 형벌인, 즉 죄인들이 받아야 할 형벌의 장소에서 그가 담당해야 했던 고난인 대속적인 형벌로 볼 수 있는 한 그것은 우리를

---

17) *Eadem quam nos meriti eramus specie pœnæ non punitum esse jam ostendinius.*

위한 형벌을 받으신 것으로 말할 수 있다.'[18] 여기서 그가 말한 '대속적인 형벌(pœna vicaria) 개념은 마땅히 받아야 할 다른 사람들 대신에 그들의 자리에서 담당하신 형벌이 아니라 단순히 형벌의 자리에서 혹은 형벌을 위한 대체물로서 악한 고난을 담당한 고난으로 보는 것이다. 이 개념은 보편적 구속론을 옹호하는 학자들, 예를 들면 Beman, Jenkyn과 같은 학자들에 의해서 온전히 수용된 개념이다.[19]

물론 우리는 한편으로 우리의 죄악과 용서받음 그리고 다른 한편으로 그리스도의 죽으심 사이의 관계에 관한 성경적 진술들이 완전하게, 충분히 설명되거나 이해시키고 있는 것이 아니라는데 동의한다. 그리스도께서 뭔가 고난을 받으셨고 그것은 형벌을 위한 대체였을 것이라고 말할 수 있다. 그리고 그 대체는 죄인이 받아야 할 형벌 대신에 받아들인 것으로 선택하신 것이다. 그들은 림보르치가 인정한 바에 따라 받아들여져야 한다. 그리고 그리스도께서 실제로 정직하고 정당하게 말해서 우리가 초래하여 마땅히 받아야만 한 것을 자신에게 부과하여 담당하셨다는 것으로 보는 것이 매우 자연스럽고 평범한 의미가 되리라는 것은 누구도 부인할 수 없는 것이다. 림보르치는 이런 해석을 거부하였다. 왜냐하면 그것이 사실과 부합되는 것이 아님을 그가 증명하였다고 생각하기 때문이다. 즉 그는 사실 그리스도께서는 우리에게 율법이 선언한 형벌을 담당하신 것이 아님을 충분히 증명했다는 것이다. 그의 증거물은 이것이다. 첫째, 그리스도께서는 범죄로 말미암아 우리에게 떨어진 영원한 죽음을 당하신 것이 아니었다는 것이다. 그리고 둘째는 만일 그리스도께서 그 형벌을 담

---

18) *'Potest tamen certo sensu pro nobis dici punitus, quatenus pœnam vicariam, pro beneplacito divino sibi imponendam, hoc est, afflictionem, quæ pœnæ vicem sustinuit, in se suscepit.'* Limborch, Theol. Christ., Lib. iii., c. xxii., 271(1686년)을 보라.

19) 알렉산더 박사의 칭의 논문, 23쪽을 보라. Presbyterian Tracts vol. ii.

당하신 것이었다면, 또는 우리의 자리에서 온전히 상응하는 형벌을 받은 것이었다고 한다면 거기에는 하나님께서 인간의 죄악들을 용서하심에 있어서 하나님 편에서 보면 은혜나 값없이 주신 호의가 있을 수 없는 것이 된다. 우리가 이미 살펴보며 반박했었던 것과 같이 이러한 논박의 후자는 만족케 하심에 반하여 소시니안들이 흔히 유추한 것만이 아니라 대체와 만족케 하심의 특성에 대하여 엄격하고 타당한 견해에 반대하면서 보편적 구속론을 옹호하는 자들도 마찬가지로 그들의 교리와 명백히 어울리는 것은 아니다. 그리스도의 고난당하심은 오직 한시적인 것이었고 우리 인간의 범죄로 인하여 부과된 형벌은 영원한 것이었다는 논쟁에는 그 어떤 무게감이 없다.

우리가 이미 알고 있듯이 이것은 명확한 일치성 대신에 온전한 상응이라는 문구를 수용하는 것은 타당한 것이다. *아이뎀(같음)* 대신 *탄튠뎀(유사함)*을 사용하는 것이 합리적이라고 생각한다. 그러나 그것은 율법이 요구하는 것과 관련하여 볼 때 본질적으로 동일성에 반박하는 이론의 그 어떤 것도 제공하지 않는다. 율법은 사망을 선언하며 요구한다. 그리스도는 우리를 위해서 죽으셨다. 율법은 사실상 파멸에서 건짐을 받고 영원한 복락을 수여받은 수많은 무리들에 대적하는 영원한 고통을 선언하였다. 그러나 인성과 동시에 신성을 소유하신 그 분의 한시적 고난과 사망은 그 무게와 가치에 있어서 *율법의 규정을 준수하고 율법의 요구를 만족시키는 분으로서 무한한 탁월성과 불변의 의무감에 대한 증인으로서 모든 사람을 위하여 온전히 상응하는 것이었다.*

내가 이 주제에 대해서 장황하게 설명한 것은 우리가 살펴본 것과 같이 그 견해들이 펠라기안들 또는 실제로 17세기에 자신들을 정통신학자들이라고 부른 알미니안들 중 소시니안주의와 더 근접한 자들이 붙들고 있는 입장이었기 때문이다. 그들의 입장이 오늘날에도 심지어 보편구원론에 대한 칼빈주의 옹호자들에 의해서 공개적으로 더 변호하고 있는 것처럼 보이기 때문이다. 내가 생각하기로 그들은 그리스도의 죽으심의 특성, 원인 및 목적과 관련한 성경적인 진술들을 가장 근거 없이 삭제하거나 제거하는 경향을 보이고 있다. 소시니안들과 참된 칼빈주의 교리들 사이에 황금수단을 차지하고 있음으로 전자에 더 근접한 결정을 한 것으로 보인다. 이 주제를 멈추기 전에 이 알미니안의 그리스도의 고난과 죽음에 대한 개념이 죄인들이 마땅히 받아야 할 형벌을 위한 대체로 보는 것은 여기에 준하는 어떤 것, 혹은 보응과 같은 것보다 못한 어떤 것을 포함하고 있는 것이든 또는 적어도 온전히 상응하는 것, 적절한 보응과 같은 것보다 못한 것으로 보는 것이 아닌지를 보자. 이것은 정통신학자들 사이에서 *acceptilatio*(수용)라는 이름 하에서 종종 논의되던 것이었다. '악셉틸라티오'(수용)라는 용어는 법적인 개념인데 이름만 있는 혹은 허구의 또는 허상적인 지불을 표현하고자 쓰인 단어이다.[20]

이 주제에 대하여 알미니안들이 붙들고 있는 **세 번째 특성**은 이것이다. 그들은 그리스도의 만족케 하심을 인정하시고 수락해 주심이 하나님의 율법을 완화시키거나 사실상 폐지하는 것을 포함하고 있는 것으로 간주한다. 이것은 이미 설명한 그들의 주장으로부터 자연스럽게 파생되는 것이다. 그리스도께서 율법의 형벌을 담당한 것이 아니고 또 그에 완전히 상응하는 형벌을 당한 것이 아니라 그 형벌을 위한 대체로서 당한 것이기 때문에 하나님은 그의 기뻐하신 뜻을 따라서 그 형벌을 초래한 죄인들이 당연히 받아야 할 그 자리에서 그 죄인들 대신에 담당하신 것으로 수락하

---

20) Turretin, 『de Satisfact』., Pars viii., sec. x. : De Moor, 『Commentarius in Marckii Compendium』, tom. iii., p. 1083.

셨다는 것이다. 그 율법은 어떤 의미에서 실행되지 않았거나 강압된 것이 아니고 사실상은 폐지되거나 한쪽에 치워 버려진 것이었다는 주장이다. 그에 비해 정통신학자들은 그 율법은 실행되었고 강제되었으며 그 율법이 선언한 형벌을 그리스도께서 친히 담당한 것이라고 주장하는 것이다. 하나님의 진리 체계 전체를 제대로 이해하기 위해서는 우리가 하나님께서 본래 사람들에게 주신 그 율법의 완전성과 불변성에 대한 정확한 개념과 표현들을 충분히 이해하는 것이 매우 중요하다. 이 교리가 정확하게 적용될 때 필연적으로 알미니안 요소로 구성된 신율법주의와 칼빈주의를 남용하고 왜곡시킨 율법폐기론의 양극단적인 입장을 동일하게 배제하고 있듯이, 실질적으로 칼빈주의는 이 양극단에 대한 책임이 전혀 없는 것이다.

일반적인 교리로서 도덕법은 하나님께서 인간에게 본래 주신 것이다. 그리고 그 본질상 그 율법이 요구하는 것들 측면에서 완전한 것이었고 완전한 것으로 여겨왔으며 그 의무사항에 있어서 불변하는 것임을 입증하는 것은 아주 쉽다. 하나님께서는 그 이후 자신을 부인함이 없이 이 율법이 어떤 면에서 결함이 있다거나 흠을 내포하고 있다거나, 요구사항이 너무 엄격하다거나 인준 받는 것이 너무 힘들다거나 하는 인상을 심어주기에 적합하게 하는 그 어떤 일도 결코 할 수 없었다. 또한 그는 그 율법을 완화시키거나 폐지하는 일도 결코 할 수 없으신 것이다. 그러나 오로지 칼빈주의자들만 인정하고 적용하고 있는 이 중요한 원리를 부정하는 것이나 경멸하는 것은 신학의 중요한 영역에 번져있는 오류의 근본 바탕이 되는 것이다.

만일 죄인들이 여전히 용서받고 구원받는데 그 형벌이 인간이 초래한 율법의 형벌을 담당하신 것이 아니었다면, 그렇다면 그 율법은 죄인들의 구원에 있어서 명예롭지도 못하고 도리어 짓밟힘을 받게 되는 것이다. 따라서 그 율법에는 결함이 있고 변질적인 것임이 증명되고도 남음이 있는 것이 된다. 물론 칼빈주의자들은 죄인들의 용서받음에는 광의적이고 부적절한 의미에서 그 율법의 완화라고 말하게 될 수 있음을 인정한다. 왜냐하면 사실 그 형벌은 범죄한 당사자들에게 부과된 것이 아니고 다른 사람에게 부과된 것이기 때문이다. 즉 칼빈주의자들은 개인들의 고난들과 관련하여 일종의 완화가 있음을 시인한다. 그러나 위험하고 고통을 받게 된 그 형벌과 관련된 것은 아니었다. 실로 이것은 엄청 독특한 신비로운 일이다. 그러면서도 가장 영광스러운 독특성을 가진 기독교 신앙체계이다. 그 체계는 대속교리 혹은 그리스도의 만족케 하심으로 구성되어 있는 것이다. 한 분 대리인이 준비되었고 그리스도의 그 대체하심이 수락된 것이었다. 그렇다고 여기에는 율법을 불명예스럽게 한다든지 또는 율법의 불완전성과 변동성을 내포하고 있는 것은 전혀 없다. 도리어 이 대속교리는 모든 면에서 율법의 절대적 완전성과 불변의 의무사항을 우리에게 심어주기에 가장 적합한 교리이다. 그 어떤 차원에서도 율법의 완화나 폐기가 내포되는 일은 전혀 없다. 율법의 완화나 폐기는 이 교리와 반대되는 입장이며 율법의 준수와 완성을 배제시키는 것이다. 반면에 대속교리에는 그 본질에 있어서 율법의 준수나 완성을 포함하고 있다. 다시 말해서 그 율법이 선언한 형벌의 부과와 담당하심은 사실상 그 형벌에 완전히 상응하는 동일한 것이요 적합한 보응이다. 그리고 상황이나 부속물 측면에서만 하나의 완화 즉 특정한 존재나 고통을 겪는 사람들과만 관련될 뿐이다.

만일 대속 혹은 만족케 하심이 부정된다면 율법은 전적으로 폐기된 것이거나 한쪽으로 치워버리는 것이 된다. 물론 죄인들을 구원함에 있어서 그 율법이 불완전하고 변동성이 강한 것으로 낙인찍혀서 불명예스럽게 된다. 심지어 대속교리나 만족케 하심이 어느 정도 인정된다고 하더라도 거기에는 율법에 대한 존중이나 명예를 드러내는 것은 실질적으로 없게 된다. 왜냐하면 가장 공정하고 정직하게 말해서 그 율법의 요구사항에 순종하는 것이 없으며 그 율법의 요구사항 실행을 완수함이 없기 때문이다. 그 율법의 일반적인 성향이나 특징 및 목적에 있어서 이 대속교리나 만족케 하심이 진정으로 그 율법이 선언한 형벌을 담당한 것이지 않는 한, 그 율법의 완전성과 불변성에 대한 어떤 인상도 주는 것이 전혀 없기 때문이다. 율법과 도덕적 통치의 위대한 목적과 관련하여 율법이 주어진 동일한 목적을 섬기는 것이 되지 못하는 것이다. 하나님의 성품, 그의 율법에 대한 특징, 죄의 특성 및 하나님께서 죄를 범한 인생들에게 실제적으로 형벌을 가하시는 면에서 그 피조물들을 다루시는 규정적 원리에 부응하는 것이 아니다.

수많은 인류 족속들이 멸망하고 있고 영원한 비참함에 떨어지고 있다. 물론 그들은 죄에 대한 형벌로써 그 율법이 선언한 죽음에 처해질 것이며 사형이 실행될 것이다. 남은 자들은 죄 용서함을 받아 구원을 얻게 될 것이다. 그러나 이들의 경우에서도 그 율법이 폐기된 것이 아니라 실행되는 실체이다. 왜냐하면 그들이 초래한 그 형벌은 부과되었고 담당케 되기 때문이다. 물론 그것은 죄를 범한 그들이 감당한 것이 아니라 그들을 대신하여서 다른 사람이 그들의 자리에서 그들 대신 담당한 것이다. 용서받게 되고 구원받게 된 자들에 의해서 초래된 그 형벌을 담당하셔야 하는 그 대체를 준비하심은 초법적인 자비와 긍휼히 여기심의 위대하고도 영광스럽고 신비한 행동이다(a great, glorious, and mysterious act of extra-legal mercy and compassion). 죄인들이 구원함을 받게 되는 그 놀라운 예비하심은 하나님의 완전성과 그의 도덕적 통치와 온전히 일치하는 일이다. 그러나 각각의 실행 단계에서 그 율법은 시행되었고 그 규정들은 완전하게 준수되었다. 왜냐하면 그 대체의 사역이 죄 용서함을 받아 구원받는 자들을 위한 적절한 근거로서 받아들여졌기 때문이다. 그것은 죄인들이 받아야 할 그 형벌을 담당하신 것이기 때문이다. 그의 일은 그 율법이 죄인들에게 요구한 것을 다 했고 행하실 수 있었기 때문이다. 우리가 보는 이런 방식으로 그리고 찬사와 경이로운 감사의 마음을 가지고 율법의 폐기나 완화가 아니라 도리어 그 율법의 실행과 집행으로서, 심지어 그 율법의 요구사항을 다 깨트린 자들의 용서함과 구원함을 이루시고 그들이 받을 저주를 그 대리인이 온 몸으로 받은 자가 되었다는 것을 깊이 묵상해야 한다.[21]

이 구속론에 대한 알미니안의 **네 번째 특성**은 하나님이 인간과 새 언약을 맺으셨다는 것이다. 하나님의 공의와 진실성과 일치하는 새 언약을 맺으신 것을 그들은 주도적이고 적합하고 직접적인 효과를 미치고 있는 것으로 나타낸다. 이전보다 더 호의적인 용어들을 가지고 그렇게 표현하는데 죄 사함과 화목이 모든 사람에게 조건적으로 전달된다는 것이다. 즉 믿음과 회개라는 조건들 위에 주어지는 것이다. 그리고 사람들은 그것을 충분히 성취할 수 있다는 조건 위에서 주어진다는 것이다. 이 교리는 본질적으로 신율법주의이다. 이것은 복음을 새로운 혹은 수정된 율법으로 제시한다. 이 새 복음이 모든 사람들에게 죄 사함과 영생을 제공한다는 것이다. 이에 기초하고 완전한 설명을 요구하는 이 교리는 단순히 자신들의 대속교리보다 알미니안 신학체계의 완전한 견해를 나타내는 것이다. 그것은 당연히 성경적이고 칼빈주의 예정론과 인간의 전적 타락을 부정한다. 그러나 우리가 다루는 그들의 입장은 대속교리의 한 부분으로서 더

---

21) Turretin, 『de satisfact』., Pars viii., sec. x.

제한적인 측면에서 보는 것이다.

 그들의 교리를 공격하는 본질은 이것이다. 소시니안 교리와 같이 그것은 그리스도의 희생제물로서의 죽으심과 인간의 죄 용서함 사이의 연계성의 특징과 관련된 성경적인 진술들의 참되고 공정한 중요성을 다 배제시키는 것이다. 그리고 그 연계성을 그들은 성경이 제시하고 있는 것보다 거리가 멀고(remote) 간접적인(indirect) 것으로 나타낸다. 성경은 그리스도를 그의 죽으심으로 말미암아 새롭고 더 나은 언약을 비준하고 인치시는 보증인 혹은 후원인으로 나타내고 있다. 그러나 이 언약은 본래 주어진 율법의 폐기나 완화에 기초한 것이 아니었다. 그리고 알미이안들이 말하는 신학체계처럼 보다 용이한 방식으로, 보다 호의적인 조건하에서 생명을 바치게 하는 새로운 계명을 소개한 것이 아니었다. 그와는 반대로 우리가 이미 살펴본 것과 같이 그리스도의 죽으심은 본래의 율법이 가해져 실행되었음을 함축한 것이다. 그리스도는 그의 백성들의 보증인이요 후원자로서 이 새 언약의 조건들을 그 *본래 율법의 요구사항을 순종하심으로 충족시키셨다.* 죄인들의 자리에서, 죄인들을 대신하여 그 본 율법이 선언한 형벌을 담당하심으로 충족시키신 것이다. 성경은 죄인들을 구원하시고자 자신을 속죄 제물로 바치신 그리스도의 죽으심의 궁극적 목적만이 아니라 직접적인 즉효까지도 나타내고 있다. 즉 죄인들의 구원함이 내포하고 요구하는 모든 것, 구원을 달성하기 위하여 필요한 모든 것에 영향을 주고, 획득하고 예비한 것 까지도 다 표현하고 있다. 그에 비해 알미니안 신학체계는 실제적인 결과로서 죄인들의 구원함은 그리스도의 죽으심의 유일한 궁극적 목적이었고 그 죽으심의 즉효는 그들이 잘 표현하듯이 모든 사람들이 다 *구원을 받을 수 있게*(salvabiles) 만드는 것이지 죄인들을 구원하거나 구원을 획득한 것이 아니다.

알미니안 신학체계에서 그리스도의 죽으심이 실제적으로 효과를 미치는 것은 아무것도 없다. 다만 하나님으로 하여금 하나님이 기뻐하시는 대로 이것이 요구사항에 적절히 응하는 것으로 생각되시는 조건위에서 인간에게 죄 용서함, 용납하심, 및 영생을 제공하실 수 있게 만들었을 뿐이라는 것이다. 따라서 그들은 그 죽으심의 즉각적인 목적과 효과는 다음과 같다고 흔히 말한다. 그의 죽음은 합법적 방해물들을 제거한 것이며 하나님이 수여하실 수 있도록 문을 열어놓은 것이다. 그리고 인간들의 영접함과 사하심 및 구원함을 마련하신 것이라고 본다. 알미니안이 이것을 효과적인 것으로 보는 이유는 그것이 죄인들의 자리에서 죄인들 대신에 이 죄인들에게 요구하는 모든 것과 일치하여 혜택을 받게 된 것이 아니라 단지 그의 죽으심은 죄에 대한 하나님의 엄청난 싫어하심을 들춰낸 것이요 의를 사랑하심을 나타냈기 때문이었다. 그리스도가 그렇게 하심으로써 하나님은 자신의 성품에 대한 잘못된 인상을 심어줄 위험성을 가짐이 없이 하나님께서 기꺼이 받아주실 사람들에게 죄 사함과 영적 복락들을 수여하실 수 있는 안전장치를 확보하게 된 것이다.

그렇게 말하는 이런 주장은 본질적으로 틀린 것은 아니다. 그러나 일반적인 소시니안 교리와 같이 성경이 이 주제에 대해서 가르치고 있는 모든 것을 다 구현하고 있는 것이 아니라는 점이다. 이들 주장은 성경이 우리에게 많은 자료들을 가지고 제공하고 있는 모든 것을 온전히 그리고 독특성 있게 말해 주는 것이 아니다. 우리는 성경에서 그리스도의 죽으심이 합법적인 장애물을 제거하신 것이요, 인간의 죄 용서함과 구원을 위한 하나의 문을 여신 것이라고 말함을 듣지 못했다. 그러나 그 진술들이 사실이라는 점은 우리가 인정한다. 즉 그리스도의 죽음이 죄 용서와 구원을 이루셨다는 것이다. 왜냐하면 그 안에 그것들이 내포되어 있다고 보는 것이 공정한 것이기 때문이요 그렇게 추론할 수 있는 것이다. 성경적인 진술들이 이 교리의 명확성과 정확성에 대한 근거를 충분히 제공하고 있다. 즉 우리의 자리에서 그가 죽으심으로 말미암아 그리스도는 하나님의 공의와 율법의 요구를 만족케 하셨으며 그로 인하여 우리를 하나님과 화목케 하신 것이다.

인간에게 죄 사함과 구원을 제공하시려는 하나님의 방식에는 장애물들이 있었다. 하나님은 이 장애물들이 제거되어야 함을 요구하신다. 닫힌 그 문은 열려져야만 했다. 구원의 계획에 있어서 그리스도의 죽음이 차지하고 있다는 입장으로부터, 그리고 그것을 설명하는 일반적인 효과들로부터 우리는 그리스도의 죽음이 이 장애물들을 제거하였고 이 문을 열었다고 설명하는 충분한 근거는 제공되었다고 본다. 그러나 우리가 주장하는 것은 이것이 죄로부터 구속함을 성취함과 하나님의 은총을 누리게 함에 있어서 보다 더 직접적이고 즉각적인 효과를 낳는 것을 나타내고 있다는 그의 죽으심의 적절한 목적들과 효과들에 대한 성경적인 설명은 그들의 주장에 따른 그 어떤 다른 방식으로도 낱낱이 다 설명되지 않는다는 것이다. 그리스도의 죽으심과 사람들의 실제적인 죄 사함 및 구원 사이에 존속하는 것으로서 알미니안 교리가 지칭하고 있는 것보다 성경이 더 근접하고 더 직접적인 연계가 있음을 가리키고 있다. 그뿐만이 아니라 우리가 이미 본 바와 같이 신적 통치와 율법의 원리들을 보여주는 것이 아니라-물론 그것이 맞는다고 할지라도-우리 앞에 그것을 제시함으로 말미암아 우리의 자리에서 그 율법의 형벌을 담당하신 것으로서 독특하고도 명확하게 그에 대한 타당한 특성과 즉각적인 목적과 효과 사이에 연계가 있음을 성경은 잘 설명하고 있다.

그것은 바로 그 형벌을 담당한 것이었기 때문에, 또는 사실상 그것에 온전히 상응하는 것이었고 또는 그에 준하는 것으로 신적 통치와 율법의 원칙들을 잘 드러내주고 확정한 것이었다. 그리하여 그의 죽으심은 사람들의 죄 사함과 구원을 낳았는데 그러한 진지한 표현이나 확정의 개입을 통해서가 아니다. -물론 이것은 참이며 간과해서는 안 될 일이다.- 우리의 자리에서 우리 대신에 그 율법이 예비한 것과 일치하게 부과된 형벌로서 그 죽음의 적절한 특성으로서 직접적으로 이루어진 것이다. 그리고 따라서 죄인들 자리에서 자신들이 범하여 초래한 그 형벌을 죄인들이 마땅히 받아야 하는 고난을 받지 않은 적합한 근거 혹은 이유를 확실하게 제공하고 있는 것이다.

알미니안은 보편구원론을 붙들고 있는 자들이다. 그리고 선택교리를 부정한다. 그리스도의 죽음을 모든 사람들의 영적 복락과 영원한 구원을 증진시키기 위해 동등하게 의도된 적합한 것으로 본다. 물론 그들은 그리스도의 죽음을 그의 죽음이 가져온 결과들과 연결함은 간접적이고 상당히 먼 것으로 여긴다. 그리스도께서 위하여 죽으신 자들을 위한 그의 죽음이 의도했던 구원은 모든 인류 족속에 속한 자들을 위한 것인데 현실은 일부는 구원받고 일부는 망한다는 것이다. 만일 그리스도께서 모든 사람들을 위하여 동등하게 죽으셨다고 한다면 그의 죽으심은 어떤 사람들의 구원의 타당한 원인이나 근거가 될 수는 없고, 그리고 어떤 사례에서도 구원과 직접적이거나 효과적인 관계를 가질 수 없는 것이 된다. 그러므로 그것은 그리스도의 죽으심이 하나님을 안전하고 영광스럽게 죄인들이 하나님께서 정하신 조건들을 준수한 사람으로 용서할 수 있는 것이 되도록 적절하고 즉각적인 영향을 나타내는 알미니안들의 주장과 매우 일치하는 것이다. 또는 사실상 그것을 받아들이기로 선택한 사람에게 죄 사함을 수여하는 능력을 그리스도께서 획득하신 것과 같은 것으로 보는 알미니안의 주장과 같은 것이다. 즉 누구든지 그 문으로 들어가서 그들을 위하여 예비된 구원의 복락들을 실질적으로 취할 수 있게 하는 효과나 획득케 하는 어떤 것이 준비되었음이 내포되어 있거나 산출하는 것이 전혀 없는 알미니안들은 그리스도의 죽으심이 단순히 장애물들을 제거하는 것이나 문을 여는 것이었다고 보는 것이다.

그리스도의 죽음을 단순히 하나님으로 하여금 자신이 마련한 그 혜택을 기꺼이 수용하기를 원하는 자들에게 죄 사함을 수여하실 수 있게 한 것으로 보는 그리스도의 죽으심의 즉각적인 목적과 효과와 관련한 이러한 알미니안의 일반적인 교리는 다음과 같은 두 가지 입장들을 유지하는 방식으로 나타난다. 즉 사람들에게 거치적거리는 또는 죄 사함 받는 일에 장애가 되는 합법적인 것들을 제거하는 것이요, 들어가기를 선택한 자들은 누구든지 들어갈 수 있는 문을 열어 놓아서 그 문에 들어감으로 말미암아 화목함과 용서함을 받게 한 죽음으로 보는 알미니안 교리는 항상 다음 두 가지 입장으로 특징된다. 하나는 화목과 죄 사함의 촉진과 적용은 생각이나 개념에서 구별되는 것일 뿐 아니라 사실상 실제적으로 분리되거나 나눠진다는 입장이다. 또 하나는 실질적으로는 일반적인 원칙과 같은 것인데 더 특별나게 발전된 것으로 혹은 그에 대한 즉각적인 결과로서 즉각적이거나 직접적인 것은 아닐지라도 그리스도의 죽음과 인간의 죄 용서함 사이에 원인적인 혹은 공로적인 관계가 존속한다는 것이다. 그리스도의 죽으심과 믿음과 회개 사이에 원인적인 것 혹은 공로적인 관계는 존재하지 않는다. 사실 그것이 없이는 인간이 하나님과 화목케 되거나 용서받을 수 없는 것이다. 우리는 이 두 가지 입장에 대해서 간략하게 언급하고자 한다.

알미니안 교리의 일반적 특징

1. 그리스도의 고난과 죽으심에 의하여 그리스도께서는 사람들을 위하여 용서와 화목을 얻어냈거나 획득하였다고 가르친다. 이것은 모든 사람을 위한 것이다. 즉 그리스도의 고난과 죽으심은 본질적으로 합법적인 장애물들을 제거한 것이요 그것을 받아들이는 자들 모두에게 죄 사함과 화목을 수여하시는 하나님을 위하여 하나의 문을 열어놓은 것 말고는 그 이상 아무 것도 아님을 의미하는 것이다. 그들은 그리스도에 의해서 얻어냈거나 획득한 이러한 복락들이 주어진 많은 사람들에게, 심지어 궁극적으로 멸망할 모든 사람에게도 주어졌다고 가르친다. 그들에게는 이러한 복락들이 사실상 적용되지 않는다. 그 이유는 단 한 가지이다. 왜 이 자들은 실질적으로 자기들을 위해서 획득해 놓은 복락들을 취하지 않는지 그 한 가지 이유는 그들이 그것들을 받아들이는 방식으로 그들 자신의 능력 안에서 그렇게 하기를 거부하였기 때문이란다. 또는 이미 제시된 그 조건들을 순응하지 않았기 때문이다. 그러나 후자의 입장은 어쩌면 알미니안 체계의 다른 그룹에 속한 것이다. 즉 인간의 전적 타락을 부정하는 자들 그리고 회개와 믿는 인간의 능력을 주장하는 자들에게 속한 입장일 것이다.

우리는 현재 그들의 가능성 교리를 다룬다. 그리고 죄 사함 혹은 용서함을 얻어낸 것과 적용의 실제적인 분리 사이의 괴리를 다루어야 한다. 칼빈주의자들은 구원의 복락들을 얻어낸 것과 적용은 구별된 것으로 본다. 즉 그 둘은 다른 기관들에 의해서 다른 시기에 영향을 미치는 서로 다른 것으로 이해하고 구별된 것으로 말한다. 칼빈주의자들은 그리스도께서 하신 것으로 묘사하는 이러한 복락들을 얻어내게 되는 것은 그가 우리의 자리에서 우리를 대신하여 고난당하신 것 때문이다. 그 복락들에 대한 적용은 그 복락들 안에서 개개인이 참여자가 되게 하는 것인데 이것은 성령의 사역으로 말미암는 것으로 말하는 것이다. 어느 누구도 회개하고 믿을 때까지 실질적으로 하나님께 죄 용서함을 받거나 하나님과 화목케 되지 않는다는 것은 성경이 지속적으로 명확하게 가르치고 있는 교리이다. 회개하며 믿는 것이 그리스도께서 획득하신 그 복락들에 참예하는 자가 되는 유일한 길이다. 탄원 혹은 획득 그리고 개개인에게 용서와 화목에 대한 적용은 이런 방식으로 완전히 서로 구별되는 것임을 칼빈주의자들은 시인하는 것이다. 그러나 그 둘을 분리될 수 있는 것으로, 그러나 사실은 그 복락의 대상들인 사람들과 관련하여 그 둘은 분리되었고 나눠져 버린 것으로 간주하는 알미니안 교리에 반대되는 아주 중요한 성경적 진리가 하나 있다. 이것은 거의 대다수의 칼빈주의자들이 다 붙들고 있는 것인데, 보편적 혹은 무제한적 구속론을 신봉하는 자들을 제외한 칼빈주의자들 모두가 붙들고 있는 성경적 진리 하나는 신앙고백서에 이렇게 수록되어 있는 이것이다: '그리스도께서는 속량하신 모든 사람들에게 그 구속을 확실하고도 효과 있게 적용하시고 교통하신다.'[22)]

여기에서 분명하게 사용되고 있는 '구속'(redemption)이라는 단어는 성경에서 종종 그렇게 사용되듯이 획득하려는 그리스도의 죽으심의 직접적 목적인 그런 복락들을 이해하는데 사용된 것이었다. 물론 그 단어는 하나님과의 화목과 죄 용서함을 포함한다. 성경의 교리와 우리의 신앙고백서는 획득하거나 얻어낸 이러한 복락들이 주어지는 모든 자들에게 적용되고 전달된다는 것이다. 그래서 사실 그들 모두는 그 복락들을 받으며 참여하게 되고 또는 실제적으로 용서받으며 화목케 되는 것이다. 알미니안 교리는 구속은 적어도 용서와 화목의 복락들을 포함하고 있는 한, 모든 사람

---

22) 웨스트민스터 신앙고백서 8장 8항.

들을 위하여 획득한 것이기에 모든 사람이 다 동등하게 얻어진다는 것이다. 그런데 문제는 멸망되는 자들을 위해서도 획득된 것이라 할지라도 이러한 복락들이 그 모든 사람들에게 적용되거나 전달되는 것이 아니라는 것이다. 실제로 그런 자들은 그 복락들을 받거나 참여케 된 적이 결코 없는 것이다. 많은 사람들에게 적용되거나 전달되지 않는다는 그 용서와 화목은 논박거리가 아니다. 이것은 모두가 다 인정한다. 그러나 문제는 획득하였거나 얻어냈거나 혹은 값 주고 산 것이든 그것들이 적용되지 않는 자들을 위하여도 그렇게 한 것이든지, 아니면 전달되지 않는 자들을 위해서 그렇게 하여 그들도 그 복락들을 받고 소유하고 즐기게 되는가?

이것은 실로 구속의 범위와 관련된 참되고 정확한 질문이다. 그 논쟁의 답은 이 질문에 대한 답변에 달려 있다. 그리스도께서 이 복락들이 실제적으로 적용되고 궁극적으로는 전달되는 자들을 제외한 모든 사람들을 위해 화해와 용서를 얻어냈거나 획득했거나 값 주고 산 것인가, 아닌가? 획득한 그 복락들이 모든 사람들에게 다 적용되고 전달되는가, 아닌가? 우리에게는 현재 이 질문들이 그리 크게 문제되지 않는다. 왜냐하면 그것을 부정하는 자료들을 많이 가지고 있기 때문이다. 물론 이것이 이 문제를 판단하는데 명백히 본질적인 요소들이다. 어째든 우리는 성부와 성자께서 가지고 계신 의지와 칙령들, 계획과 목적들을 담아내고 있는 자료들을 분명하게 가지고 있는 것이다. 그리스도의 고난과 죽으심의 특성 및 즉각적인 목적들의 중요성과 관련된 확실한 입장들과 연결되어 있는 한에서만 그러하다. 다시 말하면, 성경에서 우리에게 제시하고 있는 화해와 죄 사함의 복락들을 획득하거나 얻어내는 특징과 중요성과 연관되어 있지 않으면 아무 소용이 없는 것들이다.

여기에 다시 말하지만 전과 같이 죄 사함과 화해를 얻어냈다는 입장은 그것을 적용하거나 전달하기 위하여 확실하고 효과적인 조항을 포함하거나 내포하고 있지 않듯이 그 주장에 대한 우리의 주된 입장은 그리스도의 고난과 죽으심의 즉각적인 목적과 효과를 분명하게 설명하고 있고 나타내고 있는 성경본문들의 온전하고 공정한 중요성에는 도달하지 않는다는 것이다. 인간의 구원과 그 구원이 내포하고 있고 요구하고 있는 모든 것들, 특별히 그들의 죄 사함과 하나님과의 화목과 관련한 요구사항들이 다 부각되지 않는 것이다. 얻어냄(impetration)은 적용에 의하여 수반되는 것이 아닐 가능성이 있다. 또 많은 경우에서 획득한 것이 실질적으로 전달되는 것과는 별 관련이 없을 수 있다. 그리고 그것은 용서받지도 못하고 화목케 되지 않은 상태에서 영원히 멸망 받게 될 상태로 남아 있게 될 것이다. 그런 얻어냄은 성경에서 우리에게 가르친 대체와 만족케 함 교리와는 전혀 어울리지 않는다. 그리스도께서 사람들을 위하여 죽으심에 있어서 그리스도의 그 죽음의 목적과 관련하여 성경이 우리에게 주는 정보하고도 맞지 않는 것이다. 그리고 죄인들의 하나님과의 관계, 그의 율법과의 관계 및 영원과의 관계와 관련하여 그의 대속적인 희생제물이 담고 있는 결과들과도 모순된다.

2. 그리스도의 죽으심과 즉각적인 목적과 효과와 관련된 알미니안의 잘못된 오류는 이것이다. 즉 구속의 복락을 적용하는 것이나 또는 실질적 참여와 함께 그리스도의 죽으심과 믿음 및 회개 사이에 존재하는 어떤 원인적이라거나 공로적인 연관성이 전혀 없다는 것이다. 그들은 그리스도께서 죄 사함과 화목을 그들의 회개와 신앙의 조건 위에서 모든 사람들을 위하여 획득하신 것이라고 가르친다. 그러나 그들이 부인하는 것은 그의 죽으심에 의하여 그리스도는 누구든지 믿음과 회개를 획득하였다는 것

이다. 또는 인간은 사실상 회개하거나 믿게 될 것이라는 효과를 보장하는 뭔가를 확실하게 예비하셨다는 것도 부정한다.

이에 비해 칼빈주의 교리의 일반적인 원리는 알미니안과는 달리 인간이 회심하고 믿게 되는 일은 스스로 할 수 없다는 사실을 함축하고 있다. 그리고 하나님은 자신이 가장 기뻐하시는 때에 그리고 자기의 칙령들과 목적들을 수행할만한 가장 유익한 때에 그리스도 안에서 창세전에 택함을 받은 자들에게만 믿음과 회개를 주신다는 것을 함유하고 있는 교리이다. 하나님은 죄인들의 구원이 궁극적으로 성취될 수 있도록 구원의 그 모든 과정에서 자기의 택자들을 돌보시고 그들에게 주목하고 계신다. 그러나 여기에서 그 계획과 목적과 일치하게 우리는 반복적으로 강조하는 친숙함을 발견한다. 즉 우리는 그리스도의 죽으심과 신앙과 회개의 열매와는 반드시 연관이 있음을 주장한다.

그러나 알미니안은 회개하고 믿는 인간의 역량과 관련하여 그들 사이에서도 서로 다르다. 그리고 회개하고 믿도록 인간에게 역사하는 신적 기관의 종류와 측량의 잣대와 관련해서도 서로 다른 입장들이다. 그들 가운데서 더욱 일관성 있는 것은 신앙을 산출하고 회개를 낳는 경우 인간 자신의 힘이나 역량으로 충분히 해결한다는 것이다. 그리고 덜 일관적이지만 더 복음적이요 성경과 칼빈주의자들과 함께 그 문제를 풀어가는 것은 성령의 전능한 역사이다. 그러나 그들 모두가 다 부정하는 것은 고난과 죽으심으로 말미암아 그리스도는 적어도 믿고 회개하는 자들을 위하여 신앙과 회개를 획득하거나 구매하였거나 제공해 주었다는 것이다. 그들 모두가 견지하고 있는 것은 믿음의 이유나 출처가 무엇이든지 그것은 그리스도의 죽음의 결과중 하나는 아니라는 것이다. 그리스도께서 값을 치르고 획득한 열매들 중 하나가 아니며, 그것은 그리스도의 보배로운 피 흘리심으로 추적되는 것이 아니라는 것이다. 마치 그것들 사이에 원인적인 연관이 존재하는 것처럼 추적되는 것은 아니라고 주장한다. 즉 그의 죽으심이 회개나 믿음을 낳는 어떤 공로적인 혹은 효과적인 것이 되는 것처럼 말할 수 없다는 것이다.

그러한 견해들을 하나같이 주장하고 있는 이유는 매우 분명하다. 만일 그의 고난과 죽으심에 의해서 그리스도께서 그 믿음을 낳기 위한 무엇인가를 마련하신 것이었다면 그로 인하여 하나님이 준비하신 것과 일치하게 인간은 개개인이 실제적으로 그들을 위하여 그리스도께서 획득하신 복락들에 참여하는 자가 되는 것이요, 마치 그 믿음을 낳은 것이 실로 그리스도의 죽으심의 목적들과 결과들 중 하나가 되어서 결국 그리스도는 모든 사람들을 위하여 죽으신 것이 아닌 것으로 귀결되기 때문이다. 그리스도는 궁극적으로 믿는 자들만을 위해서 죽으신 것이어야만 한다. 그리스도는 그가 값 주고 사신 자들에게 그 구속의 복락들을 적용하시고 전달하시기 위한 확실하고 효과적인 것을 마련하신 것이어야만 했다. 칼빈주의자들은 성경이 바로 이 입장을 인준하고 있다고 믿는다. 즉 믿음이 어떤 사람에게 생기게 되었을 때 그것은 그 믿음의 출처나 원인으로 그리스도의 죽으심으로 추적된다는 것이다. 이 믿음은 그 사람을 위하여 그리스도께서 구매하신 복락들 중 하나로 간주된다. 그리고 그리스도의 피 흘리심에 의하여 그 복락에 참여하게 된다고 믿는다. 이 사실을 성경의 명백한 진술들이 증명하고도 남는 것이요 그리스도의 죽으심과 인류의 구원을 위한 일반적인 계획만이 아니라 인간 개개인의 실제적 구원을 위한 계획들과 관련된 성경의 여러 진술들과 다 일치하는 가르침이다.

우리의 신앙고백서는 이 교리에 대해서 이렇게 진술하고 있다: '그의 완전한 순종과 단번에 하나님께 영원하신 성령을 통하여 희생제물을 드림으로 인하여 주 예수는 그의 아버지의 공의를 충분히 만족시키셨다. 그리고 화목만이 아니라 하늘나라의 영원한 기업까지도 성부께서 그에게 주신 모든 사람들을 위하여 자신의 희생 제물로 값 주고 사셨다.'[23] 화목은 그리스도께서 자신의 희생 제물로 말미암아 구매한 것이다. 특정한 사람들을 위하여 구매하신 것이었다. 이 교리와 더불어 동일한 값을 치르고 같은 특정한 사람들을 위하여 하나님 나라의 영원한 기업까지도 사 주신 것이었다. 물론 그들의 믿음도 화목과 영원한 기업과 함께 떼려야 뗄 수 없는 관련이 있음을 밝히고 있는 것이다. 알미니안들은 그리스도의 희생 제물로 말미암아 사람들을 위하여 화목을 구매하셨다고 인정한다. 그러면서도 주장하는 것은 그것이 모든 사람들을 위한 것이라는 말이다.

그러나 실제적으로 수많은 사람들이 하나님과 결코 화목케 되지 않기 때문에 그리스도께서 사신 것은 화목이라고 볼 수 없는 것이다. 도리어 그런 죽으심은 *화목케 하는 역량*(reconciliability) 혹은 화목케 하는 자의 역량으로 말하는 것이 나은 표현이다. 즉 그것은 합법적인 장애물들을 제거하여 사람들로 하여금 원한다면 다 통과될 역량을 마련했다는 것이다. 그리고 들어가고자 하는 의향이 있다면 얼마든지 들어갈 수 있는 문을 열어 놓으셨다는 것이다. 따라서 이 점에 있어서 그들이 가르치고 있는 핵심은 이것이다. 죄인들을 구원하시고자 그리스도께서 모든 것을 하셨고 고난을 당하셨음에도 불구하고, 그의 피 흘리심에 의하여 관찰된 것이 무엇이든 혹은 그 안에 포함된 것이 무엇이든, 또는 그의 낮아지심과 희생이 이 결과를 피하게 만드는 뭔가를 준비하신 것임을 고려하는 한, 그것은 죄인 누구도 구원받지 못하는 것이다. 그가 위하여 죽으신 자들은 하나같이 다

---

23) 웨스트민스터 신앙고백서 8장 5항

멸망케 된다. 하늘나라의 영원한 기업도 그들은 결코 소유하거나 즐길 수 없게 된다. 주님이 그토록 찾아 구원하시기를 원하셨건만 아버지께서 그에게 주신 자들, 자신의 피를 쏟아 부어서 영원한 복락을 가지게 하고 싶어 하던 자들을 한 사람도 구원받지 못하게 만드는 교리가 되는 것이다.[24]

이것들이 대속교리와 관련하여 알미니안들이 일반적으로 붙들고 있는 주도적인 특성들이다. 물론 그들 사이에도 온전히 동일하게 명백하게 같은 주장을 펼치는 것은 아니고 약간의 차이들이 있기는 하지만 이런 것들이 대체로 그들의 일반적인 입장이다. 보다 건전한 알미니안들은 소시니안 교리에 대항하여 대속교리를 옹호할 때 보면 특히 그리스도의 대체와 만족케 하심의 교리를 종종 온전하게 그리고 명확하게 이끌어 낸다. 많은 학식과 자질을 가지고서 옹호하고 있음을 본다. 그러나 우리가 설명한 구속의 필요성과 그 특성 그리고 신적 율법과의 관계 및 즉각적인 목적과 효과들에 대한 견해를 일관성 있게 배제해야 한다는 의미로 그것들을 이해하고 있는 것처럼 보인다. 그러나 그들이 하나님과 영원함과의 관계에 있어서 개개인 인간의 상태와 운명에 담아내는 것을 고려하는 과정을 설명할 때마다, 그리고 *보편적 구속론 교리를 펼칠 때마다* 우리는 즉각적으로 내가 이미 진술하고 폭로한 그 오류들과 부패사항들에 대하여 더 또는 덜 진전시킨 그 근거가 무엇인지 그들의 논리의 빈약성만 드러날 뿐이다.

이 주제에 대해서 알미니안들이 일반적으로 붙들고 있는 그들만의 독특한 견해들을 상세하게 설명함에 있어서 나의 근본적인 목적은 이것과 관련하여 주된 논쟁이 되었던 한 가지 중요한 부분을 설명하는 것 외에 다음 두 가지 고려사항들을 도출하는 것이었다. 첫째, 알미니안들은 성

---

24) Davenant, 『De Morte Christi』, 87.

경이 분명하게 가르치고 있는 그리스도의 대체와 만족케 하심 교리를 지워버리거나 제거하려는 강한 성향을 명백히 드러내고 있다는 점이다. 이 주제에 대하여 그들이 칼빈주의자들과 논쟁을 벌임에 있어서 그들은 소시니안들과 맞서 대속교리를 방어할 때 종종 그들이 내세우는 입장들을 크게 희박하게 하거나 변경하곤 한다. 또는 적어도 그들의 합법적인 결과들과 적용들을 따라가기를 거부하여 어느 정도까지 죄인의 소망의 근거를 가장 직접적으로 그리고 즉각적으로 보여주는 이 교리를 부패하게 하는 것이다.

둘째, 성경이 명확하게 제시하고 있는 그리스도의 대체와 만족케 하심 교리를 제거하거나 변경하고자 하는 알미니안의 이러한 경향, 그리고 소시니안의 입장들에 더 혹은 덜 근접하려는 경향은, 또는 그리스도의 고난과 죽으심에 대한 참된 특성, 즉각적인 목적들과 효과들에 관하여 그리고 그들 사이에 존재하는 연계성에 관하여 적어도 느슨하고 덜 분명한 측면에서 모호하고 애매한 일반성에 안주하려는 그들의 경향은 그들의 보편적 구속론과 밀접한 관련이 있음이 추적 가능한 것이다. 이것은 대속의 특성을 *정착케 하거나 확장시키는 것을 결정하는* 아주 중요한 입장을 강력하게 확정하는 것이다. 그리고 알미니안들만이 아니라 칼빈주의자들 사이에도 일부 다소나마 널리 퍼져 있는 보편 구속론을 붙들고 있는 모든 사람들 가운데 더 나아갔든 그렇지 않든 그들의 입장에는 결함과 오류가 들어있다는 사실을 발견케 되기를 기대하는 것이다. 즉 나는 그리스도께서 자신의 온 몸으로 우리의 죄악을 담당하셨다는 것과 그렇게 담당하심으로 말미암아 우리의 죄 짐을 다 제거하셨다는 그리스도의 대체와 만족케 하심 교리와 관련한 그들의 교리는 분명 오류투성이임을 발견하기를 원한 것이다.

8. 속죄(대속)의 범위

우리는 이제 세 번째 그리고 마지막 분류로 나아간다. 즉 대속교리와 관련하여 다른 부분에 대해서는 칼빈주의 입장을 띠고 있지만 알미니안 견해와 동일하거나 근접한 독특한 견해들을 살피고자 한다. 물론 이것은 우리로 하여금 속죄의 범위 문제를 다루게 한다. 이 주제는 오늘날에도 신학자들 사이에 많은 논쟁이 있다. 속죄 교리의 특성과 그 교리가 담아내고 있는 상당히 흥미진진한 주요한 논제이다. 200년이 더 된 스코틀랜드 사람으로 프랑스에 있는 개신교회 신학교수가 된 카메론(Cameron) 시대 이후로 지금까지 그 문제를 다루는 신학자들이 항상 존재해 왔다. 그들 중에는 정말 탁월한 사람들도 있었는데 그들은 인간의 전적타락설과 영원부터 영원까지 택함을 받은 하나님의 무조건적인 선택에 대한 칼빈주의 교리들을 붙들었다. 그러나 그들은 보편적 구속론, 그리스도가 모든 사람을 위해서 죽으신 것이지 궁극적으로 구원받는 자들만을 위하여 죽으신 것이 아니라는 교리도 견지했다. 다른 모든 부분에서는 칼빈주의자들이면서 알미니안의 보편적 구속론에 찬동하는 몇몇 사람들로서, 그리고 그리스도께서 모든 사람들을 위하여 죽으셨다는 교리가 양산될 수 있는 성경적 증거를 내세움이 상당히 가능하다고 여긴다. 그 증거들은 종종 특별 구속교리로 혹은 제한속죄로 말해지는 이 교리가 칼빈주의적 체계의 취약점을 형성한다고 여겨지는 것으로 대부분 타당성을 가지고 가장 많이 공격받는 것이며 가장 방어하기 힘든 것이기도 하다. 그렇게 말하는 몇몇 근거가 있다.

보편적 속죄 교리와 같은 알미니안 교리들은 성경적 증거를 전혀 제시할 수 없다. 만일 알미니안들이 그리스도께서 모든 사람들의 구원을 위해 죽으셨다는 것을 실질적으로 입증할 수 있다고 한다면 내가 이미 인식했던 것과 같이 칼빈주의 예정론과 반대되는 이 교리로부터 연역할 수 있는 논박은 그 자체에 의해서 쉽게 대답될 수 있는 것이 아니다. 그러나 다른 측면에서 볼 때 만일 칼빈주의 체계의 다른 교리들과 명백히 일치하지 않는 것에 근거함이 없이 그 자체의 직접적이고 적절한 근거와 증거들을 가지고만 시도했다면 알미니안의 보편적 구속론은 입증 불가한 것임이 분명하다. 그렇다면 대부분 칼빈주의자들이 붙들고 있는 한 가지 중요한 원칙, 즉 제한적 속죄론이 성립될 수 있을 뿐 아니라(그것이 속죄의 결말과 의도된 목적들과 관련하여) 칼빈주의를 지지함에 있어서 상당히 부가적인 힘이 그 증거의 일반적인 체계에 주어지는 것이다. 이것이 우리가 점검하고자 준비한 것들이다. 단지 논쟁적인 표면만 바라보는 것은 알미니안 논쟁에 뛰어드는 가장 편리한 단계가 될 수 없다. 우리가 하고 있는 것처럼 속죄 교리의 범위에 관한 논쟁을 통해서 알미니안들이 자신들의 보편적 구속론을 지지함에 있어서 그럴듯한 유익한 면들을 연역해 낼 수 있기 때문에 단지 겉에 드러난 면만 보면 안 된다. 더욱이 칼빈주의 예정론을 반박하는 강력한 논리를 제시하고 있기에 표면적인 것만 생각하면 안 된다. 따라서 나는 먼저 알미니안들에 대한 칼빈주의의 다른 교리들 중 일부를 확립한 후에 이미 확립된 이 교리들을 강조하여 제한적 속죄론을 선호하는 차원에서 보편적인 속죄론에 반하는 직접적이고 타당한 증거를 확정 짓고자 한다. 그러나 속죄론에 대한 소시니안들을 반대하면서 일반적인 주제를 살펴본 것과 같이 우리가 이 문제를 다 끝낼 때까지 어떤 방해받음도 없이 계속하여 연구하는 것이 낫다고 생각했다. 물론 이것은 우리를 알미니안들의 강점처럼 보이는 요점을 다루는 논쟁에 말려들게 한다.

따라서 우리는 먼저 칼빈주의와 알미니안주의 사이에 논의된 다른 교리들 몇 가지를 다룬 후에 속죄의 범위 문제로 다시 돌아가는 것이 낫다고 생각한다. 이런 순서를 밟아가는 것에 대해서 어떤 망설임도 없었던 것은 이러한 이유들 때문이었다. ① 우리는 사전에 다룬 칼빈주의의 다른 교리들을 꺼내 도움을 청함이 없이도 그들의 직접적이고 적절한 증거를 근거로 내세워 보편적 구속론을 주장하는 알미니안들을 굴복케 할 자신이 있기 때문이다. ② 속죄 교리 전체에 대한 점검은 즉시 우리로 하여금 이 전체 주제에 대한 근본적인 중요성을 실감케 하는 그 원칙을 전적으로 붙들게 하기 때문이다. 즉 속죄의 특성이 그 범위 내지는 정도를 확실하게 정리케 한다. ③ 만일 구속론의 특성과 즉각적인 목적과 효과에 대한 성경적 견해가 *보편적 구속론을 입증하지 않는다면*(우리는 입증하지 않는다고 확신하지만) 우리는 이런 방식으로 흔히 칼빈주의 체계의 취약점으로 인식되고 있는 것이 도리어 그 차체의 직접적이고 타당한 증거 위에서 결정적인 것으로 확립되기 때문이다. 더 나아가서 그것은 속죄의 진리와 실제에 대하여 소시니안들과 논쟁하면서 칼빈주의자들만이 아니라 보다 건전한 혹은 소시니안주의자가 아닌 알미니안들도 같이 사용한 모든 논박의 힘에 의한 것 때문이다.

이제 하나의 독특한 독립적인 주제로서 속죄의 범위에 대하여 논의를 진행함에 우리는 먼저 이 교리가 무엇인지를 설명하고자 한다. 이 교리는 칼빈주의자들이 일반적으로 붙들고 있는 특별 속죄론 혹은 제한적 또는 한정적 속죄론으로 부른다. 그 다음 두 번째로는 알미니안들이 붙들고 있는 보편적 혹은 무제한적 구속 또는 속죄 교리와 다른 부분에 대해서는 칼빈주의자라고 말하는 자들이 붙들고 있는 것으로서 이 교리 사이의 차이들이 무엇인지를 언급하고자 한다. 속죄의 범위와 관련된 질문은 본질적으로 흔히 대중적으로 다음의 방식으로 제기된다. 즉 그리스도께서 모든 사람을 위해서 죽으셨는가? 아니면 오직 택자들만을 위해 죽으셨는가? 즉 궁극적으로 믿고 구원받게 되는 자들만을 위해서 죽으신 것인가? 그러나 이런 방식의 질문은 논쟁에 있어서 요지의 특성을 충분하고 온전하며 정확하고 명백한 설명을 곁들어 제기한 질문이 못된다. 따라서 우리는 칼빈주의의 가장 중요하고 권위적인 강론들인 도르트 교회회의 문서에서나 웨스트민스터 신앙고백서에서도 *이런 방식으로 제기된* 질문에 주어진 공적인 혹은 분명한 대안이 없음을 발견한다. 알미니안들과 보편 속죄론을 옹호하는 다른 자들은 일반적으로 이런 방식의 진술에 매우 편파적이다. 왜냐하면 그것은 그들의 교리적 입장을 인준하고 보호하는 확실한 성경적 진술을 즉시 그리고 명확하게 제시하는 것으로 보이기 때문이다. 그것은 사실은 아닌데도 그리스도께서 모든 사람을 위해서 죽으셨다고 직접적으로 선언한 것처럼 보이는 것이다. 사실 그 표현방식의 의미에는 약간의 모호함이 있기 때문이다. 그들은 그것을 자신들의 입장을 대변하는데 잘 활용한다.

　나는 비록 우리의 신앙고백서에 그리스도께서 모든 사람을 위하여 죽으신 것인지 아니면 오직 택함을 받은 자들만을 위한 것인지 이 명확한 질문에 어떤 공식적인 설명을 주고 있는 것은 아닐지라도 속죄의 범위에 대한 논쟁은 본질적으로 신앙고백서 안에 분명한 입장을 띠고 있음을 전혀 의심하지 않는다. 나는 그 질문에 대한 확실한 답을 신앙고백서가 부수적으로라도 제시하려는 의도가 읽혀진다. 그렇지만 만일 우리가 그 교리와 관련하여 거기에 포함된 설명들을 제시하고, 그 신앙고백서가 전달하고자 하는 방식을 유의해 본다면 이 주제는 우리의 신앙고백서의 교리가 무엇인지를 결정하는데 도움을 주는 것으로서 여전히 중요한 목적을 지닌 것이다. 우리는 이미 속죄론과 관련하여 일반적으로 알미니안의 입장이 어떤 것인지를 설명함에 있어서 신앙고백서의 원리적인 선언을 인용하였었지만 그러나 여기에서 그 내용을 조금 더 세밀하게 살펴보는 것이 적절하다. 신앙고백서는 이렇게 명시한다: "아담 안에서 타락한 택함을 받은 자들은 그리스도로 말미암아 구속함을 받으며 그리고 정하신 때에 역사하는 그의 성령으로 말미암아 그리스도 안에서 믿음에 이르도록 유효한 부름을 받는다. 그들은 의롭다함을 받으며 양자가 되고 성화된다. 그리고 구원에 이르는 믿음을 통해서 택함을 받은 자들은 그의 능력으로 보호된다. 오직 택함을 받은 자 외에는 다른 누구도 그리스도로 말미암아 구속함을 받거나 유효한 부름을 받거나 의롭다함을 얻거나 양자되거나 성화되거나 구원받지 못한다."[25]

이 단어들의 의미들과 관련하여 설명된 두 가지 질문이 있다. 그것들이 보편적 속죄론과 모순되거나 배제시키는 것이 아님을 보여주려는 시도들이 있었다. 그것은 때로 칼빈주의자들에 의해서도 제기된 것이기도 했다. 첫째 질문은 '속죄'라는 단어의 중요성과 관련된 것이다. 그것은 이런 요지로 전환된다. 즉 그 단어가 단순히 그리스도의 죽으심에 의하여 사람들을 위한 죄 사함과 화목을 얻어내거나 구매한 것을 설명하는 것인지, 아니면 얻어냄만이 아니라 적용하는 것도 설명하는 것인가? 만약 상당히 제한적인 의미로서 첫 번째 의도 즉 죄 사함과 화목을 획득한 것으로만 이해한다면 신앙고백서의 설명은 분명 한정적 혹은 제한적 속죄를 주장하는 것이다. 그 대상은 사실상 모든 다른 영적 복락들을 받게 되고 궁극적으로 구원함을 받게 되는 것을 설명한 것이라고 말할 수 있다.

반면에 이 설명이 획득 혹은 얻어냄만이 아니라 적용까지 포함된 것이

---

25) 웨스트민스터 신앙고백서 3장 6항

라고 한다면 그것은 심지어 알미니안들도 주장하지 않는 것인데 광의적 측면에서 궁극적으로 믿고 구원받는 자들 외에도 누구든지 그리스도에 의해서 구속함을 받는다는 주장은 아니겠지만 그 설명은 보편속죄론도 내포하고 있다고 말할 수 있다. 실로 알미니안들이 통상 설명하고 있는 언어냄과 적용 사이의 구분을 적용하고자 사용하는 근본적인 용도 한 가지는 그들이 그리스도의 죽음의 대상에 있어서 포괄적으로 모든 사람들을 말하고 있는 것처럼 보이는 성경적인 진술들을 죄 사함과 화목을 얻어낸 의미를 담고 있는 것으로 해석하는 것이다. 그리고 그의 죽으심의 대상이 상당히 제한적인 것으로 보이는 본문들에 대하여는 그러한 복락들이 개별적으로 사람들에게 적용되는 것으로 해석한다.

이제 '속량하다' '구속하다'(Redeemed)라는 단어는 첫째 해석으로 혹은 더 제한적 속죄로 보든 언어냄에 대한 설명으로 혹은 죄 사함과 화목을 획득한 것으로 보임이 명백하다. 왜냐하면 일부 사람들을 위한 영원부터 하나님의 절대적인 선택과 그리스도께서 획득하신 복락들은 완전한 구원으로 마무리되는 위대한 과정에서 모든 주된 단계들이 다 열거되어 있기 때문이다. 그 모든 과정으로부터 그리스도에 의해서 그 택자들의 구원이 확실히 보장되는데 이것은 구속의 복락들의 적용을 *구성하는* 그들의 부르심과 칭의하고는 구분되는 것이지 포괄적인 것은 아니다.

내가 언급한 두 번째 질문은 마지막 문단에 인용된 것에만 적용 된다. 즉 '오직 택함을 받은 자들 외에는 그리스도의 구속함에 의해서 효과적으로 부름을 받아 의롭다함을 받고 양자되고 성결케 되고 구원함을 받게 되는 자는 아무도 없다.' '오직 택함을 받은 자만'이라는 결정적인 제한이 구속함, 부르심 및 의롭다하심 등 각각의 과정에 다 *개별적으로 독립적으로* 적용되는지, 아니면 집합적으로 그것들 모두에게 적용되는지 이런 질문이 제기되어 왔었다. 다시 말하면 여기에서 '속량함을 받는' 자란 오직 택함을 받은 자들에게만 해당되는 것이지 다른 자들에게 그러한 과정들이 다 적용되는 것으로 의도된 것은 아니라고 주장하는 것인가? 아니면 다른 그 어떤 것도 전제될 수 없고 전반적으로 그 모든 것들을 다 말하고 있는 것이라고 주장할 것인가?

집합적으로 전제될 수 있는 택함을 받은 자들 외에는 아무도 없다는 후자의 해석은 단순히 진실주의 선언에 불과할 것이다. 그리고 실제로 선택의 결과들에 관한 일반적인 설명을 반복할지라도 그 어떤 것도 제시하지 못한다. 또는 그것은 부정적인 형태로 하나님의 영원한 칙령을 명백히 실행하시는 것으로 나타내는 것이다. 이것은 명확히 특별한 강조점이 되는 것이며 인식된 중요한 오류에 대한 부정을 포함하고 있다. 그러므로 신앙고백서는 오직 택자들만 그리스도로 말미암아 구속함을 받고 그 외의 사람들이 부름을 받아 의롭다함을 얻고 구원을 받게 되는 것은 아니라고 가르치고 있다고 간주해야만 한다. 비록 보편적 속죄론을 옹호하는 많은 현대 신학자들이 속죄/구속(redemption)이라는 단어가 죄 용서와 화목을 얻어냈다는 것만이 아니라 적용도 포함하고 있는 단어로 간주한다 하더라도 이런 측면에서 나는 보편적 속죄론을 포기한다. 그러나 신앙고백서가 준비된 시기에 그리고 17세기 신학자들이 벌인 신학적 논쟁들에서 통상적으로 한 가지 다른 문구가 사용되었다. 그러면서 보편적 속죄론 옹호자들은 그 어떤 망설임도 없이 보편속죄론을 견지했는데 물론 그 단어를 설명하면서 얻어냄을 언급하였지만 영적이고 구원 얻는 복락들에 대해서는 전혀 적용에 포함시키지 않았다. 그것은 칼빈주의 선택교리를 인정하는 자들과 부정하는 자들 양측이 다 붙들고 있었다. 이런 부류의 사람들(칼빈주의자들)에 리차드 박스터가 포함되는데 그는 『주 예수 그리스도에 의하여 인류의 보편적 구속』이라는 책을 펴냈다. 알미니안들 그룹에는 '주장되고 설명된 보편적 속죄론'이라는 아이삭 바로우(Issac Barrow)의 설교가 대표적이다.

이 주제에 대한 주요한 다른 진술들은 우리가 이미 우리의 신앙고백서 8장 5항과 8항을 인용하며 섬긴 것들이었다. '그리스도의 완전한 순종과 단번에 하나님께 영원하신 성령을 통하여 희생제물을 드림으로 인하여 주 예수는 그의 아버지의 공의를 충분히 만족시켰다. 그리고 화목만이 아니라 하늘나라의 영원한 기업까지도 성부께서 그에게 주신 모든 사람들을 위하여 자신의 희생 제물로 값 주고 사셨다.' 또 '그리스도께서 속량하신 모든 사람들에게 그는 그 구속을(죄 사함과 화목을 의미한다) 확실하고도 효과 있게 적용하시고 전달하신다. 그들을 위해서 중보기도하시며 그들에게 말씀 안에서 말씀으로 구원의 신비를 계시하신다. 그들을 그의 성령으로 인하여 효과적으로 설득하시어 믿게 하시고 순종케 하신다.' 등등. 이제 앞의 *마지막 문장*은 내가 이미 언급했던 것처럼 *구속의 범위에 관한 논쟁에서 참된 질의들을 포함하고 있거나 포함시키려는 의향을 가진 것*이었다. 이것은 도르트 공회 기간 동안에 있었던 칼빈주의자들과 알미니안들 사이의 논쟁으로 말미암아 해소되었다. 그것은 그 논쟁의 분위기가 어떠했는지를 언급함으로 설명이 된다. 특히 도르트 공회 시간에 관하여 칼빈주의자들과 알미니안들 사이에 벌어진 논쟁의 모드, 그리고 프랑스에서 카메론에[26] 의해서 뜨겁게 달궈진 논쟁의 모드, 그 이후 프랑스와 화란에서 아미랄두스에 의해서 제기된 논쟁의 모드 및 잉글랜드에서 박

---

26) 카메론을 추종하는 자들은 도르트 교회회의가 우리의 신앙고백서와 명백히 유사한 진술을 한 것이 아니기 때문에 정죄한 것이 아니라는 입장을 고수한 상황이 상당히 흥미롭다. Dallæi Apologia pro duabus Synodis, 623.

스터에 의한 논쟁의 모드를 생각해 보면 충분히 설명이 된다.

소시니안을 반대하면서도 보편속죄론 혹은 무제한적 속죄론을 견지하며 구속 교리를 옹호한 모든 사람들의 근본적인 입장은 그리스도께서 자신의 고난과 죽음으로 말미암아 모든 사람들을 위하여 죄 용서와 화목을 구매하셨고, 여기에는 어떤 구별이나 예외가 없는 것이었다는 점이다. 그러나 이러한 복락이 적용되거나 전달되어, 실제적으로 즐기게 되는 것은 어떤 이유에서든 회개하고 믿는 자들에게만 해당된다는 것이다. 물론 이것은 보편속죄론 혹은 구속교리라는 입장에서 보편 구원론을 믿지 않는 자들만이 붙들 수 있는 것이다. 시대적 상황이 달라도 그 문제를 논쟁함에 있어서 사용된 문구가 어떤 것이든지 이것에 대한 주장이나 부정은 그 자체의 특징 때문에 구속의 범위에 관한 논쟁의 본질을 형성하는 것이다.

보편속죄론은 그리스도의 죽으심으로 인하여 모든 사람들이 다 혜택을 입게 되기를 하나님이 원하셨고 의도하셨다는 것을 함축하고 있는 것만이 아니라 -이것은 어떤 측면에서 보편적으로 용인되는 주장이다.- 대속물로서, 하나의 형벌이 가해진 것으로서 속량으로서 그 자체의 특수하고 특별한 특성 안에서 혜택을 받게 되는 것도 포함하는 것이다. 그것은 그들의 영적 복지 위에 우호적인 영향을 미쳐야 하는 것이다. 이것은 모든 사람들을 위하여 그들의 죄 사함과 하나님과의 화목을 구매함으로만 말미암는 것이다. 이것은 그리스도의 죽으심의 타당하고 직접적인 결과들이거나 효과들임을 성경이 명확하게 나타내고 있는 사실이다. 따라서 이 교리를 옹호하는 자들은 그리스도께서 모든 사람들을 위하여 이러한 복락들을 얻어냈거나 구매했다고 말하는 것이다. 그리고 수많은 사람들이 실질적으로 죄 사함과 화목케 됨을 결코 경험하지 못함으로써 그들은 내가 이미 언급했던 것과 같이 그 필요성에 놓여있는 자들이다. 왜냐하면 그들은 하나님께서 이러한 복락들을 수여하시거나 그 복락들을 누리기 위해 들어갈 문을 여시기 위하여 합법적인 장애물들에 대한 제거를 의미하는 것으로서 죄 사함과 화목 이 둘을 제거하는 *보편속죄론*을 붙들고 있기 때문이다. 그런데 이 복락들은 한 번도 적용되어본 적이 없는 많은 사람들을 위하여 얻어낸 것이라고 우기고 있다.

물론 이것은 신앙고백서 안에 있는 진술이 얻어냄과 적용이 서로 구분이 되는 독특한 것이지만 공존적이며 그리고 결코 분리되어 있지 않다고 주장함으로 말미암아 모순되게 의도된 것이었다. 이러한 복락들을 확실히 받기로 계획된 자들 혹은 획득하게 될 자로 정해진 모든 사람들은 반드시 받게 되어 있다. 아니면 반대로 그 복락들은 궁극적으로 거기에 참여하는 자들을 제외하고는 그 누구를 위해서도 그 복락들을 획득하거나 조달되도록 계획된 것이 아니다. 그렇다면 이것은 구속의 범위를 논쟁하는 그 형태가 우리의 신앙고백서 안에서 언급되고 결정된 것임이 틀림없다. 문구의 차이가 무엇이든지 더 현대 시대에 그 주제에 대한 논쟁에 도입된 것이다. 그것은 그 질문을 설명하는 방식으로 항상 되돌아가는 것이 유용하다. 특히 그 안에 내포되어 있는 요점들의 진정한 특성을 설명하기에 적합하고 그리고 양측에서 제시한 다른 주제들의 진정한 중요성에 대한 명확한 개념들을 제안하기에 적합한 것이다.

늘 특별 구속 교리 혹은 제한적 속죄론을 붙들고 있는 자들, 즉 그리스도께서 모든 사람들을 위해서 죽으신 것이 아니라 오직 택자들만을 위한 것이라고 가르침으로써 그들은 이것보다 그 이상의 논쟁을 할 필요가 없다. 즉 일관성의 관점에서 그들은 그리스도께서 값을 주시고 속량해 주신 모든 사람들에게, 즉 그리스도께서 구속을 획득하여 주신 모든 자들에게 어떤 점에서는 그 복락들을 확실하게 그리고 효과적으로 적용하고 동일한 그 복락을 전달하신다는 그 이상의 주장을 펼칠 의무가 있는 것은 아니다. 그리고 그 반대 입장을 띠고 있는 모든 자들, 그리스도께서 모든 사람들을 위하여 죽으셨다는 입장을 고수하는 모든 자들, 즉 그의 대속은 보편적이거나 제한적이 아니라고 주장하는 자들은, 만일 그들이 진정으로 대속을 시인하고 그리고 동시에 그들이 보편적 구원을 부정한다면, 그리스도께서 죄 사함과 화목을 의미하는 구속을 구매하셨는데 그것은 많은 사람들에게 결코 적용되지 않으며 그것을 소유한 적이 한 번도 없다는 견해를 충분히 입증할 수 있을 것이다.

우리는 이제 그 질문의 특성이 제기한 두세 가지 면들을 살펴보고자 한다. 첫째, 제한속죄 혹은 한정적 속죄론을 옹호하는 자들은 그리스도의 만족케 하심과 공덕들이 무한히 근본적으로 충분한 것이라는 입장을 부인하지 않고 고수하는 입장이다. 그들은 그리스도의 고난과 죽으심이 타락한 모든 족속들을 위하여 구매한 죄 사함과 화목을 가지기에 충분한 가치를 지닌 것으로 간주한다. 자신을 희생 제물로 드리신 그 가치는 그의 인격의 존엄성에 달려 있고 평가되는 것이어서 무한한 것이다. 물론 죄 용서함을 받고 구원함을 받는 족속들은 적은 무리라고 할지라도 무한한 가치를 지닌 그 대속은 그들을 위해 그러한 복락들을 획득하는데 반드시 필요한 것이었다. 비록 더 많은 사람, 그렇다! 모든 사람이 용서와 구원함을 받았을지라도 무한한 속죄의 가치를 지닌 그리스도의 죽음은 그들의 죄 용서함과 구원의 근거 혹은 토대로서 엄청 충분했을 것이다. 우리는 그들 안에서 그리스도의 고난의 양과 범위가 어느 정도인지 아는 것이 하나도 없다.

성경은 오직 그들에게 부과되어 지켜야 할 *규정*에 따르는 그들의 *율법과의 관계*에 대해서만 말해 준다. 이것은 본질적으로 합법적인 가치와 관련된 무한성을 내포하고 있다. 이것은 또 만일 하나님께서 모든 사람들을 구속하시고 구원하고자 하셨다면 모든 사람들을 위한 구속하시는 일에 온전히, 본질적으로 충분한 것임을 내포하는 것이다. 그리스도의 고난은 그 범위의 질량에 있어서 대속에 충분하며 실질적으로 구원함을 받는 택자들의 속전을 지불하기에 충분한 것이었다. 그리하여 더 많은 사람들이 죄 사함을 받고 구원받게 되었다면 그리스도는 그가 행하신 것보다 그 이상의 고난을 당하셨어야 하고 그 수가 적다면 덜 고난을 받으셨어야 한다고 주장하는 몇몇 칼빈주의자들이 있었다. 그러나 이런 입장을 지닌 자들은 수적으로 그리 많지 않았다. 그리고 무게감이나 영향력도 별로 없었다. 그러나 그 의견은 보편 구원론 지지자들에 의해서 공격당하기 쉬워서 자주 등장하는 논박거리이다. 그리고 이것은 일반적으로 제한속죄를 붙들고 있으면서 그 교리에 대한 우호적이지 않은 개념을 은근히 심어준다는 인상을 주기에 적합한 것이다. 그래서 늘 제기되고 논박되는 견해이다. 유럽 대륙의 모든 저명한 칼빈주의 신학자들은 다 그리스도의 대속의 무한한 가치를 믿고 있다는 것은 조금도 의심의 여지가 없다. 즉 그리스도의 대속 사역은 모든 사람들의 모든 죄악들을 속량하기에 충분한 가치가 있는 것이라고 다 믿는다.

하나의 독특성은 일반적으로 스콜라주의 학자들이 사용한 것이었다. 이 논쟁에서 자주 제기되는 것이기에 설명이 필요하다. 그들은 그리스도께서 충분히 모든 사람들을 위해서 죽으셨고 택자들을 위하여 충분히 효과적으로 죽으신 것이라고 늘 말한다.[27] 구속의 범위 이전에 대해 쓴 정통보수주의 신학자들 몇몇은 완전하고 공식적이며 정교한 논의의 주제로 삼았다. 그 나머지 사람들에 속한 자들 중 칼빈은 이 스콜라주의 입장

---

27) *sufficienter pro omnibus, efficaciter pro electis.*

의 진실성을 시인하였다. 그러나 논의가 그 주제에 완전한 조명을 준 논쟁 후에 정통 보수주의 신학자들은 일반적으로 이 점을 부각하는 방식을 채택하기를 거부하였다. 왜냐하면 그것은 모든 사람들의 위치에서 죽으심에 대한 *하나의 목적이나 의도*를 그리스도 탓으로 삼는 것처럼 보였기 때문이다. 그리고 속죄 또는 화목으로 그리스도의 죽으심의 적절한 효과들에 의한 모든 혜택들이 다 그리스도에게 기인하는 것으로 보인다는 것 때문이었다. 그들이 모든 사람들의 구속함을 위한 그리스도의 죽으심이 본래적으로 충족한 것임을 의심한다거나 부정해서가 아니라 죽으심에 있어서 모든 사람들이 그리스도의 피 흘리심의 적절하고 특수한 효과들에 참여할 수 있게 되기를 그리스도께서 원하셨고 의도하신 것이라는 개념을 제시함과 관련하여 그렇게 표현된 그 진술(본래부터 그런 의향을 가지셨든지 아니든지) 때문이었다.

칼빈주의자들은 그의 목적이나 계획과는 분리하여 객관적으로 바라보는 그리스도의 죽으심이 모든 사람들에게 충분한 것이었고 택자들을 위하여 효과적인 것이었다고 말하는 것을 반대하는 것이 아니다. 왜냐하면 첫 번째 문구에서 이런 진술은 무한한 본래적 충분성을 주장하는 것임을 그들이 인정하고 있기 때문이다. 반면에 본래 스콜라주의 설명은 그리스도께서 모든 사람을 위하여 충분히 죽으셨다는 문구가 그리스도께서 죽으셨을 때 그는 모든 사람들이 그의 죽으심으로부터 일말의 구원함과 영구적인 혜택을 받기에 합당한 것임을 가리키고 있다는 것으로 보인다. 보편속죄론에 대하여 옹호하는 몇몇 학자들에 의해서 만들어진 그 시도는 구속의 보편성이 필연적으로 그 죽으심에 본래부터 충분성이 들어 있다는 것을 부정하는 것이 그 문제를 해결하는 것과 아무런 관련이 없고 오로지 반대편 입장에 있는 자들에 의해서 옹호되어지는 논박들과 함께

하는 것임을 입증하고자 한 것이었다. 그래서 나는 그것을 언급할 필요가 없다고 본다.

둘째로, 특별 속죄 혹은 제한적 속죄를 옹호하는 자들은 일반적으로 인류는 궁극적으로 멸망하게 된 자들이라 할지라도 그리스도의 죽으심으로부터 약간의 혜택들이나 유익한 점을 끄집어 낼 수 있다는 것을 부인하지 않는다. 이것을 부인하도록 요구하는 입장을 견지하고 있는 자들이 아니다. 그들은 중요한 혜택들은 그리스도의 죽으심으로부터 모든 족속들에게 절로 생겼다라고 믿는다. 그리고 최종적으로 회개하지 않고 믿지 않는 자들도 이러한 혜택들에 참여한다고 믿고 있다. 다만 그들은 그리스도께서 모든 사람들을 위하여 그의 죽으심의 적절하고 독특한 열매들인 그러한 복락들이 구속이라는 독특한 성격 안에서 그리스도께서 모든 사람들을 위하여 구속을 획득하였거나 구매하신 죄 사함과 화목을 얻게 하고자 계획하셨다는 것을 부인한다. 그리스도의 죽음으로부터 많은 복락들이 간접적으로나 부수적으로 인류에게 전해진다. 특히 사람들이 서로에게 연결되어 있는 집단적인 관계를 지니고 있는 그 결과로 많은 복들이 흘러 넘치는 것이다. 물론 그 모든 혜택들은 독생자를 세상에 보내시기로 계획하셨을 때 인간이 그 혜택들을 받아서 즐거워하도록 하나님께서 미리 예견하신 것들이다. 그것들은 그리스도로 말미암아 인간에게 주어지고 누리는 것으로 간주되는 것이다. 그리하여 하나님의 영광을 드러내는 것들이요 하나님의 성품을 가리키는 것들이다. 실질적으로 하나님의 정하신 목적들을 달성하는 것들이다. 그것들은 그리스도의 고난과 죽으심으로 말미암는 중보하심을 통해서 인간에게 오는 것으로 간주되는 것이다.[28]

---

28) Witsius, De. œcon. Fœd., Lib. ii., c. ix., sec iv.

이 견해는 좀 모호하고 부정확한 측면에서 그리스도께서 모든 사람을 위하여 죽으셨다고 말하는 일말의 근거를 제시하는 것으로 간주되었다. 이런 입장에서 이런 설명 위에 몇몇 칼빈주의자들은 마치 그리스도의 죽음으로부터 모든 사람들이 혜택을 얻고, 하나님께서 그들에게 혜택이 전달되도록 의도하셨다는 측면이 있음을 부인하는 직접적 부정(a direct negative)으로 그리스도께서 모든 사람을 위하여 죽으셨다는 입장을 띠고 있음을 몹시 주저하였다. 그러나 이 견해는 성경이 그리스도께서 모든 사람을 위해 죽으셨다고 말씀하실 때 그 의미가 무엇인지에 대한 타당한 중요성과는 전혀 연관이 없는 것이다.

이것은 우리가 소시니안의 입장을 반박하면서 입증한 것과 같이 그리스도께서 죄인들의 자리에서 죄인들을 대신한 대리인으로 서시고, 그리스도께서 죄인들의 합법적인 입장에 자신을 맡기시고 그들의 죄악들을 위한 하나님의 공의를 만족시키셨다는 것을 내포한다. 또는 그리스도께서 그들을 위하여 구속을 구매하셨다는 것을 포함하는 것이다. 우리는 이것이 실질적으로 용서받고 구원받은 자들만을 위한 것으로 이해한다고 주장한다. 그렇다면 보편속죄론을 옹호하는 자들은 죄 사함을 받고 구원함을 받은 자들을 제외하고 그리스도의 죽음으로부터 어떤 혜택도 전달받을 수 있는 자는 아무도 없다는 가르침을 가지고 우리를 책잡을 권리가 없는 것이다. 우리는 이것을 가르치지 않으며 지속적으로 가르치지도 않는다. 도리어 우리는 그 반대를 가르친다. 우리는 그리스도께서 모든 사람을 위하여 죽으셨다는 타당한 성경적 의미로 우리를 반대하는 사람들에게 그것을 증명하는 빌미를 주면 안 되기 때문에 그렇게 하는 것을 단념시키지 않는다. 또는 그의 죽으심이 사람들을 위하여 획득하신 주도적이고 특별한 혜택인 구원의 복락들이 모든 인류를 위하여 계획된 것이라거나 의도된 것이라는 것을 증명하는 빌미를 주면 안 되기 때문에 그러한 주장을 포기하지 않는 것이다.

구속의 범위와 관련하여 그 질문의 상태와 –지금 우리가 주목하고 있는 것으로 알미니안들에 의해서 견지되고 있는 구속의 보편성, 그러나 다른 것들에 대해서는 칼빈주의적 입장을 띤 자들 사이에 차이점들을 드러내는 핵심적인 자료들은 없다. 핵심적인 차이는 칼빈주의적 보편성을 주장하는 자들은 어떤 점들에 대해서 자신들의 선언을 상당히 주의하는 실천적인 모습을 띠고 있다는 것이다. 그리고 알미니안들보다 모호하고 애매한 보편성들을 다룬다는 것이다. 그렇게 함은 할 수 있는 한 모순되게 나타난다는 비난을 피하고자 하는 것 때문이다. 또는 다른 점은 칼빈주의적 견해를 주장하면서 이 질문에 대해서만큼은 보편적 속죄론을 말한다는 것으로 인해 칼빈주의 입장을 포기하는 자들로 비쳐질까봐 그렇게 하는 것이다. 구속의 범위와 관련한 논쟁이 보편적 속죄론을 주장하는 자들 중 많은 이들이 그렇게 주장하는 것을 매우 고통스럽게 생각할지라도, 그리스도의 고난과 공적(功績)이 무한히 충분하다는 문제에 머물려는 것에 대해서는 좀처럼 바꿀 생각이 없다. 사실 그 질문은 하나님께서 그의 아들에게 고난과 죽음을 부과시키신 그 목적과 계획 및 의도가 무엇인지에 집중해야 하는 것이다. 그리고 그리스도께서 왜 그러한 것들을 기꺼이 받으셨는지에 대한 것에 주안점을 두어야 하는 것이다. 따라서 보편속죄론은 하나님과 그리스도 입장에서 어떤 측면에서 보면 또는 다른 측면에서 모든 사람들을 구원하시겠다는 하나의 목적이나 계획 혹은 의향이 있음을 가리키거나 증명하는 것이다. 그러한 목적과 계획과 의향이 있음을 주장하는 칼빈주의의 보편속죄론 자들은 하나님께서 영원 전부터 일부는 택하여 영생을 주시고 구원해 주시기로 작정하셨다는 교리와 잘 조화를 이루고자 하면서 이 경우 문제를 설명하고 논쟁하는 방식에 많은 혼란과 모호성을 도입하지 않을 수 없는 것이다.

그들은 알미니안들과 같이 그리스도께서 모든 사람들을 위하여 동등하게 죽으셨다고 주장할 수 없다. 왜냐하면 그들에게는 택자들과 관련하여 은혜를 베푸시는 하나님의 특별한 목적에 대해서는 논박할 수가 없기 때문이다. 그들은 어떤 측면에서 하나님의 목적하심이 이루어지는 그 모든 과정이 작동되고 효력 있게 되는 것을 시인하지 않을 수 없는 것이다. 택자들에 대한 하나님의 칙령은 반드시 실행되는 것이다. 따라서 그들은 보편속죄론자들이 주장하는 것과 같이 모든 사람을 구원하시려는 하나님과 그리스도의 일반적인 계획과 목적 및 의향을 주장하지 않을 수 없는 것이다. 그러나 다시 말하지만 이것은 그 문제에 대한 설명이기보다는 논박에 속하는 것일 뿐이다. 그 문제의 본질은 우리의 신앙고백서에서 구속에 대하여 언급하고 있는 그 위대한 진리를 부정하는 일에 그들이 알미니안들과 일치한다는 것이다. 즉 죄 사함과 화목은 실질적으로 획득하거나 값 주고 산 모든 사람들에게 적용되고 전달된다는 우리의 교리를 부정하는 것이다. 더 나아가서 그들은 자신들의 입장을 방어하기 위하여 매우 동일한 논지를 내세울 수밖에 없다는 것이다.

어쩌면 우리 시대에 칼빈주의적 보편속죄론을 주장하는 자들이 드러내고 있는 면을 조금이나마 언급하고 지나가는 것이 나을 것 같다. 그것은 그리스도의 죽으심에 대하여 그들이 말하는 일반적이고 특별한 언급(a general and a special reference)이 무엇인지를 살펴보는 것이다. 일반적인 언급은 모든 사람들에게 해당되는 것이요 특별한 언급은 택자들에게만 해당되는 것이다. 이것은 명백히 매우 모호하고 애매한 구별이다. 그런 구별은 어떤 것도 아닌 또는 아무것도 아닌 것이 될 뿐이다. 그러므로 이 주제에 대해서 상대적으로 정통적인 입장을 띤 자들을 쉽게 더 묘하고 심각한 오류에 빠지게 만드는 것이다. 그리스도의 죽으심이 모든 사람들에게 해당된다는 일반적인 언급은 그리스도의 죽으심의 결과에 있어서 확실한 혜택들이나 유익한 것들이 대체로 전 인류에게 흘러간다는 것이다. 이런 측면에서 그것은 특별 속죄론을 신봉하는 자들에 의해서도 인정되는 것이다. 그렇지 않으면 그것은 보편속죄론 혹은 무제한적 속죄론을 신봉하는 알미니안 교리를 설명하는 것이다. 또는 최종적으로 이 두 가지 입장 사이에 있을 것으로 예상되는 것은 무엇이든 또는 모든 것들을 다 나타낼 수 있는 것이다.

그러므로 이것은 구속의 범위에 대한 문제를 설명하는 것에 부합하는 공정한 것이라고 할 수 없다. 특히 칼빈주의자들과, 이해가 안 되지만 질투심과 의혹을 가지고 의도적인 것은 아닐지라도 그렇게 볼 수밖에 없는 것으로 매우 어둡고 애매한 입장을 내포하고 있는 자들 사이에 논쟁거리로서 타당한 것이라고 볼 수 없다. 보편속죄론은 우리의 신앙고백서가 제작되기 전에 이미 옹호된 교리였다. 특히 저명하고 똑똑한 칼빈주의자들과 알미니안들 사이에 많이 논쟁이 오고간 것이었다. 우리 시대에 동일한 문제를 가지고 논의하는 자들보다 훨씬 깊이 다뤄진 주제였다. 우리의 신앙고백서 작성자들은 이 논쟁에 있어서 전반적으로 매우 익숙하게 인지하고 있었다. 이 문제를 진술하고 옹호하고 변론한 그 모든 과정에서 그들은 현대 신학자들 사이에서 오고가는 논쟁거리보다 훨씬 다양하고 깊이 다루었다는 사실을 쉽게 발견하게 될 것이다. 그들의 입장을 세세히 점검함으로 말미암는 그들의 논박은 가장 공정하고 온전한 것이었다. '그리스도께서 값 주고 사신 구속함을 받은 모든 자들에게 그리스도는 확실히 그리고 효과적으로 그 동일한 복락을 적용하시고 전달하신다.' 이 입장은 그리스도께서 사람들을 위하여 구속을 값 주고 사셨다는 가정에서 진전된 것이다. 이 가정의 진실성은 속죄론 교리를 성립시킴에 내포되어 있는 것이다. 그리스도의 죽으심은 속전을 내포하는 것이다. 그것은 소시니안들과 반대되는 입장이다. 그리고 속죄론을 고백하면서 그것을 설명하는 과정에서 소시니안주의로 빠지지 않으려면 모두가 다 이 진리를 고백하고 시인해야만 한다. 이 교리는 구속함을 얻게 된 모든 자들은 그 복락들(죄 사함과 화목)이 다 적용되고 전달된다는 것을 주장하는 것이다. 물론 그리스도께서는 그 목적을 위해 죽으셨다. 그 의도를 가지고 죄 사함과 화목을 획득하거나 값 주고 사신 것이며 회개하고 믿게 될 때 궁극적으로 그 혜택을 받는 모든 사람들을 위한 것이었다.

9. 구속의 범위와 관련된 증거

나는 구속의 범위와 관련된 성경적인 증거에 대해서 세세하게 들여다보고 싶은 의향은 없다. 다만 이 주제에 관련된 몇 가지만 눈여겨보되 이 주제를 연구함에 있어서 마음에 염두에 두어야 할 것들 몇 가지를 제시할 뿐이다. 그 일을 함에 있어서 사람들에게 오해 살 것이 두려워 망설이는 일은 없을 것이다. 이 문제에 대한 충분한 설명을 한 후에 보편속죄론인지 제한속죄론인지, 일반적 속죄론인지 특별한 속죄론인지, 즉 그리스도께서 모든 사람들을 위하여 죽으신 것인지 아니면 오직 택자들만을 위하여 죽으신 것인지 등 이 표현들에 대하여 간략하고 상황에 맞게 설명하고자 한다. 보편속죄론 옹호자들은 자신만만하게 성경이 이 교리를 명확하게 그리고 분명하게 가르치고 있다고 주장한다. 그래서 이것을 먼저 다루고자 한다. 그리고 그 주장과 어긋나는 가르침으로 보이는 다른 본문들을 해석하고 적용하는 것을 규정하고 조정하는 일을 하려고 한다. 그들은 이 입장을 지지하면서 그리스도의 죽으심이 모든 사람을 위한 것이라거나 또는 그의 죽으심이 모든 사람을 다 구속하였다고 말하는 성경적인 언급들을 부각하였다. 즉 그가 온 세상을 위하여 죽으셨다는 것이다. 심지어 궁극적으로 멸망케 될 자들을 위해서도 죽으신 것이라고 주장한다. 우리는 이러한 진술들이 필연적으로 혹은 자연스럽게 우리와 반대 입장을 가진 그들의 입장을 지원하고 있는 것이 아니다. 왜냐하면 명확히 제한적 속죄를 가리키는 다른 성경 본문들도 있기 때문이다. 영적 복락들을 누리는 자들, 실제로 영적인 은총들을 소유하고 있고 즐기고 있는 자들과 관련하여 그리스도의 죽으심이 혹은 죽음에서 그리스도로 말미암아 의도된 것이 바로 이것이라고 지지하는 성경구절들이 많이 있다.

물론 우리의 반대자들은 *이러한* 진술들은 다 보편속죄론과 일치되는 것으로 해석된다고 주장한다. 우리는 그리스도의 죽으심이 보편속죄를 의도한 것임이 온전하게 또는 타당하게 증명되지 않는데, 그의 죽으심의 목적들과 효과들에 대해 말함에 있어서 일반적이고 무한정하며 제한적이지 않은 의미를 담고 있는 용어가 왜 사용되었는지 그에 대한 타당한 이유를 제시할 수 있다. 그들도 그리스도께서 모든 사람을 위하여 죽으셨다는 것, 즉 인류 족속 개개인들 전부를 위하여*(pro omnibus et singulis)* 죽으셨다는 것을 부인하는 의도가 없으면서 왜 어떤 본문들은 제한적 속죄를 말하는 것으로 보이는지 그에 대한 타당한 이유를 말할 수 있다고 한다. 이것이 구속의 범위와 관련된 논쟁에 있어서 직접적이고 즉각적인 의미를 담고 있는 성경적 증거를 조사하면서 일반적으로 반대편에 있는 자들이 주로 제기하는 일반적인 논지이다. 여기에 주도적인 세 가지 영역이 있다.

첫째, 두 가지 상반된 입장을 지지하는 것으로 제기되는 본문들의 본래 의미와 중요성에 대한 조사이다. 특히 이 주제에 대해 우리가 명료하고 분명한 입장을 유지할 수 있는지 여부를 확인하는 관점에서, 그리고 크게 보증될 수도 없는 근거로 강요하며 변명하는 것이 아니기 때문에 그래서 본문 해석의 규정적인 원리로 여길 수 있다는 입장에서 그 본문들을 들여다보는 것이다. 둘째, 반대편 입장에서 제기된 본문들을 가지고 비교적 용이하고 공정한 해석으로 자신이 견지하고 있는 입장과 모순되지 않는 설명이 가능하다는 입장이다. 물론 그것은 어떤 입장이든 자신의 입장을 강력하게 대변하는 것이 된다. 반대논리를 대항하는 것으로 제기된 본문들이 도리어 그것과 잘 어울리는 것으로 보일 수 있는 것이다. 반대교리가 그에 반하여 제기된 본문들과 일치되게 하고자 요구된 것인데 이를 위해 억지로 짜낼 필요가 없이 그렇게 할 수 있다는 입장이다. 셋째, 이 주제를 담아내고 있는 모든 본문들을 다 모아서 조화로운 해석과 가장 일치되는 그 문제를 연구하는 것이다. 그 본문들은 일반적인 입장으로 온전히 즉각적으로 제시되거나 인정되는 것들로서 그것들 모두를 다 병합하여 놓고 볼 때 이 문제와 관련하여 성경에서 우리에게 주고 있는 모든 정보를 다 담아내고 소화시키는 것으로 간주한다는 견해이다.

이제 나는 이 세 가지 입장들 각각을 가지고도 한정적 혹은 제한적 속죄교리가 본래 의도된 목적이며 제한적 속죄야말로 반대편 입장보다 월등한 위치에 있고 그러므로 그것이 진짜 성경 진리로 받아야 한다는 것을 충분히 보여줄 수 있다고 믿는다. 그것은 성경의 특정 진술들이 더 명확하고 더 확고한 지지를 가지고 있기 때문이다. 그리고 그것은 공정하게 말해서 솔직히 그런 내용을 비켜가는 것들이 아니다. 더 나아가서 만일 그리스도께서 모든 사람들을 위하여 죽으셨다면 제한을 가리키는 용어에 대한 설명을 하면서 제기할 수 있는 것보다 모든 인류 족속들과 개개인 모두를 다 포함하는 절대적으로 보편성을 나타내는 의도가 전혀 없이 이 주제에 일반적이고 한정적이지 않은 언어들이 사용되었는지 그 이유에 대해서 명확하고 만족스러운 이유들을 설명할 수 있는 것이다. 마지막으로 만약 제한속죄 교리가 부인되는 것보다 유지해야 할 교리라고 한다면 그 주제에 대하여 성경에서 우리에게 주는 모든 정보를 모아 조화로운 입장을 나타내는 것이 훨씬 용이하다는 점이다.

Dr. Robert Candlish 교수

첫 번째 입장의 자료들은 특별한 본문들의 의미와 중요성에 대해서만 조사한 것으로 구성되어 있다. 이것이 전체 논쟁의 기본이요 기초였다. 직접적인 성경적 증거에 대한 감탄할 만한 집약이 캔들리쉬[29] 박사가 최근에 출판한 책에 잘 서술되어 있다. 나는 다른 두 논제 하에서 본 주제와 관련된 몇 가지 사항들을 언급하고자 한다. 제한적 속죄론과 일치되지 않는 것으로 보이는 성경적인 진술들은 없다. 그리스도께서 모든 족속의 구속을 위하여 단순히 그리스도의 고난은 충분하다고 주장하거나 본래 그런 가치를 지닌 그런 내용이 내포되어 있다는 한정적 속죄론과 모순되는 성경구절들은 없는 것이다. 또는 모든 인간이 그리스도의 죽으심으로부터 일말의 혜택들이나 유익

---

29) 역자 주) Dr. Robert Smith Candlish(1806-1873)는 1829년에 목사가 되어 1843년 토마스 찰머스 박사와 함께 자유교회 교단 출범의 주도적 인물이었고 에든버러에 있는 성 조지 자유교회를 담임하였다. 글라스고 대학교에서 신학공부를 하였고 1867년에는 자유교회 교단 총회장이 되었다. 1847년에 그는 미국 프린스톤 신학교에서 명예신학박사 학위를 받았으며, 1841년부터 찰머스 박사의 뒤를 이어 에든버러 신학부(뉴 칼리지) 신학교수로 후학들을 지도하였다. 그리고 1862년에는 윌리엄 커닝함의 뒤를 이어 돌아가실 때까지 신학교 학장과 목회를 병행하며 섬겼다. 그가 남긴 저서 중 창세기 강해, 하나님의 아버지되심 및 속죄의 실제, 완전함 및 범위(1861) 등 여러 권의 저서들이 있다. 커닝함이 언급한 그의 책은 바로 이것을 의미한다.

들을 얻게 되고, 하나님은 모두가 다 그런 복락들을 즐거워하게 의도하셨다는 것을 주장하거나 암시하는 제한적 속죄론과 모순되는 것으로 보이는 성경적 진술들은 없는 것이다. 이 문제를 다루면서 우리가 이미 언급했던 것은 제한속죄론을 옹호하는 자들은 이러한 입장들을 부인하지 않으며 일관되게 부인하는 모습을 띠어야 할 의무가 있는 것이 아니라는 것이었다. 그렇다고 우리들의 교리와도 틀린 것이 아니다. 즉 하나님께서 그의 아들을 보내심 혹은 내어주심은 그를 일반적으로 세상을 사랑하심 혹은 인류를 사랑하심(φιλανθρωπια)의 결과로 묘사하고 있다는 우리의 입장에 반하는 것도 아니다. 만일 하나님께서 모든 인간이 다 일말의 혜택과 유익을 그리스도의 중보사역으로 말미암아 얻게 될 것을 의도하셨다면 이것은 어떤 측면에서 인류를 향한 일반적인 사랑 혹은 인자하심을 가리키는 것일 수 있다. 물론 하나님께서 그의 아들을 주신 것은 모든 인류 족속 개개인이 다 구원받게 하시고자 함이 아닐지라도 또는 그런 목적에 직접적으로 해당하는 뭔가를 하도록 보내신 것은 아니더라도 일반적인 인류에 대한 사랑 표현으로 보는 것이다.

사실 인류족속 중에는 하나님의 구원의 계획에 해당 되지 않는 다른 유형의 족속이 있다. 하나님은 세상을 혹은 인류 족속을 이처럼 사랑하셨다고 말할 수 있다. 또는 타락한 천사들과는 완전히 구별되거나 배제된 인간군상을 사랑하셨다고 말할 수 있다. 이 사랑의 결과로 그의 아들을 보내셨다고 말할 수 있다. 비록 그가 그들 모두를 구원하시려는 목적을 가진 것은 아니며 구원을 위한 뭔가를 준비한 것은 아닐지라도 그런 일반적인 사랑의 결과로 이 세상에 보내심을 받은 것이라고 말할 수는 있을 것이다.

다른 한편으로 기억해야 할 것은 모든 사람들을 위한 그리스도의 죽으심이 하나님께서 모든 사람을 개별적으로 사랑하셨다는 것과 어떤 측면에서는 그들이 구원받게 되기를 소원하셨고 의도하셨다고 볼만큼 그들을 사랑하셨다는 것을 필연적으로 암시하고 있다는 것이다. 그리고 하나님은 모든 사람이 다 구원받게 되기를 원하시거나 의도하신 것이 아니라는 것을 증명하는 모든 것은 똑같이 그리스도께서 그들 모두를 위하여 죽으신 것이 아님도 증명하고 있다. 하나님께서 모든 사람이 다 구원받게 되기를 원하셨고 의도 혹은 목적하셨다는 입장을 제한하거나 수정하는 방향이 되어야만 하는 모든 것은, 똑같이 그리스도께서 모든 사람을 위해서 죽으셨다는 입장을 제한하거나 수정해야만 하는 것이다. 이 두 가지 입장들에 대한 성경적인 증거는 항상 보편속죄론을 옹호하는 자들에 의해서 무차별적으로 양산된다. 그리고 그들의 교리를 증명하는 것으로 똑같이 남발되는 것들이다. 한편 만일 그들이 서로 그렇게 주장함을 상호 묵인하고 지원하는 입장이라고 한다면 다른 한편으로 그들은 서로의 어려움들도 함께 짐을 져야만 할 것이다. 그리고 그들은 또 각각 제안하거나 요구할 수 있는 설명이나 수정안들을 밝혀야만 한다.

우리의 반대자들이 가장 좋아하는 구절은 이것이다. "하나님은 모든 사람이 구원을 받으며 진리를 아는데 이르기를 원하시느니라", "그가 모든 사람을 위하여 자기를 속전으로 주셨으니 기약이 이르면 증거할 것이라"(딤전 2:4,6). 이제 이 문맥이 제공하고 있는 분명한 증거에 대해서 독립적으로 생각해보자. "모든 사람"은 모든 유형의 사람들을 의미하는 것이어야만 한다. 여기에는 인종이나 성별이나 계급의 차이가 없는 모든 인간을 말하는 것인지 인류 모든 족속들 개개인 혹은 개별적인 존재, 모두를 의미하는 것이 아니다. 어떤 측면에서 하나님은 모든 사람들이 구원받게 되기를 원하심이 분명하다. 그리고 동일한 제한과 변경으로 그리스도께서 모든 사람을 위해 속전을 주셨으며 그 반대의 경우도 마찬가지임은 분명해 보인다. 하나님께서 모든 사람이 구원받게 되기를 원하신다는 동일한 측면에서, 그리고 같은 범위에서만 "모든 사람이 다 그 진리를 아는 지식에 이르게 되기를 원하신다"는 것이 분명해 보인다. 이제 우리가 아는 것은 하나님께서 어떤 엄격하고 타당한 측면에서 모든 사람들이(전부 그리고 개별적으로 모두) 다 이 진리를 아는 지식에 이르게 되기를 원하는 것이 아니라는 것이다. 물론 하나님은 차별 없이 모든 사람들에게 이 진리를 전하심으로 그 진리를 받아야 할 의무가 있다는 것을 나타내셨어도 실질적으로 엄격한 측면에서 모두가 다 그렇게 될 것을 원하시는 것이 아님이 확실하다. 다시 말해서 인류 모든 족속, 개개인들이 다 그 진리를 아는 지식에 이르기를 원하시는 것이 아니라는 점은 충분히 증명되고도 남는 것이다. 하나님께서 하나님을 아는 지식이나 그 진리를 알게 하는 기회들이나 수단들을 인류의 족속들로부터 거두시거나 숨기셨다는 사례들이 많이 있고 또 실제로 그랬었다. 이 모든 것들을 다 종합해보면 이러한 진술들은 하나님께서 모든 인류 족속 개개인 인간이 다 구원받게 되기를 원하셨거나 의도하셨다는 교리를 충분히 뒷받침하는 근거를 내포하는 것이 아님이 분명하다. 또는 그리스도께서 그 모두를 위하여 속전을 마련하셨다고 볼 근거도 없다.

제한 속죄 교리가 반대편 입장에 있는 것보다 우위를 차지하고 있는 한 가지 위대하고 명백한 장점은 성경의 그 언어를 해석할 수 있는 비교역량이다. 이것을 가지고 그에 맞게 해석하게 된다. 이것은 만일 속죄의 목적이나 결말에 있어서 실제적으로 제한이 없었다고 한다면 왜 한정적이고 제한적인 의미의 언어가 사용되었는지를 설명하는 것보다 훨씬 더 용이한 것은 이것이다. 즉 엄격하고 타당한 보편속죄를 의미하지 않음이 분명한 곳에서 어떻게 일반적이거나 제한이 없는 것을 내포하는 언어가 사용된 것인지 일반적으로 사람들이 사용하고 있는 습관적인 표현과 어울리게 이해하고 설명하는 것이다. 해석의 공정한 원리는 일반적이고 한정적이지 않은 사례들을 설명하기 위하여 한정적이고 제한적인 진술들을 표준으로 만드는 것이다. 그 반대가 아니다. 특히 성경이 그리스도의 죽으심에 적용되는 모든 제한적이지 않은 의미를 담고 있는 표현들에 많은 사례들을 공급하고 있음으로 그의 죽으심의 목적들과 관련해서 살펴보아야 한다. -세상, 모든 세상, 모든 사람들, 각각 등의 용어들의 사용이 적절하고 절대적인 것이 아니라 상대적으로 비교적으로 보편속죄를 의도한 것으로 비쳐질 때 그 모든 용어들이 어떤 의미로 사용된 것인지 해석의 그 표준을 만드는 것은 중요한 일이다.

그러나 매우 무게감 있고 중요한 이런 일반적인 입장에 더해서 제한속죄론 옹호자들이 주장하고 입증해야 할 것은 공정한 해석의 과정에 의해서 보편속죄론에 해당되는 것으로 결코 해석될 수 없는 성경적 진술들이다. 뿐만 아니라 그리스도께서 온 세상을 위해서 혹은 모든 사람들을 위해서 죽으신 것으로 언급되는 모든 본문들에서도 거기에 사용된 모든이란 단어가 문자적으로 그리고 절대적으로 인류 모든 족속 개개인에게 적용될 수 있는 말로 이해되는 것이 아니라, 그 진술이 만들어진 특별한 목적이나 그 진술이 사용된 주제의 특성과 관계들을 따라서 어떤 제약이나 한계를 내포하고 있는 용어라는 것이다. 따라서 이 입장이 그리스도의 만족케 하심의 목적을 다룬 튜레틴의 글에서 표현된 것이다.[30] '그리스도는 성경 그 어디에도 모든 사람을 위해서 죽으셨다고 말하지 않는다. (그의 죽

---

30) Turrettin., Loc. xiv., Qu. xiv., sec. xxxvi.

음을 말하는 본문)같은 곳에서 제한이 추가되지 않는 한 각각에 대해 보편적으로 이해되는 것이 아니라 그 주제에 따라서 엄격히 제한적이라는 것을 유추할 수 있다.'

비록 이 주장은 우선적으로 대담하고 놀라운 주장으로 비칠지 모르지만 나는 '모든'이라는 단어가 사용된 특정한 구절들을 다 검토해야 그 주장이 확립될 수 있다는 것은 조금도 의심하지 않는다. 나는 언제나 가장 많은 사례들 안에서 이 제한적인 용도로 쓰였다는 것을 쉽게 그리고 확실하게 지적할 수 있고 입증할 수 있는 것으로 간주한다. 공정하고 합리적인 증거들이 다 이를 제시할 수 있다. 그 모든 사례들이 우리의 교리의 참됨에 대한 매우 강력한 확증을 제공하는 것이다. 이런 일반적이고 한정적이지 않은 진술들 가운데서 보이고 있는 그 목적은 단지 다음과 같은 사실을 나타내고자 하는 것이 명백하다. 즉 그리스도께서 위하여 죽으신 대상들은 어느 특정한 국가나 계층 혹은 인간의 특정 계급에 한정한 것이 아니다. 세상 혹은 전 세상은 분명히 인류를 의미한다. 이방인들과 유대인들을 다 포함한 인류를 말한다. 우리는 이 점을 특별히 강조할 필요가 있다. 그리고 하나님의 특별한 백성들로서 유대인들을 선택하신 것을 잘못 남용한 결과로서 가장 온전하고 가장 확실한 용어들을 사용하여 의도하고자 하는 사실을 드러내야 한다.

결코 적지 않은 많은 곳에서 제한적 속죄론의 특성이나 연관들 혹은 특징들을 암시하고 있다. 여러 사례들에서 보편속죄론을 말하는 것으로 보이는 구절들을 얼핏 살펴보거나 제대로 판단했을 때 그것들을 신중하게 검증하고 살피면 진짜 그런 외관을 보이는 것이 아니라 도리어 긍정적인 증거들이 아닐지 몰라도 보편속죄론에 반하는 입장을 띠고 있다고 볼 만한 힌트들을 제공하고 있는 것이다. 나는 이 주제를 진지하게 살펴보지 않은 대부분의 사람들, 그리고 보편속죄론을 옹호하는 자들에 의해서 일반적으로 제기하고 있는 본문들의 모음에 그들이 주목하고 있는 것들을 집중적으로 살피지 않은 자들은 심지어 그것들에 대해서 엉성하게 조사하기도 전에 그 모든 생각들이 얼마나 신속하게 증발해 버리고 마는지 놀라지 않을 수 없을 것이라고 확신한다. 그리고 설명하기 쉽지 않은 면을 담고 있는 남은 것들은 그리 많지 않다는 것과 혹은 특별 속죄론과 완전하게 조화되는 의미를 드러내기 위하여 땀을 흘려야 할 정도의 고심을 요하는 것들은 그렇게 많지 않다. 이 경우는 우리의 교리적 입장이 신속히 확립되는 본문들과 자신들의 견해를 조화시키고자 하는 우리의 반대편 자들의 시도와는 상당히 다른 차원의 것이다. 그 본문들을 더 탐구하면 할수록 더 명확해지는 것은 그 속죄론의 목적이나 방향에 있어서 근절할 수 없는 제한적 개념을 드러내는 것으로 보일 것이다. 그리고 모든 사람을 위해서 그리스도께서 죽으셨다는 것과 그 결과 모든 영적 복락들을 실질적으로 즐기며 궁극적으로 영원한 구원을 획득하는 자들 사이에 확고히 확립되고 결코 분리시킬 수 없는 것임이 더 부각될 것이다.

그렇다면 다른 한편으로 그것들을 자신들의 입장과 일치되는 것으로 설명하려는 반대편자들의 시도들은 전적으로 성공하지 못한다. 이러한 시도들은 특별한 본문들을 조사하거나 적어도 문맥과 일반적 범위에 있는 것을 기초한 것이 아니다. 다른 어려움들에 대한 만족스러운 해결점들을 제공하기에 충분히 확립되지 않는 단순히 명확하지도 않고 거리가 먼 고려사항들에 근거하고 있는 것이다. 알미니안들은 통상적으로 속죄 교리의 목적에 있어서 제한적 속죄론을 지칭하고 있는 것으로 보이는 본문들을 고려한다. 그 본문들을 구속의 복락들을 얻은 것들 혹은 구매하신 것들과는 구별되며 분리된 것으로 그 적용을 언급하고 있는 것으로 간주하는 것이다. 반면에 칼빈주의적 보편주의자들은 언제나 그것들을 택자들의 구원을 보장하려는 하나님의 특별한 계획을 지칭하는 것으로 간주한다. 그들은 모든 인간의 구원을 겨냥한 보편속죄론의 수단에 의해서 뭔가를 하고자 주장한 계획이나 목적한 것과 결합하려는 입장을 견지하고 있다.

두 가지 다른 보편속죄론의 입장들은 옳다고 증명되지 않는다. 그래서 합법적으로 적용할 수 없다. 이 문제에 있어서 그것들에 대한 적용은 이치명적인 반대에 부딪힌다. 즉 성경에서 그것은 제한적이든 아니든 사람들이 전제로 삼는 것과 똑같은 것들이다. 그 경우 그것이 적용될 때 제한적 속죄를 암시하는 것이며 그것이 영적 복락들을 획득한 것일 때 보편적 속죄론을 암시하는 것이라고 말하는 것이 아니다. 그렇다고 그것이 한편 택자들에게만 해당되는 특별한 것이라든지 다른 한편으로는 일반적으로 모든 인류에게 해당되는 것으로 볼 수 있는 것도 아니다. 그것은 사람들에게 향한 하나님의 사랑과 같은 것이다. 모든 사람들을 위한 그리스도의 동일한 죽음이요 동일한 속전이라는 표현들은 제한적이고 무제한적인 문구와 다 연관되어 있다.

하나님은 세상을 *사랑하셨다*. 그리스도는 그의 교회를 *사랑하셨다*. 그리스도는 모든 사람을 위해 *죽으셨다*. 그리스도는 그의 양들을 위해서 *죽으셨다*. 그리스도는 *자신을 모든 사람을 위한 속전으로 주셨다*. 그리스도는 *자신을 많은 사람을 위한 속전으로 주셨다*. 다음과 같이 주장할만한 근거도 전혀 없는 것이다. 즉 어떤 경우에서는 그 사랑, 그 죽음 및 그 속전이 다른 쪽에서 설명하고 있는 것과는 전혀 완전히 다른 것들을 묘사하고 있다고 볼 근거가 없는 것이다. 똑같은 양상이 두 가지 계층, 즉 모든 사람들과 양들, 그 모두와 그 많은 사람들을 설명하는데 나타난다. 그러므로 공정한 추론은 이것이다. 그것들은 실제로 두 가지 다른 계층이 아니라 하나, 똑같은 유형이다. 단지 약간 다르게 표현되는 것이어서 다른 양상들로 간주되고 있을 뿐이다.

알미니안들 입장 혹은 칼빈주의자들 입장의 보편속죄론자들은 그것을 같은 것으로 진술하지 않고 두 가지 다른 유형으로 간주한다. 그 모두와 그 양, 그 모두와 그 많은 부분으로 나뉘는 것이다. 그러나 성경은 똑같은 것이지 다른 것이 아니라고 본다. 이 관점은 반대편자들이 수용한 이 주제에 대한 다양한 성경적 진술들을 병합하고 조화시키는 방법을 반박할 뿐만 아니라 우리가 제안한 것들의 건전성과 충분성을 보여주는 것이다. 우리는 그리스도께서 죽으셨다, 그리고 그의 생명을 아버지께서 아들에게 주신 사람들만을 위하여 속전으로 주셨지 모든 사람들을 위한 것이 아니다 라고 말한다. 다시 말하면 예외가 없이 인류 모든 족속 개개인을 위하여 속량물이 되신 것이 아니라 그가 위하여 죽으신 자들은 아버지께서 그에게 주신 일반적으로 모든 사람 혹은 인류를 위한 것인데 여기에는 인종이나 성별이나 족속이나 나라들의 차별이 없는 것을 의미한다. 제외되는 유형의 사람들은 없다. 그런 의미로 '모든 사람들'이라는 문구가 성경에서 종종 사용되었다는 것을 우리는 충분히 증명할 수 있다.

이것은 성경에서 그 주제에 내포된 다른 진술들과 조화를 이루는 설명이다. 보편속죄론자들은 성경적인 진술들을 조화시키기 위하여 그리스도께서 택자들만을 위하여 죽으셨다고 설명하는 본문들에 대한 공정하고 중립적인 의미들을 전적으로 부정하는 것이 되든지 또는 한편으로 그리스도는 택자들만을 위하여 죽으셨으나 다른 측면에서 보면 예외가 없이 모든 사람들을 위하여 죽으셨다고 하는 것을 고수해야 하는 것이다. 그러면서도 그들은 특별한 본문들로부터 혹은 성경의 다른 선언들로부터 그들이 이해하고 있는 선언 즉 그리스도께서 모든 사람들을 위하여 죽으셨고 자신을 그들 모두를 위하여 속전으로 내어주셨다는 주장을 이해해야만 하게 만드는 다른 의미로 사용되었다는 증거를 제시할 수 없는 것이다.[31]

10. 구속의 범위와 복음제공

성경의 특별한 본문들에 대한 해석의 경향에 대해서는 더 이상 말하지 않겠다. 이제 나는 몇 가지 주장들에 대해서 간략히 언급하고자 한다. 그리고 보편속죄론과 맞서서 더 일반적인 고찰로부터 파생되는 것, 즉 성경에서 가르친 다른 진리들과 그것이 일치하는 것인지 불일치하는 것인지에 대한 것들을 언급하려고 한다. 그리고 성경의 일반적인 구조 혹은 통상적으로 신앙의 유추라 하는 것과 조화가 되는지 아닌지를 살피고자 한다.

성경의 주장을 뒷받침할 수 있는 가장 중요하고 그럴듯하며 우리가 주목해야 할 유일한 것은 보편속죄론의 필요성 혹은 그리스도께서 모든 사람을 위하여 죽으셨다고 주장하는 필요성은 복음을 만인에게 차별이 없이 제공하거나 만인을 초청한다는 기초나 근거에 의한 주장이다. 우리는 그 주장이 기초하고 있는 일반적인 사실을 전적으로 인정한다. 즉 성경에서 사람들은 차별이나 제외됨이 없이 구원을 받을 수 있고 구원으로 나오게 하는 모든 것들은 모든 이에게 제공되어야 함을 분명히 말하고 있다. 모든 사람들이 다 그리스도에게 나오라고 청함을 받고 용서 받으라고 제

---

31) 그 질문은 이 주제를 아주 바꿔놓는다. 즉 그 두 유형의 본문들이 두 가지 구별되고 다른 진리들을 가르치고 있는 것들이든지 아니면 하나로 묶을 수 있으며 하나여야만 하는 의미로 보든지 할 것이다. Wardlaw가 쓴 구속의 특성과 범위, Dis., vI.를 보라. 그리고 캔들리쉬 박사의 서론적 논문을 보라.

안을 받는 것이다. 그 제안을 받아들인 자들은 모두 그리고 그 초청에 응한 자들 모두는 그들의 영원한 복락을 위하여 필요한 모든 것들을 받게 될 것임을 확신한다. 우리는 성경에서 하나님이 이 모든 것을 하시며 우리의 동료시민들을 다룸에 있어서 동일하게 할 것을 인준하시고 요구하신다는 것을 전적으로 인정한다. 오직 소수의 칼빈주의자들만이 자비로운 복음을 제공하고 복음으로 초청함을 차별이나 예외가 없이 사람들에게 전할 타당한 의무에 대해서 이의를 제기했었다. 이 주제에 대해서 잘못을 저지른 자들은 극소수였다. 길(Gill) 박사나 그리고 지난 세기의 잉글랜드의 극단적 칼빈주의 침례교도들 몇몇 사람들은 만인에게 차별 없이 죄 사함과 용납하심이 제공되어야 하고 누구에게나 그리스도에게로 나오라고 청해서 이러한 복락들을 받으라고 해야 함을 거절한 근거를 속죄의 제한성에 관한 것에 둔 것이 아니라 인간본성의 전적 타락, 즉 인간은 회개하고 믿는 것을 할 수 없다는 것에 기초한 것이었다. 무제한적으로 자비로운 복음에로의 초청을 곁들인 제한속죄에 대한 이 주제, 혹은 그러한 제공과 초청이 안주할 수 있는 유일한 근거나 토대로서 보편속죄의 주장된 필요성에 대한 주제는 충분히 논의되었다. 이것과 관련하여 우리는 몇 가지 힌트만 제시할 수 있다.

이 주제를 흥미롭게 하는 명백한 두 가지 질문이 있다. 첫째, 복음의 사역자들을 뒷받침하려면 제한적이지 않은 속죄론은 필요하지 않은가? 또는 전혀 차별이 없이 사람들에게 죄 사함과 용납함을 제공하고 그리스도에게 나오라고 초청하기 위하여 진리에 대한 구원 얻는 지식으로 이끌기를 추구하는 자들을 위해서라도 보편적 속죄론을 주장하는 것이 필요한 것은 아닌가? 둘째, 우리의 동료들에게 그러한 보편적인 제공과 초청을 말할 때 그리고 우리가 그 문제를 다룰 수 있도록 승인하고 요구할 때 하나님을 뒷받침하도록 보편속죄론이 필요한 것이 아닌가? 이 두 가지 질문을 구분하지 않으면 이 주제를 논의함에 때때로 오류와 혼란을 초래한다. 그것은 우리에게 이행하라고 부름 받은 의무에 영향을 미치는 것이기 때문에 우리가 더 즉각적으로 해야 할 것은 바로 첫 번째 질문이다. 한편 두 번째 질문은 그 자체의 특성상 주님에게 속한 은밀한 것들 중 하나임이 분명하다.

복음을 전하면서 우리의 일은 인간을 구원함을 위하여 실질적으로 만들어진 준비의 특성, 범위 및 충분성에 관한 우리 자신들의 추정에 의해서 규정되어서는 안 된다. 다만 오로지 이 문제에 있어서 우리를 인도해 주는 가르침이나 실례를 가지고 하나님께서 우리에게 주신 지침들과 교훈하심에 의해서 판단해야 한다. 실로 우리가 하나님의 명령하심에 순종하는 것을 거절하는 원칙에서 모험하겠다고 덤비지 않는 한 우리가 모든 근거들을 온전히 이해하고 그렇게 말하고 행동하는 것에 대한 이유를 충분히 납득이 될 때까지 반드시 성경에 근거한 지침들과 교훈들을 가지고 판단해야만 한다. 하나님은 복음을 모든 족속들에게 선포하라고 명령하셨다. 그는 우리의 동료 인간들이 어떤 특색을 가지고 있든지 그들에게 선포하라고 요구하셨다. 환경들의 다양한 상황 속에서도 큰 기쁨의 좋은 소식을 만민에게 전하라고 하신 것이다. 주님의 이름으로 담대히 대속의 피를 통해서 죄 사함과 용납하심을 그들에게 전하라고 하셨다. 그들을 그리스도에게 청하여 그리스도를 영접하도록 전하라고 하신 것이다. 그리고 이 모든 것들이 그리스도를 믿는 자들에게 수반된다는 확신을 가지고 전파하라 명하신 것이다. 즉 '그리스도에게 나오는 자는 누구든지 쫓아내지 않을 것이다'라는 확신을 가지고 복음을 전파해야 함이 명백한 것이다.

하나님의 계시된 뜻은 유일한 규범이다. 이 문제에 있어서 우리가 하는 모든 일을 위한 충분한 근거가 되는 것으로 굳게 붙들어야 할 유일한 규범이다. 우리의 의무가 무엇인지 결정해야 하는 일에 있어서, 우리의 동료들에게 그들이 가지게 될 특권들과 의무들이 무엇인지를 알게 하는 일을 함에 있어서, 그리고 그들 앞에 하나는 수용하고 다른 것은 버려야 할 이유들과 동기들을 제시함에 있어서 우리가 취할 유일한 규범은 하나님의 계시된 뜻이다. 그리스도께서 모든 사람을 위하여, 모든 족속 개개인을 위해서 죽으셨다는 것을 그들에게 말함에 있어서 이 계시가 우리에게 근거를 제공하지 않을지라도 -복음을 선포하는 방식은 우리 주님과 그의 사도들에 의해서 결코 채택된 것이 아니었다- 그러나 그것은 우리가 사람들의 견해들과 고려사항들, 사실들과 주장들에 앞서 청중들에게 올바른 근거를 제시하고 설득하여, 마치 소망의 죄수들을 가둬두는 견고한 요새에 들어가도록 자신들 앞에 제시되는 그 소망을 굳게 부여잡게 하는 권한을 가지게 하고 그 일을 가능하게 하는 것이다.

둘째 질문은 이 문제에 있어서 하나님의 행위와 관련된 것이다. 그래서 더 어려운 문제이다. 그러나 우리는 거기에 매이지는 않는다. 왜냐하면 우리가 그것들을 해결할 수 있는 자가 되도록 기대할 수 있는 근거가 전혀 없기 때문이다. 우리 반대편 자들의 입장은 근본적으로 이것이다. 그 문제는 하나님께 불가능한 것이 아니다. 왜냐하면 구원에 필수불가결한 대속이 모든 사람을 위하여 인류 개개인을 위해 이루어진 것이며 받아들여진 것이지 않는 한, 차별이 없이 사람들에게 그런 복락을 제공하고 초청하는 설교를 하는 것은 하나님의 진실함과 강직성에 일치하지 않기 때문이란다. 이제 이 견해는 정말 근거 없는 추정에 불과한 것임이 틀림없다. 신적인 생각의 영원한 목적들을 전적으로 우리가 이해하고 평가할 수 있다는 인간들만의 생각에 불과한 것이다. 피조물인 우리가 어떻게 하나님의 내적 근거들과 이유들을 측량할 수 있는가? 그것은 증명될 수 없다. 왜냐하면 거기엔 그것을 검증할 확실하고 명확한 매개체가 없기 때문이다. 즉 사람들에게 차별이 없이, 어떤 예외가 없이 복음을 제공함으로 말미암아 하나님은 그리스도를 통해서 죄 사함과 용납하심을 주시는 그 교리와 반대되는 것을 말씀하시지 않으신다. 우리에게 당신 자신의 말씀으로 계시해 주신 교리에 어긋나게 어찌 말씀하실 수 있는가? 제한속죄는 본질적으로 충분함이 아니라 속죄의 의도된 목적에 분명한 교리이다.

이것이 분명하고 명확하게 입증이 될 수 있지 않는 한 우리는 그 모든 것이 서로 잘 일치되는 것임을 믿지 않을 수 없다. 물론 그 일관성을 우리가 충분히 파악하고 진전시킬 수 없을지라도 그리고 우리들의 반대편 자들의 주장을 단호하게 부정하는 것을 온전히 입증할 수 없을지 몰라도 우리는 도리어 우리의 입장이 일관된 성경적 입장임을 믿지 않을 수 없다. 하나님께서 말씀하시고 행하시며 또는 우리가 권위를 가지고 그렇게 말하고 행동하라고 요구하신 것들에 함축된 모든 것들을 조심스럽게 분석해 볼 때 우리는 죄 사함과 용납하심을 사람들에게 차별이 없이 선포함에 있어서 일관적이지 않다든지 속임수를 쓰시는 것이 결코 아님을 긍정적으로 보여주기에 가장 적합한 것임을 발견할 수 있다. 그 대속 사건이 보편적이라는 것은 사실이 아니다. 하나님께서 누구에게는 똑같이 공정하신 분임을 증명하는 것은 쉽다. 하나님은 모든 사람에게 다 죄 사함과 용납하심을 나타내셨다고 믿는 모든 자들, 그리고 그렇게 선포할 충분한 동기들과 이유들을 제시해 주신대로 순종하는 모든 자들은 확실히 구원을 획득할 것이다.

물론 어려운 문제들이 여전히 해결될 수 없는 채로 남아 있을지라도 그것들은 모든 종교와 신학의 모든 체계의 하나의 큰 난제로 모아진다.

즉 하나님의 최고 권위와 절대 주권, 그리고 인간의 자유의지와 책임 사이에 서로 조화되게 하는 것 혹은 진전이라는 하나의 큰 문제로 풀어나갈 수 있다. 칼빈주의 보편론자들의 논쟁에 있어서 다른 주제들에 대한 알미니안 입장들을 반박하는 자들이 칼빈주의적 입장들을 방어하는 원리들은 동등하게 우리가 지금 다루고 있는 그 반대 입장에 반하는 제한속죄론을 방어함에 있어서 동일하게 사용가능한 것임을 보여준다. 이 일은 하나도 어렵지 않다. 그 두 사례들 사이에 확립하려고 그들이 시도하는 구별들은 전적으로 찾아지지 않든지 또는 만일 그것들 안에 일부의 진리와 실체가 있다면 그 문제의 본질까지 나아가는 것도 아니다. (예를 들면, 자연적이고 도덕적인 무능함-이것은 카메론에 의해서 처음으로 온전히 진전시킨 것으로 보이는 차이이며 이 점에 있어서 특별한 입장을 띠고 있다.) -그 경우 본질에 아무런 영향을 미치지 못한다.- 그리고 그 큰 난제는, 비록 그것이 차지하고 있는 입장에 약간의 변형이 있다할지라도 그리고 그것을 나타내는 특별한 양상 안에서 그 어떤 것보다 강력하고 무너뜨릴 수 없는 것으로 여전히 남게 된다.

보편속죄론 옹호자들이 주장하듯이 비록 그들의 교리가 하나님이 세상을 사랑하시고 그리스도께서 모든 사람들을 위하여 죽으셨다는 것에 관하여 성경적인 진술들로부터 끄집어낸 것으로 많은 지지를 받는다고 자랑을 일삼을지라도 그들 중 상당수는 제한적이지 않고 차별이 없이 죄사함과 용납함을 제공하는 교리와 제한적 속죄는 불일치한다는 주장을 제외하고는 진심으로 문제 해결의 진척이 조금도 없다는 것을 잘 알고 있다. 그리스도에게 나와 그리스도를 붙들라는 무제한적이고 무차별적인 초청과 명령은 하나님께서 그의 말씀 안에서 사람들에게 말씀하신 것이요 우리의 동료 인간들에게 그렇게 전하라고 권위를 주시고 요구하신 것이다. 인간의 행동과 하나님의 행동의 근거와 토대 사이의 구분은 반대편 자들의 주장에 답변하는 자료들을 제시할 뿐 아니라 혼돈이나 오해, 때로 그 진리의 옹호자들에 의해서조차도 제기되는 것들을 제거하기까지 한다. 그들 중 몇몇은 죄 사함의 보편적 혹은 무제한적 제공함을 위한 근본 토대와 믿으라고 명령하는 근거는 그리스도의 대속의 무한한 본질적인 충분성이라고 즐겨 말한다. 그들은 보편적인 의도된 목적이나 효과성을 부인할지라도 그러한 입장을 일반적으로 붙들고 있다. 반면 다른 자들은 하나님의 말씀 안에서 단순히 하나님의 권위에 근거한 보편적 복음제공 과 명령에 안주한다고 고백한다. 하나님께서 그렇게 하라고 만드셨고 그들은 다른 사람들에게 그렇게 선포하라고 요구받았다는 것이다.

이제 이 두 가지는 몇몇 정통신학자들이 인도하고 있듯이 서로 반대되는 것이든지 모순되는 것임이 분명하다. 동료 인간들에게 죄 사함과 구원을 제공함에 있어서 인간의 행위를 위한 유일한 근거나 바탕은 하나님의 말씀 안에 있는 하나님의 권위와 명령이다. 우리는 이것 외에 다른 그 어떤 근거를 가지고 있지 않다. 우리는 다른 것이 필요하지 않다. 우리는 그 어떤 것도 추구하거나 원하지 않는다. 그러나 이 근거 위에서만 우리는 우리 자신들이 충분히 근거 있는 주장을 한다고 믿으며 우리의 동료 인간들에게 그 사실을 선포하는 것이다. 나라와 족속의 특징이 어떠하든 하나님 나라 왕국의 좋은 소식을 전한다. 그들을 그리스도에게 나아와 구원을 받으라고 초청한다. 우리는 이 성경만으로 충분하다. 영생을 얻고자 사람들이 하는 모든 행위의 토대는 성경의 가르침만으로 충분한 것이다. 그러나 이것은 명백히 그 질문과 아무 관련이 없다. 즉 사람들에게 제한적이지 않은 복음 선포를 제공하게 하고 그렇게 하라고 우리를 인준함에 있어서 하나님의 행위의 근거나 토대로서 볼만한 문제와는 전혀 관련이 없는 것이다.

정통신학자들이 주장하는 것과 관련하여 하나님의 이 행동이 그리스도의 대속의 무한한 본질적인 충분성에 근거하는 것이요 거기에 기초하고 있다는 것은 다음과 같은 사실에 주목할 뿐이다(우리가 그 논쟁에 진입할 수 없기 때문이다). 본질적으로 보편적 충분성과 무제한적으로 제공된다는 이 두 가지 것들은 이런 방식으로 연계된다. 즉 우리는 이 연결성에 대한 주장이 어떻게 그 어려움을 제거하거나 해결했는지, 또는 이 주제에 대한 어떤 추가적인 조명을 던져주었는지를 결코 볼 수 없었다. 그러므로 우리는 주저함 없이 우리의 동료인간들과 교류함에 있어서 다음과 같이 생각할 수밖에 없는 것이다. 즉 다른 모든 것들과 마찬가지로 이 일에 있어서 하나님은 자신의 계획하신 것을 가장 효과적으로 달성할 수 있는 최고 및 최선의 현명한 수단을 선정하신 것이다. 그리하여 반대편 입장에 있는 자들의 반대와 관련하여서 거기에 하나님께서 말씀하시고 행하시는 하나님 편에 어떤 불일치나 불성실함이 있어서 불의하고 속이는 일이 있다는 것은 입증할 수 없음을 충분히 보여줄 수 있다. 심지어 그 대속의 그 의도된 목적이 오직 택자들의 죄 용서와 구원을 획득하는 것이었다고 할지라도, 그의 독생자를 세상에 보내심으로 말미암아 모든 자들이 아니라 구원받는 자들만 구원하신다고 계획하셨다 할지라도 거기엔 어떤 불일치나 불성실함이 존재하지 않는다.

11. 구속의 범위와 목적

이제 우리는 성경에서 가르치는 교리나 원리라고 주장하는 보편속죄론에 반하는 주장에 주목해야만 한다. 이는 명확한 요점을 분명하게 담아내고 있는 성경적 진술들로부터 확연하게 구별되는 것이다. 그러나 동시에 입장을 잠시 벗어나서 우선적으로 이미 앞에서 설명한 이유들을 위하여 그 주장들은 선택 교리와 불일치하는 것이며 칼빈주의의 특색들로 알려진 것들과도 맞지 않는 것들이다. 보편속죄론에 반하는 주도적인 성경적인 주장들은 다음과 같다. 첫째, 대속적인 속죄론으로서 그리스도의 고난과 죽음의 타당한 특성과 즉각적인 목적들과 효과들에 대한 성경적인 설명과도 맞지 않는다는 것이다. 둘째는 모든 영적 복락들에 대해서 탄원하여 얻은 것 또는 구매한 것과 개별적으로 그것들을 사람들에게 적용하는 것 사이에 변함없고 확실한 연계와 관련한 성경적 설명과도 일치하지 않는다는 사실이다. 두 번째 주장은 여러 가지 다른 부분으로 또는 구별된 입장으로 분류될 수 있다. 그 각각은 그 자체의 적절한 성경적 증거에 의해서 확립될 수 있는 것들이다. 예를 들면 ① '그리스도의 봉헌 혹은 희생 및 중보는 동일한 목적을 달성하는 것과 동일한 개인적 목적을 가지는 것과 관련된 전적인 하나의 수단이다.' 이 진술은 내가 그 문제를 언급하면서 인용한 오웬 박사의 것으로서 정교하게 다듬어진 주장이다.[32] ② 사람들 속에서 믿음과 중생을 개별적으로 일으키는 성령의 역사와 믿음과 중생 자체를 하나님의 선물로 여기는 것은 그리스도의 만족케 하심과 순종하심의 열매들이다. 그리고 그가 위하여 고난당하시고 죽으신 자들 모두에게 베푸신 것이다. 만일 이 교리들이 사실이라면 그것들은 속죄의 결국 혹은 의도된 목적들과 효과에 있어서 보편적이라거나 제한적이지 않다는 것 또는 한정적이지 않다는 속죄 개념은 철저히 배제시키는 것이다. 그러나 중요한 것들이기는 하지만 나는 그 어떤 항목들도 살피지는 않을

---

32) Owen, Death of Christ, Book i., chaps. vii. viii.

것이다. 다만 제한이 없다는 속죄론의 불일치성에 대해서는 지적을 할 것이다. 특히 그리스도의 죽으심의 적절한 특성과 즉각적인 목적들과 효과들에 대한 성경적인 설명들을 가지고 다룰 것이다. 즉 속죄의 특성이 그 속죄의 범위에 대한 문제를 종지부 찍거나 결정하는 것으로서 내가 이미 반복적으로 주장한 그 중요한 원리를 가지고 더 설명할 것이다.

이 주제의 근본적인 영역을 논함에 있어서 보편론주의자들이 일반적으로 수용한 계획은 일반적으로 속죄의 의미가 무엇인지에 대한 임의적인 정의를 제시하는 것이다. 그렇지 않으면 추상적인 정의를 제시한다. 그 단어가 주로 사용된 일반적인 목적이 무엇인지를 제기하는 것이다. 그들의 이런 정의는 본질적으로 다음과 같은 유형의 형태를 드러낼 뿐이다. 즉 속죄는 하나의 수단이나 방편에 불과하다는 것이다. 어떤 수단이나 방편이든 그것에 의해서 율법과 통치의 위대한 목적들이 조성되고 확보된다는 것이다. 이것은 허물과 죄악으로 인하여 부과되는 율법의 형벌을 입히는 것이 반드시 있어야 할 필요가 없는 하나의 수단이라는 것이다. 따라서 그 죄인들이 용서함 받을 수 없게 하는 장애물들을 제거하여 용서받게 하고 문을 열어주는 것일 뿐이다. 만일 이 정의가 그리스도의 대속의 특성과 즉각적인 목적들과 관련하여 성경이 우리에게 알려주는 모든 것이라고 단정해 버린다면 그것은 틀림없이 보편속죄내지 제한적이지 않은 속죄를 말할 것이다. 왜냐하면 이 견해에 따르면 그것은 죄인들의 죄사함과 구원을 만드는 것에 적합한 것으로 의도된 것이 되기 때문이다. 즉 그것을 하나님께서 선택하심으로써 특정인들에게만 선사하는 것이든 모든 사람들에게 선사하든 그것은 전적으로 하나님 자유일 뿐이다.

이제 우리는 그리스도의 죽으심에 적용된 속죄에 대한 이 정의가 거짓이라고 말하는 것이 아니다. 물론 거기에 사용되고 있는 몇몇 용어들, 예를 들면 수단(an expedient)이라는 말은 적절한 것은 아니지만 본질적으로는 그리스도의 죽음에 대한 설명으로서 틀린 것은 아니다. 이에 대한 소시니안 입장처럼 하나의 증언으로 그리고 하나의 모범으로 설명하는 것은 맞는 것이다. 그러나 우리가 언급한 정의는 실질적으로 그리스도의 죽으심이 무엇이었는지를 설명하는 성경적인 몇몇 사례들을 가지고 제시하는 것이다. 그리고 그리스도의 죽으심이 목적한 의도에 대한 설명을 하는 사례들에 의해서 언급된다. 또한 그것은 또한 인간의 정부와 법령에 의한 제시된 몇 가지 유추들과도 일치된다. 이 문제에 대해서 우리가 견지하고 있는 것은 그리스도의 죽으심에 대해서, 그 특성과 즉효(即效)와 관련하여 성경이 우리에게 나타내주는 것들로서는 그 정의가 충분하고도 온전한 설명을 담아내는 것이 아니라는 것이다. 그러므로 그것은 전부 우리가 판단해 볼 때 속죄에 대한 정의로서 제시하기는 전적으로 근거가 부족하다고 본다. 왜냐하면 이것은 실천적으로 그 정의를 만드는 보편론주의자들의 적용이기 때문이요 속죄가 무엇이어야 하는지 그리고 그리스도의 죽으심에 대해서 우리가 어떤 입장을 취해야 하는지를 결정하게 하는 보편론주의자들의 적용이기 때문이다. 인간 정부의 통치원리와 법령의 적용에 의해서 제시된 유추들은 -비록 이 문제를 설명함에 있어서 그들의 용도가 없는 것은 아니지만- 매우 불완전한 것이다.

신성과 동시에 완전히 거룩하고 죄 없는 인성을 지니신 그 분의 죽음은 범죄한 인간의 구원을 의도하신 것이다. 이 목적을 위하여 그 분은 하나님의 진노와 저주를 기꺼이 받으셨다. 그 분은 어떤 선행개념에 의해서 추정되거나 판단되어서는 안되며, 우리의 임의의 정의들을 가지고 이해하려고 해서는 안 된다. 우리는 이에 대해서 성경이 우리에게 전달해 주고 있는 모든 그 정보를 가지고서만 파악할 수 있는 것이다. 우리는 성경적인 근거나 인준을 받는 모든 요소들을 구현함으로 말미암아 올바르게 규정할 수 있고 제대로 설명할 수 있는 것이다. 속죄는 단지 그것이 될 수 있는 것, 그리스도의 죽음이 *의도한 바로 그것*이었다. 속죄의 적절한 정의는 그리스도의 죽으심이 실질적으로 성경에서 우리에게 나타내고 있는 *모든 것*을 취합해서 정의를 내리는 것이어야 하지 그 중에 몇 *개*만 선정해서 규정하지 말아야 한다. 그것은 범법자들이 용서받고 구원함을 받았음에도 불구하고 통치와 율법의 목적들을 확보하기 위한 훌륭한 규정이었다. 그것은 하나님의 완전하심과 그의 율법의 탁월함, 죄의 죄성에 대하여 가장 인상적인 견해를 구현하고 보여준다. 그것은 범법자들이 사면되고 구원받을 수 있는 근거들과 이유들을 제공하지만 하나님의 도덕적 통치의 위대한 원칙들은 유지되고 그 목적들은 보장되는 것이다.

이 모든 것은 사실이고 중요하다. 그러나 이 모든 것이 그리스도의 죽으심에 대한 성경적인 견해들을 다 소화해내고 있는 것은 아니다. 그러므로 이것은 속죄에 대한 그 정의를 구성하는 것으로서 확정될 수는 없다. 성경은 그리스도의 죽으심에 대한 참된 특성과 관련하여 더 정확한 정보를 줌으로 말미암아 그 모든 것들 그 이상의 것을 말하고 있다. 그리고 성경이 주는 그리스도의 죽으심에 대한 본질적인 특성으로부터 나타나는 그 방식과 태도는 그 죽으심의 즉효에 적합하고 효과가 분명한 정보가 그 이상의 의미가 있는 것이다. 이러한 고려사항들은 보편속죄론주의자들이 일반적으로 추구하는 정책을 대항하는 우리의 경계를 놓치지 않도록 쓰임을 받는 것들일 수 있다. 그리고 그들의 견해를 소개할 방법을 마련하고 속죄의 임의적이고 불완전한 정의를 내림으로 말미암는 그 반대들을 대항하는 하나의 방패를 준비하는 것이다.

소시니안 견해들을 거부하는 거의 모든 사람들에 의해서 속죄론에 내포된 것으로 인정하는 그 두 가지 주도적인 아이디어는 우리가 이미 앞에서 길게 설명한 것과 같이 속량물로 대체된 것과 만족케 하심이다. 우리가 취급하고 있는 그 주제에 대해 우리가 견지하고 있는 견해의 핵심은 바로 이것이다. 이 주제에 대해서 성경이 근거하고 있고 이해하도록 요구하고 있는 측면에서 이해했고 그리고 희박하게 하거나 물타기하는 것 대신에 확실하고 분명하게 이해하게 되었을 때 이 두 가지 생각들은 보편속죄론을 배제하는 것이요 그 이론이 잘못됨을 증명하는 것이다. 다른 사람들 대신에 다른 사람들의 자리에서 행동하는 대체(Substitution)는 자연스럽게 그리고 명확하게 그 개념을 제시하고 있다. 즉 그 분이 대신 서게 됨을 받은 자들은, 그들의 자리에서 그들 대신에 뭔가를 하셨고 또는 고난을 겪으셨다는 그 개념은 단지 무한한 대중들을 무차별적으로 고려하지 않은 독특하고 명확한 부류의 인간 개개인들에 대한 것을 내포하고 있는 것이다.

일반적이고 무제한적인 측면에서 이해한 다른 사람들을 위한 중보 혹은 중재는 그 중보나 중재의 어떤 특별한 유형이나 특성을 명시함이 없이 무차별적으로 엄청난 대중들을 염두에 둔 것이다. 그러나 그 사람들의 자리에서 혹은 그들의 위치에서 대체의 수단에 의해서, 대체 안에 있는 중재 혹은 중보는 자연스럽게 그 개념을 제시한다. 즉 대체는 확실한 특정 사람들과 그들의 상태나 상황들이 잘 알려지고 개별적으로 그들이 받는 혜택들을 목적한 그런 대상자들을 염두에 둔 개념을 제시하는 것이다. 이 개념은 비치우스(Witsius)가 표현하고 있다: '소시니안주의에 반대하여 우리가 다른 곳에서 본 것처럼 그리스도께서 모든 사람, 개개인을 위하여 죽으셨다는 것은 그 문구에 내포된 것을 약화시키거나 제외시킬 때까지 그 진리를 정직하게 지성적으로 논박할 수 있는 자는 아무도 없기에 불가능한 것으로 보인다.'[33] 비치우스는 그리스도께서 모든 사람을 위하여 죽으셨다는 것은 다른 사람의 위치에서 대신에 죽는다는 그 문구에 내포된 것을 약화시키거나 제외시킬 때까지 그 진리를 정직하게 지성적으로 논증할 수 있는 자는 한 사람도 없다고 생각하였다. 그리고 이 견해를 확정하려는 신학적 논쟁의 역사는 많이 있다. 그러나 비치우스의 그 인용문구는 소시니안 입장에 반대되는 것으로서 우리에게 속죄론이 그 개념을 포함하고 있다는 것을 상기시켜 준다. 즉 대체 원리만이 아니라 만족케 하심의 원리도 포함하고 있다. 이 개념에 대한 조사는 더 명확하고 더 명백한 증거를 제공한다. 즉 그리스도께서 모든 사람을 위하여 죽은 것이 아니라는 개념이다. 다시 말하면 궁극적으로 멸망할 자들을 위하여 죽으신 것이 아니다. 이 주제에 대한 소시니안 견해를 확실하게 반대하는 입장에 서고자 한다면 그리스도께서 죄인들의 자리에서 그들 대신에 자기 자신으로 대체하였다는 것, 그러나 그가 그들의 자리에서 그들 대신에 고난당하시고 죽임당하셨다면 그것은 그 죄인들이 마땅히 받아야 할 것을 그가 대신 받은 것을 의미하는 것이다. 죄인들이 반드시 감당했어야만 하는 그 형벌의 고난을 몸소 겪으셔야 했음을 의미한다.

물론 우리는 그 개념을 찾지 못하는 아픔이 있다. 왜냐하면 우리가 이미 설명한 것과 같이 우리는 그것이 사실이라고 믿지 않기 때문이다. 그리스도의 고난은 *양*과 *범위*에 있어서 일정한 숫자의 사람들의 죄악들을 위한 것이었기 때문이다. 이것은 앞으로 태어날 후손들의 죄악들을 인하여 하나님께 만족케 하는 가장 적절한 것이었다. 물론 이 개념은 성경에

---

33) 역자 주) De Œcon. Fœd., Lib. ii., c. ix., s. 1. Witsius(1636-1708)는 화란의 조직신학자로서 특별히 언약신학을 강조한 사람이었다.

서 확고하게 밝혀주는 것이 아니다. 이미 살펴본 봐와 같이 구속의 양과 범위에 있어서 그리스도의 고난은 특정한 사람들의 죄악들을 만족시키는 가장 효과적인 것이다. 우리는 더 많은 사람들이 구원받게 된다고 할지라도 그리스도께서 구원받지 못하고 멸망케 될 자들까지도 포함시키는 그 이상의 고난을 견뎌내야만 했던 것이 아님을 조금도 의심하지 않는다. 여전히 그의 고난은 부과된 형벌을 견뎌내는 것이었다. 그 형벌 자체 혹은 법적으로나 가치 측면에서 그에 견줄만한 온전한 형량, 그리고 보편론주의자들이 흔히 주장하듯 그것을 위한 단지 대체로서가 아니라 범죄한 인간들이 유발시킨 그 형벌을 견뎌내는 것이었다.

인간이 어긴 그 율법은 범죄한 인간 개개인에게 형벌을 지정하였다. 개별적으로 저지른 범행에 부과되는 형벌이다. 그 율법이 전적으로 느슨해졌다든지 한쪽으로 밀쳐진 것이 아닌 한, 범죄를 저지른 자들 각각은 다 그 율법의 요구들을 고분고분하게 승낙해야만 한다. 즉 이 형벌의 부과는 범죄한 당사자가 아니면 대체가 그에 상응하는 형벌로서 그 사람의 자리에서 그 사람 대신에 감당해야만 하는 것이다. 범죄자는 인격적 존재이다. 그렇기 때문에 그 형벌의 부과도 인격적인 존재의 형벌이어야만 한다. 만일 그 범죄자와 그 형벌의 부과가 그 특성상 다 인격적인 존재에 의한 것이라고 한다면, 그리고 사람들 개개인과 관련된 것이라고 한다면, 같은 방식으로 그 형벌의 이전을 고려하여 채택될 수 있는 견해와 함께하는 범죄 혹은 약정이어야만 하는 인격적인 것이라야 한다. 그리하여 다른 사람이 자기 대신에 자기 자리에서 그 모든 것을 담당하게 된 자들은 형벌을 받지 않은 채로 피할 수 있게 되고 그 율법이 요구한 모든 것을 그들 대신에 담당하신 분에 의하여 만족시킨 자로 남게 되는 것이다.

그러나 성경은 우리 자리에서 우리가 받아야 할 고난과 죽음을 대신 받으신 분으로 묘사하는 것만이 아니라 -그것은 우리가 초래한 그 형벌을 그가 담당하신 것으로, 그렇지 않으면 우리가 친히 감당해야 했던 것으로- 따라서 신적 공의와 법령을 우리대신 만족시키신 것으로서 묘사한 것만이 아니다. 또한 그로 인하여 인간이 하나님과 화목케 되었다. 다른 말로 하면 그들을 위하여 화목과 죄 사함을 구매하신 것이었음을 나타내고 있다. 이것이 그리스도의 죽으심의 직접적인 즉효이다. 인간의 상태에서 담당하심으로 자연스럽고 필연적으로 이를 대신하여 혜택을 입은 자들과 그 혜택을 확실히 받게 된 자들의 구별되고 한정적인 사람들의 숫자를 내포하고 있는 개념을 제시하는 것이다. 그것은 화목케 할 힘이 아니라 화목을 선사한 것이다. 성경은 그 화목을 그리스도의 죽으심의 즉효요 목적으로 묘사한다. 이것은 인간들 개개인이 하나님과의 관계에 있어서 발생하는 인격적 변화를 내포한다. 그 말의 자연스럽고 명확한 중요성이 결핍되어 있는 어떤 무엇으로 이 설명을 제외시켜야 할 이유가 없다. 인간은 그리스도께서 죽으셨을 때 개인적으로 화목케 되는 것이 아니라 이 지상에서 사는 동안 화목과 죄 사함을 개인적으로 받는다. 하나님께서 효과적으로 그들을 그렇게 부르시기를 기뻐하심에 따라서 화목함을 받는다.

우리는 하나님과 화목과 죄 사함을 소유한 자들이 어디에 있든지 나이나 국가나 성별과 상관이 없이 그 복락을 즐기는 자들은 다 그리스도의 죽으심과 동일한 관계를 가지고 있다고 추정한다. 그렇게 말할 근거는 충분히 가지고 있다. 사도들이 즐거워한 그 화목과 죄 사함을 우리도 즐거워하며 소유하고 있는 복락인 것이다. 그 복락들은 그리스도의 죽으심에 의해서 즉각적으로 획득되었고 구매된 것이었다. 때가 되면 값 주고 산 자들 모두에게 적용되는 그 복락들은 확실하게 보장되는 것이다. 만일 이

것이 그리스도의 죽으심과 죄인들의 화목과 죄 사함 사이에 존속하는 관계임이 틀림없다면, 죽으심으로 그리스도는 사람들의 실제적인 화목과 죄 사함을 개별적으로 생각하며 마련했어야 하는 것이다. 즉 그런 복락들을 실제적으로 소유하기 전에 방해하는 다른 단계나 과정이 무엇이든지 궁극적으로 이런 복락을 받게 되는 그 모든 자들 개개인을 위하여 마련했어야 하는 것이다.

그 특별한 견해를 일반적으로 붙들고 있는 알미니안들은 적어도 그들의 이런 입장을 온전히 명백하게 드러내고 있는데 이미 우리가 밝힌 대로 다음과 같다. ① 그들은 그리스도를 죄인들이 받아야 할 형벌을 담당하시는 분으로 간주하지 않는다. 심지어 여기에 전적으로 상응하는 형벌을 받으신 그리스도로도 여기지 않는다. 그저 대리인으로 여길 뿐이다. ② 죄인들을 용서함에 있어서 그 율법의 느슨함이 있었다는 것이다. 고난당하시는 그 분과 관련해서나 고통을 겪으신 형벌 때문이 아니다. 심지어 그것은 본질적으로 실행된 것이 아닌 것으로 보기 때문이다. ③ 그리스도의 죽으심의 즉효는 인간을 위하여 화목과 죄 사함을 확보한 것이 아니라 단지 법적 장애물들을 제거한 것이며 하나님께서 누구든지 혹은 모든 사람에게 이러한 복락들을 수여하시도록 하나의 문을 열어놓으신 것으로 여긴다.

그들의 이런 견해들은 속죄의 보편성에 관한 그들의 교리에 의하여 채택되게 한 것이었다. 사실 보편속죄론은 속죄 교리의 특성을 설명하는 방법들을 고려하지 않을 수 없게 한다. 그렇지 않으면 아예 제외시켜 버리는 것이다. 즉 율법과의 관계, 그 죽음의 즉효나 목적과 관련된 대체, 만족 및 화목에 관한 성경적인 참된 적용을 확실히 간과하게 되는 것이다. 그런 것들은 다 위에서 언급한 사항들로서 알미니안들이 반대하는 세 가지 주안점들이다. 보편속죄론을 제외시키거나 그릇됨을 반증하는 요소들인 것이다. 그 주안점들은 궁극적으로 용서받고 구원받은 사람들만을 위하여 제정된 목적을 나타내는 것들이다. 알미니안 입장에서는 대체, 만족 및 화목이 그렇게 모호하고 애매한 관점들로 설명될 수 있을지도 모른다. 거기엔 어떤 특별한 사람들을 지칭함이 없이 말이다. 그 구원의 과정에 있어서 고려하고 마련하고자 하는 속죄의 대상들로서 개개인을 염두에 둘 필요도 없는 것이다.

그러나 우리가 성경의 그 진술들에 대해서 조심스럽게 그 의미가 무엇인지 생각하고 그것들이 담아내고 있는 실제적인 개념들이 무엇인지를 연구할 때 우리가 소시니안주의로 빠지지 않는 한 제한속죄론을 주장하지 않을 수 없게 한다. 즉 우리 앞에 제시되는 이 주제들은 그리스도께서 자기 자신을 모든 사람이 아닌 혹자들의 자리에서 대신 속량물로 드림으로써 신적 공의와 율법의 모든 요구를 만족시키셨다는 교리를 말하지 않을 수 없는 것이다. 그리하여 그 대상들은 화목과 죄 사함을 확실히 받게 된 것이다. 그들이 그 복락들을 받게 될 때 그것들 각각은 그리스도께서 그들의 자리에서 그들을 대신하여 그들의 죄악들을 십자가상에서 다 지불하셨다는 사실에 근거하여 수여되는 것이다. 그 대속의 속전으로 인하여 영원한 구원이 효과적으로 보장되고 이것이 내포하고 있는 모든 것을 획득하게 된 것이다.

보편속죄론을 반대하고, 특별히 제한속죄론과 더불어 복음의 무제한적 제공과 일관된 입장을 가지고 다음과 같이 논박한 것은 아주 유능하고 정교한 것이었다. 즉 복음 안에서 사람들에게 제공되는 것은 그들이 실질적으로 받는 것이며 그들이 그 제공을 개인적으로 받을 때 실질적으로 소유하게 되는 것이라는 점이다. 이것은 모호하거나 불확실한 것은 전혀 없다. 그렇다고 단순히 가능성이나 역량을 말하는 것이 아니다. 그것은 실질적이고 사실적인 화목과 죄 사함이다. 이것은 사실이다. 그리고 아주 중요한 것이다. 그러나 그 논쟁의 그런 유추 과정은 이런 방식으로 속죄의 본질적이고 핵심적인 특성으로 더 깊이 나아가게 하는 것이다. 믿음으로 말미암아 그리스도와 연합하게 될 때 그 개개인들이 받게 되는 것은 실질적인 화목과 죄 사함인데 그것은 그들이 믿기 전에 그들에게 복음 선포에서 제공되거나 의도된 것이었다.

그러나 그들이 믿기 전에 그들에게 제공된 것은 그리스도께서 그들을 위하여 탄원하여 획득한 것, 혹은 구매한 것이다. 그들을 위해서 획득하거나 구매한 것은 그의 죽으심의 참된 본질과 특성에 달린 것이다. 만일 그의 죽으심이 실로 인간의 자리에서 신적 공의와 율법의 모든 요구를 만족시킨 것이었다고 한다면, 그리고 그 인간들이 마땅히 받아야 할 형벌을 그들 대신에 담당하신 것으로 그렇게 하신 것이었다면, 그런 방식으로 인간을 마치 한 번도 율법을 어긴 것이 전혀 없었던 자처럼 그렇게 대하도록 제공되는 근거나 사유, 혹은 율법에 기술된 그 형벌을 마치 인간들이 자신들이 친히 다 담당한 것처럼 취급되는 근거나 사유가 되는 것이다. 따라서 우리는 죄인들이 하나님의 호의를 누리게 되는 모든 과정을 추적할 수 있게 되는 것이다. 개별적으로 고려된 특정한 사람들에 대한 필요한 언급, 그리스도께서 위하여 그리고 대신하여 죽은 사람들에 대한 화목과 죄 사함에 대한 확고하고 확실한 구속의 과정도 다 추적할 수 있으며, 궁극적으로 구원함을 받게 되는 자들을 위하여 구매하신 구속, 물론 그 복락들의 적용이 의도된 모든 사람에게 해당되는 그 모든 과정도 다 추적이 가능한 것이다.

대체, 만족 및 화목에 대한 더 엄격하고 확실한 입장은 성경적인 진술들에 의해서 확고하게 인준된 특정한 사람들을 개별적으로 고려하지 않는 제한적이지 않고 보편적인 속죄론을 철저히 배제시키거나 반증하는 것이다. 이 입장은 또한 온전하고 지속적인 진전단계에 내포된 것과 필연적으로 관련되어 있음을 보여줄 수 있는데, 심지어 보편론주의자들이 그들의 자리에서 대리할 더 많은 불완전한 견해들에 속한 것과도 관련되어 있음을 보여줄 수 있는 입장이다. 그들에 의하면 그리스도의 죽으심은 인간과 하나님과의 관계 및 인간의 영적 복지에 대한 관계에서 작동하는 것이지 인간들의 자리에서 율법의 형량을 친히 담당하심으로 신적 공의를 만족시키신 분에 의한 것이 아니다. 그것은 우리가 림보르치(Limborch)에서 본 바와 같이 단지 *악한 고통*(vice pœnæ)이 부과된 고난을 당한 분 혹은 그 형벌을 위한 대리인으로서 고난을 당하신 분으로 간주할 뿐이다. 따라서 그것은 인간의 생각 속에 강한 인상을 심어주는 인간들의 죄악들로부터 발생하는 용서받아야 할 어떤 잘못된 견해나 해로운 결과들을 방지하는 하나님의 성품과 통치 및 율법에 대한 확실한 입장을 나타내는 것으로서 간주하는 것이다.

이제 이 원칙에 대한 진지한 반대 주장들을 또 다시 살펴보지는 않을 것이다. 우리는 이미 속죄 교리에 대하여 전반적인 모든 것들을 다 제시하였다. 신적 완벽하심에 대한 명백한 외적 확정함을 분명히 밝혔다. 실제적 행위가 무엇이든지 그런 것을 위한 준비가 전혀 내포되지 않은 신적 완벽하심을 밝힌 것이다. 사실 그리스도의 죽음을 우리 자리에서 우리를 대신하여 율법의 형벌을 담당하신 것으로 나타내고 있는 성경의 가르침을 조명하며 살펴보지 않는 한 그의 죽으심이 어떻게 그런 필수적인 산물을 산출하게 되는지 살핀다는 것은 결코 쉽지 않은 일이다. 인간의 마음에 확실한 인상들을 심어줌으로 말미암아 통치의 수단으로서 이 교리에 언급된 목적들을 달성하기 위하여 하나님의 거룩함과 공의를 명백히 펼쳐보여야만 한다. 그의 율법의 불변성과 완전성 그리고 지나친 죄악성과 죄의 무한한 위험성이 어떤지를 드러내야만 한다.

이제 소시니안주의를 반대하면서 우리가 주장하듯이 이러한 표현들은 충분히 생산될 수 있으며 오로지 대속 사건에 의하여 상호 교통하는 결과들이 달성될 수 있다. 대체와 만족에 의해서만, 몇몇 모호하고 불특정한 측면에서 이해한 것에 의해서 서로 통하는 결과들이 성취되는 것이다. 그러나 또한 이것을 위하여 참된 대체가 있어야만 한다. 그리고 실질적으로 타당한 만족케 하심이 있어야 한다. 만일 거룩하고 무죄한 사람에게 부과시킴으로 죄인들의 문제가 해결된다고 한다면 그의 고난의 혜택들을 받는 자들의 확실한 보장과 대체로서 그 무죄한 자가 행동하거나 행동하기로 동의한 것이지 않는 한 하나님의 공의와 거룩은 매우 불완전한 것으로 드러난다.

만일 죄인들을 용서하려는 계획에 있어서 율법이 느슨해지고 한쪽으로 제쳐놓는다면, 그리고 그 율법이 요구하는 형벌이 부과되지 않는다면, 그리고 그 율법의 요구를 적극 순종하고 준수하는 일이 없다고 한다면 신적 율법의 탁월함과 완전함은 명백하게 나타나지 않는다. 또는 신적 율법의 필요성을 유지하고 영화롭게 하는 일도 다 가리게 되는 것이다. 우리가 그리스도의 죽으심을 성경적인 참된 특성 안에서 간주하는 것이 될 때만, 그리고 그에 대한 우리의 개념 안에 포함시킬 때만 보다 엄격하고 확실한 대체와 만족의 개념들이 확연하게 드러나는 것이다. 이 개념들은 분명하게 보편속죄론을 배제한다. 그래야만 죄인들의 용서받음에 있어서 그리고 그 용서를 확실히 효과 있도록 필요한 준비를 함에 있어서 성경의 일반적인 진술들이 우리에게 나타내고 있는 하나님의 도덕적 성품의 모든 병합된 영광을 우리가 제대로 볼 수 있는 것이다. 그리고 우리는 신적 율법에 대한 올바른 개념들을 제대로 소유할 수 있게 되며 그 율법에 합당한 변함없는 영예와 공경함을 표출할 수 있게 된다.

죄인들의 죄 용서함 위에서 작용한다는 속죄의 개념은 단순히 하나님의 도덕적 통치 원리를 잘 보여주는 것이다. 그리고 이것은 보편속죄론을 옹호하는 자들이 가장 선호하는 개념이다. 그런 개념은 성경에서 우리에게 나타내고 있는 것으로서 속죄의 본질에 대한 치명적인 결함과 더 나아가서 긍정적으로 잘못된 견해를 가지게 할 뿐 아니라, 더욱이 대체와 만족케 함에 대한 보다 엄격한 견해를 대체하기에는 적합한 대타가 되지 않는 것이다. 그것을 대체하도록 계획된 것으로 보는 자들의 견해에 기초가 되는 혹은 토대가 되는 것으로 간주되지 않는 한 그 대타는 타당한 것이 될 수 없는 것이다.

나는 알미니안들이 자신들의 속죄의 범위에 대한 그 속죄의 특성과 즉각적인 목적에 대하여 자신들이 설명하는 것과 그것을 희석시키는 것들을 허용하고 있는 그들의 교리에는 상당히 우려스러운 차이가 있다는 점을 지적했었다. 그들은 언제나 이 주제에 대하여 보다 더 건전한 입장을 띠고 있다고 주장한다. 특히 소시니안 주장들과 대항할 때가 칼빈주의자들을 공격할 때보다 더 건전하다는 것이다. 칼빈주의적 보편론자들은 알미니안들이 했던 것보다 속죄에 대한 참된 특성을 설명함에 있어서 너무 멀리 나간 것이 아님은 일반적으로 맞다. 그러나 그들은 속죄의 특성에 대한 올바른 개념위에서 보편속죄론을 주장하기 때문에 속죄론에 대하여 왜곡하고 치명적인 잘못된 영향을 끼치고 있다. 지금까지도 칼빈주의를 주장하고 속죄에 대하여 소시니안을 반대하면서도 소시니안들을 반대할만한 가치 있는 것으로 생각할만한 뭔가를 제시함이 거의 없는 교리적 입장을 여전히 고백하는 무리들이 오늘날까지 존재한다. 나는 특별히 모리소니안(Morisonians)이라는 이름으로 알려진 자들을 탓하고자 함이 아니다.[34] 비록 그들도 보편속죄론을 주장한 자들이기는 하지만 그들은 정통주의로부터 급속히 이탈하였다. *이런 명칭으로 존재한 시간이 몇 년 안되었지만 그들은 칼빈주의의 교리 전반적인 것들을 다 버린 자들이었다.* 그들은 아직도 가라앉지 않은 펠라기안주의의 총체적인 체계를 가르치는 자들로 간주될 수 있을 것이다. 그러나 스코틀랜드나 미국에는 칼빈주의 신학의 일부를 고수하면서도 속죄교리에 있어서 대체나 만족케 함에 대한 개념에 대해서는 전적으로 부정하는 무리들이 있다. 그것을 단순히 하나님의 도덕적 통치의 목적들을 섬기는 것으로 받아들이고 그 자체는 그들의 신학적 특성에서 본질적인 차이점을 나타내지 못하는 것이다. 만일 그들이 우리 구세주의 신성을 전부 다 포기하고 그의 죽으심을 단순히 하나의 모범적인 증언사례 정도로 여긴다면 그런 그들의 신학적 차이는 의미가 없는 것이다.

이점에 대해서 더 명확하고 개인적인 사안들까지 드러내는 것은 어쩌면 공정하고 정의로운 일일지도 모른다. 그리고 우리 시대에 보편속죄론을 옹호하는 자들 가운데 이런 설명에 잘 파악이 되는 자들 또는 그렇지 않은 자들이 누구인지를 밝히는 것이 옳다고 여길 수 있다. 내가 염두에 둔 자들은 미국의 베만(Beman) 박사와 스코틀랜드의 젠킨(Jenkin) 박사이다. 그리고 잘 파악이 안 되는 자들은 워드로(Wardlaw) 박사와 페인(Payne) 박사이다. 그들은 보편속죄론을 옹호함에 있어서 그들 방식을 동의하는

---

34) 역자 주) Morisonianism은 스코틀랜드 킬마녹 교회의 목사인 제임스 모리슨(1816-1893)이 세운 복음주의 연맹의 원리들로 인해 붙여진 이름이다. 그들은 1843년 연합분립교회로부터 나왔다가 1897년에 스코틀랜드 회중교회 연합교단에 가입하였다. 그들의 신학적 입장은 구원 문제에 있어서 인간의 자유의지로 수용하거나 거부할 수 있다는 것이다. 그리고 보편속죄론을 주장한 종교적 분파주의이다.

자들이다. 베만 박사와 젠킨 박사 두 사람은 그리스도의 죽으심이 율법이 언급하고 있고 인간이 범한 죄로 인하여 발생된 형벌을 위한 대타였다고 가르친다. 그것은 인간의 죄 용서 위에서 작동되는 것이지 신적 공의와 율법에 타당한 만족을 줌으로 말미암는 것이 아니다. 단순히 그 원리들을 표시함으로 말미암아 사람들의 마음에 미치는 영향은 하나님의 도덕적 통치의 위대한 목적들을 조성하고 확보하는데 적합한 것이다. 반면에 인간은 죄 용서를 받고 하나님의 호의를 즐거워하는 자리에 들어가도록 허락되는 것이다.

반대로 워드로 박사는 항상 대체와 만족케 함의 개념을 포함하고 있는 성경적 속죄교리의 본질을 주장해왔다. 따라서 그는 성경적인 진리의 한 중요하고 근본적인 부분을 보존하였고 유지하였다. 소시니안들을 대항하여 그 진리를 변호함에 있어서 그는 성경적 교리의 근본을 지탱하는데 크게 보답하였다. 그러나 속죄 교리의 본질에 대한 그의 견해인 보편론 혹은 제한이 없는 속죄론의 해로운 경향은 (이에 대한 것은 재차 논의 될 것이나 지금 나는 이 교리와 칼빈주의 체계의 독특성 사이의 연계성에 대한 부분에 대해서는 그냥 지나가고자 한다.) 다음과 같은 측면에서 주로 나타나고 있다. ① 하나님의 도덕적 통치의 일반적인 원리에 대해서 그가 종종 기여한 과장된 중요성은 신적 완전성의 실제적 행동과 구별되고 그리고 죄인들을 용서하고 구원하심을 위하여 받아드리는 그 위대한 과정에서 신적 율법의 실질적인 성취와 집행과 구별시키는 것에서 나타나는 것이다. ② 그는 자신이 반대하는 견해가 무엇인지 뚜렷하게 구분해서 말하지 않고 대체와 만족케 하심에 대한 보다 엄격하고 명확한 견해에 대해서 불만족스러운 입장을 종종 표명하는 가운데서 나타나고 있다.[35]

---

35) 둘째 요점에 대해서는 Wardlaw의 속죄의 본질과 범위에 대한 논문을 보라. Review of Reviews in

물론 이 설명이 본 주제에 대한 워드로 박사의 입장에 보편속죄론이 왜곡시킨 영향력 *전부*를 다 나타낸 것은 아니다. 그러나 이 설명들은 속죄 교리의 적절한 본질과 즉효에 대한 그의 입장을 진전시키는 전반적인 영역에 걸쳐있다. 그는 그리스도께서 죽으심으로 그의 백성들을 위한 믿음과 중생을 구매하거나 공적을 쌓은 것이 아니었다는 심각한 잘못을 지지하고 있다(이것은 보편속죄론을 주장하는 모든 자들이 가진 오류이다). 결과적으로 이 속죄 교리의 영향이나 효과에 의존하는 자들은 누구든지 심지어 구원하고자 그리스도께서 죽으셨다고 하더라도 다 멸망케 된다.

그러나 그것은 다시 한 번 생각해야만 한다. 내가 따로 떼어 논 이 주제에 대한 이 분야 역시, 물론 나는 이것을 논의하지는 않는다. ─보편속죄론의 불일치성을 지적하는데 힘써야 할 영역이다. 그 교리의 강력한 성향 자체가 이러한 주제들에 대해서 성경적인 견해를 붙들고 있는 자들로 하여금 그 모든 견해들을 희석시키거나 발뺌하게 만드는 것이다. 대타와 만족케 함과 관련하여 이탈되고 잘못된 입장을 가지게 되면 이 주제에 대하여 보다 더 엄격하고 확고한 견해가 자연스럽게 제한속죄론과 연결되는 입장으로부터 도덕폐기론자가 되도록 이끄는 것이다. 그러나 이 반대 경향에 대해서 논박하는 일은 어려운 일이 아니다. 왜냐하면 그것은 이런 요점들에 대하여 칼빈주의자들이 인준하고 있는 가장 고상하고 엄격한 입장들이 율법이 취소되거나 한쪽으로 제쳐버림 당하는, 심지어 신자들의 경우에서도 그러한 일이 벌어지는 그 어떤 근거를 제공하지 않는다는 사실을 보여주는 것은 매우 쉽다. 그리고 그것은 성도들이 '행위 언약에 예속되어 그로 인하여 의롭다 함을 받거나 정죄당하는 것이' 아닐지라

Preface to Second Edition, 41, 55, 83, 87을 보라.

도 삶의 규범으로서 율법을 지키는 일에 여전히 예속되어있다는 진리와 완벽하게 일치되는 것이다.[36] 또한 그것은 택자들의 영원한 칭의에 관하여 율법 폐기론에 해당되는 사람들의 개념에 전혀 도달하게 함이 아니라는 것도 쉽게 보여줄 수 있다. 또는 적어도 그리스도께서 그들의 자리에서 속량물로 드렸을 때 그것이 받아들여졌던 그 시간으로부터 이러한 일반적인 입장들을 제시함으로 충분히 반박하는 개념임을 분명히 하는 것이다. 첫째 그리스도의 대체 및 만족케 함은 구원의 위대하고 일관적인 계획을 형성하는 것이다. 그 모든 과정들은 필수적으로 서로 연계되어 있는 것으로 적합한 계획이다. 둘째 이 위대한 구원 계획의 한 가지는 우리의 신앙고백서의 표현을 수용하는 것이다. 즉 '하나님은 영원부터 모든 택함을 받은 자들을 의롭다 함을 받도록 정하셨다. 때가 차매 그리스도께서 그들의 죄를 위해 죽으셨으며 그들의 의롭다 하심을 위하여 다시 살아나셨다. 그럼에도 불구하고 그들은 성령께서 정한 때에 그리스도를 그들에게 적용하시기까지는 의롭다 함을 받지 못하는 것이다.'[37]

12. 구속의 범위와 칼빈주의 원리들

우리는 이 특별한 주제를 담고 있는 성경적인 진술들과 관련하여 구속의 범위에 대한 문제를 고찰하였다. 이 속죄의 특성, 목적 및 효과들과 관련하여 성경에서 일반적으로 우리에게 가르친 견해들과 연관하여 다뤘다. 이것은 칼빈주의자들과 알미니안들 사이에서 일반적으로 논쟁을 벌인 다른 교리들과 이 교리 사이의 연결에 대하여 단순히 우연하게 일어난

---

36) 웨스트민스터 신앙고백서, 19장 6항.
37) 웨스트민스터 신앙고백서, 11장 4항

것이라는 암시를 주는 것보다 더 많은 사례들을 언급함이 없이도 충분히 논증한 것이었다. 우리가 특별 구속 교리 또는 본질적으로 충분하지는 않지만 목적에 있어서 제한속죄를 말할 수밖에 없는데 이것은 칼빈주의 체계에서 가장 취약한 부분으로 인식하고 있는 것이며 많은 사람들이 칼빈주의의 다른 교리들과 일관된 것을 제외하고는 근거가 없는 것으로 여기지만 그럼에도 우리가 이 과정을 따른 것은 그 속죄의 혜택을 가장 굳건하게 뒷받침될 수 있고 그 자체의 독특하고 독립적인 증거 위에서 논쟁할 수 있기 때문이다. 이것은 그 교리와 병합되어 있는 다른 교리로부터 지지함이 없어도 가능한 것이다. 그래도 그것은 연구 주제로서 충분히 중요한 것으로 더 독특하게 부각된다. 비록 우리가 그 점을 지적하는 것보다 약간 더 할 수 있다고 하더라도 우리의 교리적 입장을 더 부각하는 것이다. 칼빈주의적 혹은 알미니안 논쟁의 다른 부분들을 위해서 이 교리를 담아내는 입장을 확연히 드러내는 것이다.

알미니안들은 다음의 방식으로 논의하는데 익숙한 자들이다. 즉 그리스도께서 모든 사람을 위하여 죽으셨다. 그들은 모든 사람들을 구원한다는 목적이나 계획 혹은 의도를 가지고 그렇게 죽으신 것이라는 논점을 즐겨 내세운다. 물론 그 자체는 각 사람의 의지에 맡겨진 것이다. 개별적으로 이 하나님의 목적을 동의하든 동의하지 않든 그 준비된 것을 받아 구원을 얻게 되는 것은 개개인의 자유의지에 달린 문제라는 것이다. 만일 그리스도께서 모든 사람을 위하여 죽으셨다면 거기에는 몇 사람들이 생명에 이르도록 택함을 받을 수 있게 하고 다른 사람들은 그냥 지나치어 멸망에 이르게 하는 영원한 칙령이 있을 수 없다는 논리가 뒤따른다. 따라서 속죄의 보편성 위에서 알미니안들은 칼빈주의의 예정론 교리를 반대하는 독단적이고 독립적인 논박을 찾아냈다. 내가 이미 앞에서 언급한

적이 있는 이 논쟁은 쿠르셀라우스와 림브로치 및 명망 있는 알미니안 작가들에 의해서 강력하게 촉구되었다.[38]

칼빈주의자들은 그리스도께서 모든 사람을 위하여 죽으신 것이 아니고 내가 이미 이 몇 사람이라는 말이 무엇을 의미하는지 설명한 바 있는 몇몇 사람들을 위하여 죽으셨다고 주장함으로 이 논쟁에 나섰다. 그리고 그 자체의 적절한 증거를 가지고 설명에 나선 이 입장으로 말미암아 칼빈주의자들은 예정론을 반대하는 자들을 반박했을 뿐 아니라 그 진리에 대하여 부가적으로 확언하였다. 이 모든 것은 그 논쟁의 일반적인 결말과 연계성을 고려하는 한 아주 명백한 것이다. 그렇다면 칼빈주의 보편론자들은 이 문제에 대해서 어떻게 생각하는가? 그들은 그리스도께서 모든 사람을 위하여 죽으셨다고 믿는다. 또한 그들은 구원하기로 어떤 자들을 영원히 절대적으로 선택하였다는 것도 믿는다. 물론 그들은 이 두 가지가 서로 일관성이 있음을 견지하고 있다. 이 특별한 요점 즉 이 두 교리가 일관적이라는 것은 그들이 알미니안 사상을 가지고 있고 동시에 그것을 반대하는 칼빈주의자들의 그룹에 속해 있다는 것이다. 왜냐하면 일반적으로 칼빈주의자들은 만일 알미니안들이 그리스도께서 모든 사람들을 위하여 죽으셨다는 그들의 입장을 확립할 수 있다면 칼빈주의의 선택교리의 허구성을 충분히 공격하여 무너뜨리고도 남았을 것이라고 인정하기 때문이다. 그런데 실제로 그렇지 않기 때문에 양다리를 걸치고 있는 것이다.

이 문제가 자연스럽게 그리고 명백하게 선택교리를 믿는 신자에게 나타내는 것은 이것이다. 즉 그것은 전적으로 성경과 일치하는 것으로서

---

38) 역자 주) Stephanus Curcellaeus(1586-1659)는 알미니안 헬라 학자요 번역가로서 프랑스 Amiens의 개신교 목사였다. 후에 암스텔담에 있는 Remonstrant신학교 교수가 되었고 화란 알미니안 학자 그룹에 가담하였다.

하나님께서 먼저 타락한 인간 종족 몇몇을 구원해 주시려는 열망을 지니셔야만 한다. 그리고 누구를 구원하기로 정할 것인지 그 결심을 먼저 마음에 품고 있어야만 한다. 성경은 이것이 하나님의 기뻐하시는 뜻을 따라 택정함을 받아서 진행되는 과정으로 설명한다. 그것 외에 다른 어떤 이유도 없다. 그 다음에 우리가 이 주제를 생각하는 우리의 방식을 따르면 무한하신 분의 마음에는 시간의 실제적인 계승이 있을 수 없기 때문에 이 목적을 달성하기 위하여 가장 큰 수단으로서, 그리고 하나님의 완전성, 법, 통치와 일치되는 것으로서, 독생자를 보내어 그들을 찾아 구원하고 그들의 자리에서 그들을 대신하여 고통당하고 죽으시는 칙령을 지니시는 것이다. 우리는 그의 아들의 사명과 그로부터 수반되는 모든 것들이 하나님께서 몇 사람들은 영생에 이르게 하고 따라서 이 칙령을 실행하는 가장 최고로 현명한 방식을 채택하여 그 목적을 효과 있게 달성하고자 하나님께서 택하신 결과나 결실로 간주한다. 만일 이것이 사실이라고 한다면 하나님께서는 모든 사람들을 구하려는 실제적인 목적이나 계획을 결코 가지신 적이 없었음이 분명하다. 실질적으로 구원받는 자들 말고 다른 어떤 사람들을 구원하려는 계획은 가지지 않으신 것이다. 택자들을 구원하시려는 하나님의 계획과 목적은 그 모든 구원의 과정 기간 동안 계속해서 존재하고 작동되는 것이다. 전 구속의 역사 속에서 신적인 절차들이 차질 없이 진행되는 것이다. 그리스도를 세상에 보내시고 그에게 우리의 죄 짐을 담당케 하시려는 하나님의 계획 속에 품고 있는 그 목적과 대상을 결정하신 것을 이루시는 것이다.

일반적으로 칼빈주의자들은 이 견해를 성경의 가르침에 의해서 온전히 인준되는 교훈이라고 믿는다. 그리고 우리가 성경으로부터 배우는 모든 것들을 숙고할 때 올바르고 합리적인 추론에 따라 확실하게 끄집어내는 참된 것으로 간주한다. 또 신적인 완전성과 통치하심과 관련하여 그 어떤 다른 출처들로부터 배우는 올바른 것으로 여기는 것이다. 이 문제를 논의함에 있어서 칼빈주의 보편론자들이 단번에 알미니안들을 공략하고자 늘 채택하는 과정은 이것이다. 즉 보편속죄론을 인정함에도 불구하고 선택 교리는 사실이다. 그리고 칼빈주의자들의 일반적 원칙에 반하여 선택 교리를 인정함에도 불구하고 속죄 교리의 보편성은 맞는 것임을 보여주고자 그들이 늘 사용하는 과정은 모든 사람을 구원하고자 독생자를 세상에 보내시고 고난당하시며 죽으시게 하는 칙령을 먼저 발하시고 그리고 그들에게 모든 것을 돌릴 수 있는 기초를 놓는다는 과정을 우리에게 먼저 보여주고자 시도하는 것이다. 그 다음 모든 사람들이 이 계획을 거부할 것임을 미리 내다 보시고, 만일 그것이 그들 자신들에게 맡겨진 것이라면 일반적으로 인류 족속들로부터 선택된 일부 사람들에게 믿음과 회개를 주신다는 칙령에 의하여 그들의 구원이 확보된다는 것을 보여주려는 것이다.

이제 이런 주제들에 대한 논의는 예정론과 관련된 난제들 중 몇 가지에 대한 탐사를 포함하고 있다. 물론 그것들에 대해서는 지금 우리가 다루려는 것은 아니다. 단지 우리는 칼빈주의 보편론자들의 견해에 주어진 그 답변의 본질이 이런 입장들 안에서 구현된다는 것을 지적하고자 한다. 이것은 속죄의 보편성에 대한 일반적인 부인을 배제하는 것인데 그것이 확립된다면 그 자체만으로도 충분한 것이지만 현재 고려하고 있는 논의의 정확한 요점이 된다. 첫째, 모든 사람을 무조건적으로 구원하신다는 일반적인 의지나 목적은 신적 완전성에 대한 성경적 진술과 상충되는 것이다. 신적 칙령들의 일반적 특성과 작동에 대한 가르침과도 맞지 않는다. 그리고 개인적으로 사람들의 구원을 결정짓는 실제적인 원칙들과도 어긋나는 것이다. 본질적으로 그런 주장들은 의도적인 것은 아닐지라도 칼빈주의 선택교리를 원수들의 손에 맡기는 반역적인 행위가 되는 것이다. 둘째, 특히 신적 칙령이 발포되는 서열을 드러내고 정하는 이 방법은 이 주제를 논하는 우리의 방식에 따라 그리스도를 보내시어 사람들을 위하여 죽으시게 하는 칙령이 그가 위하여 죽으셔야 하는 특정한 사람들을 선택하는 칙령보다 *선행되는* 것이다. 그의 죽으심으로 말미암아 그가 확실하게 구원하려는 것이라는 이런 칙령의 순서 배치는 이 주제에 대해서 성경이 가리키고 있는 것과 불일치하는 것이다.

실로 이것은 본질적으로 칼빈주의자들과 알미니안들 사이에 논쟁하는데 사용된 그 질문이다. 즉 선택의 칙령의 원인이나 기초가 그리스도냐 아니냐 라는 질문이다. 알미니안은 그리스도가 그 원인이라는 것이요 칼빈주의자들은 아니라는 것이다. 이것은 얽히고설킨 문제이지만 상당히 중요한 질문이다. 이 문제는 하나님과 예정에 대한 칙령들이라는 주제를 다룬 튜레틴의 글에서 논의되었고 해결된 것이었다.[39] 튜레틴의 같은 책에서 예정에 있어서 하나님의 칙령들의 순서라는 대지 하에서 내가 관찰하는 것은 속죄의 범위와 관련하여 그들의 교리를 화해시키려는 것과, 선택교리와 관련하여 그들의 교리를 화해시키고자 하는 칼빈주의 보편론자들의 시도들에 대한 지배적인 노출이 있다는 것이었다. 그것은 일반적으로 신적 칙령들의 순서를 정하는 올바른 방법으로 여긴 칼빈주의자들이 흔히 정도를 벗어남으로 발생된 것이었다. 우리가 생각하는 우리의 방식에 의하면 신적 목적에 있어서 속죄가 선택보다 *선행되는* 것으로 나타나는 것이다. 매우 흥미롭고 교훈적인 그의 배치는 우리 시대의 반대 입

---

39) 튜레틴, Loc. iv., Quest. x.

장에 선 최고의 학자들이 취한 모든 근거를 완전히 충족시키고 해결한다.

튜레틴은 내가 즉시 더 언급하고자 하는 그의 책에서(Quæstio) 카메론과 아미랄두스 학파와 논쟁하고 있다. 17세기 신학자들은 그들을 일반적으로 가설적인 또는 조건적인 보편론주의자들이라고 하였다. 우리 시대에 무제한적 속죄론을 옹호하는 자들로 이루어진 각양각색의 사람들에게 속한 자로는 워드로(Wardlaw) 박사가 있다. 그는 그 학파의 설립자들과 전적으로 동의하는 입장을 가진 자였다. 그의 견해는 실로 정확하게 그들의 입장과 일치하는 것이긴 해도 그는 건전한 교리로부터 그들이 이탈해 간 것만큼 멀리 나가지는 않았다. 그리고 현대 대다수 보편론주의 옹호론자들처럼 멀리 이탈하지 않았다. 따라서 튜레틴이 보편속죄론을 옹호한 자들의 입장들과의 논쟁들을 선택교리와 병합하여 제시한 설명들은 구속의 특성과 범위에 대한 워드로 박사가 자신의 원리들을 옹호하면서 예를 들은 워드로 박사 입장의 모든 본질을 다 들춰낸 것이다. 그 논쟁은 그 이후로 최소한 가능하고 그럴듯하게 제기된다. 튜레틴이 그것을 점검하면서 워드로 박사가 예증으로 든 모든 것들을 확고하게 답하였다. 또 그는 무제한속죄론과 칼빈주의 선택교리와 화해시켜 보려고 제시할 수 있다고 주장하는 사람들에게 확실하게 답하였다.[40]

중요한 진리에 대한 그런 설명들을 지적하는 것은 유용한 것이라고 생각한다. 신학에 있어서 모든 오류들은 17세기 위대한 신학자들에 의해서 거의 다 논의되었고 정립되었다. 몇몇 오류들은 몇몇 훌륭한 신학자들이 수용하기도 했고 그들이 수용했을 때 탁월한 발견으로 간주되기도 했다. 내가 칼빈주의 보편론주의자들의 주장들과 논박들에서 특별히 더 언

---

40) 튜레틴의 상게서, Qust., xviii, s. xiii. Wardlaw, 77-02.

급하고 싶은 요점이 하나 있다. 그것은 그 속죄교리가 모든 사람들을 위하여 계획된 것이요 모든 사람들에게 다 적용되는 것으로 묘사하는 관행이다. 그리고 그 경우의 모든 특수성을 묘사하되 그 속죄 교리 자체에 놓인 것으로서가 아니라 단지 하나님의 주권적 행위 안에서 그 속죄를 결행했고 또는 그 칙령을 공포하였으며 그 일을 주도하신 적용에 둔 결과로 설명하는 점이다. 그 다음, 이런 설명들이 그럴듯한 것으로 받아들이게 하여 그 *속죄교리 자체에 의하여* 그 내용을 품고 평가하도록 우리를 청하는 것이다. 그리고 그 적용으로부터 *전적으로 분리된*, 심지어 그들이 인정한 하나님의 선택으로부터도 *분리시켜* 그 적용들을 개개인에게 하도록 결정한다는 것이다.

그러나 이런 요구는 합리적이지 않다. 그것은 잘못된 개념을 심어준다. 그것은 더 큰 오류에 빠지게 한다. 물론 우리의 임무는 속죄교리를 묵상하는 것이다. 그 속죄교리가 서있는 연결점들과 관련성들을 다 살피면서 성경에서 묘사하고 있는 그대로 살펴보는 것이다. 우리는 성경이 우리에게 알려준 것 외에는 속죄 교리에 대해서 아는 것은 하나도 없다. 그 교리를 제대로 알기 위해서 우리는 그것을 성경이 묘사하고 있는 그대로 살펴봐야 한다. 구원의 계획은 하나님 편에서 구원의 목적들과 행위들에 대한 위대한 체계이다. 또 우리에게 이런 목적들과 행동들을 펼쳐 보이는 진리와 교리들 편에서도 보는 위대한 구원의 역사인 것이다. 잃어버린 인간의 구원과 관련되어 실행되고 계시된 일들은 무한한 지혜와 능력으로 계획한 것이요 관리된 것이요 실행된 위대하고 조화로운 체계로 구성되어 있다. 그 모든 부분의 완벽한 실행들이 함께 인간을 구원하시는 영광스러운 결과를 낳게 된 것이다.

우리가 이 과정들을 세분시키고자 할 때, 그리고 하나님께서 서로 다 연결되게 해 놓은 것을 분리시키고자 할 때 우리는 그 위대한 계획을 우리 자신들이 고안한 방향대로 해석하게 되는 위험에 빠진다. 특히 우리가 그 구원의 계획의 각 부분과 관련하여 전체적인 시각에 기초하여서 판단하고 결정하는 것이 되지 않는다면 당연히 오류에 빠지는 것이다. 우리는 속죄 교리 그 자체가 무한한 가치와 효과를 지닌 대속적인 고난임을 인정한다. 모든 인간의 죄악들을 속량하기에 본질적으로 충분한 것으로 인정한다. 이 인정은 우리의 반대편 자들을 만족시키지 않지만 적어도 우리에게는 불편을 느끼게 하지 않는다. 이 논쟁에서 문제는 그 속죄교리의 결말이나 의도된 목적에 눈을 돌리는 것이어야 하지 본래적인 충분성에 귀속되어서는 안 된다. 우리는 한편으로 본래적인 충분성과 다른 한편으로 실제적이거나 의도된 적용점 사이의 그 어떤 매개체를 인지할 수 없다. 그 속죄의 실질적인 적용은 믿는 자들과 죄 사함을 받는 자들에게 향한 것이다.

칼빈주의자들은 비록 논쟁의 목적 자체를 위하여 잠시나마 워드로 박사가 하는 것처럼 선택교리 없이 속죄교리만 떼어서 다루는 것이 편리할지는 몰라도 그 속죄의 실질적인 적용은 어떤 경우든 미리 정해진 것이요 작정된 것이었음을 *인정해야만* 한다. 그것이 영원 전부터 작정된 것이기 때문에 그렇게 이루어졌다는 것에 반대되는 혹은 상충되는 *의도된* 속죄교리의 적용은 있을 수 없다. 이 두 가지 대지가 그것을 완전히 배출한다. 사람들이 속죄라고 말하는 교리를 인간이 붙들고 있을 때 본질적으로 적용문제를 떠나서 그 자체를 바라보면서 그러나 이 설명이 상응하고 그에 의해서 소진된다는 것을 인정하지 않을 때, 그것은 본질적으로 무한히 충분한 것이라는 것을 의미해야만 한다. 왜냐하면 매개체가 없기 때문에, 그 속죄의 의도된 적용은 실질적으로 인간을 용서하고 구원하는 그 결과를 만드는 적용과는 다른 것이다. 그래서 그들이 논쟁을 좋아하는 가정은 실질적으로 의미도 없고 관련성도 없는 것이다. 그리고 그들은 그 주제를 왜곡시킬 뿐 아니라 죄인들의 구원에 있어서 하나님의 주권적 선택을 의심하고 모호하게 하는 경향이 있는 것이다.

속죄의 적용, 실제적인 혹은 의도된 목적을 떠나서 속죄 교리 그 자체는 본질적인 충분성과 관련된 것 외에 그 어떤 다른 의미로는 착상할 수도 없는 것이다. 진실로 논쟁에서 그 질문은 본질적으로 이런 것으로 참되게 집약할 수 있다. 물론 우리의 칼빈주의적 반대자들은 그것이 의도된 것이요 예정된 것이었음을 인정해야만 한다. 실질적으로 용서함과 용납하심에 있어서 일부 사람들에게 속죄 교리를 적용하는 것 말고, 결코 실감되지 않고 모든 사람들에게 그것을 적용하는 것은 없었을지라도 다른 의도된 것이 있었다는 것이다. 대속의 수단을 통해서 모든 사람을 구원하시려는 어떤 계획, 목적 또는 의향이 하나님 편에서 있었다는 것이다. 그리고 그것은 우리가 아는 혹은 알 수 있는 어떤 것이든 그 자체로 볼 수 있는 속죄에 대한 것이 아니다. 그리고 그 적용 외에 그의 아들을 보내주시고 그리스도께서 사람들을 위하여 자기 자신을 내어주심에 대한 하나님의 목적과 의도에 귀를 기울이도록 하는 것이기 때문이다.

그 모든 주제는 보편적 은혜라는 항목으로 17세기에 종종 논의되었던 것이다. 즉 모든 사람들의 구원을 위하여 독생자를 세상에 보내심으로 말미암아 계획하시고 준비하심에 있어서 하나님의 보편적인 사랑과 친절하심에 관한 주제 하에서 논의되었던 것이다. 나는 그 질문 전체가 하나님과 그리스도의 계획과 의향과 그렇게 하신 것이 이룬 결말에 주목해야만 함이 옳다고 생각한다. 본질적으로 속죄 문제를 고려할 때 얽힌 것으로부터 선택교리를 붙들고 있는 사람들은 누구나 성공적으로 보편속죄론을 선호하게 된다고 생각한다. 이 문제에 있어서 하나님의 의지나 칙령, 그 목적이나 의도에 대한 탐구는 예정론이라는 항목에서 다루는 것이 타당하다. 그 항목에서 칼빈주의 신학자들은 보편속죄론을 주장하는 자들이 필연적으로 내포하고 있다고 하는, 모든 사람들을 구원하시려는 목적이나 의향이나 계획이 성경에서 가르치고 있는 것과 전혀 조화를 이룰 수 없는 것임을 전적으로 입증한다. 그리고 신적 칙령과 관련하여 칼빈주의적 제한속죄가 옳다는 것을 정당한 이유를 가지고 확정짓는다.

신학의 역사는 보편속죄론이 신적 진리의 구원 계획에 대한 인간의 생각을 심각하게 왜곡하고 곡해하는 경향을 지니고 있음을 충분히 제공한다. 물론 이런 경향은 매우 다양한 정도의 차이들이 있다. 그 교리 자체를 발전시키지 않고 다른 오류를 만들어냄에 있어서 그 자체를 어느 정도 가늠할 수 있는 지성을 소유한 것으로 보이는 신학자들도 있었다. 이런 사람들과 함께 그리스도께서 모든 사람을 위하여 죽으셨다는 그 교리는 모든 피조물에게 복음을 전해야 할 의무와 근거의 중요한 진리를 구체화한 특정 형태나 어구에 지나지 않는 것에 불과하다. 어떤 차별이나 배제시킴이 없이 모든 피조물들을 그리스도에게 나오라고 청하고 촉구하며 그를 영접하여 죄 사함과 용납하심과 영생을 받으라고 말하는 어구 그 이상 아무 것도 아닌 것으로 여기는 것이다. 그런 경우에 오류는 실제로 언어의 부정확한 해석 그 이상의 어마어마한 것이다. 사상의 불분명성 내지 혼돈을 초래하는 것이다. 모든 오류는 위험하다는 것을 잊지 말라. 경험한바 오류는 슬그머니 잠입해 들어와 교활하게 그리고 교묘히 분장하여 기독교 진리의 전 영역을 부패하게 만든다. 그 오류를 소중하게 여기는 자들이 자각하는 것보다 훨씬 심각한 파괴력을 가지고 있는 것이다.

이 교리의 가장 우선되고 가장 직접적인 경향은 인간으로 하여금 진리를 제대로 보지 못하게 하거나 제쳐두게 한다. 내가 이미 길게 설명했던 것과 같이 이것은 그리스도의 대체와 만족케 하심의 참 특성과 중요성과 관련한 성경적인 진술들을 희석시키는 것이다. 그 진술들이 담아내고 있는 죄인들의 구속함과 화목함의 중대한 교리들을 비켜가게 만든다. 이것은 기독교 진리의 가장 근본적인 영역에 심각한 독(오류)을 뿌리는 것이다. 실로 보편속죄론을 신봉하면서 그리스도의 죽으심에 대한 참된 특성과 즉효와 관련된 건전한 신앙고백을 하는 자들이 여전히 존재한다. 그러나 이것은 그들 자신들이 붙들고 있는 원리들에 대해서 제대로 알지 못하기 때문일 뿐이다. 그래서 지속적으로 그 길을 간다. 물론 그들이 붙들고 있는 진리에 대한 그들의 보유기간은 매우 불확실한 근거에 기초하고 있는 것이다. 그러나 여러 경우에 오류의 진보는 멈출 줄 모른다는 것이다. 그 아이디어는 사람들에게 매우 자연스럽게 발생한다. 그리스도께서 모든 사람을 위하여 죽으셨다고 한다면 모든 사람에게 구원이 미치도록 뭔가가 마련되었어야 한다는 생각이 자연스럽게 떠오른다. 그리하여 그들을 위하여 획득된 것을 얻는 특권이나 기회를 제공하기 시작하는 것이다. 인류 족속의 대다수가 의심의 여지가 없이 전적으로 그리스도에 대하여 무지한 상태로 남아 있기 때문에, 그리고 그들을 위해서 그리스도께서 하신 일에 대해 전적으로 무지하기 때문에, 몇몇 보편론자들은 결코 어색한 것이 아닌 아주 자연스럽게 그런 입장을 제공하도록 이끌림을 받게 되는 것이다. 인간은 그리스도를 통해서 구원함을 받게 되거나 구원받았거나 구원받는 것이 된다. 또는 그리스도의 대속의 근거 위에서 성경이 분명하게 가르친다 할지라도 그리스도의 대속의 은총이나 그리스도에 대해서 전혀 들어본 적이 없거나 복음을 한 번도 접해 본 적이 없는 자들에게는, 특히 성인들과 관련하여 그들의 구원은 전적으로 그리스도께서 인간을 위하여 하신 것에 대한 지식을 획득하는 것에 달려있다거나 그들에게 공급되는 그 지식에 대한 올바른 활용과 적용을 확고히 만들 수 있는 자신들의 역량에 달려있는 것으로 만드는 것이다.

그러나 이것은 다음 단계로 나아가기가 매우 용이하고 자연스런 교리이다. 그리스도께서 모든 사람을 위하여 죽으셨다면 그는 반드시 그들의 구원을 가로막는 장애물들 몇 가지만이 아니라 전부를 제거하려는 의향을 가지셨고 실제로 그 장애물들을 제거하셨다는 결론에 이르게 하는 것이다. 그리하여 적어도 그 사실을 알게 된 그 당사자들은 자신들의 힘으로 그들의 구원을 획득할 수 있어야만 하는 것이다. 이것은 자연스럽게 인간의 전적 타락을 부정하거나 적어도 뭉개버리는 잘못을 저지르게 한다. 그리고 믿음과 중생을 발생시키는 성령의 특별한 초자연적인 역사도 필요 없게 만든다. 보편적으로 충분한 은혜라고 하는 교리 역시 같은 결과를 낳는다. 즉 모든 사람들은 제대로만 사용한다면 다들 자기들 스스로가 회개하고 믿게 하는 능력과 자질을 충분히 가지고 있다는 것이다.

물론 칼빈주의 보편론자들은 하나님께서 모든 사람들을 사랑하시고 모든 사람들을 구원하시기로 계획하셨다는 보편 은총을 내세우며 그리스도께서 모든 사람들을 위하여 죽으셨다는 보편속죄론 그 이상의 무엇으로 나갈 수 없는 자들이다. 알미니안들은 보편적으로 청하고 보편적인 부름을 취함으로써 이러한 견해들을 좀 더 완전하고 일관되게 추종하는 자들이다. 말로 부르든지 혹은 창조와 섭리 사역들을 통해서 그리스도를 신뢰하고 혹은 적어도 하나님께서 제공한 자비를 받도록 그렇게 청한다. 그 자비는 사람들로 하여금 이 부름에 응할 수 있도록 충분한 은혜를 베푼다는 견해들을 따르는 자들이다. 마찬가지로 그것은 보편적 은혜와 보편적 구속으로부터 자연스럽게 파생되는 선택교리를 부인하게 하고 따라서 죄인들의 구원에 있어서 하나님의 절대 주권사상을 송두리째 팽개치는 결과를 낳는 것 말고는 아무 것도 없다. 어떤 사람들은 아직도 더 나아가서 보편구원론을 주장하며 그 이상의 것으로 나가고자 하는 자들은 이 신비로운 주제의 난제들은 어떤 것이든 실제로 다 제거하면서 계시의 권위를 전부 뒤집는 값을 치르고 있다는 결과를 낳는다. 이것은 전혀 놀랄 일이 아니다. 사람들은 다양한 이 모든 단계에서 멈췄다. 그리고 그들이 부인하는 것을 붙들고 있다는 것에 대해서 누구도 혐의를 받지 않는다. 그러나 그 사례의 경험과 특성은 보편은혜와 보편속죄론을 내세우는 것이 우리가 설명한 그 방향으로 사람들을 이끄는 성향을 가지고 있다는 사실을 충분히 명백하게 만들고 있다. 이 점은 그럴듯하고 결백해 보이지만 결국에는 우리를 위험한 오류에 빠뜨릴 수 있는 견해임에도 아무 생각이 없이 시인하는 것이 되지 않도록 우리는 주의해야 할 필요성을 심어주는 것이다.

이제 나는 이 주제에 대한 전체 논의를 마무리 하고자 한다. 그리고 칼빈주의자들과 알미니안들 사이의 논쟁에 내포된 다른 주도적인 교리들을 살펴보고자 한다. 나는 다른 어떤 교리보다 이 속죄 교리에 너무 많은 시간을 들였다. 사실 그 주제는 이론적으로나 실천적으로 매우 근본적으로 중요한 것이기 때문이었다. 그리고 기독교 진리 체계를 올바르게 이해하고 우리에게 지워진 의무를 수행하고자 할 때 구원받아야 할 영혼들을 가진 자들로서 또는 다른 사람들의 구원을 추구하는 자들로 보게 해야 하기 때문이다. 교회의 현재 상황에서 그리고 우리의 현존하는 신학적 문헌들 측면에서 이 위대한 교리를 철저히 이해하고 향상시킬 필요성이 많이 있다. 여기에 내포된 주요 요점들에 대한 명확하고 확실한 개념들을 가져야 하고 그에 대한 우리의 확신을 세우는 성경적 증거에 익숙해야만 한다. 속죄 교리는 기독교 신앙 체계의 핵심과 주춧돌을 형성한다.

한편으로 이 교리는 인간의 본성과 상태와 관련하여 우리에게 계시된 모든 것과 밀접하게 연계되어 있다(우선적으로). 그리고 하나님의 이름으로 이 세상에 오셔서 그 인간들을 찾아 구원하시려는 그리스도의 본질과 특성과 관련된 것도 밀접하게 연계되어 있다. 다른 한편으로 이 교리는(그 다음에) 사람들 개개인에게 그들의 죄 용서와 용납됨, 그들의 본성의혁신 및 최종적으로 성결케 된 자들 가운데서 하늘나라를 기업으로 물려받게 되는 모든 복락들과 연계되어 있다. 그것은 속죄 교리에 대한 결함과 오류가 있는 견해들로부터 지켜내는 것에 적합한 것이다. 그것이 하나님의 전 경륜과 연계되어 있고 계시된 진리의 전 체계와도 관련되어 있다. 그 속죄 교리는 하나님의 위대한 표현이다. 그의 목적하심을 달성하는 위대한 수단인 것이다. 하나님의 아들의 고난과 죽으심의 참된 특성과원인 및 결과들에 대한 올바른 강론은 그가 자신을 단번에 희생 제물로봉헌한 진정한 특성과 목적 및 효과들에 대해서 환하게 펼쳐 보이는 것이다. 이를 올바르게 강론하는 것은 하나님의 은혜의 복음에 대한 더 엄격하게 그리고 특수하게 드러내는 것으로서 영원하신 하나님의 명령을 따라 구성된 것이며 이것은 믿음으로 순종하도록 모든 나라들에게 선포되어야 하는 진리이다.

그 십자가 복음에 대하여 유일하게 합법적인 대언자는 이 위대한 하나님의 계획의 참된 특성과 적용을 이해하도록 하나님의 말씀과 성령에 의하여 가르침을 받은 사람이다. 결과적으로 그 사람은 그 자신의 구원을위하여 그리고 시온에 세워진 그 터 위에 서도록 인도함을 받은 자이다. 그 사람은 시온을 돌아다니며 성체를 견고히 세우고 그 궁전을 살필 수있는 자이다. 그 일은 하나님께서 죄인들을 구원하시기 위하여 그의 아들을 보내 고난당하게 하고 그들을 위하여 죽임 당하게 하신 그 위대한 계획의 참된 특성과 작용을 펼쳐나가는 것이다. 현재 우리가 직면하고 있는 특별한 오류들을 볼 때 반드시 열정을 다해 막아내야 할 두 가지 위험성이 있다. 하나는 그리스도의 십자가를 사람들에게 더욱 매력 있는 것으로 만들고자 하는 시도이다. 사람들을 그리스도에게 나오고 그를 더욱 신뢰하도록 만들게 하기 적합한 구속의 계획을 나타내려는 시도이다. 그 일을 위해 하나님께서 계시하신 것과 관련된 것을 우스꽝스러운 것으로 전락시키거나 아예 두루뭉술하게 전달하려는 노력들을 기울인다. 계시된 진리의 모든 부분을 잘 진술하고 그와 관련된 사항들을 정확하게 묘사하는 것이 빠져있는 것이다. 둘째는 예루살렘에서 그리스도께서 단번에 자신을 드려 사망에 이르게 한 그리스도의 보배로운 피 흘리심의 가치와 효능을 약화시킬 위험성이다. 마치 그것이 단지 법적 장애물들을 제거하기 위한 것으로, 그리고 모든 사람에게 구원의 문을 열기 위한 것으로, 실제로 그것은 무수한 사람들의 실제적인 구원에는 전혀 효과도 없고 획득함도 없는 것으로 전락시키는 것이다. 그의 죽으심에는 실질적인 구원에 대하여 확실한 어떤 것도 포함되어 있지 않은 것처럼 제시하는 것이다. 그리스도는 자신의 영혼의 그 수고를 보며 만족케 하시는 분으로 묘사하는 위험성을 가지고 있는 것이다. 그리스도는 성부의 보좌 앞에 속량함을 받은 많은 무리들, 그 자신의 피로 그들의 죄를 깨끗이 씻김을 받은 모든 자들과 함께 서게 되고, 하나님께 왕과 제사장으로 세움을 입게 해서 '보라 나와 아버지께서 내게 주신 자녀들을 보라'고 말하는 실제적인 효과가 전혀 없는 것처럼 그리스도의 죽으심을 묘사하는 것이다.

제25장

알미니안 논쟁

제25장
알미니안 논쟁

1. 알미니우스와 알미니안들

칼빈주의의 근본적인 원리들은 하나님의 섭리하심의 목적들과 칙령들 및 역사의 과정과 더불어 루터와 츠빙글리 그리고 칼빈까지 다 믿고 따른 교리였음을 우리는 살펴보았다. 츠빙글리의 견해에 대한 반대 견해는 비록 모세임과 밀너(Milner)가 제기한 것일지라도 그 근거는 희박하다. 그 반대 견해의 부정확성은 밀너의 견해를 고수하는 스코트 박사에 의해서 확정되었다. 루터와 멜랑흐톤은 무슨 일이 일어나든 그 모든 것들은 다 하나님께서 미리 정하신 것임을 반복적으로 주장했다. 하나님께서 작정하신 것을 섭리 가운데서 실행에 옮기신 것으로 본 것이다. 그런 입장은 칼빈의 주장보다 더 강한 것이었다. 루터가 이 주제에 대해서 입장을 나중에 바꾸었다는 증거는 없다. 반면에 멜랑흐톤의 입장은 어느 정도 변경했는지는 단정할 수 없지만 바뀐 것은 분명하다. 그의 후기 작품들에서 멜랑흐톤은 상당히 모호한 입장을 띠는 견해를 서술한 것처럼 보인다. 반면에 칼빈에게 보낸 그의 서신들에서는 칼빈의 입장에 동의한다는 심정의 고백을 지속적으로 피력한 바 있다.

Jacobus Arminius(1559/60-1609)

종교개혁자들은 본질적인 것들에 대해서 하나된 입장을 띠면서도 복음주의의 근본적인 원리들을 말하는 것들에 대해서는 서로 다른 입장들을 피력하곤 했다. 뿐만 아니라 칼빈주의의 독특성들과 관련해서도 입장의 차이들이 있었다. 그에 대한 묘사나 설명에 있어서 차이점들이 있었을지라도 그 차이점들은 정신적인 기질과 성향들의 차이에서 비롯된 것이 대부분이다. 그리고 신적 진리의 체계에 대한 그들의 지식과 이해의 폭에 따라서 정도의 차이들을 나타내고 있는 것들이었다. 칼빈이 생존하는 기간 동안에 칼빈주의 교리들에 대하여 근원적인 반대 입장을 표명한 사람은 카스텔리오(Castellio)였다. 그는 신학자로서 그렇게 큰 무게감이 있는 사람은 아니었다. 멜랑흐톤 사후 루터교회에서는 일반적으로 신적 작정과 관련된 칼빈의 교리를 버렸다. 아마도 그렇게 하도록 어떤 미혹을 받은 것처럼 보인다. 특히 성찬에서 그리스도의 물질적인 임재에 관한 그들의 교리를 수용하기를 거부하는 모든 자에 대해서 상당히 비통한 증오심을 가지게 됨으로 말미암아 일어난 것처럼 보인다. 소시니안은 종교개혁자들에 의해서 일반적으로 가르쳐진 신학의 전 체계를 거부했다. 소시누스는 1578년에 예정, 선택, 자유의지 등에 대한 카스텔리오와의 대담이라는 책을 출판하였다. 그 책은 '펠릭스 튜르피오 우리베베타누스'(Felix Turpio Urbevetanus)라는 가명으로 출판된 것이었다.[41] 이 책은 개혁파 교리에 관하여 좀 더 느슨한 입장을 띤 개혁교회 일부 지도층 목사들에게 영향을 끼쳤다.[42]

---

41) Spanhemii Elenchus, 238, ed, 1701.

42) Basnage, 『Histoire de la Religion des Eglises Reformees』, iii., c. iv., tome ii., 262.

이 이론의 효과는 먼저 화란 개혁교회 안에서 발생했다. 종교개혁 사상은 일찍부터 화란에도 소개되었다. 부분적으로는 독일의 루터교회로부터 그리고 부분적으로는 프랑스의 칼빈주의로부터 영향을 입었다. 그러나 칼빈주의적 원리들이 화란 사람들 사이에 널리 보급되었다. 1570년경부터 널리 알려진 플라틴이나 하이델베르크 요리문답과 함께 칼빈주의적 가르침들 안에서 모든 개혁파 교회의 신앙고백서들과 거의 일치하는 벨직 신앙고백서가 그 교회 안에서 공적으로 조사하기 시작했다. 칼빈주의에 반하는 중요한 공적 운동이 이 나라 개혁파 교회 안에서 처음으로 일어나기 시작한 것이었다. 그것은 1603년 라이덴 대학이 신학 교수로 알미니우스를 임명하면서부터 시작되었다. 실로 그와 같은 시도가 이 일이 생기기 몇 년 전부터 이미 잉글랜드 교회 안에서는 반칼빈주의적 견해들이 돌출되었다. 그러나 그것은 당시 캔터베리 대주교인 휘트기프트가 이끄는 교회 주도 세력의 개입으로 사그라졌다. 그런 시도가 제대로 등장한 것은 알미니우스가 끼친 열매 때문이었다. 훗날에 잉글랜드 교회의 성직 수여권자들(patronages)이 이런 입장을 받아들이면서 알미니안주의가 성공회에 침투하게 된 것이다.

신학교수로 임명되기 전, 알미니누스의 본래 이름은 반 헤르만(Van Herman)이었다. 그는 제네바의 베자 밑에서 수학한 자였다. 그리고 얼마 동안 암스테르담에서 목회하면서 그는 훗날 자신의 이름과 관련되어 주장되는 교리적 견해들 대부분을 이미 수용한 것 같았다. 물론 그는 이단설에 휘말렸고 개혁파 교회의 교리들과 일치하지 않는다는 혐의를 받았을 뿐이지만, 그의 견해는 벨직 신앙고백서의 가르침과도 맞지 않았다. 하지만 그는 그렇게 건전한 교리로부터 이탈하게 된 명백한 증거들을 공적으로 제출하지는 않았다. 처음에 그는 라이덴 대학의 신학교수로 임용되고 나서도 우선 자신의 입장에 대해서 어느 정도 주의하며 조심스럽게 피력하였다. 물론 이에 대해서 솔직하고 성실하게 입장을 표명한 것은 아니었지만, 시간이 지나며 개혁파 교회에서 일반적으로 고백하고 있는 것들과는 조화가 되지 않는 견해를 받아서 되풀이하여 가르친 것이 명백하게 드러났다. 이것은 많은 다툼을 불러일으켰다. 칼빈주의 사상을 배워 열렬히 옹호하고 있는 그의 동료 고마루스와의 논쟁이 대표적이었다. 연방 교회는 곧 이 주제에 대한 논쟁에 가담하였다. 그것은 약간의 정치적 운동과 섞여 있었다. 알미니우스는 1608년에 자신의 잘못된 입장을 매우 우호적으로 공개 표명한 것 때문에 어려움을 겪고 있었다. 그 사이에 그는 1609년에 사망했다. 그의 사후에 에피스코피우스가 그 학파의 수장이 되었다. 궁극적으로 그는 알미니우스가 한 것보다 건전한 교리의 입장에서 더 많이 이탈해 나갔다.

1610년 알미니우스 추종자들은 연방공화국 당국자들에게 하나의 반증을 제시하였다. 5개의 조항을 명시하고 있었는데 그들이 채택한 의견들이었다. 그 반증 문서에서 그들은 교회의 상징적인 책들인 벨직 신앙고백서와 플라틴 또는 하이델베르크 요리문답서에 대한 개정 내지는 교정을 촉구하였다. 그리고 그들이 천명한 견해들에 대한 완전한 관용을 요구하였다. 이 사실은 그들에게 레몽스트랑츠(항거자들, Remonstrants)라는 이름이 붙게 하였다. 그 이름은 17세기 신학 서적들에서 가장 흔하게 언급된 그룹의 사람들이었다. 반면에 그들이 제기한 문서에 답변하면서 반대 입장에 있는 자들은 콘트라레몽스트란츠(Contraremonstrants)라고 불렸다. 양측이 함께 컨퍼런스를 개최하였는데 1611년 헤이그에서 열렸다. 그 모임을 일반적으로 콜라티오 하기엔시스(Collatio Hagiensis)라 하는데, 이 헤이그 회합 논쟁에서 주된 요점들이 충분히 논의되었으나 의견일치를 향한 접근은 이루어지지 않았다. 정통파는 논쟁의 대상이 된 주제를 다루고 결정을 내릴 수 있는 총회를 매우 열고 싶어 했으나 알미니안들은 이를 적극적으로 막아 나섰다. 그리하여 그들은 시민당국자들이 여러 해 동안 이 문제를 이어받아 논의하게 했다. 마침내 1618년 11월에 전국 규모의 총회가 도르트에서 개회되었다. 여기에는 유럽 대부분의 여러 개혁파 교회 대표단들이 참가하였다. 심지어 성공회 대표단까지도 왔다. 이 공회는 6개월 동안 개회되었다. 그리고 만장일치로 항거자들의 견해를 정죄하였다. 그리고 그 이후로 총회는 칼빈주의 신학의 가장 가치 있고 권위 있는 강론의 하나로서 간주될만한 뛰어난 교리체계를 채용한다.

이 공회의 판결문에 따라서 항거자들은 목사직으로부터 면직되었고 시민 당국에 의해서 체포되어 유배되었다. 그러나 얼마 후 1626년에 조국으로 되돌아오도록 허락받은 그들은 공예배 집전을 하는 것이 묵인되었다. 그리고 암스테르담에 그들의 신학교를 설립하도록 허가받았다. 이 신학교는 상당히 뛰어난 재주를 가지고 학습능력이 탁월한 학생들이 입학하기를 열망하였고 입학생 중에는 에피스코피우스, 림브로치, 레 클레레 및 베츠타인 등이 있었다. 그들의 연구와 저술들은 개혁파 교회 안에 알미니안주의가 스며들게 하는 일에 적지 않은 기여를 하였으며, 알미니안주의가 시작되고 번지게 된 주된 요인이 되었다. 그 사상의 수용은 개혁파 교회 안에서 그들의 신학의 역사와 관련된 중대한 사실로부터 유용한 지식을 갖고 싶어 하는 욕구 때문에 이루어졌다.

칼빈의 칼빈주의에 본질적으로 새로운 것이 하나도 없는 것처럼 알미니우스의 알미니안주의 역시 새것은 전혀 없다. 그러나 사실은 비성경적인 오류의 영향력 있는 한 사람으로서 알미니우스의 단점은 성경적 진리의 가장 강력한 조성자인 칼빈의 장점을 거의 손상할 수는 없었다. 알미니우스의 교리는 저 멀리 클레멘트 알렉산드리아누스까지 거슬러 올라가며 3, 4 세기경의 많은 교부들이 붙들고 있던 가르침으로 보인다. 그 사상은 타락한 이교도 철학 사상의 영향을 통해서 교회 안에 스며들었다. 5세기에 펠라기우스와 그의 추종자들은 알미니우스가 그러했던 것처럼 칼빈주의를 열렬히 반대하였다. 물론 그들은 알미니우스가 한 것보다 건전한 교리로부터 훨씬 더 멀리 나간 자들이었다. 로마교회 안에 번진 일반적인 신학 체계는 본질적으로 알미니우스가 가르친 것과 같았다. 한 가지 다른 점은 로마교회의 선호사상뿐이다. 트렌트 교회회의는 적어도 로마교도들이 선택한다면 어떤 중요한 요점들에 대하여 알미니안 신경보다 더 많은 성경적인 진리를 고백할 자유를 주었다. 심지어 가장 복음주의적인 형태의 교리적 고백까지도 허용하였다. 또 모든 알미니안들이 젠센파 신학 논쟁의 근거를 제공한 잔세니우스의 다섯 가지 제안들을 거부하는 것에 의해서 강하게 확인한 진리까지도 시인하도록 허용하였다. 그리고 제수이트파의 영향을 통해서 교황이 그들에게 선언한 정죄에까지도 동의하게 내버려 두었다.

웨슬레파 감리교도 같은 약간 복음적인 알미니안들은 알미니우스의 견해가 많은 오해가 있어 잘못 알려진 것임을 보여주고자 상당한 고통을 치르고 있었다. 그의 추종자들 몇몇이 도입한 몇몇 가르침들 때문에 건전한 교리로부터 폭넓게 이탈됨으로 말미암아 그의 명성이 상당히 훼손되었다는 것이다. 그리하여 알미니안주의의 수괴라는 오명을 쓴 것이라고 했다. 그들은 알미니우스 자신이 단지 개혁자들이 칼빈주의의 독특성들로 불리는 것들을 좋아하는 것들을 빼고는 종교개혁자들의 모든 주된 교리들을 다 동의했다고 주장하였다. 사실상 이 주장에는 진리에 대한 유용한 측면이 있다는 것에는 의심의 여지가 없다. 알미니우스 자신의 의견들은 웨슬리가 붙든 교리적 입장과 대부분 같은 입장인 것으로 보인다. 그리고 여전히 일반적으로 그의 추종자들에 의해서 동일한 것을 고백하고 있다. 다만 알미니우스는 웨슬리가 한 것처럼 성도의 견인교리를 명백히 부인한다거나 이생에서 완전성을 획득할 가능성을 명백하게 유지할 수 있다는 방식으로 내비쳐지는 것을 주장하지는 않아 보인다. 이 사실만 제외하면 웨슬리의 가르침과 대동소이한 것이었다.

그러나 알미니안주의라는 이름으로 규정되는 그룹들의 가르침에는 수많은 오류를 내포하고 있는 것이 사실이다. 그리고 알미니우스와 웨슬리의 저작들은 상당히 적은 분량의 오류들을 담고 있다. 알미니우스 자신은 그의 후계자들과는 달리 인간의 전적 타락한 본성에 대해서는 대체로 성경적인 견해를 붙들고 있었던 것 같다. 그래서 그 *타락 때문에* 타락한 본성의 혁신과 성화를 일으키는 은혜의 초자연적인 역사가 필요하다는 것을 주장하였다. 이것이 펠라기안주의라는 이름으로 분류되는 펠라기안 기독교 신앙과는 상당히 다른 복음적인 형태를 띠고 있는 알미니안주의의 한 단면이다. 그 차이는 확실히 중요하다. 그것이 존재하는 곳에서 이 차이점을 인정하고 인식해야만 한다. 그러나 이 주제를 다룬 논쟁의 역사는 인간이 칼빈주의 원리들을 버릴 때마다 그들을 펠라기안주의에 깊이 빠지게 되는 길로 내모는 강력한 흐름이 있다는 것을 보여준다. 알미니우스의 견해를 충분히 살펴봄으로써 확실히 알 수 있는 것은 그 자신은 칼빈주의의 선택교리, 특히 구속, 회심에 있어서 불가항력적인 은혜와 효력을 부정하는 것 외에 성경적인 진리로부터 이탈한 것이 더 있어 보이지는 않는다. 그리고 성도의 견인교리도 부인한다고 의심 살만한 것은 안 보인다. 그러나 그의 추종자들 특히 에피스코피우스와 쿠르셀레우스는 원죄, 성령의 역사 및 칭의와 관련된 성경적 진리로부터 이탈된 부패한 가르침을 금방 도입해 버렸다. 그리고 이 주제들에 대한 그들의 접근 방식은 거의 펠리기안 혹은 소시니안 입장들로 나아가 버렸다. 자신들을 알미니안이라고 칭하는 이런 신학자들의 대다수는 비슷한 학습으로 인해 유사한 결과를 명백하게 드러내고 있다.

17세기 저자들 가운데는 원조 항거자들, 그리고 알미니우스와 그의 입장에 동조하고 그들이 일반적으로 칭한 다섯 개 조항들 혹은 다섯 개 요점들에 있어서, 개혁파 교회의 교리들과는 다른 입장을 띤 자들로서 성경적 진리로부터 더 많이 이탈한 자들과는 구분하는 것이 상례였다. 후자들은 펠라기안화 된 자들 또는 소시니안화하는 항거자들로 구분하였다. 알미니우스 추종자들은 그런 명칭으로 부르기에 충분히 근거가 있는 견해들을 신속히 퍼뜨렸다. 그들의 교리적 입장은 기독교 신앙 체계에 있어서 가장 특별하고 근본적인 요소들은 다 빼버리거나 희석시켰다. 그리고 그들은 인간의 의무들과 운명들에 관한 신적 의지에 대한 더 온전한 계시와 함께 기독교를 자연 종교의 체계로 전락시켰다. 알미니안 추종자들은 얼마 안 되어서 원죄론, 중생과 회심에 있어서 성령의 은혜에 대한 것, 그리스도의 의와 공로를 통한 칭의와 같은 교리를 타락시키거나 부인하는 자들이 되었다. 그들은 우리가 이미 본 것처럼 속죄론 역시 부패시켰고, 그리스도의 대속과 만족케 하심의 교훈을 타락시켰다. 그들 중 몇몇은 소시니안주의로 빠졌다. 특히 삼위일체와 그리스도의 신성에 대한 분명한 증거의 유용성에 대하여 의심하고 가볍게 처리하는 말들을 함으로써 그렇게 된 것이다.

웨슬리안 감리교도들을 제외하고 알미니안으로 칭해지는 대다수의 저술가들은 이런 유형의 가르침을 정도의 차이를 가지고서 상당히 다양하게 드러냈다. 물론 그 중요하고 영향력 있는 그 그룹이 지금까지 정통주의 안에 널리 퍼져있는 상황 위에서 오래 지속했더라도, 교회 역사상 새롭고 모범적인 것이 되지는 않았을 것이다. 즉 그들은 더 많은 진리를 흡입하든지 아니면 더 많은 오류를 섭취하는 그런 경향을 나타내지 않고 칼빈주의로 아니면 펠라기안주의 쪽으로 더 많이 기울어지게 될 것이다. 펠라기안의 교리체계는 그들의 진정한 본성과 태도를 완전하고 일관되게 발전시키기 위한 흐름을 가진다. 실제로 알미니안주의에는 더 복음주의적 형태 안에 있는 알미니안주의보다 더 일관적인 흐름이 있다.

5세기의 펠라기안들은 공식적으로 우리 구세주의 신성과 대속을 부인하지는 않았지만, 그것들을 빼버렸다. 그들의 모든 신학적 체계에서 그 교리들은 그들의 실천적 의향들과 목적들에 남겨졌다. 결과적으로 사람들을 스스로 구원할 수 있는 존재로 묘사하였다. 소시니안들은 펠리기안들이 실천적으로 한쪽으로 밀쳐버린 혹은 빼버린 그 교리들을 공식적으로 부인함으로써 자신들의 신학 체계에 일관성을 유지하였다. 이 말은 현대 알미니안이라고 하는 많은 사람이 특별히 이 중요한 주제에 있어 펠라기안을 추종한다는 뜻이다. 반면에 이들은 말로는 적어도 그리스도의 신성과 속죄 교리를 *부인하지는* 않으면서 소시니안들과는 구별하고 실천적으로는 기독교를 나타내지만, 이 교리를 일반적으로 계시의 한 부분으로 보지 않는다. 어떤 의미든지 칼빈주의를 부인하는 모든 알미니안들은 성경이 인정하고 나타내고 있는 그리스도의 지위와 사역의 영향을 설명하는 데 있어서 많은 결함을 지니고 있다.

교황주의자들은 항상 그리스도의 신성과 대속을 인정한다. 비록 그들이 다소 우회적인 과정을 통해 자신들의 합법적인 영향력을 중립화시키고 왜곡하고자 시도했을지라도 펠라기안들이나 알미니안들처럼 그 모든 것들을 빼버리거나 배제하는 짓은 하지 않았다. 구원의 방식과 계시된 진리 체계를 설명하면서 이 교리들을 생략하거나 제시하기를 실패한 이 과정은 교회의 여러 다른 저술가들이나 분파 때문에 나타나기는 했어도 아주 다른 차원에서 알미니안으로 칭하는 자들에 의해서 벌어진 것이다. 그러나 이 모든 다양성에도 불구하고 알미니안주의의 근본적인 특징적 원리가 무엇인지를 충분히 공정하게 설명하는 것은 그렇게 어려운 것이 아니다. 알미니안주의는 강력하고 지속적인 흐름*이거나* 그렇게 되는 경향이 크다. 그것은 성경이 가르치고 있는 것과 같이 죄인의 구원을 전적인 하나님의 주권적인 일로 여기는 것 대신에 하나님과 죄인들 사이에 구원을 나누거나 나눠 가지는 체계이다. 하나님의 주권적 역사와 그리스도의 완전하고 충분한 사역, 성령의 효과적이고 전능한 역사하심에 전적으로 맡기지 않고 인간과 함께 나눠 가지는 협력 사역으로 설명하는 것이다.

스탭퍼(Stopfer)는 그의 『신학 논쟁(*Theologia Polemica)*』에서 알미니안의 거짓된 원리의 시초(πρωτον ψευδος)가 무엇인지를 다음과 같이 기술한다: '복음에 대한 복종을 자연적인 힘으로 여기는 사람들은 적어도 펠라기안은 아니더라도 반펠라기인이라고 할 수 있다. 즉 그 능력은 타락 전처럼 온전한 상태는 아니고 그것이 타락하기는 했으나 은혜를 받기에는 충분한 능력이라고 주장하는 것이다.'[43] 알미니안주의는 죄인들의 구원에 있어서 하나님의 은혜에 인간이 개입됨을, 특히 인간 본성의 타락과 관련하여 그들의 입장을 드러내는 범위에 따라 다양하게 한 것이 사실이다. 그리고 중생과 회심에 있어서 성령의 사역의 특성과 필요성에 따라 다양하다. 알미니안주의는 어떤 형태로든지 더 직접적으로나 더 크게 다른 입장으로든 인간의 구원을 달성함에 있어서 장소나 영향에 대해 성경이 부인하고

---

43) C. xvii., s. xii., tom. iv., 528.

있고 하나님께서 언급하고 있는 것과는 상당히 거리가 먼 인간론을 포함하고 있다.

알미니안주의의 모든 형태는 다 이 점을 내포할 수 있고 공평하게 그렇다고 추론할 수 있기에 그것은 그 상태에서 상당히 중요한 차이를 만든다. 이 근본적인 특징적 원리가 드러나고 더 혹은 덜 온전히 개발되는 것에 따라 그것은 실질적으로 그들에 대한 우리의 판단에도 영향을 미친다.

Willam Ames(1576–1633)

이 차이는 알미니안주의에 대하여 가장 능력 있고 열정적으로 반대한 자들에 의해서 항상 인식되었던 것이었고 그 위에서 반대 견해를 피력한 것이었다. 이 부분에 대한 대표적인 인물을 언급하는 것이 적절하다고 본다. 에임스(Willam Ames)는 벨라민에 답변하면서 교황주의 논쟁에 관하여 쓴 그의 책들, 즉 그는 아메시우스(Amesius)의 저술들과 알미니안들을 공격하는 탁월한 책들을 여러 권 쓴 자로서 최고의 찬사를 받기에 합당한 인물이다.[44] 에임스 박사는 도르트 공회의 정식 회원은 아니었지만 참관하였고, 도르트 신경을 제작하는 것에 그의 조언은 상당한 영향을 미쳤다.

특히 이 주제에 대한 전반적인 신학적 견해에 있어서 그는 매우 잘 숙지하고 있는 자였다. 그리고 가장 탁월하고 열정이 넘치는 칼빈주의 옹호자였다. 그가 1632년에 출판한 『양심에 관한』 책에서(de conscientia, ejus jure et casibus, 양심의 법과 사례) 이단에 대하여(De Hæresi) 라는 항목으로 다음

---

44) 역자 주) 윌리엄 에임스는 1576년-1633년까지 산 청교도로서 철학자이기도 하고 논객이기도 하였다. 그는 상당한 세월을 화란에서 보냈으며 칼빈주의자들과 알미니안들 사이에 신학적 논쟁이 깊이 관여한 사람이다.

의 질문을 하고 있다. '항거자들은 이단인가?' 그가 제시한 답변은 이와 같다: '항거자들의 면면을 볼 때 그들을 이단이라고 하는 것은 적절한 것은 아니지만 신앙에 관하여 상당히 위험한 오류를 담고 있다. 그러나 그들 중 몇몇은 일반적으로 내적 회심과 믿음의 효과적인 작용이 필요하다고 여겨 펠라기안 이단 사상을 지지하였다.'[45] 어쨌든 에임스는 알미니안주의를 보다 너그럽게 보아 이단으로까지는 여기지 않았지만, 이단이 될 경향이 있는 위험한 교리적 오류를 가지고 있다고 본 것이다. 특히 회심과 믿음을 양산하는 일에 있어서 초자연적인 내적 역사의 필요성을 부인하는 사상은 이단으로 오명을 쓸 수 있다고 보았다. 따라서 그들이 제시하고 주장한 일반적인 사상은 우리가 그 교리의 다른 형태들에 대해서 공정하고 바르게 평가한다면 알미니안주의라는 이름으로 지나가는 크고 작은 펠라기안의 가르침에 해당한다고 확실하게 적용할 수 있다.

2. 도르트 공회

도르트 공회(Synod of Dort)는 기독교 신학의 역사에서 가장 중요한 사건 중 하나로 표시된다. 그 공회에서 결정하여 선포된 것들과 함께 그 결정 사항들이 생기게 된 논의들에 대해서 어느 정도의 지식을 갖는 것은 매우 중요하다. 그 동안 교회에서 벌어진 공회나 교회회의의 결정들 모든 것을 생각할 때 도르트 공회에서 결정한 것들만큼 더 존중하고 경의를 받을 만한 것은 없었다. 도르트 공회는 그 이전 세기에 종교개혁자들의 수고로 드러난 하나님의 말씀에 기초한 위대한 교리들을 온전히 부각하였다. 그

---

45) Lib. iv., c. iv., Q. 4.

들에게 함께하신 성령의 지도로 그들은 로마교도들을 대항하여 그들이 반박할 수 없는 입장을 천명하였다. 그들은 반기독교적인 속박을 벗어던 진 거의 모든 교회들이 온 마음으로 수용한 것들을 만들어냈다.

17세기 초, 몇몇 사람들이 여러 교회들에 등장해 자신들의 역량들을 확신하면서 하나님의 말씀의 명백한 가르침에 확실하게 복종하는 모습을 나타내지 않았다. 그러더니 결국 신적인 것들에 대해서 의혹을 제기했다. 그들은 일반적으로 종교개혁자들에 의해서 수용된 교리 체계를 철저하게 조사하여, 거기에 심각한 오류들이 있음을 발견했다고 생각했다. 그들은 성경적인 교리 체계를 좀 더 이성적인 것이 되도록 만들기 위해서는 정통적인 교리 체계에서 제거해야할 오류들이 있다고 한 것이다. 그리고 보다 지성적인 사람들이 충분히 납득이 될 수 있기에 적합한 것이 되게 해서 사람들이 실천적인 종교에 흥미를 갖도록 할 필요가 있다고 생각하였다. 재능과 습득을 통해서 자신들이 세운 근거에 모든 공정한 이점을 주어 짜맞추기에 적합한 사람들이 상당히 많았다. 후에 종교개혁 신학에 이런 개선된 주장들이 책으로 출판되어 보급되자 그것들에 대한 의견을 들으면서 충분히 논의하고자 도르트 공회가 소집되기에 이르렀다. 이 공회는 한 연방 지역의 교회 대표들만이 아니라 루터파들을 제외한 모든 개신교회 대표단들로 구성된 총회였다. 안타깝게도 프랑스의 개신교회는 여기에 빠졌다. 왜냐하면 프랑스 개신교회가 공회에 참여하도록 선정한 대표단(그 시대에 가장 뛰어난 신학자들 두 사람인 Peter du Moulin과 Andrew Rivet 목사였다)이 왕으로부터 참여금지명령을 받았기 때문이다. 그러나 그 이듬해 프랑스 개신교회의 총회는 도르트 공회의 신경들을 채택하였다. 그리고 모든 개신교 목사들에게 이 문서들에 동의할 것을 요구했다. 잉글랜드 성공회 대표단은 교회로부터 총대로 참여토록 임명을 받지 못했다.

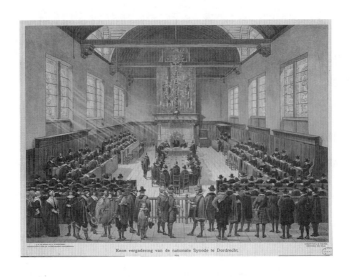

Eene vergadering van de nationale Synode te Dordrecht.

그리하여 공식적으로는 성공회 대표단은 없었지만, 시민과 성공회 수반들에 의해서(왕과 켄터베리 대주교) 임명되어 참석하게 되었다. 사실 그들의 참여는 그들의 형제들 가운데 일반적으로 알려져 있던 그 교리적 문장들을 고국에 공정하게 잘 드러냈다는 사실을 의심할만한 근거는 전혀 없다.

총대들이 공식적으로 참석한 것이든 실천적으로 참여한 것이든 그 공회는 개신교회의 위대한 회합이었다. 그들 자신은 개별적으로 가장 유능하고 학식이 뛰어난 신학자들이었고 그들 중 상당수가 신학적 저술들을 통해서 자신들의 신학적 입지를 개신교 역사 속에 굳건히 한 자들이었다. 이 공회는 충분히 그리고 심도 있게 검토한 끝에 알미니우스와 그의 추종자들의 혁신사상들에 반하는 결정을 만장일치로 가결하였다. 그리고 칼빈주의의 위대한 원칙들을 선호하는 결정적인 증언을 만들었다. 그 증언은 하나님의 말씀과 종교개혁의 교리들과 일치하는 문서였다.

이런 주제들에 대한 논의는 특히 도르트 공회의 신경의 토대에 대해 17세기 남은 시간 동안에도 계속되었다. 그리고 그들이 제시한 결정문들에 대한 참고자료까지 함께 제시하였다. 우리의 신앙고백서에 대하여 지적으로 잘 알고 있는 것과 같이 그 신경에 대해서도 잘 알기 위해서는 도르트 공회와 웨스트민스터 총회 사이의 신학적인 논의 상태에 대한 몇몇을 아는 것이 필요하다. 이러한 논의로 인해 우리의 신앙고백서 진술들과 문구들이 상당히 영향을 받았기 때문이다.

따라서 칼빈주의를 선호하는 입장에서 태동된 그 영향력 있고 무게감 넘치는 그 증언들은 도르트 공회에서 칼빈주의 원칙들을 거부한 모든 이의 적대감을 불러왔다. 그리고 그들은 공회의 결정들은 존중히 여김을 받을만한 권리가 없음을 보여주려는 목적으로 많은 책을 썼다. 그 저서들은 특히 공회의 결정들에 대하여 편견을 고조시키기 위한 목적으로 쓰인 것들이었다. 이 목적을 위하여 사용된 주된 구실들은 다음과 같았다. ① 그 공회는 정치적 운동과 깊이 연계되어 있었고 정치적 영향력 하에 좌우되었다는 주장이다. 그 진술들 중 일부는 맞는 말이기도 하고 일부는 그 공회를 소집하는 것과 관련된 당파들의 몇 가지 영향들이 있었던 것도 맞다. 그러나 그 공회를 구성한 신학자들의 진실성과 성실함, 혹은 그들의 권위있는 결정들에 손상이 갈만한 그 어떤 정치적 영향은 없었다는 사실이다. 왜냐하면 누구도 하나님의 말씀과 관련하여 그들 자신의 양심적 확신 외에 그 어떤 다른 동기가 있어서 그렇게 결정한 것이 아니었기 때문이다. ② 그 공회의 반대편자들은 총대들 사이에서 통용된 사소한 것들에 대한 다른 견해 차이를 내세웠다. 그리고 인간성의 공통된 결점들을 제시하는 것들에 머물렀다. 사실 그런 것들이 논쟁의 주제들로 주목을 끌만한 의미 있는 것은 아니었다. ③ 그들은 시당국에 의해 복종케 된 항거자들의 고난과 고통을 그 공회의 결정에 따라서 확장하였다. 그들은 마치 세르베투스의 죽음을 칼빈과 연결해 사용하는 것처럼 이것을 많이 응용하였다. 그리고 이점이 교회가 가르친 진리의 교리에 절대적인 영향을 미치거나, 혹은 관용의 원칙들이 일반적으로 이해되기 이전에 살았던 사람들의 성격과 행실을 당대에 널리 퍼져있는 관념으로 판단하여 공정한 것으로 여겼던 것처럼 사용하였다.

도르트 공회를 구성하고 있는 총대 목사들은 일반적으로 위정자들이 이단을 처벌하는 고통과 벌금을 부과할 수 있는 권한을 가진다고 간주했다. 그리고 그 당시 알미니안들은 종교적인 주제에 대한 견해의 차이와 관련하여 실행하는 시 당국자들과 교회가 대규모의 관용과 참음을 실천하는 것이 타당함을 옹호하였다. 비록 그들은 국가만능주의의 체계를 공개적으로 가르칠 때 자신들에게 호의를 베푼 위정자들에게 복종함이 지나칠 정도이기는 하지만 시 당국자들과 교회 지도자들은 관용과 오래 참음을 베풀어야 한다고 주장한 것이다. 지금 우리가 박해라고 인식하고 있는 것을 옹호하거나 실행하는 자들의 잘못은 그 시대의 일반적인 오류였다. 그러나 공정하게 말해서 그런 것이 그들의 품성과 동기들(motives)에 대하여 잘못된 것들로 규정하기에 적합한 것으로 간주해서는 안 될 것이다. 오류를 징계하는 권징 실행을 금함에 있어서 교권 당사자들에 의하여 실행되는 것과 관련하여 적어도 관용과 참음을 나타내야 한다는 알미니안 입장은 진리에 대하여 극단적인 무관심한 자유주의를 낳았다. 그들은 건전하고 시 당국자들을 존중하는 것이 바르다고 여긴다면, 시 당국자들이 그들을 반대할 때, 그리고 그들의 성품이나 그들의 의견들에 대해서 일반적으로 건전하다는 우위성을 추정케 할 만한 것을 시 당국자들이 제공하지 않을 때, 그들을 자연스럽게 그런 입장을 반복적으로 표명하도록 이끈 그들이 처한 상황으로 거슬러 올라가 보아야 한다.

로마교도들도 도르토 공회를 공격하였다. 그들은 도르트 공회에 대한 편견을 자극하고자 했을 뿐 아니라 그들의 원칙들과 관행에 우호적인 어떤 추정을 끌어내기 위해 노력했다. 보슈에(Bossuet)는 이 목적을 위하여 온 힘을 기울였고 그것이 그가 쓴 개신교회들의 다양함에 대한 역사를 기술한 14권의 책에 상당한 부분이 할애되어 있다. 그가 내세운 주된 요점은 그 공회의 역사와 진행된 사항들과 관련하여 볼 때 다음과 같은 것들이다. 이는 내가 그 신학에 대한 관심 사항을 나타내는 것이기에 보슈에의 주된 주장이 어떤 것들인지 언급하지 않을 수 없다. 첫째, 그것은 개신교도들 사이에 의견의 다양성을 지칭하나 그에 대한 특별한 명시는 없다. 둘째, 그것은 교회회의들의 필요성과 교리적 논쟁들에 있어서 교권의 실행에 대한 필요성을 강조한 것이다. 셋째, 그 공회가 진행한 방식에 반하는 항거자들의 반대 주장들에 대한 공회의 답변들과 그들을 정죄한 것들은 진행 절차에 대하여 일반적으로 개신교도들이 반대했던 트렌트 교회회의를 방어하는데 동일하게 유용한 것이다. 넷째, 그 공회의 결과들은

Jacques Basnage(1653–1723)

개신교 원리들 위에서 행동하고 평가할 때 교회회의들에 대한 무용성과 무효율성을 보여준다. 이런 모든 요점들 위에서 보슈에는 그 자신의 일상적인 불공정함과 잘못된 의견들 및 궤변들을 드러냈다. 이런 점은 바스네게(Basnage)가 쓴 개혁교회들의 종교 역사책에 의해서 가장 단호하게 입증되었다.[46]

로마교도들에 반하여 교회회의들이나 공회와 관련된 주제들에 대한 개신교도들이 내세우고 견지한 원리들과 불일치하는 것은 아무것도 없

---

46) 역자 주) Basnage, iii., c. v. 그는 (1653-1723) 프랑스 개신교 신학자요 설교자여 언어학자이며 저술가였다. 그의 전체 이름은 Jacques Basnage De Beauval이다.

음이 쉽게 증명된다. 특히 도르트 공회가 행한 것에 의하여 모순되는 것은 전혀 없다. 그 회의 진행 절차들에 있어서 공정하게 유추함에서도 모순되는 점은 없었다. 트렌트 교회회의의 주장이나 추정과 도르트 공회 사이에는 유사성이 전혀 없다. 개신교도들의 입장에서와 그리고 항거자들의 입장에서 두 모임의 유사성이 하나도 없는 것이다. 존중하고 따르라고 명령하기에 적합한 모든 것들에서 도르트 공회는 트렌트 교회회의와 가장 유리한 대조를 이루는 것이다. 본질적으로 논쟁의 동일한 주제와 관련하여 로마교회의 회의 절차들에 대한 모든 역사는 17세기 전반에 걸쳐 그들 사이에서 크게 문제가 불거졌을 때 다음과 같은 사실이 명백하다. 첫째, 논쟁들에 대한 살아있는 무오한 심판관을 가진 특권을 말하는 로마교회의 주장은 실질적으로 무용지물이다. 둘째, 쉽게 이런 주장을 하게 만드는 실제적인 활용은 가장 낮이 두껍고 조직적이며 의도적인 부정직한 자들에 의해서 제기된 것들이었다.

우리의 신앙고백서에 기록된 개신교도들의 일반적인 교리적 입장은 이것이다. '공회와 교회회의는 목회적으로 신앙에 관한 논쟁들과 양심의 문제들을 판단하거나 더 좋은 순서로 하나님을 예배하는 규범들과 지침들을 정하는 것과 교회의 정치 문제를 다룬다... 결정된 명령이나 결의사항들이 하나님의 말씀에 일치하다면, 그 결정사항이 말씀에 일치하는 것만이 아니라 그것들이 제정된 회의들에 주어진 권세 때문에 하나님께서 자기의 말씀으로 정하신 하나님의 규례로 알고 경외심과 복종하는 마음을 가지고 받아들여야 한다.'[47] 이것이 공회나 교회회의의 의무요 기능이다. 이 모든 일은 무오성을 소유했거나 소유하고 있다고 추정하는 것이

---

47) 웨스트민스터 신앙고백서 31장 3항

없이도 주장되고 실행될 수 있다.

　도르트 공회는 연방 공국들의 국가적인 회합이었다. 항거자들의 합법적인 교회 상회기관이었다. 항거자들이 교회에 소개한 혁신적인 교리들을 점검하고 확인하며, 그것들의 오류들을 정죄하고 그 오류의 근거가 무엇인지를 살피며 교회 상회기관의 판결에 복종하게 하는 일을 하는 것이 이 기관의 의무인 것이다. 항거자들은 이 상회기관의 역할을 부정하거나 피하고자 했지만 이 기관이야말로 자신들 문제와 관련하여 그 공회의 절차들이 불의하고 독재적인 잘못을 저질렀다는 문제제기에 대한 확실한 답변을 제공해 주는 곳이다. 반면에 트렌트 교회회의는 어떤 측면에서든 어떤 범위에서든 일반적으로 개신교도들의 교리적 입장에 대해서 합법적인 판결권을 가진 기관이 아니다. 여러 가지 이유로 흥미로운 것은 도르트 공회에 대하여 편견을 자극하려는 그들의 시도에 대한 답변은 로마교도들을 보복하려는 자료들을 공급해 주는 것만이 아니라 본질적으로 동일한 주제에 대한 논쟁들이 로마교회를 분열시켰다는 사실이다. 트렌트 교회회의가 파한 후에 곧장 바이우스(Baius)에[48] 의해서 분쟁이 시작된 때로부터 1713년 유니게니투스 법령이 출판되기까지 로마교회가 분열된 것이다. 교황들은 반복적으로 이런 논쟁들 위에 내린 결정을 선언하라고 촉구하였다. 그리고 반복적으로 그 사항들을 취하여 결론 내리는 의도로 고백하게 하였다. 그것들과 관련하여 150년 동안 그들의 논쟁적 회의 절차의 전 역사가 보여주는 것은 그 주제에 대한 하나님의 진리가 무엇인지를 단 한 번도 진지하게 고민하고 정직하게 살펴본 적이 결코 없었다는

---

48) 역자 주) 마이클 바이우스(1513-1589)는 벨기에 사람 신학자로서 은혜, 자유의지 교리 문제들과 관련하여 로마교회 당국과 마찰을 빚은 사람이었다. 트렌트 교회회의 총대로 선임되었으나 늦게 도착하는 바람에 중요한 역할을 감당하지 못하였다고 한다. 그의 신학적 입장은 펠라기안이다.

것이다. 그들은 이것을 믿을 수밖에 없는 근거를 제공하는 것이다. 그리고 하나님께서 그들에게 하라고 요구하시는 것에 대한 그들의 임무가 무엇인지도 전혀 고려하지 않았다. 그들에게 최고로 깊은 영향을 끼치게 만든 주된 관심은 교황권의 세속적 욕심이었다. 그것들에 의하여 교회가 움직여지고 제안되고 기울어졌다. 이 마지막 목적 수행에 따라서 교리의 건전성이 다 결정되었고 진실성과 정확도와 관련된 모든 것들이 다 교황권의 세속적 관심 사항에 따라 조직적으로 제정된 것이다.[49] 이제 나는 알미니안주의와 도르트 공회의 태동과 관련하여 그 당시 역사적 상황들에 대해서 더는 길게 논의하지 않겠다. 그러나 이 공회의 신학과 관련하여 주도적인 요점사항들 몇 가지는 언급하지 않을 수 없다.

3. 다섯 가지 요점들

도르트 공회에서 논의된 주제들과 알미니안들을 반대하면서 그 공회에서 결의된 것들은 언제나 신학적 문헌들 속에서 *다섯 가지 요점들*로 알려졌다. 그것들과 관련된 논쟁은 흔히 '*quinquarticular*'(오각형 논쟁)으로 불리며 다섯 가지 조항들에 대한 논쟁이라고 한다. 1610년에 알미니우스의 추종자들이 시 당국자에게 제출한 항의서에는 그들의 교리 다섯 가지 주제가 명시되어 있다. 이 상황에 따라서 전반적으로 그 공회 기간 동안 전체에 그 주제들을 논의하는 형태를 결정한 것이었다. 첫 회의는 1611년 헤이그에서 열렸다. 그 이후 도르트 공회로 1618년에 도르트에서 모였다. 이 다섯 가지 항목들은 초안이 명시하고 있는 그대로 첫 번

---

49) Hottinger and Weisman을 보라.

째는 예정론 혹은 선택론이었다. 둘째는 그리스도의 죽으심과 그의 구속의 특성과 범위였다. 셋째는 믿음의 원인이었다. 물론 그것은 믿음을 산출하는 힘이나 기관을 말하는 것이었다. 넷째는 회심의 양식 혹은 회심을 일으키는 기관은 어떤 것이며 어떤 방식으로 회심을 일으키는지, 그리고 다섯 번째가 성도의 견인이었다.

마지막 주제 성도의 견인은 알미니우스나 그의 추종자들 누구도 알미니우스의 사후 직후에까지 결론적인 주장을 내지 못했던 주제였다. 그들은 모든 신자의 견인교리에 대하여 개혁교회 안에서 일반적으로 가르쳐 왔던 그 교리를 명백히 부정할만한 정제된 주장을 하지 않은 것으로 보인다. 따라서 헤이그에서 보인 회합에서 죽기 일 년 전에 알미니우스가 공개적으로 선포한 것과 같이 그들은 이 문제에 있어서 확고한 입장을 아직 가지지 못하였다고 고백하였다. 그 후 그들은 이 문제와 관련하여 성경적인 진술들이 어떠한 것인지 그 중요성을 깊이 연구하겠다고 말했다. 이 일은 그들이 확고하게 혹은 부정적으로든 확실한 주장을 만들 수 있기 전에 먼저 깊이 조사하겠다고 한 것이다.[50] 그러나 그들의 일반적인 신학 체계는 일관적으로 신자들의 견인교리를 부정하도록 요구받기에 그들은 완전하게 그리고 최종적으로 결함에 빠질 수밖에 없다. 실로 이 요점에 대해서 의혹을 사게 된다는 것은 어찌 보면 놀라운 일이다. 특히 칼빈주의의 다른 교리들을 다 부정하고 나설 때 성도의 견인교리에 대해서 의혹한다는 것은 참으로 이상한 일이다. 왜냐하면 알미니안 교리에는 성경적인 진술들로부터 성도의 배교 혹은 타락의 가능성에 대한 것보다 더 명확하게 직면하게 하는 이 교리적 진술이 없기 때문이다. 따라서 그들은 이

---

50) Amesii Coronis, 285.

의혹의 상태에 혹은 미확정적인 상태에 오래 머물지 않는다. 그리고 도르트 공회가 모이기 이전에 그들은 성도의 견인에 대한 칼빈주의적 교리를 확실하게 부정할 결의를 준비하였다.

우리는 이미 두 번째 조항 구속(속죄론)에 대한 것은 살펴보았다. 이제 셋째와 넷째 조항은 그 특성상 서로 밀접하게 연결되어 있다는 것은 분명하고, 이 둘은 서로 같은 것으로 취급할 수 있다. 따라서 그 논쟁의 진전 과정에서 그들은 그 둘을 하나로 묶어서 다루었고, 도르트 신경에서도 한 제목으로 그 둘을 함께 취급했다. 그러면서도 셋째와 넷째로 구분하여 표시하였다. 항의 서안에 진술된 것이며 헤이그 회합에서도 다룬 것으로서 그들은 하나는 주로 믿음을 산출하는 방식이나 방도를, 다른 하나는 회심을 일으키는 방식과 방도를 토의했다. 그러나 사실 이 두 단어는 본질적으로 하나이며 동일한 과정을 거쳐 나타나는 결과를 기술하는 것이다. 믿음과 회심은 본질적으로 다른 관계들과 양상들을 가지고 있을지라도 믿음은 인간이 그리스도와 연합되게 하는 위대한 과정이며 어둠에서 빛으로 돌아서는 것이며, 사단의 권세로부터 하나님께로 향하는 것이다. 그로 인하여 사람들은 그리스도께서 값 주고 사신 복락들을 실질적으로 소유한 자로 묘사된다. 회심은 과정이나 변화 자체의 즉각적인 설명이다. 여기서 사용되고 있는 의미에서 믿음은 회심을 일으키는 수단이다.

모든 사람은 분명히 믿음과 회심이 변함없이 서로 연계되어 있다고 인정한다. 가장 온건한 소시니안들을 제외하고 모든 사람은 믿음과 회심을 인간의 행동으로 인정한다. 즉 그 일은 믿고 하나님께로 돌아가는 인간 자신의 일이라는 것이다. 또한 이 행동들은 실로 어떤 측면에서 하나님의 은혜로운 역사하심의 산물이다. 이 점에 대한 논의는- 알미니안 논쟁에 내포된 모든 요점에 대한 논의는- 인간의 행동을 낳게 함에 있어서 하나님과 인간이 관련된 방식이나 양식에 관계된 것이었다. 그리하여 믿음의 원인과 회심의 방식에 대한 질문은 실제로는 같은, 하나의 문제이다. 그것들은 두 부분을 이루고 있지만 한 문제에 대한 두 가지 다른 측면들이요 같은 과정에 나타나는 양면이다. 이 두 양면은 같은 원칙에 의해서 규정되고 결정되어야만 한다. *항거자들의 행위들과 저술*은 그 공회에서 자신들의 입장에 대한 진술들을 설명하고 방어한 중요한 작품이다. 여기에서 그들도 또한 셋째와 넷째를 함께 묶어 다루었다. 그들이 함께 병합해서 다룬 항목의 제목은 '인간의 회심에서 하나님의 은혜'(*De gratia Dei in conversione hominis*)였다. 따라서 일반적인 그 주제는 하나님이 효과 있게 하시는 혹은 한 죄인의 회심을 산출하심에 있어서 함께 역사하시는 은혜로운 작동의 특성과 질량들 및 규정하는 원칙들을 서술하고 있다.

4. 원죄

세 번째와 네 번째 조항을 함께 묶어서 논의하는데 알미니안들이 준 타이틀과, 같은 내용을 하나로 설명하는 도르트 공회가 제시한 타이틀 사이에는 차이가 하나 있다. 그 차이점은 일반적으로 알미니안 신학을 섭렵하는데 몇 가지 중요한 주제를 제시해 주는 것이다. 그래서 이 차이를 언급하는 것은 의미가 있다. 그 공회의 신경에서 이 두 항목에 붙인 타이틀은 "인간의 부패, 혹은 타락-하나님께로 회심과 그 회심의 방식이나 방도"이다.[51] 여기에서 우리는 이 주제의 한 인간의 부패 혹은 타락에 매우 뛰어난 안목을 가지게 된다. 그리고 그 교리를 취급하고 있는 근거나

---

51) Acta Synodi Nationalis, 263. Ed. 1629.

토대가 어떤 것인지도 엿보게 된다. 만일 스코틀랜드에 사는 어느 한 사람이 알미니안주의라는 이름 아래에서 살면서 그런 지식을 소유하고 있지만 -웨슬리안들이 보여주는 것을 제외하고- 도르트 공회에서 제시되고 논의된 형식에 대해서 아는 것이 전혀 없다고 한다면 그 사람은 마침내 원죄 혹은 인간의 타락이 다섯 가지 항목 중 하나로 형성된 것이 아니었다는 사실을 발견하고는 엄청 놀라게 될 것이다. 알미니안 신학 체계의 주도적이고 본질적인 흐름은 인간의 전적 타락을 부정하는 것이다. 이런 주장이 일반적이며 정확한 표현이다. 그들은 인간의 자연적인 힘이나 역량은 다소간에 영적으로 선한 일을 할 수 있다고 주장한다. 그 능력이 죄의 죄책과 권능으로부터 자신이 건짐을 받는 것에 영향을 끼칠 수 있고 영원한 복락을 얻도록 기여할 수 있다는 것이다.

모든 일관된 알미니안들은 이러한 유형의 신학을 붙들고 있다. 물론 이런 입장은 다소간에 온전히 진전을 이루어가는 것이라 할지라도 늘 제기되는 주장들이다. 원조 알미니안들은 이런 사상들에 사로잡혀 있었다. 그러나 이 교리들이 발전되면서 그렇게 주장하는 것이 위축되기도 하였고 그런 사상을 은근히 뒤로 숨겼다. 따라서 그들은 그 교리를 본래 진술에는 삽입하지 않았고 그들의 독특한 강론에서도 원죄 문제나 인간의 전적 타락 문제에 대해서는 직접적으로나 공식적으로는 전혀 소개하지 않았다. 다만 그들은 그들의 잘못된 견해들을 이 중요한 주제에 은근히 심었다. 특히 회심에 영향을 미치는 방식에 대한 그들의 강론과 연계하여 그렇게 한 것이다. 그리고 이 회심에 있어서 하나님과 인간이 상호존중하며 행하시는 부분을 설명하면서 자신들의 잘못된 사상을 주입시킨 것이다.

하나님과 그의 율법과 관련해서 인간의 자연스러운 상태와 성품에 대해 우리가 취하고 있는 견해는 계시된 진리의 전체 체계와 관련하여 우리들의 입장에 상당한 영향을 미치는 것이다. 이것은 보편적으로 인정하고 있는 사실이다. 이것은 그 사례 자체에서 확연하게 증명된다. 그리고 경험적으로도 그러함을 확정짓는 증거들이 넘쳐난다. 하나님의 계시의 직접적이고 근본적인 목적은 인간들이 영원한 행복을 취득하게 되는 방식을 우리에게 알려주시기 위한 것이라고 말할 수 있다. 그러나 이 결과를 취득하게 되는 그 방식은 인간의 실제적인 상태와 조건에 달려있어야만 하며 그 조건이나 상황에 의해서 규정되는 것이어야만 한다. 이 목적을 달성하는 길에 서 있는 장애물들의 특성이나 힘에 노출된 인간의 상태에 달린 것이다. 이 장애물들을 제거하는 일을 위해 인간이 어떤 것이라도 할 수 있다는 능력과 역량이 갖추어 있는가에 달려있다. 그 역량에 따라서 본래 제정된 결과를 얻게 되기 때문이다. 따라서 성경에 계시된 구원의 길은 인간의 실질적인 상태와 역량에 의존되어 있다고 추정하는 것이다. 구원의 길은 실제적으로 하나님께서 배치하신 것들 안에서 인간에게 수용되거나 조정이 되는 것이다. 물론 구원 문제에 대한 전반적인 상태와 관련하여 우리에게 주신 계시 안에서 일어나는 것이다. 만일 인간이 영원한 행복을 어떤 확실한 방식으로 획득할 수 있다고 한다면 그리고 확실한 배치 안에서 그것이 가능하다면 인간의 실질적인 상태와 성품은 이러한 필요한 배치사항들을 개선했어야만 한다. 이 두 가지는 필연적으로 연결되어 있다. 하나는 다른 하나를 즉시 결정하고 진술해야만 한다. 따라서 우리는 교회의 역사 속에서 인류 족속의 자연적 상태와 조건을 강조하는 자들의 견해들은 항상 일반적으로 신적인 진리의 체계와 관련하여 형성된 의견들과 일치하는 견해임을 발견한다.

소시니안은 인간이 타락한 경향이 없는 상태에서 일하는 자라고 믿는데 그들은 인간이 처음에 창조되었을 때와 같이 지금도 같은 상태에 있으며 도덕적 관점에서 동일한 능력을 소유한 자라고 믿는다. 그리고 그들은 그들의 신학 체계로부터 변함없이 자연스럽게 구세주의 신성과 그의 대속을 불필요한 것으로 버렸다. 칼빈주의자들은 인간은 본성적으로 죄인이며 전적으로 타락하였다고 믿는다. 완전한 의를 온전히 충족시켜야 할 필요성을 인식하고 있으며 그 일은 전능하고 불가항력적인 역사가 있어야 함을 인정하는 자들이다. 알미니안들도 그리스도의 신성과 대속 사역 및 성령의 역사하심이 필요하다는 것을 인정한다. 그러면서 그들은 그들 사이에 일종의 중재자를 배치하였다. 그러나 이들은 죄인의 구원에 있어서 칼빈주의자들이 하듯이 성자나 성령의 역사를 최고의 자리에 올려놓지 않는다. 이런 견해들과 맞게 그들은 원죄 교리를 타락시키는데 익숙한 자들이다. 또 인간이 타락한 상태에 대한 죄책과 죄성과 관련하여 결함이 있고 잘못된 입장들을 유지하는데 익숙한 존재들이다. 그들은 언제나 아담의 죄가 그의 후손들에게 전가되었다는 것을 부정한다. 그리고 인간의 도덕적 능력과 역량들은 타락으로 인하여 손상을 입었거나 약화되었다는 것을 인정은 하면서도 그들은 통상적으로 *전적* 타락을 부인한다. 즉 알미니안들은 칼빈주의자들이 일반적으로 주장하는 영적으로 선한 것들을 하려는 의지나 행함이 없는 인간의 전적 무능력, 이것은 하나님의 전능하신 은혜의 역사로 인하여 강력한 변화가 이전에는 없다고 하면서, 이런 인간의 전적 무능력을 부인하는 자들이다. 또는 만일 그들이 알미니우스나 웨슬리가 한 것처럼 본질적으로 인간은 전적으로 타락했다는 것을 인정한다면, 또는 그런 경향이 있음을 시인한다면, 이 시인의 결과는 그들의 신조의 다른 부분들에 혼란을 가져다주며 일관성이 없는 모순을 안겨다 준다.

인간의 본성적 죄책과 타락에 대한 잘못되고 결함이 있는 견해들이 전체 알미니안 신학 체계를 받아들이도록 인간을 이끄는 일에 상당한 영향을 미쳤다. 그러나 이 주제에 대한 그들의 견해는 항상 눈에 띄게 나타나지는 않는다. 왜냐하면 그들은 *뚜렷하게* 스스로 모순됨을 보여줌이 없이도 인간의 타락에 대해서 장황하게 전적으로 말할 수 있기 때문이다. 성령의 역사에 대한 그들의 교리나 회심을 일으키는 방식과 태도에 대한 그들의 교리와 같은 체계의 다른 부분들에서 보면 그들은 그 주제에 대하여 실제로 모든 성경적인 개념들을 손상시킬 수 있는 것이다. 이것은 알미니우스와 그의 추종자들의 견해들이 발전되는 과정에서 드러난 것이었다. 인간의 본성적 타락과 관련하여 알미니우스 자신의 설명들은 적어도 우리가 그 기록을 가지고 있어서 살펴본 것과 같이 온전하고 만족할만한 것이었다. 회심에 있어서 하나님의 은혜와 관련된 셋째와 넷째 항목들은 도르트 공회 때에 그의 추종자들이 가르친 것과 같이 성경적인 진리를 상당수 내포하고 있다. 그러나 주목할 필요성이 있는 것은 알미니우스가 죽기 일 년 전에 그는 그의 진술에 대해서 화란의 시민당국자들과 그의 동료 고마루스 앞에서 공개적으로 언급한 적이 있었는데 그 때 알미니우스가 원죄에 대한 주제에 대해서 잘못된 견해들을 붙들고 있다고 한 점이다. 이 문제에 대한 후속의 역사와 대체로 알미니안들이 취한 과정과 관련하여 볼 때 우리는 알미니우스가 분명하지는 않을지라도 일반적으로 종교개혁자들이 고백한 그 교리들을 완화시키는 혐의가 있다는 의심은 분명 근거 있는 것이라는 사실을 우리는 주목해야 한다.[52]

셋째 항목에서 항거자들은 사람 안에 믿음이 생산되고, 사람에게는 신적 은혜를 작동시키는 영적으로 선한 모든 것이 있다고 공언하였다. 그리

---

52) Scott on Synod of Dort; Historical portion.

고 성령에 의한 인간의 본성에 대한 전적인 혁신의 필요성을 주장하였다. 넷째 항목에서 그들은 성화의 모든 일에 신적 은혜의 필요성 혹은 성령의 작동하심의 원리를 더 확대하였다. 그 모든 과정에 의하여 사람들이 믿게 된 이후로 모든 죄로부터 깨끗해지고 하늘나라에 들어가기에 합당한 자가 된다고 했다. 물론 이런 설명들은 그들과 반대편자들 사이에서 논쟁의 어떤 주제도 거론되지 못했다. 칼빈주의자들은 이 모든 것들을 고수했고, 항상 그렇게 했다. 그들은 오직 알미니안들이 진정으로 이 교리들을 정직하게 붙들고 있는 것인지를 의심하였다. 그 단어들의 본질적인 의미에서 교리들을 사용한 것인지 혹은 적어도 그들이 견지한 다른 교리들과 합해서 일관성 있게 지성적으로 붙들고 있는 것인지를 의심한 것이다. 셋째 항목을 인용하면서 에임스는 헤이그에서 모인 회합에서 항거자들이 인용한 것과 같이 다음과 같이 말했다. 이 내용은 도르트 공회에서도 항거자들이 사용한 동일한 용어들이었다: '이 주장의 진리성에 관해서 말할 것 같으면 그것은 첫 번째 회합에서 다룬 논쟁과 연관된 것도 아니고 지금 문제가 제기된 부분에 관련되는 것도 아닙니다. 실로 이러한 큰 다툼을 억제하기 위해서는 이 주장 하나로도 충분할 것이니 항거자들의 신앙고백에 담긴 내용에 진지하게 동의하고, 거짓된 입술에서 말을 내뱉지 않으면서도 그것을 크게 떠받든다면 그것은 여기서 말해지는 것에 관한 많은 공교한 말로부터 말미암은 것이지 영혼에서 나오는 것은 아닐 것입니다. 왜냐하면 이곳에서는 세우고 다른 곳에서는 헐어버리게 되는 것이기 때문입니다. 어쨌든 나에게는 이런 소소한 예들이 분명 그렇게 보입니다.'[53]

그런 다음 그는 이 회합에 참여한 알미니안들이 이 항목과 일치하지

---

53) Amesii Coronis, Art. iii., 170.

않는 입장을 내놓은 다른 경우에 사용한 진술을 인용하고 있다. 그리고 인간 스스로 영적인 선한 일을 할 수 있는 능력을 가지고 있고 자신들의 자연스러운 역량을 수행함에 있어서 선을 행할 능력이 있다는 사람들에게 분명히 충분하게 설명하였다.

내가 이 문장을 인용한 이유는 그것이 이 주제를 논쟁함에 있어서 어떤 시대든지 알미니안들이 일상적으로 추구하고 있는 설명을 비교적 정확하게 담아내고 있기 때문이다. 그리고 특별히 영국 성공회의 알미니안들이 주로 사용하고 있는 전개과정을 정확하게 드러내고 있다. 그들은 자신들의 신조조항들과 설교들과 모순되지 않게 해야 할 필요성으로 말미암아 인간의 타락과 관련하여 그리고 인간 스스로는 영적으로 그 어떤 선한 것도 행할 능력이 없다는 것을 대체로 시인해야 할 의무가 있다. 그런데 이런 시인은 그들의 신학 체계의 일반적인 정신과 근본적인 원리들과 어긋나는 것이기 때문에 그들은 스스로 필연적으로 모순되는 입장을 띨 수밖에 없는 것이다. 그것은 한편으로 다른 편에 내세웠던 주장을 철회하는 것이 되고 마는 모순에 휩싸여 있는 것이다.

성공회 알미니안들이 원죄 문제나 중생 및 성령의 역사 문제를 다룰 때에 종종 혼돈과 모순되는 것들을 드러내는 것은 통탄할 일이다. 때때로 그들은 매우 우스꽝스러운 방식으로 나타낸다. 톰라인(Tomline) 감독은 칼빈주의자로서 반대의견을 가지고 설교한 것들로부터 취한 그 주제에 대한 진술을 인용하였다.[54] 켄터베리 대주교인 숨네르(Sumner) 박사는 그의 『사도적 설교에 관하여』라는 책에서 -이 책은 톰라인의 칼빈주의 반박에 비하면 빈약한 책이기는 하지만 역량과 정통성 측면에서는 결정적으로

---

54) Scott가 쓴 톰라인의 『*Refutation of Calvinism*』을 보라 vol. i., 105-6.

우수한 작품이다- 톰라인의 대 실책을 폭로하며 명백하게 경고하였다. 그는 이 주제에 대한 설교들에서 강력하게 설명하는 다른 방식을 채택하였다. 그는 설교 문에서 두 본문을 인용한다. 하나는 예수의 탄생에 대한 설교요 또 다른 하나는 윗선데이(Whitsunday) 파트1에서 인용한 것이다.[55] 이들 중 두 번째 것은 톰라인이 비난한 것이었다. 그리고 그것들은 좀 과장되게 表現하며 다음과 같이 비난하였다. 즉 "성경으로부터 나온 것도 아니고 경험으로도 인준을 받지 않은 '세고 합당치 못한 언어'(strong and unqualified language)를" 포함하고 있다는 것이었다.[56]

네 번째 항목의 서두는 성화의 전 과정에서 신적 은혜의 필요성 원리를 적용하는 가운데 그 자체로는 건전하지만 다른 경우에는 그들 자신의 신학 체계의 일반적인 정신과 일치하지 않는 것이기 때문에 모순을 안고 있는 세 번째 항목과 동일한 사상을 띠고 있다. 그러나 네 번째 항목의 말미에는 그들이 그 논쟁의 핵심 사항 중 하나를 형성하고 있는 진술을 소개하고 있다. 그것은 다음과 같다: '그러나 이 은혜의 작동 방식과 관련해서는 불가항력적인 것이 아니다.'[57] 일반적으로 칼빈주의자들은 이것이 문제의 정확한 진술이라고 인정하지 않는다. 그리고 회심에 있어서 하나님의 은혜는 불가항력적임을 알미니안들에게 분명하게 제시함으로 이 입장을 방어하기 위한 원칙적인 주요 용어에 대한 설명이 없이는 절대적으로 수용하지 않는 자들이다. 여전히 그 진술은 칼빈주의자들과 알미니안 사이에 논쟁의 주된 주제로 지적되는 사항이다. 그리고 이 두 진영 사이에 존재하는 실제적이고 중요한 견해의 차이 중 하나이다. 그것은 언제

---

55) 역자 주) Whitsunday는 성공회 신자들이 부활절 이후 7주째가 된 주일에 지키는 오순절 주일이다.
56) C. iii., 129,130. Ed. 1850.
57) Quoad vero modum operationis istius gratiæ, illa non est irresistibilis.

나 칼빈주의자들에 의해서 효과적인 부르심과 효력적인 은혜라는 제목 아래에서 논의되었다. 그것은 우리의 시선을 사로잡는 몇 가지 요점에 주목하지 않을 수 없게 한다.

믿음이 산출되는 방식과 방도, 그로 인해 회심을 일으키는 방식은 본질상 어떤 의미로는 영적으로 선한 일을 하고 하나님께 용납되게 하는 인간이 가진 능력이나 역량에 달려있는 것으로 보인다. 그 일 역시 타락을 통해서 인간에게 붙어있게 된 전적 타락 혹은 전적 부패의 상태에 의존되어 있다. 그러므로 그것은 알미니안들이 회심의 방식이나 양식을 다룸에 있어서 인간의 본성적 타락에 관하여 직접적으로 일절 언급한 것이 없다 할지라도 도르트 공회는 신경에 세 번째, 네 번째 항목을 기술하면서 인간은 본질적으로 전적 타락한 존재라는 이 교리를 포함해서 설명했다. 그리하여 인간은 영적으로 그 어떤 선도 행할 능력도 없으며 성경이 하고 있는 것처럼 이것을 기초하여 믿음의 영역을 다루었다. 그리고 중생의 회심의 필요성과 특성, 성령의 역사하심을 서술한 것이다. 그리고 성령께서 작동하시는 원리들을 특히 그리스도로 말미암아 인간들을 위하여 값주고 사신 복락들을 개개인에게 개별적으로 적용하시는 원리들을 규정하였다.

나는 인간의 본성적 타락에 대한 주제가 처음 알미니안 논쟁에서 불거졌을 때 도르트 공회에서 알미니안 입장에서 제기된 것임에도 이 문제가 왜 주된 자리를 차지하지 않았는지 설명하는 것이 적절하다고 생각한다. 알미니우스 추종자들이 그들이 인간의 본성적인 상태와 품성에 대한 견해를 전반적으로 진전시켜 나갈 때 비록 그것은 성경과 종교개혁자들의 교리와 모든 차이점의 근원에 놓인 것인데도 그렇게 하지 않았던 이유는 특히 그 논쟁이 활발하게 진행되는 과정에서 두드러진 차이가 있다는 것을 드러냈다. 더욱이 알미니우스 추종자들은 성경의 교리와 종교개혁자들의 교리로부터 더 멀리 이탈해 감에도 불구하고 왜 이 주제가 가장 주된 자리를 차지하지 않았는지를 설명함이 옳다고 본 것이었다. 그러나 나는 알미니안 논쟁에 대하여 점검하는 과정에서 이 주제에 머물 생각이 없다. 왜냐하면 이미 원죄와 자유의지 문제에 대해서 펠라기안 논쟁을 다루면서 내가 상세히 취급했기 때문이다. 이 주제들에 대한 대다수 알미니안들의 교리는 본질적으로 트렌트 교회회의에서 규정한 것과 같이 로마 교회의 교리와 같다. 타락의 결과로 본성적으로 인간에게 부착된 타락의 범위나 온전함을 타당하게 여기거나 제한시키는 것에 대하여 사실로 여긴다. 그리하여 자유의지를 위한 여지를 남겨두고 인간의 자연적인 능력 혹은 역량 측면에서 인간은 영적으로 악한 것만이 아니라 선한 것도 할 수 있는 힘이 있다는 것이다. 따라서 인간은 자신의 본성적인 능력을 발휘하게 되면 믿음을 산출하는 일에 어느 정도 기여할 수 있는 인간으로 묘사되는 것이다. 그리고 적어도 자신을 하나님께로 돌이키고 하나님의 뜻을 행하는 길로 나아갈 준비를 할 능력을 갖춘 인간이라는 것이다. 이 주제를 논쟁함에 있어서 펠라기안의 교리와 로마 교회의 교리-이는 알미니안의 일반적인 모습과 같은 것들이다-를 반대하는 가운데 나는 종교개혁의 위대한 교리와 우리들의 신앙고백서의 가르침이 무엇인지를 충분히 설명할 기회를 가졌었다. 즉 인간의 전적인 도덕적 타락과 전적인 노예상태 혹은 타락 때문에 또는 어떤 영적 선한 일을 행할 수 없는 무능력 때문에 죄를 지을 수밖에 없는 인간의 죄의 노예성 사이의 관계를 충분히 설명하였다. 속박이나 필요성의 유일한 유형, 또는 칼빈주의자들처럼 성경에 근거하여 의지의 자유에 반대되는 어떤 것, 또는 우리의 신앙고백서에 포함되어 있는 것 때문에 우리가 견지하고 있는 것들을 설명한 것이다.

그러나 인간의 도덕적 본성의 전적인 타락에 대한 올바른 견해를 가지고 있고 전반적으로 죄에 속박된 존재이며 전적인 타락 때문에 죄 짓는 의지에 속박된 인간임을 믿는 반면에-또는 우리의 신앙고백서가 표현하고 있는 것처럼- '타락으로 인해 죄의 상태에서 인간은 구원을 수반하는 어떤 영적 선한 일을 할 의지의 능력을 전적으로 상실한' 존재이다.[58] 이것이 적용되고 제공되었을 때 믿음의 산출과 회심의 원인과 관련되어 제기된 문제들은 깔끔히 해소되는 것이다. 이런 결과를 낳게 됨에 있어서 성령의 은혜로운 역사하심의 특성에 관한 이 주제는 항상 유효적인 부르심이라는 제목 아래에서 논의되는 것이었다. 은혜의 충족성, 효율성 및 어떤 측면에서 은혜의 불가항력성을 취급하는데 이런 논제들에 대한 충분한 강론은 17세기 개신교와 로마교회에서 발생한 알미니안과 잔센파들 간의 논쟁이 벌어질 때까지 등장하지 않았던 것들이었다. 이 두 위대한 논쟁에 내포된 주논제는 본질적으로 동일한 것이었다. 우리 앞에 지금 제시되고 있는 특별한 주제와 관련하여 이것은 매우 흥미롭고 주목할 만한 대조를 이루고 있다. 개신교회 안에서 알미니안들은 유효적인 부르심과 관련된 개혁자들의 교리를 타락시켰다. 처음엔 인간의 타락과 무능력을 공식적으로 부인하는 것이 없이 중생에 있어서 신적 은혜의 효율성과 성령의 역사하심에 대한 개혁자들의 교리를 부패시켰다. 다른 한편으로 로마교회에서 잔센파들은 은혜의 효율성과 관련하여 본질적으로 성경적이고 칼빈주의자들이 붙들고 있는 교리를 열렬히 지지하였다. 물론 그들은 원죄와 자유의지와 관련하여 트렌트 교회회의의 입장을 공식적으로 부정한 것은 아니었다.

---

58) 역자 주) 웨스트민스터 신앙고백서, 9장 3항.

우리는 이제 첫 번째 항목, 즉 예정 혹은 선택 문제를 다루기 전에 도르트 공회의 셋째와 넷째 항목에 해당되는 믿음과 중생을 일으킴에 있어서 유효적인 부르심, 신적 은혜의 특성과 효율성 혹은 성령의 역사하심 문제를 다룰 것이다. 우리가 이 순서를 따르는 것은 부분적으로 특별히 지금까지 우리가 살펴보게 된 주제들에 의해서 자연스럽게 제기되고 있기 때문이기도 하다. 그리고 또 다른 이유가 있다면 이 문제의 특성에서 비롯된 것이다. 그리고 우리가 나중에 언급하게 될 주제와 본질적인 연결고리 때문이기도 하다.[59]

5. 보편적이며 유효적인 부르심

대속 교리를 다루면서 우리는 학자들에 의해서 속죄의 복락들을 탄원하여 얻은 것과 적용 사이에 일반적으로 만들어진 구분을 설명하는 기회를 가졌었다. 우리는 특별히 획득과 적용의 문제는 그 자체가 구별된 것만이 아니라 분리될 수 있는 것이며 실제로 종종 분리된 주제였는데 즉 그리스도께서는 한 번도 적용되어본 적이 없고 실질적으로 그 복락들을 받거나 그 복락들에 참여한 적이 결코 없음에도 사람들을 위하여 화해와 죄 용서의 영적 복락들을 획득하셨다. 이 입장은 우리가 이미 본 바와 같이 그 혜택을 전혀 받지 못한 자들을 향한 화해와 죄 사함이 진짜 화해나 죄 사함이 아니라 단순히 어떤 무엇을 준비하는 혹은 그런 경향을 가지고 있다는 견해인 것이다. 칼빈주의자들은 영적복락들의 획득과 적용은 구분해서 다뤄야 할 것들임을 인정한다. 그리스도의 사역의 즉효인 그 복락

---

59) Owen, Spanheim, Stapfer, Molinæi 『*Anatome*』를 보라.

들의 획득은 인간의 자리에서 자기 자신을 드린 그리스도의 희생제물이 드려지고 수용되었을 때 완성된 것이다. 그리고 그 복락의 적용은 인간이 개별적으로 이러한 복락들을 실질적으로 수용할 때 완성된다. 이것은 믿음을 통해서 성령에 의하여 사람들이 그리스도에게 연합되는데 이 모든 것이 다 성령의 역사하심의 결과이다. 그리하여 실질적으로 인간은 인간을 위하여 그리스도께서 값 주고 산 복락들을 받게 된다. 그리고 성령의 전능한 능력으로 말미암아 그리스도 예수 안에서 다시 새롭게 창조되는 것이다. 이것이 칼빈주의자들의 견해이다.

알미니안들은 적어도 화해와 죄 사함인 영적 복락들은 그리스도께서 모든 사람들을 위하여 획득하거나 구매한 것들이지만 그 복락들의 실질적인 적용은 일부 사람들에게 해당되는 것임을 믿는 자들이다. 반면에 칼빈주의자들은 그 복락들은 일부 사람들을 위하여 값 주고 산 것이었고 그 혜택은 그 복락들을 받기로 택함을 받은 자들 모두에게 적용된다고 믿는다. 알미니안 신학 체계의 본질적인 특징인 획득과 적용의 연결되지 않음 혹은 분리는 이전에도 내가 설명했듯이 첫째로 자신들이 인정하는 그리스도께서 값 주고 산 그 복락들에 대한 참된 성경적 중요성을 제거하도록 강요하는 것이다. 화해를 화해가능성으로, 죄 사함을 죄 사함의 가능성으로, 구원을 구원의 가능성으로 축소시키는 것이다. 둘째는 인간 개개인의 구원 문제에 동일하게 필수적인 요소인 다른 복락들, 예를 들면 믿음과 중생과 같은 복락들도 그리스도께서 값 주고 산 열매들로 간주되는 것임을 전적으로 부정하는 것이다. 이런 것들은 알미니안들에게 흔히 나타나는 기독교 교리의 타락이다. 만일 자신들의 신학적 원리들을 일관성 있게 하려면 제한적이지 않은 속죄를 믿는 자들은 다 반드시 이 교리를 견지*해야만* 한다. 이 부분은 이미 설명된 것이다.

우리는 이제 구속의 복락들에 대한 적용문제를 다뤄야 하겠다. 이와 더불어 그리스도의 사역에 의하여 획득되거나 확보된 것으로서가 아닌 그러나 성령의 사역으로 말미암아 사람들 개개인 안에서 실질적으로 효력을 끼친 것으로서 다루고자 한다. 이 주제에 있어서 그 성령의 역사가 필요하다는 것은 소시니안들을 제외하고는 모두가 인정하는 것이다. 이 주제에 대한 모든 것은 광의적으로 다음의 질문을 해소하는 것으로 간주될 수도 있다. 즉 구원의 필수적인 문제로서 그리스도께서 위하여 값 주고 사신 그 복락들을 사람들 개개인에게 수여하고자 하나님께서 계획하신 방편은 무엇인가? 일부 사람들의 죄 용서와 회심과 구원에 있어서 그리고 계속해서 죄책 가운데 있고 회개하지 않고 영원한 비참한 상태에 처해 있는 다른 사람들 안에서 이 방편의 실질적인 결과들을 규정하거나 결정하는 원칙들은 무엇인가? 추후 검토를 위한 예정론 주제를 마련하면서 우선적으로 이 질문을 살펴봄에 있어서 개개인과 관련된 하나님의 생각에 대한 칙령이나 목적 및 의향과 더불어 우리가 할 수 있는 것은 아무것도 없다. 다만 우리가 할 수 있는 것은 우리의 탐구와 그로부터 흘러나오는 결과들을 가지고 하나님의 정하신 목적을 성취하시는 혹은 그의 칙령들을 실행하시기 위하여 하나님이 정하신 계획을 살펴볼 뿐이다.

그것은 하나님의 칙령이 아닌 하나님의 섭리하심과 더불어 우리가 현재 해야 할 일이다. 이 설명에서 섭리라는 단어는 때때로 은혜와 완전히 대비하여 제한적 의미로서가 아니라 도리어 은혜가 포함된 넓은 측면에서 이해하는 것이어야 한다. 하나님은 창조와 섭리의 사역 안에서 인류와 관련된 모든 그의 칙령들과 목적들을 실행하신다. 모든 일들을 성취하시며 조절하시는 일들을 하신다. 비록 섭리라는 단어는 세상을 관할하시고 통치하시는 일에 있어서 물질적인 면이나 눈에 보이는 것들 그리고 일시적인 일들과 관련된 신적인 운행과정 부분을 설명하는 것에 일반적으로 사용되지만, 죄인들의 회심과 성화 및 구원에 미치는 즉각적인 신적 행위의 역할에는 은혜라는 단어를 적용한다. 그리고 은혜는 성경에서 성령의 특별한 역사하심에도 언급되는 단어이다. 물론 하나님의 일하시는 과정을 말하는데 사용되는 이 두 용어는 서로 구분되어 사용되어야만 한다. 물론 이 구분의 방식은 성경적 용어에 의해서 인준되는 것도 아니고 그 자체가 매우 적확한 것도 아니다. 창조 이후에 세상과 인류 족속들과 관련하여 하나님께서 하시는 모든 것은 다 그의 섭리가운데서 깨닫게 된다. 또는 그의 피조물들과 그 피조물들의 모든 행동들을 관할하시는 최고의 통치 안에서 파악되는 것이다. 그러므로 이 섭리하심은 성령의 시대에서 그가 행하시는 모든 것을 깨닫는 것이다. 그 은혜를 전달하는 것과 혹은 인간의 행동들과 운명들 위에 이 은혜로운 초자연적인 영향력들을 발휘하는 것은 본질적으로 성령의 역사하심에 의존되어 있다.

복음을 듣지 못한 자들에 대한 이해

그리스도께서 그의 보배로운 피를 흘리심으로 값 주고 사신 복락들을 개별적으로 인간에게 수여하시기 위하여 하나님께서 제정하신 일반적인 방편(provision)은 다음 세 가지 것으로 구성되어 있다. ① 그리스도께서 인간의 구원을 위하여 무엇을 하셨고 왜 고난을 당하셨는지를 알게 하시는 방편 ② 그리스도께서 값 주고 사신 복락들을 인간들에게 제공하시고 그것을 받도록 인간들을 초청하시는 방편 ③ 그 제공을 인간들이 받도록 그 초청에 응할 수 있게 하는 성령의 전달하시는 방편이다. 그것은 곧 회개하고 믿는 것이다. 그리고 인간들 안에서 본성의 갱신 혹은 성화에 효력 있게 하거나 효력이 있도록 기여하는 방편이다. 칼빈주의자들과 알미니안들은 이것들이 현재에 의도적으로 채택된 다소 모호하고 부정확한 형태로 언급되었을지라도 하나님께서 인간들 개개인에게 구속의 혜택을 수여하시고자 만드신 방도가 제정되었다는 데는 다 동의한다. 그러나 그들은 이 방편의 다른 영역들의 필요성과 특성과 관련된 몇 가지 중요한 사항들에 대해서는 현저하게 차이를 나타내고 있다. 그리고 그것들의 적용과 결과를 규정하는 원리들에 대해서도 현격한 차이를 보인다. 하나님의 사랑이 모든 사람에게 미친다는 측면에서 보편적 은혜를 믿는 알미니안들은 *개개인과 모든 사람*, 혹은 모든 사람을 조건적으로 구원하시는 하나님의 계획과 목적도 다 모든 사람들을 위한 것임을 믿는 자들이다. 보편적 구속하심 혹은 그리스도께서 모든 사람을 위하여 죽으셨다는 것을 믿는 알미니안들은 자연스럽게 지속적으로 다음의 사실을 내세우지 않을 수 없다. 즉 모든 사람을 향한 하나님의 자비하심을 보편적으로 선포해야 하며, 죄 사함과 구원을 받도록 사람들을 보편적으로 초청하거나 제공하고 불러야 한다. 여기에 보편적으로 충분한 은혜가 수반되어야 하고 실질적으로 보편적으로 은혜롭게 지원을 받아서 만일 선택한다면 모든 사람들로 하여금 영적 복락들을 온전히 소유하게 되도록 해야 하며 궁극적으로 구원에 이르게 해야 한다는 것이다.

칼빈주의자들은 복음은 모든 사람들에게 차별이 없이 선포되고 제공되어서 죄 사함과 구원을 얻게 해야 함을 인정한다. 그리고 전도되는 대상자들은 청함을 받아서 그리스도에게 나오도록 촉구되고 그리스도를 영접하라고 요청을 받지만, 이것이 모든 인간을 구원하시려는 하나님의 어떤 계획이나 목적이 흘러나오는 방편이라거나 그런 목적을 가리키고 있다는 것은 부인하는 자들이다. 그리고 이런 배치의 모든 목적이나 뜻하심을 이해하고 전개하는 척하지도 않는다. 또는 여기에 다른 그 어떤 목적이나 의향을 가지고 있다고 주장하는 것도 없이 주로 하나님의 택하신 백성들을 부르시고 구원하시는 결과를 낳도록 고안된 것으로 간주하는 자들이다. 칼빈주의자들은 믿음과 중생을 일으키기에 충분한 그 은혜 혹은 그 은혜로운 신적 지원이 모든 사람에게 주어진다는 것을 부인한다. 그들은 외적 소명 혹은 외적 부르심과 내적 혹은 효과적인 소명 사이를 구분한다. 사람들이 개별적으로 그 복음의 초청에 응하든 응하지 않든 그 것을 결정하도록 작동하는 진정한 원리는 성령의 효력적인 역사의 작동하심 혹은 작동하지 않음에 둔다. 물론 알미니안들은 이 문제를 다른 선택의 여지가 없기 때문에 인간의 자유의지로 해결한다. 인간 모두에게 주어진 충분한 은혜를 진작시키든지 그렇지 않든지 인간의 자유의지에 달렸다고 보는 것이다.

이 주제들을 연구함에 있어서 확실하게 주시해야할 첫 번째 것은 인간에게 하나님의 자비하심의 목적 혹은 구원의 길을 반드시 선포하고 알려야 한다는 것이다. 여기에서 처음부터 알미니안들은 그들의 모든 신학체계의 토대를 아우르는 어려움들을 포함시키고 있다. 그리고 그들은 그 어려움들로부터 벗어나본 적이 전혀 없다. 그들은 사람들에게 구속의 복락들, 이것은 그리스도께서 죄인들을 위해서 무엇을 하신 것인지를 잘 인식하는 것에 달려 있는 것이고 이 지식을 제대로 사용하고 적용시키는 것에 달려있는 것인데 이 복락을 수여함에 있어서도 적어도 하나님의 일하심의 과정에 대한 통상적인 일반적 규칙을 거의 부인할 수 없기 때문이다. 만일 이것이 그렇다고 한다면, 우리가 자연스럽게 기대할 수 있는 것은, 만일 알미니안들의 보편적 은혜와 보편적 구속 교리가 잘 세워진 것이었다고 한다면, 하나님께서 그의 사랑과 자비의 목적, 그리고 그리스도의 대속에 대한 것을 보장하기 위한 방편도 만드셨을 것이라는 것이다. 즉 모든 사람들에게 그 복락들이 전달되는 또는 적어도 모든 사람들이 접근할 수 있게 하는 뭔가를 하나님이 만드셨어야 함을 기대할 수 있는 것이다.

칼빈주의자들은 그것을 언제나 알미니안의 보편적 은혜와 보편적 구속 교리를 대항하는 강력한 논지로 간주하였다. 그리고 칼빈주의자들은 하나님의 주권적 목적들에 대한 자신들의 견해를 선호함에 있어서, 사실 인류의 많은 사람들이 항상 하나님의 자비와 복음에 계시된 구원의 방식에 대해서 완전히 무지한 채로 남아 있다고 논박하였다. 드러나는 그러한 상황에서 하나님을 알고 예수 그리스도를 아는 것이 영생인데 이것을 획득하는 방식에 대해서는 알미니안들은 극복할 수 없는 장애물을 설치하는 것이라고 했다. 실제로 지구상의 대다수 사람들이 그런 상태로 남아있다는 것이 사실이다. 그것은 우리가 심오한 경외심과 거룩한 두려움을 가지고 깊이 생각해야 할 것이지만 이 부분으로부터 돌아서서도 안 되고 그냥 지나쳐서도 안 된다. 그리고 창조와 섭리에 있어서 모든 다른 것들과 마찬가지로 하나님을 아는 우리의 지식과 그의 성품과 방편들을 아는 지식이 날로 증진되기를 위해서 잘 적용해야만 한다. 종교적인 특권들이나 은혜의 수단들과 관련하여 나라마다 상황이 다 다른 현실에서, 그리고 개개인이 태어나는 시간과 장소에 따라 일반적으로 다르게 규정되는 것처럼 종교적인 특권들과 은혜의 수단들을 결정하거나 누릴 기회가 사람마다 다 다른 상황이기에 우리는 이 문제를 하나님의 주권적인 선한 뜻에 두고 설명해야 할 것이다. 하나님은 이 모든 것들을 하나님 자신의 생각과 판단에 따라 결정하신다. 우리는 이 모든 것들에 대해서 완벽한 설명을 줄 수 있는 다른 것은 없다.

부분적인 설명들이 때로 특별한 나라들에서 주어지곤 하였다. 그러나 이런 것들도 어떤 경우도 그 문제의 근본까지 다루지는 못하였다. 그리고 그 특수한 상황을 전 세상의 상태에 적용시키는 것은 더더욱 적합한 것이 아니다. 우리는 영국이 우리 구세주께서 이 세상에 오셨을 때 왜 그토록 전적인 무지와 야만인 상태로 남아 있었는지, 그리고 지금은 그 어느 나라보다 많은 사람들이 가장 중요한 영적인 특권들을 소유하고 있는지, 그 이유를 다 설명할 수 없다. 또 우리는 개별적으로 왜 아프리카 사막지역에 태어나는 것 대신에 이처럼 훌륭한 나라에 태어나 존재하게 됐는지 궁극적으로 하나님의 기뻐하시는 선한 뜻 말고는 다 설명되지 않는 것이다. 알미니안들은 이 모든 문제를 자신들이 가진 하나님의 주권에 대한 오류와 결함 투성이의 교리를 가지고 해결해 보고자 수고를 마다하지 않았다. 그리고 그들의 성경적이지 않은 보편적 은혜와 보편적 구속교리를 가지고 설명해 보고자 했다. 그러나 그들은 언제나 설명하려는 자신들의 노력에 만족하지 못했다. 그리고 마침내 이 문제에는 설명이 되지 않는 신비한 뭔가가 있다는 설명으로 결론지었다. 사실 그들도 하나님의 주권과 그의 측량할 수 없는 지혜로만 그 모든 것들이 설명될 수 있는 것임을 인정하였다.

그러나 우리는 이 주제를 *지금* 죄인들에게 향하신 하나님의 자비하심의 목적, 혹은 구원의 길에 대하여 주장된 보편적 선포와 연계된 것으로 다루어야만 한다. 알미니안들은 자신들의 신학적 체계의 위대한 원리들과 일맥상통하는 것으로 강론하기 위하여 하나님께서 그러한 계시를 모든 사람들에게 나타내셨으며 그것을 제대로 사용하거나 또는 만일 그들이 자신들이 가지고 있는 역량을 잘 발휘하여 합당한 진전을 이루는 일에 실패만하지 않는다면 인간은 구원을 획득할 수 있을 것이라는 생각에 매여 있는 자들이다. 이것이 많은 알미니안들을 다음과 같이 주장하도록 인도하였다. 즉 그리스도께서 자신들을 위하여 무엇을 하셨는지를 전혀 아는 바가 없는 자들, 복음 설교의 방편에 대해서도 조금도 들어본 적이 없는 자들도 그리스도의 구속에 근거하여 그리스도로 말미암아 구원을 받을 것이며 구원을 받았을 것이라는 주장이다. 또는 계시가 없이 그리고 구원의 길에 대한 선포함을 들은 적이 없어도 자연과 섭리의 역사하심의 수단으로 구원받게 될 것이라는 주장을 하게 된 것이다. 이런 견해는 성경의 가르침과 전혀 맞지 않는 주장이다.

그들은 하나님의 주권, 즉 우리가 알지 못하고 추적할 수도 없고 설명할 수도 없는 방식으로 일하시는 하나님의 주권을 인정하도록 강요받으면서도 이렇게 말한다. 다른 나라들에게 하나님이 전달하시는 다른 수준의 지식과 특권에 있어서 그들이 항상 견지하고 있는 것은 신적 성품을 옹호하기 위해서는 반드시 없어서는 안 되는 것인데 그것은 모든 *사람이* - 그러나 어떤 사람들에 비해서는 약간 열등한 특권을 가지고 있을 수는 있어도- 적어도 그것들을 제대로 사용하고 진전시킴으로 말미암아 하나님을 아는 지식의 수단을 가지게 되어 그들이 구원을 얻을 수 있다는 것이다. 물론 우리도 이 주제에는 우리가 설명할 수 없는 신비가 포함되어 있음을 인정한다. 우리는 오직 두렵고 떨리는 경외감을 가지고 이 문제를 숙의할 수밖에 없지만 설명할 수 없는 신비한 것이 있다. 인간의 영원한 상태는 어떤 차원에서는 인간이 즐기는 특권들과 기회들에 의해서 규정될 것이다. 또는 멸망할 모든 사람들은 그들 스스로 명백하게 드러낸 하나님에 대한 무지에 의해서 실질적으로 발생한 죄책들로 인하여 공의롭게 심판을 받아 멸망될 것이다. 그러나 우리가 이 신비로운 주제에 접근하기가 상당히 어렵다고 해서 "하나님을 아는 것과 그가 보내신 자 예수 그리스도를 아는 것이 영생"이라는 성경적인 원리를 명확하게 선언하는 것을 포기할 수는 없다. 그렇지 않으면 하나님께서 제정하신 계획의 결과로서 우리의 많은 동료들의 영생 문제가 걸린 하나님과 주 예수 그리스도를 아는 지식을 획득할 수 없는 상황에서 놓여 있다는 것을 반박 받게 되는 것이다.

몇몇 알미니안들은 이러한 고려사항들에 깊은 감명을 받았다. 그리하여 이 주제에 대해서 일종의 타협할 의사를 제안하고자 그리스도가 알려지지 않은 사람들이 불행에 빠지지 않았다면 행복에서 배제시키기로 동의하였다. 그들은 모든 인류 개개인이 궁극적이고 영원한 거처로서 성경이 우리에게 계시한 두 곳, 즉 하나는 복음이 그들에게 선포되었을 때 그복음을 믿는 자들을 위해서 예비된 천국이요 또 하나는 복음이 선포되었을 때 그 복음을 거절한 자들을 위해서 마련된 지옥이다. 이 두 처소 외에 알미니안들은 하나의 중간상태에 대한 개념을 소중히 여기게 되었다. 이 중간상태는 복음을 들은 적이 한 번도 없는 사람들을 위한 곳으로 고통 받음이 없는 처소이다.[60] 이 개념은 림보르치(Limborch)에 의해서 제기된 것이다. 본성의 빛을 잘 활용하는 인간은 비록 그리스도에 대해서 한번도 들어본 적이 없을지라도 그리스도를 통해서 은혜롭게 구원함을 받을 것이라는 가능성을 선언한 후에 그는 다음과 같은 말을 덧붙였다: '만일 이것이 우리의 의지에 반하는 것이라면 하나님의 선하심이 그들을 지옥의 고통으로 정죄하시기 전에, 이 시대에 세 유형, 믿는 자들, 믿지 않는 자들 및 무지한 자들이 존재하듯이 이 세 유형의 사람들의 모습은 저세상에서도 존재한다는 것을 믿어야 한다. 즉 영원히 지속되는 영생을 누리는 자, 이들은 참 신자들의 상태요, 지옥에서 끊임없이 고통가운데 있는 자, 이들은 불신자들이며 그리고 이 두 유형 곁에 무지한 상태로 남아 있는 자들이 있는 것이다.'[61]

---

60) 이 개념은 알미니우스 자신은 부정하였다. Orat., de Objecto Theologiae, quoted in Edwards' Veritas Redux, 432.

61) Limbroch, Theo:, Lib. iv., c. xi., 363. Ed. 1686.

이 끔찍한 주제는 논란의 여지가 많은 문제를 일으키고 있는 토론이다. 여기에는 감정의 방종을 확실히 배제시켜야 한다. 즉 승리를 위한 열렬한 경쟁의 감정으로 접근하는 그 같은 방종은 철저히 제외시켜야 한다. 그러나 진리에 대한 관심 사항과 관련하여 그가 제시한 세 가지 개념들에 대한 유일한 증거-그가 이들 중 하나 혹은 다른 것을 증명하는 것이라고 생각하는 증거-는 일반적인 성경적 원리이다. 즉 사람들은 그들이 가진 기회들을 따라서 취급되어야 한다는 것이다. 그러나 이 원칙은 그러한 개념들을 지지하기에는 불충분한 것이 명백하다. 그래서 그 문제는 전반적으로 이렇게 결론지을 수밖에 없다. 알미니안들은 자신들이 하나님의 성품과 하나님의 방식을 형성한 이전의 개념들과 맞지 않을 때 하나님께서 자신에 대하여 명백하게 계시하여 주신 것을 믿기보다는 아무것도 알 수 없는 주제에 대하여 뭔가를 고안해 내는 자들이다.[62]

그러나 그들도 언제나 이 주제의 이런 지류에서 벗어나기를 기뻐한다. 하나님의 은혜에 대한 보편적인 선포에 관하여 그리고 모든 사람에게 구원의 길을 차별 없이 선포해야 한다는 주장을 피하고 싶어 한다. 비록 두렵고 신비한 면이 있지만, 명백히 계시된 성경의 교리와 관련된 이 주제는 솔직히 그들의 신학 체계와 결코 어울릴 수 없다는 것을 그들은 명백히 느끼고 있다. 그들은 복음이 알려진 모든 사람의 경우에 있어서 보편적 부르심과 충분한 은혜에 대한 개념들을 몹시 성급하게 제시하려고 한다. 이런 변환을 꾀함에 있어서 그들은 언제나 주장하기를 복음이 알려지지 않은 자들의 상태나 운명에 대해 호기심을 갖고 들여다보려는 마음은 없다는 것이다. 자기들은 주로 하나님의 계시를 알 수 있는 기회를 가진 사람들

---

62) 다른 사람들은 하나님께서 유기된 자들을 이 세상 너머로 연장하실지 모른다고 제안한다. 『Scot's Christian life, quoted in Edwards』 Veritas Redux, 444.

의 경우와 그리고 그들의 운명을 규정하는 원리들을 다룬다는 것이다. 그들은 만일 충분한 은혜가 모든 사람들에게 전달된다는 것을 입증할 수만 있다면 칼빈주의 신학체계는 단숨에 내동댕이칠 수 있다고 한다. 우리도 그들과 마찬가지로 천하에 다른 이름으로는 구원을 받을 수 없게 하셨다는 사실을 알게 된 적이 한 번도 없이 죽은 우리의 수많은 동료들의 운명에 대한 신비한 주제에 오래 머물고 싶지 않다. 성경이 재가하고 있는 것 말고 그들의 운명을 숙고하는 일에 빠져들고 싶지 않다. 우리는 이 문제를 가장 바르게 판단하실 지상의 최고 재판관이신 주님께 맡길 뿐이다.

그러나 이 모든 일에 있어서 성경이 가르치는 것을 믿기를 거부해도 된다는 근거나 그렇게 해도 양해된다는 증거는 아무것도 없다. 또는 우리 앞에 놓인 세상의 상태가 무엇인지 성경의 조명하심 안에서 숙고하는 것을 거부할 명분은 하나도 없다. 더 필요하고 중요한 것은 이 주제를 담아 내고 있는 교리적 사실들을 설명하는 명백하고 확실한 자료들을 잘 알고 적용하는 것이다. 특히 이 교리들과 사실들이 알미니안들이 잘 만들어내고 있듯이 하나님의 성품과 통치 및 구원의 길에 대한 몇몇 견해들은 오류가 있다는 물증들을 제공하고 있음이 발견될 때 그 교리들과 사실들을 확실히 붙들고 잘 적용해야 한다. 만일 그들이 복음을 듣는 모든 사람들에게 그들의 원칙을 적용 가능한 것으로 확립할 수 있다고 한다면 칼빈주의를 반박하기에 충분한 논리라는 그들의 주장과 관련하여, *지금이야말로* 그들에게 다음과 같은 것을 상기시켜주기에 충분하다. 즉 그들은 칼빈주의를 공격하는 것만이 아니라 그들 자신의 신학 체계를 고수하고 있다는 것이다. 전반적으로 세상의 상태에 대한 조사는 성경에서 확실하게 가르쳐 준 교리들과 연관시켜 살펴야 하는 것이다. 이것이 본 논쟁에서 가장 먼저 점검되어야 할 점이다. 단순히 칼빈주의에 반대하는 그들의 통상적인 반대논리에 대한 답변만이 아니라 알미니안 신학 체계가 잘못된 것임을 제시하는 근거로서 성경의 가르침을 먼저 눈여겨보는 것이 만족스럽게 제시할 수도 없는 그들의 신학의 맹점을 부각할 수 있다.

복음을 듣는 자들에 대한 이해

이제 간략하게 건전한 복음을 듣는 여건 속에 살고 있는 모든 자들에게 알미니안의 원리를 적용하는 사안에 대해서 언급하고자 한다. 이런 사람들에 대한 상태와 조건에 대한 그들의 입장은 이것이다. 그들은 모두 다 그리스도께서 모든 사람을 위하여 값 주고 사신 복락들을 받아 누리도록 청함을 받은 자들이라는 것이다. 하나님께서 그들 모두를 구원하시고자 하는 의지와 뜻을 가지고 계심으로써 하나님은 그들에게 그런 모든 은혜를 주시며 은혜로운 도움을 베푸시어 만일 그들이 선택한다면 그들로 하여금 능히 회개하고 믿게 하신다는 것이다. 그리고 하나님께서 그들에게 제공하는 것을 사용하지 않거나 바르게 증진시켜 감을 거부하지 않는 한 그들의 회심과 구원은 확실하게 효력 있게 한다는 것이다.

칼빈주의자들은 선포되는 복음을 듣는 기회를 가진 모든 사람은 그리스도에게 나아와 그리스도를 영접하라고 청함을 받는다는 것을 인정한다. 그러나 그들이 부정하는 것은 그들 모두를 구원하신다는 계획이나 목적이 하나님 편에서 흘러나온다는 것이다. 그들이 부정하는 것은 그들이 회개하도록 하고 믿도록 베푸시는 은혜 혹은 은혜로운 도움이 복음을 듣는 자들 모두에게 전달된다는 것이다. 그들은 말씀 선포에 의해서 모든 사람에게 주어지는 외적 소명과 성령에 의해서 일부 사람들에게 효력 있게 하고, 그 제공되는 것을 실질적으로 받아들일 수 있게 되는 내적 소명 혹은 유효적인 부르심 사이를 구분한다. 그 초청에 부합하게 수용하여서 그리스도를 믿게 되고 하나님께로 돌이키게 되는 유효적인 부르심과 외적 소명 사이에 차이가 있음을 칼빈주의자들은 인정하는 것이다. 복음 선포에 의해서 나타나는 이 위대한 사실들은 그 결과들과 관련되어 살펴볼 때 다음과 같은 것들이다.

첫째 일부 사람들은 그것을 믿고 그 영향력에 복종하여 결과적으로 그들의 심령이 변화를 받고 그로 인하여 하나님의 계명들의 길로 행하게 된다. 한편 동일한 외적 기회들을 가지고 선포된 동일한 진리를 가지고서 그들에게 믿어야 할 것을 촉구한 동일한 논리들과 동기들이 있음에도 그 진리를 계속해서 거부하는 자들이 있다. 전혀 영향을 받지 않은 상태로 남아 있다. 자신들의 성품이나 그들을 기동하게 하는 주도적인 동기들에 있어서 전혀 변화가 없는 자들이 있는 것이다. 왜 그럴까? 다음과 같은 질문을 하지 않을 수 없다. 개개인의 경우에 있어서 왜 이처럼 차이를 나타내고 있는지 진짜 이유, 혹은 그 차이를 설명할 수 있는 것이 무엇인가? 그들 모두는 똑같은 기회를 가졌다. 그들 모두는 본질적으로 동일한 본성적인 역량들을 소유한 자들이다. 그들 모두는 다 그들에게 선포되는 진리를 믿고 순복해야 한다는 근거들을 들은 자들이다. 그들 모두는 다 그리스도에게 나오라고 청함을 받았다. 그리스도를 통해서 구원을 받으라고 청함을 받았다. 그 부름 혹은 초청은 그들 모두에게 진지하게 그리고 정직하게 제시되었다. 이 부분에 대해서 도르트 공회는 이렇게 설명한다. 그리고 그 내용은 튜레틴에 의해서 따뜻한 찬사와 함께 인용되었다.[63] 그리고 그 내용은 칼빈주의자들에 의해서 일반적으로 동의된 것이다. '많은 사람들이 복음을 통해서 부름을 받는 것처럼 하나님은 그의 말씀으로 진

---

63) 튜레틴, Loc. xv., Qu. ii., sec. xiv.

지하게 그리고 가장 진실하게 보여주시는 것은 부르심을 받은 사람이 그에게 나와야 한다는 것이었다. 그는 또한 자기에게 나와 믿는 모든 사람들에게 그들의 영혼이 안식하고 영생을 얻게 하는 약속들을 진지하게 하셨다.' 마찬가지로 칼빈주의자들은 복음을 거절한 모든 사람, 그리고 그에 복종하고 하나님께 돌이키기를 거부하는 자들은 그렇게 행함에 대해 전적인 책임이 있다는 것을 믿는다. 그들은 죄를 지은 자들이요 이 죄를 인하여 형벌에 노출되어 있는 자들이다. 도르트 공회는 이렇게 표현하고 있다: '그것은 복음의 잘못이 아니다. 그리스도 안에서 선포된 복음의 잘못도 아니다. 하나님 안에서 복음적 초청의 잘못도 아니다. 그리고 다양한 방식으로 그 부르심을 제공하신다.'[64] 이 문제에 대해서 논박이 없었다. 물론 알미니안들은 칼빈주의자들이 이 교리들을 그들의 다른 몇 가지 원리들과 함께 지속적으로 붙들 수 없는 것임을 증명하고자 애를 썼다.

결과의 차이가 왜 있는지 그 원인과 관련해서 이것이 계시된 모든 것이었다면 알미니안 교리는 어쩌면 맞는 것인지 모른다. 즉 모든 사람들이 그 부르심을 받아들일 수 있도록 하는 충분한 은혜를 받은 것이라는 주장이 맞을 것이다. 그리고 그 결과의 차이에 대한 설명을 가져올 수 있는 유일한 원리는 그들이 받은 은혜를 바르게 사용하였고 더 나은 것으로 진척을 시켰던 것 때문이다. 반면에 그렇지 않은 사람은 그런 결과를 낳지 못했다는 것이다. 이런 설명은 일말 틀린 것은 아니지만 그 주제 전체를 다 아우르는 설명은 아니다. 성경은 회개하고 믿는 것을 거부하고 그로 인해 죄를 범한 모든 사람들이 이 결과에 책임을 진다는 것만 설명하지 않는다. 동시에 성경은 믿고 하나님께로 돌이키는 것으로 믿음과 중생을 낳

---

64) Hujus culpa non est in Evangelio, -nec in Christo per Evangelium oblato,-nec in Deo per Evangelium vocante, et dona etiam varia iis conferente,-sed in ipsis vocatis.

게 되는 그 길과 방식에 대해서도 알려준다. 이 문제와 관련하여 성경이 말해 주고 있는 것은 그들의 경우에 그 결과는 다른 사람들과 함께 나타나는 공통적인 어떤 무엇에 기인하는 것이 아니다. 예를 들면 그들의 본성적인 역량들이나 또는 하나님의 은혜 즉 하나님에 의해서 그들에게 주어지는 은혜로운 도움 같은 것에 의한 것만이 아니라 특별히 구별된 사역 또는 성령의 영향력이 그들에게 주어졌기 때문이다. 그 영향력이 다른 사람들에게는 주어지지 않았기에 그런 결과를 낳지 못한 것이다. 이것이 칼빈주의자들이 흔히 특별한, 구별된, 효력적인 은혜라고 하며 이것은 보편적 충분한 은혜를 주장하는 알미니안들과 반대되는 것이다. 칼빈주의자들은 이것을 어떤 사람에게는 주어지고 어떤 사람에게는 주어지지 않는 하나님의 성령의 특별한 역사로 간주한다. 믿음과 중생이 존재하는 것, 그리고 확실하고도 효력적인 은혜가 수여되는 곳에서 믿음과 중생이 생기는 것임을 보장하는 것이다.

이제 이 요점을 가지고 논의해야 할 의제는 이것이다. ① 성경은 어떤 사람에게는 주어지고 어떤 사람에게는 주어지지 않는 성령 하나님의 특별하고 구별된 역사하심에 대해서 우리에게 제시하고 있는가? ② 성경은 그것들이 이 특별한 은혜 혹은 성령의 구별된 은혜로운 역사하심이 믿음과 중생을 일으키는 참된 원인이거나 출처라고 표현하고 있는가? 성경은 사람들마다 다른 결과를 나타내고 있는 참된 이유에 대해서 설명하고 있는가? 성경은 그것 때문에 어떤 사람은 회개하고 믿게 되고 어떤 사람들은 똑같은 외적 부르심을 가지고 있고 그리고 똑같은 외적 특권들을 가지고 있으면서 계속해서 회개하지도 믿지도 않는 상태로 남아 있는지 그 이유를 제시하고 있는가? 나는 이에 대한 성경적 증거에 대해서 검증하려는 것이 아니다. 다만 이 논의에 있어서 내포되고 있는 요점들 한두 가지 사항만 다룰 것이다. 그것은 일반적으로 제기되는 것이다.

칼빈주의자들이나 알미니안들이 이 주제를 채택한 교리적 입장에 따라 이 문제를 설명하면서 *양자택일의* 명확한 개념을 우리 마음에 가지고 있는 것이 중요하다. 어떤 사람에게서는 믿음과 중생이 확실히 나타나는 것에 대한 입장과 어떤 사람들은 외적인 부르심과 특권들을 접함에도 불구하고 여전히 회개치 않고 불신앙의 자리에 지속적으로 남아 있는 이유에 대한 입장을 고려해야 한다. 이제 이것은 바로 이 질문을 하게 된다. 사망에서 생명으로 나아가게 하는 일을 누가 만드는가? 그리고 지금 하늘을 향해 나아가게 하고 넓은 길로 다니는 자들과 다른 모습으로 행하도록 만드신 이는 누구인가? 하나님인가? 아니면 인간인가? 칼빈주의자들은 그 차이를 만드신 분은 하나님이라고 믿는다. 그러나 알미니안들은 하나님의 은혜와 성령의 도우심에 관한 일반적인 진술들을 가지고는 있지만 이것을 숨기면서 자연스럽게 실질적으로 신자들 자신들이 만들어내는 것이라고 주장한다. 하나님은 모든 이들에게 효력적인 그 결과를 창출할 수 있는 은혜를 충분히 주셨다. 하나님의 부르심에는 택자나 유기된 자 모두에게 차이가 없다. 그들에게 은혜를 베푸심도 마찬가지이다. 이것은 동일하다. 다만 결과에서는 차이가 있다. 보증된 보편적 은혜의 충분성과 그에 따른 실질적인 평등으로부터 결과에 있어서 이 차이는 그것의 실제적인 적절한 원인으로서 필연적으로 인간들 자신들 안에 있는 무엇에 귀속되어야만 한다는 것이다. 즉 하나님의 은혜라든지 하나님이 은혜롭게 그들에게 주신 어떤 무엇이 기인한 것이 아니라 인간 자신들이 행할 수 있는 것들 그리고 행한 것들이 원인이라고 명시해야만 한다는 것이다. 그런 그들의 행동들은 하나님께서 그들에게 전달해 주신 것들을 제대로 개선시켜감으로 그들이 스스로 만들어내는 것들이다.

만일 충족한 은혜가 외적 부르심을 받은 자들 모두에게 전달되었다고 한다면 실제적으로 회개하고 믿는 자들에게 전달된 것이 충분한 것이었다는 것보다 그 이상은 없다. 왜냐하면 이것을 주장하는 것은 실제로 동일한 은혜가 주어졌음에도 불구하고 여전히 회개치 않고 불신앙 가운데 머물러 있는 자들에게 주어진 은혜 역시 *충분하다거나 적절한 것이었다*는 입장을 부정하든지 또는 취소시키는 것이 되기 때문이다. 따라서 이 전체 주제에 대해서 그들은 근본적인 교리와 모순되는 것임을 여실히 증명한다.[65] 따라서 그 질문의 참된 상태 그리고 거기에 내포된 진정한 양자택일은 분명하게 드러난다. 알미니안 교리가 성경의 명백한 가르침과 모순된다는 사실을 발견하고 증명하는데 아무런 어려움이 없다. 인간의 영적 성품과 영원한 운명을 규정하거나 결정하는 위대한 원리들과 관련하여 -인간들 안에서 영적으로 선한 것들을 하는 참된 출처나 기원, 믿음과 중생의 참된 특성을 볼 때 인간 스스로에게는 그렇게 할 능력이 조금도 없다는 것이 분명하다. 심지어 초기에서부터 함께 협력하는 것도 전혀 없다. 사람들 속에서 하나님이 역사하심이 아니고는, 사람들에게 주신 하나님의 그 선물의 역사가 없이는, 그리고 더 나아가서 특별히 성령의 특별한 역사하심의 결과가 없이는 믿음과 중생의 역사는 불가능하다. 그 모든 것이 하나님 자신의 의지와 지혜로운 섭리하심에 따라 독특하고 구별된 것으로 일부 사람들에게는 나타나지만 일부 사람들에게는 나타나지 않는다. 하나님께서 수여하신 것은 무엇이든 *확실히* 또는 실수가 없는 효력적인 그 모든 결과물들이 구원에 수반되어 나타난다.

---

65) 역자 주) Hottingeri의 예정론 교리의 결과와 하나님의 구원의 은혜, Exercitatio ii., 495 et seq.
Johann Jacob Hottinger(1652-1735)는 교회사가임

6. 효력적이고 불가항력적인 은혜

우리는 일반적으로 그리스도께서 사람들을 위하여 값 주고 사신 복락들의 특성과 적용의 중요성을 다루었다. 또는 하나님께서 사람들 개개인에게 이 복락들을 수여해 주시는 방법이나 양식에 대해서도 언급했다. 물론 이것은 자신들의 교리를 일반적으로 인류에게 적용하는 것과 복음이 알려진 모든 사람에게 적용시킨 알미니안의 보편적 부르심과 충족한 은혜를 설명하면서 그렇게 한 것이었다. 그리고 유효적인 부르심과 효력적인 은혜와 관련하여 칼빈주의자들이 붙들고 있는 교리와 비교하며 설명했다. 우리는 왜 그렇게 많은 우리의 동료들이 구원의 길을 얻을 수 없는 그런 상태에 놓여있는지, 그리고 어떤 사람들은 복음의 그 찬란한 빛을 즐거워하는 상태에 있게 되는지 그 이유가 하나님의 기뻐하시는 뜻에 따른 섭리하심을 제외하고는 다른 그 어떤 적절한 원인이나 이유를 설명할 수 없음을 살펴보았다. 그래서 우리는 그것을 하나님의 성령의 특별히 구별되는 은혜로운 역사하심에 귀속된 것으로 여기고 입을 다물었다. 그 성령의 역사하심으로 어떤 이에게는 구원의 은총이 수여되고 어떤 이들에게는 주어지지 않는 결과를 낳는 것이다. 사실 동일한 외적 소명과 외적 특권들을 즐기는 자들에 대해서 일부는 그 초청을 거절하며 하나님을 믿고 돌아오는 것을 거부하는 자들이 있는 것에 비해 다른 자들은 믿고 회개하고 돌아오는 자들이 되는 결과를 낳게 된 이유가 전적으로 하나님의 성령의 은혜로운 역사하심이 있느냐 없느냐에 달린 것임을 말했다.

영적 복락을 수여하시는 방편

그리스도께서 값 주고 사신 복락들을 개별적으로 사람들에게 나눠주시기 위해서 하나님이 만드신 방편은 일반적으로 두 가지로 분류된다. 첫째, 외적인 특권들 혹은 은혜의 방편들, 구원의 길에 대한 지식, 복음을 제공하며 초청하는 일이다. 둘째 그룹은 통상적으로 은혜 그 자체, 혹은 인간의 마음에 성령의 은혜로운 역사하심이다. 이것이 사람들이 회개하고 믿도록 돕는다. 우리는 이미 첫 번째 유형에 대해 살펴보았다. 그리고 둘째 유형에 대한 논의도 시작했다. 일반적으로 알미니안의 충족한 은혜 교리가 복음을 듣는 모든 사람들에게 수여되어서 그들이 올바르게 선택하였다면 믿을 수 있게 된다고 설명하였다. 그리고 칼빈주의자들의 교리적 입장도 다루었다. 즉 어떤 사람들은 여전히 불신앙과 회개치 않은 본성적 상태에 남아있는데 어떤 사람들은 필요한 은혜를 수여받아 믿고 회개하게 된 원인이나 이유가 무엇인지를 설명했다. 어떤 자들에게는 수여해 주시고 다른 사람들에게는 하지 않으신 특별한 구별된 은혜 교리의 확립 그리고 확실히 그것이 주어진 자들에게는 믿음과 중생을 일으킨다는 이 교리는 이 중대한 요점에 대해서 칼빈주의자들과 알미니안들 사이의 논쟁을 종식시키는 것이 될 것이다.

그러나 그 논쟁은 몇 가지 다른 질문으로 분류되었다. 비록 그것들은 모두 특별히 구별된 은총이라는 항목에 실제로 포함되어 있었을지라도, 내가 알미니안들이 은혜의 불가항력성이라 부르는 것을 뒤바꾸어 일반적으로 이 주제에 대해 전반적인 논쟁을 나타내는 요점까지 직접적이고 공식적으로 다루지는 않았기 때문에 이에 대해 간략하나마 설명을 하는 것이 좋다고 본다. 알미니우스 자신과 그의 이름을 따라 추종자들로 부르는 자들 중 더 복음적인 진영에 속한 자들, 이들은 인간이 본질적으로 전적으로 타락했다는 것을 고백하는 자들이다. -이들은 믿음과 중생을 일으키는 데는 성령의 초자연적인 역사하심이 있어야 한다고 주장했다. 일반적인 측면에서 그들은 실로 이 결과들이 전적으로 하나님의 은혜와 성령의 작동하심에 기인한 것으로 묘사하였다. 물론 그들도 성령의 역사하심의 양상과 관련하여 그것이 불가항력적인 것은 아니라는 점을 말하기는 몹시 걱정스러운 태도를 보였다. 그러나 이 주제를 다룬 그 논쟁은 다음과 같은 사실을 분명히 했다. 즉 믿음과 중생을 낳는 성령의 역사하심의 교리에 대하여 매우 건전한 입장을 띤 것으로부터 필연적인 것은 아닐지 몰라도 매우 자연스럽게 이탈해버리는 일들이 생겼다는 점이다. 그 이탈된 주제는 인간의 전적 타락과 무능력에 대한 올바른 견해와 뗄 수 없는 연계성을 가지고 있다. 즉 인간은 본질적으로 영적인 그 어떤 선한 것을 할 수 있거나 할 능력이 전혀 없는 무능력함과 전적 타락함 교리와 밀접하게 연계되어 있다. 물론 내가 이미 앞에서 언급하였듯이 나는 이 주제에 대해서 다루지는 않는다. 알미니우스는 그가 죽기 일 년 전인 1608년 그 자신이 홀란드 당국자들 앞에서 연설하면서 다음과 같은 방식으로 자신의 입장을 진술하였다: '나는 모든 선(善)의 **그 시작, 그 연속** 및 **그 완성**을 은혜로 여긴다. 그 영향력이 어느 정도까지 발휘될 수 있는지, 비록 이미 거듭났다 하더라도 사람은 전적으로 그 어떤 선도 잉태할 수 없고 그 어떤 선도 행할 수 없을 뿐 아니라 어떤 악한 유혹도 물리칠 수 없다. 즉 수반되고 협력하는 은혜가 막아주고 조성시키는 역사가 없이는 그 어떤 선도 행할 수도 없고 악도 물리칠 수 없다. 이 진술로부터 확실하게 드러나는 것은 그것이 내게 알려진 바와 같이 인간의 자유의지에 너무 많이 기여함으로 말미암아 은혜에 해를 끼치거나 부당함을 가하는 것은 아니라는 것이다. 왜냐하면 그 전체 논쟁은 그 자체를 다음과 같은 질문의 해결점으로 축소하기 때문이다. "하나님의 은혜는 분명히 불가항력적인 힘인가?" 그 논쟁은 은혜로 인한 행동들이나 작용들과는 관련이 없다. (인간이 행한 것만큼 이러한 행동들과 작동들을 내가 인식하고 되풀이하여 가르친 것과 같이) 그러나 이 논쟁은 오직 그 작동의 방식과는 연관되어 있다. 그것이 불*가항력적이냐 아니냐*의 문제이다. 성경을 보면 많은 사람들이 성령을 저항하고 제공되는 은혜를 거절하고 있음을 나는 믿는다.'[66]

마찬가지로 우리가 본 바와 같이 그의 추종자들은 도르트 공회 석상에서 세 번째와 네 번째 항목을 선언하면서 동일한 효과를 말했다. 비록 그당시에 성경적인 진리의 상당 부분을 믿는다고 고백하는 그 사람들 중 몇몇은, 특히 에피스코피우스 같은 사람은 후에 그 주장을 받아들였거나 적어도 공표하였다. 그는 특히 은혜의 특성과 필요성과 관련하여 훨씬 더 펠라기안이었다. 사람들의 회심과 성화에 있어서 알미니안들이라고 하는 자들이 알미니우스가 하나님의 은혜로 언급한 만큼만 했어도 그 논쟁은 잘 마무리되었을 것이다. 그러나 우리는 우리가 인용한 설명에 근거하여 매우 강력하고 그럴듯하게 보여서 알미니우스가 인간의 자유의지에 너무 많은 힘을 실어준 죄를 범한 자라고 말하는 것에는 동의할 수 없다. 또 그가 성령의 역사하심의 특성이나 양식에 대하여 성경적인 견해를 제공한 사람으로 간주되는 것 역시 인정할 수 없다. 그럼에도 불구하고 그가 은혜와 성령의 역사에 기인하는 것으로 말한 모든 것, 그 시작, 그 계속성 및 모든 선한 일의 완성을 이것 외에 다른 그 *어떤 수단이 필요한 것이 아니라*고 하였기 때문에, 성령의 역사하심이 없이 혹은 성령의 역사하심으로 말미암는 것을 제외하고 인간 안에는 영적으로 선한 것은 아무 것도 없다고 말한 것은 그가 인간이 자신의 본래적인 능력과 역량들을 사용함에 있어서 인간 스스로 성령과 함께 협력하는 것이라는 입장을 견지했을

---

66) Nichols의 『알미니우스의 생애와 작품』, vol. i., 600. Arminii Opera, 98. Nichols의 칼빈주의와 알미니안주의 비교.

가능성이 농후하다. 믿음과 중생을 낳는 모든 과정에서 하나님의 은혜를 중립적인 위치 혹은 모호한 가운데 두면서 인간과 성령의 협력적 결과로 여긴 것으로 보인다. 그리고 구원에 반드시 필요한 이러한 변화를 일으킴에 있어서 인간을 심지어 하나님과 함께 일하는 협력적 관계에 있는 자로 여긴 것이 분명해 보인다. *실로 이것은 회심을 일으킴에 있어서 성령의 역사하심은 불가항력적인 것임을 부정하는 주장에 다 내포된 것이다.*

실로 칼빈주의자들은 성령의 은혜 혹은 은혜로운 역사하심이 불가항력적이냐 아니냐와 같은 형식으로 이 문제를 정확하게 설명할 수 있다고 보지 않는다. 왜냐하면 그들은 어떤 측면에서 인간은 성령을 저항할 수 있다는 문제를 논쟁거리로 삼지 않기 때문이다. 그들이 인정하는 것은 성령을 향한 그 저항은 택자나 비택자 모두에게 전제될 수 있기 때문이다. 비택자들도 그들에게 역사하시는 성령을 저항하거나 내버릴 수 있고 택자들 역시 성령의 역사하심에 굴복하기 전에는 얼마동안이나마 저항할 수 있다. 따라서 도르트 공회에서 교리 상에 단정적인 오류를 내포하고 있는 것으로 간주하는 알미니안들이 헌의한 선언문에 있는 한 가지는 바로 이 주장이다. 즉 회심에 있어서 성령께서 어떻게 작동하느냐와 관련하여 그 역사하심이 불가항력적인 것이 아니라는 주장이다. 이 분명한 요점에 대해서 모든 알미니안들이 불가항력적 은혜를 부정함으로써 분명하게 그리고 온전히 정죄되어야 할 자들임에도 불구하고 그 공회의 공적 문서에는 그에 대한 그 어떤 공식적인 의견제시도 없었다. 이 부분에 대해서는 우리의 전체 신앙고백서 안에 잘 명시되어 있다. 그것은 회심에 있어서 하나님의 은혜의 불가항력성 혹은 저항성이라는 주장을 포함하고 있지 않다. 그러나 포함시키고 있는 것은 일반적으로 은혜는 저항할 수 있다고 주장하는 알미니안들이 부정하고 있는 그 전체적인 교리에 대해서 확고하고 온전한 주장이다. 알미니안들의 문구들은 일부는 수용하면서도 회심에 있어서 은혜가 불가항력적이라는 주장에는 동의하지 않았다.

그들은 불가항력적이라는 단어 자체를 반대하였다. 자신들의 신학 체계에 응용하는 것을 반대한 것은 모호하다는 것 때문인데, 어떻게 보면 회심에 있어서 저항할 수 있는 것이라고 하고 다른 측면에서는 아니라고 말하기 때문이다. 그것은 적어도 인간의 마음에 역사하시는 성령의 움직임이나 작동을 생각할 때 어쩌면 저항할 수 있을 것이다. 사람들의 일반적인 특성이나 행하는 일들을 보면 회심을 낳는 쪽으로 나아가고자 하는 경향은 비택자들에 의해서 충분히 거절될 수 있을 것이다. 그리고 이것은 택자들에 의해서도 얼마동안은 저항될 수 있다. 반면에 이것은 또한 불가항력적이라고도 말할 수 있다. 칼빈주의자들은 이것을 주로 불가항력적인, 또는 정복 불가능한, 파괴시킬 수 없는 것 또는 확실히 효과적인 것이라고도 한다. 칼빈주의 교리에 의하면 회심을 낳기에 충분한 신적인 은혜로운 권능이 역사할 때마다, 그리고 그것을 반드시 효과 있게 하는 은혜의 역사가 작동될 때마다 인간이 만들 수 있는 모든 저항들은 제지되고 전혀 오류 없이 그 결과를 낳는다는 측면에서 불가항력적이라는 것이다.

여기서 내가 한 가지 주목하고자 하는 것은 칼빈주의자들 가운데서도 비택자들이 자신들의 본성으로 회심을 향해 나아가게 하는 성령의 역사하심이나 그 작동하심에 굴복하는 자인지 혹은 그들이 어느 정도 높은 수준의 역량들을 소유하게 되었을 때 회심을 낳게 하는 방향으로 나아가게 하는 일반적인 자질들을 소유하고 있는지에 대한 논의가 있었다는 점이다. 이 점에 대해서 우리의 신앙고백서는 이렇게 기술하고 있다: '비택자들이 성령의 일반적인 역사하심을 맛보았을지라도.'[67] 이 견해는 반대편

---

67) 웨스트민스터 신앙고백서 10장 4항

사람들보다 그 주제를 담고 있는 성경이 지칭하고 있는 것과 더 잘 조화되는 것이다. 여기에는 중대한 이의제기도 없다. 그러나 이에 대해서 본질적으로 그렇게 중요한 것이 아니지만 다른 입장을 가진 칼빈주의자들은 택자도 잠간 동안은 신적 은혜, 혹은 성령의 은혜로운 역사를 저항한다는 것을 인정한다. 그러나 그들도 다 인정하는 것은 회심에 반드시 필요한 그 특별한 은혜, 그 회심을 효과적으로 일으키기에 충분한 그 은혜는 인간이 결코 저항할 수 없으며 그 효력적인 결과를 포기할 수 없게 한다는 것이다. 이 교리는 우리의 신앙고백서에 기록되어 있다. 물론 두드러지게 표현한 것은 아니지만 명확하게 확실한 의미를 드러내고 있다. 그것은 유효적인 부르심에서 이렇게 묘사한다, '하나님께서 생명에 이르도록 예정하신 모든 *사람들만이.*' 하나님은 자신의 전능한 능력으로 그들만의 의지를 새롭게 하신다. 그들에게 선한 것을 할 수 있도록 결심케 하신다. 그리고 효과적으로 예수 그리스도에게로 이끄신다. 그리고 더 나아가서 '그들이 하나님의 은혜로 말미암아 기꺼이 나오게 되기에 가장 자유스럽게 나오는 것이다.' '그 점에서 인간은 전적으로 수동적이다. 성령으로 말미암아 깨우침을 받고 새롭게 되어 이 부르심에 응답할 수 있게 되고 제공되고 전달된 은혜를 가슴에 품으며 받아들이기까지 수동적이다.'(WCF 10장 2항)

만일 본질적으로 인간의 타락이 전적인 것 혹은 모든 것이라고 한다면 그가 영적으로 그 어떤 선한 것을 할 수 없는 무능력 하에서 수고하는 것이 됨으로, 따라서 이것은 그렇게 하고자 하는 의지력의 결여가 만들어내는 필연적인 결과인 것이다. 따라서 그의 의지는 반드시 그 자신의 밖에서부터 오는 힘으로 새롭게 되어야만 한다. 그 의지의 갱신이 효과적인 것이 되게 하는 그 모든 과정의 시초는 전적으로 수동적인 것이어야만 한다. 비록 그 자신을 새롭게 하는 방향으로 나가게 하는 그 힘의 내적 측정은 저항했었다고 하더라도 그 의지의 갱신을 일으키는 그 힘은 실질적으로 효력을 발휘하게 되어 그가 그 힘을 저항한다거나 극복할 수 없는 자가 되는 것이다. 실제로 발휘되어 그런 결과를 자아내는 충족한 힘은 반드시 모든 장애물을 확실하게 제거해야만 한다. 그리고 의도된 결과를 아무 탈 없이 성취할 수 있어야만 하는 것이다. 만일 그 힘이 인간에게 있는 그 어떤 역량으로 극복되거나 파괴될 수 있는 것이라고 한다면 그 결과를 낳기에 충족한 힘이 될 수가 없다. 왜냐하면 그 결과에 이르게 할 수 있는 그 어떤 도움이나 협력을 얻어낼 수 있는 다른 출처가 없기 때문이다. 인간은 그 자체가 허물과 죄로 죽은 자이다. 그 자신이 선한 것을 하게 하는 그 어떤 능력으로 새롭게 된 의지를 가지기까지는 전적으로 궁핍한 존재이다. 그러므로 인간의 의지를 충분히 새롭게 하거나 갱신할 수 있는 가장 적절한 그 힘은 모든 장애물들을 *확실하게* 극복하게 하는 것이어야만 한다. 그리고 그 필요한 변화를 일으키기에 흠이 없는 것이어야만 한다.

알미니안 교리는 그 모든 수단들이 사용되고 그 힘 전부가 투입되었을 때 그것은 믿음과 중생을 낳기에 충족한 것들이라고 한다. 실제로 그 결과를 낳게 하며, 그 결과를 낳는 곳에서는 모든 인간이 이런 수단들과 힘을 저항할 수 있게 되고, 많은 사람들이 그렇게 한다는 것이다. 그들 자신들의 자유의지를 활용하여 계속해서 회개치 않은 상태로 불신앙의 자리에 머물러 있게 되고, 그런 변화를 일으키는 그 힘을 정복하거나 파괴할 수 있다고 하는 것이다. 그 같은 역량을 가지고 자신의 회심과 구원을 얻게 되는 것까지도 할 수 있다는 것이다. 이것은 신적 은혜의 필요성에 대해서 그들이 일반적으로 언급한 것들이 무엇이든지 명백하게 지적하고 있는 것은 의지를 지닌 인간의 본성적 힘이 인간의 회심을 일으키는 결정적인 원인이 되어 영적으로 선한 것을 행할 수 있다는 것이다. 그것은 계속해서 회개치 아니하고 불신앙으로 남아있는 자들로부터 회개하고 믿는 자들을 차별하거나 구분하는 것이다. 알미니우스의 표현에 따르면 인간은 자기 자신의 자유의지에 지나치게 기여한다. 알미니안은 그들이 인간이 영적으로 선한 것을 행할 능력이 있다거나 중생의 과정의 기원 혹은 시초에서 신적 은혜와 함께 협력하는 역량을 지니고 있다고 언급하는 것에서 인간의 자유의지에 대한 맹신을 드러내는 것이다. 이것을 그렇게 묘사하지 않는 한 실제로 중생케 하는 그 힘은 불가항력적인 것이 될 뿐이다. 인간은 그 신적 은혜를 파괴하거나 극복할 수 있는 존재가 될 수 없다.

그렇다면 회심에 있어서 신적 은혜의 불가항력 혹은 정복 불가함의 교리는 인간의 전적 타락에 대한 성경적 진술의 필연적인 결과임을 보았을 것이다. 인간 자신의 본성적인 무능력으로 인해 그 어떤 영적인 선한 것도 할 수 없음을 알게 되었을 것이다. 이 훌륭한 교리를 유지함에 있어서 칼빈주의자들이 강조하는 것은 인간의 의지는 갱신되어야 할 필요성을 선언하는 것이다. 이 갱신의 효력이 미치는 과정의 시초에서부터 인간이 신적 은혜나 성령과 함께 협력할 수 있다는 것은 불가능하기에 전적으로 수동적이다. 성령께서 성령 자신의 전능한 능력으로 인간에게 효력적인 중대한 변화를 일으키기 전까지 인간은 전적으로 무능력한 존재임을 선언한다. 이 변화를 때로 중생이라 부른다. 그 용어가 사용되었을 때 회심과 구분하는 것으로서 가장 제한적인 의미로 사용되었다. 그 경우에 중생은 영적 생명의 첫 이식(implantation)이다. 소생의 과정 혹은 살아나게 하는 과정의 첫 주입인 것이다. 반면에 회심은 이제 깨어나 새롭게 되는 과정에서 더 이상 수동적이지 않고 능동적으로 하나님께 기꺼이 돌이키고 예수 그리스도를 자신의 구원의 모든 것이요 원하는 모든 것으로 온전히 품어버리는 과정을 언급하는 용어인 것이다. 그 모든 것은 유효적인 부르

*심*이라는 항목에서 다 섭렵되는 것이다. 여기에는 그리스도께서 우리를 위하여 값 주고 사신 복락들을 적용하심과 구원에 필수불가결한 인간의 상태와 성품에 나타나는 중요한 변화를 효과 있게 일으키는 일에 성령께서 하시는 모든 역사가 다 포함된다.

이 과정의 본질적인 부분은 <u>의지의 갱신</u>, 즉 새로운 역량 또는 성향을 주시는 것이다. 영적으로 선한 것을 행하려는 의지이다. 그 이전의 인간의 의지는 오로지 영적으로 악한 것만 할 뿐이었다. 이 과정에서 우리가 이 현상에 주목하는 것이 매우 중요하다. 왜냐하면 *그 올바른 견해가* 이 주제에 대한 알미니안의 모든 잘못들에게 가장 직격탄을 날리며 퇴치시키는 부분이기 때문이다. 소요리문답은 유효적인 부르심을 설명하며 이렇게 묘사하고 있다: '유효적인 부르심은 하나님의 영의 역사로서 우리의 죄와 비참함을 깨닫게 하시고 우리의 마음을 일깨워 그리스도를 알게 하시며 우리의 의지를 새롭게 하심으로써 우리를 설득하여 복음 안에서 우리에게 값없이 주어진 예수 그리스도를 영접할 수 있게 하시는 일이다.' 이 주제에 대한 알미니안의 일반적 원리들은 이 과정의 독특한 단면인 의지의 갱신 자체를 부인하는 자리로 이끈다. 만일 의지의 갱신과 같은 일이 있다면 그것은 그 경우의 특징으로부터 신적인 힘에 의해서 효력적인 것이 됨이 명백한 것이다. 의지의 갱신을 낳게 하는 일에 도움을 주거나 협력해 줄 수 있는 인간의 의지 안에 혹은 인간의 의지에 대하여 전에는 전혀 없었던 그 힘은 그런 식으로 설명하지 않는 한 불가능한 것이다. 그래서 그 힘을 정복 불가한 혹은 확실하게 전혀 오류가 없는 승리를 가져오는 불가항력적 은혜로 말한다.

알미니안들은 회심에 있어서 이 정복 불가한 하나님의 은혜를 부인하고 심지어 충족한 신적 은혜가 회심을 낳게 할 때 인간은 그것을 파괴할 수 있으며 지속적으로 회심하지 않은 상태에 머무를 수 있다는 주장을 유지한다. 그 저항의 힘이 인간의 본성적인 상태에 있는 의지 힘이라고 하며 의지의 갱신의 필요성과는 상충되는 그 의지는 영적으로 선한 것을 행할 수 있는 가능한 역량을 충분히 소유하고 있다는 것이다. 또한 그들은 칼빈주의자들이 일반적으로 성경의 가르침과 반대되는 것으로 간주하는 효력적인 영향을 사람들의 의지나 자신들의 논리나 말에 기인하는 것으로 설명한다. 그러므로 우리는 의지가 새롭게 되어야 한다는 필요성과 그리스도를 아는 지식 안에서 마음을 밝혀 주시는 그것이 유효적인 부르심에 있어서 성령께서 하시는 일의 독특한 단계로 간주하는 이 중요한 교리를 굳게 붙들어야 한다.

알미니안들은 흔히 중생을 성령의 정복 불가한 전능한 역사하심으로 설명하지 않고 도덕적 권고로 말한다. 성령의 전능한 역사는 인간의 의지에 직접적으로 역사하시어 그 의지를 갱신하고 새로운 역량, 경향 및 방향을 주시는 것이다. 그러나 도덕적 권고란 단순히 지성에 호소하는 동기(motives)들이 끼치는 영향으로 그리고 그 의지를 움직이는 지성을 통해서, 다른 말로 하면 성령에 의해 열리고 각인되는 그 진리의 단순한 영향 때문이라고 주장하는 것이다. 반면에 칼빈주의자들은 언제나 인간의 의지 자체에 직접적이고 즉각적인 성령의 작동하심이 있음을 주장한다. 그리고 그것은 지성에 작동하는 그 진리의 단순한 영향력으로 되는 것이 아님을 주장한다.[68]

이 주제를 다루면서 제시된 구별들과 설명들은 너무 많아서 우리가 그것들을 강론하려 시도한 일들을 인정해 주기에 참으로 많이 있다. 그러나

---

68) 튜레틴, Loc. xv., Qu. vi: Mastricht, Lib. vi., c. iii.

우리는 지금까지 많이 논의해 온 하나의 주제로서만 지적할 따름이다. 그러나 주목해야 할 가치가 있다. 우리 교회의 표준문서들은 신학적 논의들 가운데서 항상 취급되었듯이 그들이 이 주제를 다루면서 공식적으로 언급한 것은 하나도 없었다. 칼빈주의자들 사이에서 그것과 관련하여 논란을 불러일으킨 몇 가지 사소한 문제들에 대해서도 의제로 다뤄진 적이 없었다. 즉 인간의 의지는 반드시 갱신되어야 한다는 그 필요성만이 아니라 지성을 일깨우는 일에 있어서 하나님께서 계시하신 그 진리를 열어 강렬한 인상을 심게 하는 성령의 역사하심과 구별되는 것이며, 유효적인 부르심의 과정에서 이 단계를 반드시 거쳐야 한다는 것을 충분히 나타내는 공식적인 의제로 올려진 적이 없는 것이다. 나는 이 견해가 인간이 얼마나 부패하고 타락한 어둔 상태에 있다는 것을 알려주는 성경의 모든 가르침과 가장 온전히 부합하는 것임에 대해 전혀 의심하지 않는다. 믿음과 중생에 대해서도 전적으로 무지한 상태에 있고 그 믿음과 중생을 낳게 하는 기관과 수단들이 있음도 의심하지 않는다.

그러나 알미니안들은 언제나 회심에 있어서 하나님의 은혜의 확실한 유효성과 불가항력성에 대해서 부정한다. 그것은 인간의 의지의 특성과도 상충되고 첨부된 특질들과 일치하는 것도 아니다. 그들은 언제나 우리의 교리가 인간이 원하든 원치 않든 인간으로 하여금 강제적으로 떠밀려서 믿게 하고 하나님께 돌이키게 하는 것이라고 비난한다. 이것은 잘못된 것이다. 칼빈주의자들은 그런 입장이 아니다. 그것은 그들의 교리가 우리보고 그렇게 붙들라고 요구하는 것이다. 실로 이 주제에 대한 그들의 교리를 전부 들여다보면 우리의 교리를 배제시키거나 모순되게 나타내려는 것이다. 유효적인 부르심에 대하여 설명을 한 다음에 우리의 신앙고백서는 회심에 있어서 하나님의 은혜의 역사는 전능한 힘으로 나타나는 것임을 명확하게 묘사하고 있다. 그 전능한 힘은 성공적으로 저항될 수도 없음을 언급하면서 웨스트민스터 신앙고백서에 이렇게 덧붙여 기록하고 있다. '그러나 그들이 하나님의 은혜로 말미암아 기꺼이 나오게 되기에 가장 자유스럽게 나오는 것이다.' 극복될 수도 없고 파괴시킬 수도 없는 성령의 그 특별한 역사하심은 의지 그 자체를 갱신하는 것이며 그로 인하여 영적으로 선한 것을 하고자 하는 힘을 갖게 된다. 그 힘은 타락한 본성 그 자체의 힘이 아니며 다른 그 어디에서도 얻을 수 없고 그 의지에 미치게 되는 오직 신적인 전능한 분의 역사로만 받게 된다.

이 새롭게 된 힘을 발휘함으로 인간은 자기를 인도하시고 지도하시는 하나님의 영과 함께 협력할 수 있게 된다. 그 일은 강권적인 힘으로써가 아니라 자발적으로 실행하는 것이다. 그리스도와 그가 열어서 각인시켜 준 구원의 방식과 관련하여 새롭게 갱신된 의지가 그렇게 인도하는 것이다. 이렇게 새롭게 된 시각이 제시하는 동기들이 그리스도를 영접하게 하고 결코 빼앗아갈 수 없는 보다 나은 것을 선택하게 만든다. 그 과정의 시초에서 인간은 전적으로 능동적인 자들이 아니다. 그들은 전적으로 신적 역사하심에 순응하는 수동적인 존재이다. 그 때로부터 이 과정에서 어떤 것이라도 행하기 시작했을 때 인간은 자유롭게 자발적으로 행동하는 것이며 이성적인 동기들에 의해서 인도를 받게 되고 그들의 눈이 떠져서 보게 된 그 진리로부터 나온 행동을 한다. 인간적으로 말해서 금방 하나님께로 돌이키도록 인도를 받는다. 이것은 그 결과를 방해하는 영적으로 선한 무엇을 하려는 인간 의지의 도덕적 권고 사항의 결과가 아니다. 따라서 여기에 칼빈주의 원칙들 그 어디에도 인간의 의지와 상관이 없이 원하든 원하지 않든 강요되어 회개하게 되고 믿게 된다는 것을 주장할 근거는 하나도 없다.

여기에는 인간의 의지와 관련된 그 어떤 진리와도 상충되는 것으로 보이는 것이 전혀 없다. 또는 인간의 정신적인 특질들에 대한 검사나 하나님의 말씀에 의해서 살펴보아도 인간 의지에 부착된 성질들과 어긋난 것으로 보이는 것도 전혀 없다. 하나님께서 절대적으로 흠이 없이 규제할 수도 없고 통제할 수도 없는 뭔가를 창조하셨다거나 본래 하나님께서 그 피조물에게 부과한 특성이나 타당한 자질들과 모순되는 방식으로 취급함이 없이는 규제하거나 통제할 수 없는 뭔가를 지으셨다고 주장하는 것이야말로 인간의 이성과 하나님의 계시의 말씀과 명백히 상충되는 것이다. 우리는 하나님께서 자신의 전적이며 절대적인 통제권 밖으로 벗어나 살게 하는 그 어떤 능력이나 자질들을 피조물에게 주었다고 주장할 수 없다. 또는 어떤 경우든 하나님의 목적을 효력 있게 나타내시기 위하여 그 피조물들과 함께 혹은 그 피조물들에 의해서 그의 전능성을 사용하도록 요구받으신다고도 주장할 수 없다. 그 피조물에게 할당한 특질에 반하는 방식으로 자신의 전능성을 발휘하도록 요구받는다고 결코 주장할 수 없다.

하나님은 실로 자신의 전능하심을 인간의 의지를 갱신함에 사용하신다. 인간에게 영적으로 선한 것을 기꺼이 하는 역량을 주시는데 사용하신다. 그러나 그렇게 하심에 있어서 하나님은 오직 인간을 본래 창조된 상태로 회생시키신다. 그렇게 하시는 방식에 있어서 전능성이 발휘되는 곳에서 인간에게 효력적인 변화가 일어난다. 그러나 인간을 인간으로서의 본질적인 특질이나 의지로서 그 의지의 특성과 충돌하는 것을 행하시지는 않는다. 우리의 신앙고백서는 이렇게 가르친다: '하나님은 사람의 의지에 선천적 자유를 부여해 주셨다. 그 의지는 선이나 악을 행하도록 강요된다든지 또는 어떤 절대적인 필요에 의해 결정되지 않는다.'[69] 그러나

---

69) 웨스티민스터 신앙고백서 9장 1항.

이것은 하나님 자신께서 만일 원하신다면 선을 행하도록 확실하고도 효과적으로 결정하실 수 없다는 것을 내포하지 않는다. 현존하는 상황에서 이것을 보장하기 위해서 하나님이 그에게 부여하신 본성적인 자유를 박탈함이 없이 필요한 것은 무엇이든지 선을 하도록 결심할 수 없다는 것을 내포하고 있는 것이 아니다. 이 본성적인 자유란 실로 유혹에 굴복하고 죄에 빠질 가능성을 내포하고 있다. 그러나 그것은 하나님의 전능함을 발휘하여 인간이 자유의지의 남용으로부터 타락하게 된 그 죄의 결과로부터 인간을 회복시킬 수 없다는 것을 내포하고 있는 것이 아니다. 그리고 하나님께서 본래 인간에게 수여해 주신 그 자유를 인간에게서 빼앗거나 방해하지 않고 그렇게 하실 수 없음을 뜻하는 것도 아니다.

간단히 말해서 인간의 의지는 본래 모든 시대와 모든 상황에서 하나님의 피조물들의 특성과 행동들을 규정하거나 결정하시는 것을 그 어떤 과정으로도 하나님이 하지 못하도록 막을 능력이나 자질을 소유한 적이 없다. 이것보다 더 분명한 다른 무엇이 성경에 계시된 것은 아무 것도 없다. 하나님께서 인간이 회개하고 믿게 하셨을 때 하나님은 인간에게 전능한 힘을 사용하신 것인데 이것은 무에서 모든 것을 만드신 것 혹은 죽은 자를 살리신 그 힘과 유사한 것이다. 그러나 이 과정의 특성에 대한 칼빈주의 견해를 보면 하나님은 인간의 본성을 따라서 이런 변화에 영향을 미치어 합리적이고 책임 있는 존재로서의 인간을 대하시는 것이 아니다. 우리가 확신하는 것은 인간의 의지는 타락하거나 타락하지 않았거나 하나님의 주권적 통치 너머에 나아갈 수 있는 그 어떤 자질도 가지고 있지 않다는 점이다. 또는 하나님의 직접적인 역사하심을 방해할 수 있는 그 어떤 역량도 없다. 즉 하나님이 단순히 전능한 힘을 발휘하여 만유를 운행하시는 것들로부터 인간의 본성적인 특성이나 본질적인 자질들이 하나님을 방해할 수 있는 그 어떤 것도 인간의 의지에 고착되어 있지 않다. 인간의 의지를 언급하는 그 모든 역량들 혹은 자질들은 인간의 의지보다 하나님의 주권적 권위가 최고로 높다는 가르침과 완전히 상충되는 것이다. 알미니안은 그런 역량들과 자질들을 인간의 자기결정권(self-determine power)이라고 부른다. 그러나 내가 의심하는 것은 심지어 의지의 자유에 대한 입장을 부인하는 분명하고 확실한 이유들이 충분히 있다면 그 의지가 자기결정권을 가지고 있다는 것에 근거하여서 그것은 자기결정권 위에 하나님께서 절대적 통치권을 행사하신다는 것이 불가능할 것이라는 점이다. 그러나 그것은 명확하고 확실하게 주장될 수 있는 것이 아니다. 다른 한편으로 그 의지를 새롭게 함에 있어서 칼빈주의자들이 하나님의 일이라고 주장하는 것이 그 의지의 특성과 본질적인 자질들을 생각할 때 전적으로 모순되는 주장이라는 것조차도 거의 입증될 수 없는 사안이다. 하나님의 역사가 아닌 다른 무엇으로 설명할 수 있는 것은 전혀 없다.

물론 회심에 있어서 은혜의 효력적이고 불가항력적인 칼빈주의 교리를 반대하는 것은 아니다. 몇몇 펠라기안 알미니안들이 때로 그것을 가벼이 처리하는 것은 있다. 즉 회심하고 믿게 됨에 있어서 자랑의 근거나 공로와 같은 것을 인간에게서 찾으려는 자들이 더러 있다. 만일 그것이 그런 것이 아니라면 그것은 성경에서 가르치는 교리가 전혀 아니다. 하나님의 권능의 역사하심이 믿음과 회심을 낳게 하기에 충분한 것이어도 인간은 여전히 이 권능을 저항하고 물리칠 수 있어서 계속해서 회심하지 않은 상태로 남아있을 수 있다는 알미니안 교리를 반대하는 하나의 큰 쟁점은 이것이다. 인간의 타락과 본성적인 도덕적 무능함에 관하여 일반적으로 고백하는 것이 무엇이든, 그리고 회심을 일으키는 일에 성령의 은혜로운 역사하심이 반드시 필요하다는 것에 대한 고백이 무엇이든 그런 고백들과 상관없이 알미니안 교리는 실질적으로 인간 자신이 가진 본성적 의지의 역량에 맞추는 설명을 하지 않을 수 없게 한다. 그 문제를 결정하고 규정하는 주된 작업은 하나님이 아니다. 각각의 경우 회개와 회심을 정착하게 하는(settled) 요인은 인간이 모든 영적 복락들을 실질적으로 소유하고 있다는 것에 두는 것이다. 그리고 최종적으로 하늘나라에 이르게 되는 것도 인간의 의지의 자질에 달려있다는 것으로 귀결될 수밖에 없다.

심각한 문제는 회심하지 않은 자들의 경우에서 더 많이 발견된다. 비록 그들도 복음 선포를 듣고 그들에게 선포되는 말씀을 들었음에도 회심하지 않은 상태로 남아 있는 자들에게서 심각한 난제가 발생한다. 또는 하나님의 구별되는 효력적인 특별한 은혜가 부어지지 않았을 때 계속해서 죄를 범하는 상태에 있다가 결국 파멸케 되는 자들을 어떻게 이해할 것인가? 물론 그 어려움은 자신들의 회개치 않음과 불신앙 때문이라고 책임을 전가시킴으로 해결할 수 있을 것이다. 특히 회심하게 된 자들의 사례를 들어서 회심의 길이나 방식과 관련하여 우리가 이미 앞에서 다룬 그 의견과 함께 그들이 유죄판결을 받아 형벌에 처해질 수밖에 없는 그 파멸의 책임은 회심치 않고 믿지 않은 인간에게 있다고 하면 된다. 사실 이것은 칼빈주의 신학 전체 체계에 반하여 일반적으로 제기되는 매우 큰 난제이다. 이 난제는 예정론과 함께 연계되어 논의되는 주제이다. 이제 우리는 그 문제를 살펴보아야 한다. 그 항목 아래에서 그 난제를 어떻게 접하고 해결하였는지를 살펴보며 주장해야만 할 것이다.

7. 하나님의 작정들

우리는 구속의 범위에 대한 알미니안 논쟁을 살펴보지 않을 수 없었다. 왜냐하면 그것은 그 어떤 다른 주제로 넘어가기보다 구속의 주제를 검증하며 마무리하는 것이 매우 자연스럽고 타당한 것이기 때문이다. 구속의 이 주제는 소시니안 논쟁의 중요한 부분으로 나타났다. 우리는 이 주제를 어떤 순서로 할 것인지 개선하기 위해 노력했다. 왜냐하면 그 중요한 원리를 더 완전히 이끌어 내기 위하여 그 구속의 참된 특성과 즉효에 대한 올바른 성경적인 견해들이 그 구속의 범위 문제를 충분히 해소시키기 때문이다. 그리고 칼빈주의 입장의 가장 취약한 부분으로 알려진 그 구속의 제한적 운명 교리의 문제를 보여주는 것이기 때문이다. 그것은 진리의 증거를 위해서 의존함이 없이 단지 그것과 그 신학체계의 다른 교리들 사이에 존재하는 연결점 위에 그 자체의 독특하고 적절한 증거를 확고히 세울 수 있기 때문이다.

이런 방식으로 구속의 복락들을 확보하고 적용하는 것 사이의 연관성뿐만이 아니라 그리스도의 고난당하심과 죽으심 사이에 존재하는 연관성을 언급하였다. 또 단순히 화목과 죄 사함 및 용납하심만이 아니라(하나님과 그의 율법과 관련하여 인간의 상태에 한 변화를 포함하고 있는 복락들과) 그러한 복락들의 특성 안에 내포되거나 포함된 복락들, 그리고 하나님을 즐거워하도록 준비하는 것들 사이에 존재하는 연관성도 언급하였다. 우리는 알미니안 논쟁을 검토하면서 구속의 복락들을 적용하는 주제를 끝내는 것이 최상이지만 그리스도께서 인간을 위하여 값 주고 사신 복락들을 개개인들에게 수여하심에 있어서 하나님이 하시는 것이 무엇인지를 탐구하는 과정을 더 살펴보았다. 따라서 우리는 유효적인 부르심에 있어서 성령의 사역과 관련한 우리의 대표적인 교리도 설명하였다. 그 교리적 입장은 믿음과 중생이 발생하는 곳에서 특별하고 구별되고 효과적이며 정복 불가한 은혜임을 설명했다. 이 교리는 믿음과 중생을 낳기 위해서 모든 충분한 은혜가 수여됨으로 수반된 보편적 소명을 내세우는 알미니안 교리와 반대되는 가르침이다. 따라서 죄인의 구원을 확보하기 위한 위대한 체계의 진전을 이루어가는 한 부분으로서 그 주제의 연관성은 보존된 것이었다. 그 순서로부터 우리가 채택하도록 이끌림을 받은 부수적인 이점은 예정론 주제를 연구하는 과정에서 나타나게 될 것이다. 이를 위하여 예정론 주제를 지금까지 남겨둔 것이다. 이제 이 주제를 다뤄보도록 하자.

이제 우리는 도르트 공회 기간 동안에서 칼빈주의자들과 알미니안들이 벌인 논쟁에서 다섯 가지 항목(일명 칼빈주의 5대 교리)을 형성한 중요하고도 어려운 주제인 **예정교리**를 살펴보고자 한다. 이것은 칼빈주의와 알미니안 신학 체계가 서로 다른 입장을 띠고 있는 가장 일반적인 논지와 밀접하게 연계되어 있다. 이 위대한 교리에 대한 고찰은 특히 하나님의 지적 피조물의 영원한 운명에 대한 사람들의 마음을 사로잡을 수 있는 가장 심오하고 접근하기 어려운 주제, 즉 무한하시고 불가해한 여호와의 본성과 속성들, 목적들과 행위들을 다루지 않으면 안 되게 한다. 그 주제의 독특한 본질은 정당한 이유에서 가장 깊은 겸손과 주의와 두려움을 가지고 다뤄야 함을 분명히 요구한다. 왜냐하면 그것이 한편으로 신적 생각의 영원한 목적들로서 우리가 완전히 파악하도록 접근함이 불가한 하나의 주제와 맞닿기 때문이다. 다른 한편으로는 헤아릴 수 없이 많은 우리 동료들의 영원한 비참함에 대한 무섭고 끔찍한 주제와도 맞닿는 것이기 때문이다. 많은 사람들은 이런 자세로 본 주제를 논하였지만 동시에 그들은 엉뚱한 추측과 불합리한 망상에 빠지고 말았다. 시대를 막론하고 이 주제만큼 지성적인 사람들이 신중에 신중을 기할 수밖에 없게 하는 주제는 없을 것이다. 신학적, 철학적, 그리고 실천적으로 이 주제가 담고 있는 문제들은 거의 논의되었다고 생각한다. 정말로 닳도록 충분히 논의되었다고 보증할 만큼의 추측성의 주제가 있다면 이것이 바로 그것이다.

적어도 예정이라는 항목으로 포괄적으로 논의된 몇몇 주제들은 현재에도 마찬가지지만 과거에도 명석한 두뇌를 가진 거의 모든 철학자들이 다 손을 댔다. 그것은 초대교회에 있었던 궤변론자들이 운명이나 필요성에 관하여 토론하듯이 현재에도 똑같은 교리를 철학자들이 가르치고 있는 것인데 칼빈주의를 공격하는 선봉적인 주제이다. 그 주제는 대체로 5,6세기 교회에서 논의가 많았다. 특히 펠라기안과 반펠라기안 논쟁과 관련되어 많이 다뤘다. 그것은 그 학자들의 교묘함을 가장 잘 드러내게 하였다. 이 주제에 대해서 다른 측면에서 일반적으로 널리 펴져있던 신학의 일반적인 성격과 경향에서 흔히 기대될법한 것보다 더 건전한 입장을 가진 많은 사람들이 자신의 지적 교묘함을 가장 잘 드러낸 분야이다. 사실 이 주제에 대한 칼빈주의 교리는 심지어 철학적 근거나 단순한 지적 추측의 주제로도 철저하게 조사할 수 있는 교리라는 추측을 제공하는 유일한 것으로 간주할 수 있게 한 것이 아닌가 생각될 정도이다.

사실 종교개혁 당시에는 이 주제가 그렇게 많이 논의되지는 않았다. 왜냐하면 종교개혁자들은 이 주제에 대해서 한 마음이었기 때문이었다. 로마교도들은 이 점에 대해서 개혁자들이 가르친 그 교리를 공개적으로나 공식적으로 부인하지는 않았다. 물론 그들은 개혁자들의 교리가 하나님을 죄의 조성자로 만든다는 편견을 즐겨 드러냈다. 그러나 개신교도들은 얼마 되지 않아서 같은 문제에 대해서 다른 견해를 밝혔다. 그 이후로 이 주제는 신학적인 논쟁에서 상당한 분량을 차지하는 두드러진 양상을 띠었다. 이 주제를 논의하는 과정에 인간이 보여줄 수 있는 최고의 역량들, 천재성과 적확성이 다 동원되었다. 그러나 이 주제에 부착된 난제들은 결코 완전히 해소된 적이 없었다. 우리는 다음과 같이 말하는 것을 충분히 보증할 수 있다. 즉 하나님께서 우리에게 더 온전한 계시를 주시든지 아니면 우리의 역량들을 엄청 크게 해 주시지 않는 한, 왜냐하면 이것이 무한한 존재의 마음을 완전히 이해할 수 있음을 암시하기 때문에 어쩌면 다음과 같이 말하는 것이 더 정확할 수 있다. 즉 그 주제의 본질적인 특성을 보면 유한한 존재가 그것을 결코 온전히 파악할 수 없다. 이 주제의 복잡성에 대해서 길게 논의하게 된다든지, 이와 관련하여 제기된 수를 헤아릴 수 없을 정도로 많은 의혹들을 다루는 것은 실질적인 유익이 전혀 없는 것이다. 대부분의 주제들과 관련하여 우리가 분명히 이해하고 기억하는 것이 가장 중요한 주제들로서 여기에 가장 명백하고 가장 분명하고 가장 뚜렷한 견해들이 있다. 그러므로 우리는 이것들에 대해서 우리의 관심을 제한할 것이다.

일반적으로 그 주제는 세상의 정부를 관리하시기 위하여 제정된 계획과 특히 하나님의 이성적인 피조물들을 다스리는 계획, 더 나아가 특별히 인간의 행동들을 조절하고 인간의 영원한 운명을 결정하기 위하여 마련하신 계획에 대한 조사까지도 포함한다고 말할 수 있다. 그 조사에 사용되는 자료들은 일반적으로 하나님의 속성들, 성품과 방식들과 관련하여 우리가 소유한 그 지식이다. 특히 이러한 주제들에 대해서 우리에게 하나님께서 직접적으로 전달해 주신 지식이다. 그리고 하나님께서 실제로 하신 것들에 대한 개관과 세상을 다스리심에 있어서 하나님께서 실제로 하시는 것들에 대한 개관이 우리가 사용할 재료들이다. 하나님의 말씀에 비추어서 또는 하나님의 정하신 것을 실행하시는 원리와 관련하여 하나님께서 우리에게 주신 모든 정보와 관련된 지식이 우리가 이 논쟁에서 사용할 재료들이다.

그 주제는 다음과 같은 질문들에 대한 연구를 포함하고 있다. 하나님은 세상을 다스리시기 위하여 계획을 정하셨는가? 하나님은 이성적인 피조물들의 운명을 결정하는 행동들을 규정하거나 조절하는 계획을 마련하셨는가? 만일 그렇다면, 이 계획이 세워졌을 때 그것을 정한 원칙들은 무엇이며 그리고 그렇게 하게 된 자질들은 무엇인가? 그 계획이 실행되기 위하여 그리고 그 결과들을 결정하기 위하여 하나님께서 만드신 계획은 무엇인가? 따라서 이 주제에 대하여 조사함에 포함된 주제들은 폭넓고 다양하며 심오하고 이해 불가한 것이다. 그것들의 일반적인 본질과 중요성에 대한 최소한의 언급은 가장 깊은 경의와 주의를 기울여 조사를 진행해야 할 필요성에 대한 강한 인상을 심어준다. 우리 자신의 발견과 추측에 대한 모든 확신을 버리고 우리의 이해를 암묵적으로 하나님의 모든 것에 대해서 암시할 필요성을 제기하는 것이며 그리고 이와 관련하여 우리에게 하나님께서 계시하신 것들에 관해 우리의 판단력을 단순히 복종해야 할 필요성을 심어주는 것이다.

주된 용어들의 의미와 적용

이 주제와 관련하여 항상 사용된 주요한 용어들에 대한 의지와 통상적인 적용 문제에 대해서 살펴보자. 그 다음에 논쟁적인 주제인 그 질문의 상태를 해결하는데 유의하고자 한다. 이 주제를 설명하고 논의하는데 사용된 주요 용어들은 이런 것들이다: 하나님의 작정들, 예정, 선택 및 유기. "*하나님의 작정*"(decrees of God)이란 이러한 용어들 중 가장 폭넓고 가장 포괄적인 용어이다. 그리고 하나님께서 정하신 목적들이나 결의들을 일반적으로 설명하는 단어이다. 그리고 이에 따라 하나님 자신의 절차를 규제하거나 세상의 통치에서 전달되는 모든 명령들을 뜻하는 단어이다. 하나님은 작정을 가지고 있고 가지셔야만 한다. 즉 하나님 자신의 절차에 대한 규정을 위한 목적들과 결의들인 작정들은 하나님이 지성과 지혜를 소유한 분으로 여기는 모든 사람들에 의해서 인정되어야만 한다. 그리고 신적 작정들에 대한 존재와 관련한 것은 아니지만 그것들이 서있는 근본 토대로서 이 주제에서 발생한 논박들, 그리고 그것들에 부착되어 있는 자질들 그리고 모두가 수용하는 목적들을 다 담고 있는 용어이다.

예정 혹은 미리 정하심은 하나님의 모든 작정들 혹은 목적들에 대한 이해와 관련하여 때때로 상당히 광의적으로 사용된다. 하나님께서 정하신 모든 계획, 세상을 다스리시는 규정을 위하여 채택된 모든 결의들을 다 포함한다. 그리고 이 용어는 어떤 의미에서는 제한적으로 쓰인다. 즉 궁극적으로 인간의 운명과 관련된 하나님의 작정들과 목적들을 포함한 한정적 의미로 쓰인다. 이것은 하나님의 다른 통치영역과 구분되는 것으로 사용되고 있다. 이 단어는 때로 좀 더 제한적인 용도로 사용되는데 선택 혹은 유기를 포함함이 없이 구원을 받는 사람들의 구원과 관련한 하나님의 작정들 혹은 목적들의 그 부분과 동의어로 쓰이고 있다. 물론 선택은 인류족속들로부터 구원받게 되도록 몇몇을 선택하신다는 하나님의 작정이나 목적을 설명하며, 결과적으로 그들을 구원하시는 작정이나 목적을 의미한다. 반면에 유기는 일반적으로 신학자들에 의해서 사용되는 것인데 궁극적으로 멸망하기로 정하신 자들에 대한 하나님의 작정들이나 목적들을 설명하는 용어이다.

그 질문의 상태에 속한 주제들에 본격적으로 뛰어들지 않고도 이러한 용어들을 좀 더 설명할 수 있다. 그러나 그 일을 하기 전에 우리는 우리 교회의 표준 문서에서 이 주제와 관련하여 사용된 문구에 대한 설명 한두 가지를 주목할 필요가 있다. 이 주제를 기술하고 있는 신앙고백서의 일반적인 장은 세 번째의 것으로 "하나님의 영원하신 작정에 관하여"이다. 이 제목아래 영원부터 하나님께서 정하신 모든 계획과 목적들과 관련하여 성경에서 가르친 주도적인 진리들에 대한 설명을 기술한다. 그리고 하나님의 작정은 하나님이 세상을 다스리심에 있어서 때가 되어 실행하신 것과 그의 모든 피조물들의 영원한 운명을 결정하심을 설명하고 있다. 영원부터 정하신 하나님의 작정은 때가 되어 발생한 모든 것들에 대한 이해를 나타내는 것이다. 그리하여 하나님께서 발생하도록 정하신 것을 파악하게 된다. 하나님께서 만드신 지적 피조물들의 운명과 관련하여 하나님의 작정 혹은 영원한 목적에 대해 성경에서 가르치고 있는 것이 무엇인지 그 본질을 서술하는 과정에서 신앙고백서는 그 작정에 인간과 천사들을 동등하게 포함시켜 나타내고 있다. 물론 생명 혹은 행복에로 정해진 운명을 가진 자들에 대한 작정이 담아내고 있는 설명에 있어서 사용된 문구와, 궁극적으로 죽음 혹은 비참함의 운명에 처해질 자들과 관련해서 설명하고 있는 문구는 서로 다르게 사용되었다.

그 두 경우에서 사람들과 천사들과 관련하여 언급된 결과는 하나님의 작정하심에 의해서 발생한다. 천사든 사람이든 구원받는 쪽은 생명에로 작정하심에 의해 *예정된* 자들이라고 말할 수 있다. 반면에 다른 쪽은 사망에 이르는 작정하심에 의해 *미리 정하신* 자들로 말해진다. 신앙고백서의 표현은 이렇다: "하나님의 작정하심에 의해 그의 영광을 나타내시기 위해서 어떤 사람들과 천사들은 영생을 얻도록 예정하시고(전체 문장은 이 중요한 구절에 지배받고 있다) 다른 자들은 영원한 사망에 이르도록 미리 정하셨다."[70] '예정'이라는 단어대신 '미리 정하심'이라는 대체 용어는 의도적인 단어이다. 그 두 가지 경우에서 구별을 표시하려고 계획적으로 사

---

70) 웨스트민스터 신앙고백서, 3장 3항

용되었다는 것은 네 번째 항목에서 곧바로 이어져 사용하고 있는 문구에서 여실히 드러난다. 거기에서 생명과 죽음의 다른 결과를 지칭함이 없이 그 전체 주제를 추정하는 의도로 그 두 단어가 소개되었다. 그러면서도 그 두 단어가 다 하나의 요점을 기술하고 있는 것이다. 즉 두 부류의 사람들이 다 포함되는 내용을 이렇게 진술하고 있다: '이렇게 예정되고 미리 정해진 천사들과 사람들은 특별하게 그리고 불변하도록 계획된 것이다. 그리고 그들의 수는 확실하고 확정되어서 더하거나 뺄 수가 없다.' 어원적으로나 신학자들이 일반적으로 사용하고 있는 어법상 '예정된'이라는 단어와 '미리 정해진'이라는 단어 사이에 의미의 차이가 있다고는 말할 수 없다. 그러나 일반적으로 칼빈주의자들은 구원받게 되는 자들의 상태와 운명에 대해 선택의 작정이 작동하는 방식과 방도, 그리고 멸망케 되기로 정해진 조건에 작동하는 유기에 대한 작정 사이에는 한 가지 중요한 차이가 있다고 주장한다.

이 차이의 존재는 비록 그 특성에 대한 정확한 설명이 없을지라도 우리의 신앙고백서 작성자들은 '예정'이라는 단어를 구원받게 된 택자들에게 제한시키고 나머지 사람들과 관련해서는 '미리 정해진'이라는 단어를 사용함으로 그 의향을 분명히 드러내고 있는 것으로 보인다. 신앙고백서는 이 주제를 다루면서 일반적으로 신학자들이 즐겨 사용하는 '유기'(reprobation)라는 단어를 사용하지 않는다. 그것은 의심의 여지가 없이 다음과 같은 이유 때문일 것이다. 즉 그것은 오해와 왜곡된 표현으로 칼빈주의 신학자들이 그 말을 사용함으로 전달하고자 하는 진리에 반하는 편견을 자극하는 표현이 되기 때문이다. 신앙고백서는 더 나아가 이렇게 기술하고 있다: '하나님께서 택한 자들을 영광에 이르도록 정하신 것처럼 그의 뜻의 영원하고 가장 자유로운 목적에 의하여 영광에 이르는 모든 방편을 미리 정하셨다.'[71] 그리하여 그들은 죄인들의 구원을 위하여 하나님께서 고안하신 그 계획의 방편에 따라서 확실하게 그리고 전혀 오류가 없이 영생을 얻는 것이다.

비록 신앙고백서가 '유기'라는 단어를 사용하지 않고 멸망할 자들에게 '예정하다'라는 단어를 적용하지 않았더라도 확실하게 가르치고 있는 것은 하나님의 작정하심에 의해 어떤 사람들은 영원한 죽음에 이르도록 미리 정해졌다는 것이다. 이 주제에 대해서 주어진 다른 설명은 이것이다. '인류의 나머지는' 즉 영생에 이르도록 예정된 것이 아닌 자들, 혹은 그리스도 안에서 선택되거나 또는 택함 받지 않은 자들은 '측량할 수 없는 하나님 자신의 의지의 계획에 따라 그가 기뻐하시는 대로 긍휼을 베풀기도 하시며 거두기도 하시나 그의 피조물들 위에 주권적 권능의 역사를 위하여 그들의 죄 때문에 그들을 버려두실 뿐 아니라 그들이 치욕과 진노를 당하도록 정하시기를 기뻐하셨다. 이는 그의 영광스러운 공의를 찬미케 하려는 것이다.'[72] 두 가지 구분된 행위들에 대하여 설명하고 있는 이러한 표현들은 일반적으로 칼빈주의 신학자들이 유기에 대한 작정으로 부르는 내용에 포함된 것들이다. 즉 첫째, *버려두심*(passing)은 하나님의 주권적 행위이다. 둘째, 미리 정죄하심(*prædamnatio*)은 법정적 행위로 '그들의 죄 때문에 그들을 버려두실 뿐 아니라 그들이 치욕과 진노를 당하도록 정하셨다'고 신앙고백서는 표현하고 있다.

이 주제에 대해서 칼빈주의자들이 일반적으로 선호하는 견해는 어떻게 보면 우리가 신앙고백서의 진술에 대해 설명한 것들에 의해서 나타난다. 그러나 그것은 더욱더 설명이 필요하다. 알미니안 교리와 우리의 교

---

71) 웨스트민스터 신앙고백서, 3장 6항
72) 웨스트민스터 신앙고백서, 3장 7항

리를 비교하면서 우리는 그 질문의 정확한 요지가 무엇인지를 제시할 수 있다. 전체 논쟁은 신적 작정하심에 대한 *특성*과 *성질*들과 관련된 질문에 대한 진술에 포함되어 있다고 말할 수 있다. 신앙고백서가 말하고 있고 칼빈주의자들이 일반적으로 붙들고 있는 교리는 다음과 같다. 영원한 때부터 하나님은 자유롭고 불변하게 발생하게 될 것을 미리 정하셨다. 세상의 통치에 대한 계획을 영원부터 정하셨고 때가 되매 실행하신다. 그 계획안에는 모든 행동들과 사건들이 포함된다. 그리하여 발생되는 모든 사건들은 하나님께서 모든 영원한 목적하심으로부터 그것들이 발생하도록 배치하신 것에 따라 벌어지는 것들이다. *왜냐하면* 하나님께서 그렇게 목적하셨고 배치하셨기 때문이다.

만일 이 신적 작정하심에 대한 교리가 제대로 정립된다면 그것은 그 작정하심에 포함된 선택과 유기에 대한 전체 문제를 해소한다. 그리고 만일 사람들의 일상적인 행동들이 하나님에 의해서 미리 정해진 것들이라면 물론 인간의 운명 혹은 결말은 궁극적으로 결정됐어야만 한다. 알미니안들은 일반적으로 하나님께서 모든 사건들과 행동들이 일어날 것을 미리 아시지만 하나님께서 그것들을 미리 정하신 것이라는 것을 부정한다. 그들이 시인하는 것은 하나님이 실제적으로 그런 일들이 발생하도록 효과를 미치는 일종의 작정하심을 발휘하신다는 것이다. 그러나 그들은 그렇게 하심에 있어서 하나님은 각각의 사례에서 영원부터 목적하신 것을 효력 있게 실질적으로 발생하도록 역사하신다는 것은 부정한다. 또는 그런 일들이 벌어지도록 원인제공자로서 결정적 영향을 미치는 하나님의 기관의 역사(성령의 역사)임도 부정한다.

이 주제에 대한 그 논쟁은 언제나 그렇듯이 신적 작정하심에 대한 성질이나 특질들에 의존하는 견해들이다. 왜냐하면 어떤 의미에서는 그가 세상을 통치하시는 방법과 관련하여 하나님이 작정하시고 목적하심을 형성하기 때문이다. 이 문제는 하나님께서 어떤 면에서 심지어 미래에 책임질만한 존재들의 의지에 달린 우발적인 사건들을 하나님이 미리 아실 수 있으시다는 것을 부정하는 소시니안들을 제외하고는 논쟁거리가 되지 않았다. 신적 작정하심의 일반적인 특질들과 관련하여 항상 논의된 주요 질문들은 다음 두 가지였다. 하나는 그것이 조건적인가 아닌가 하는 것이고, 둘째는 불변하는 것인가 아닌가 하는 것이다.

알미니안들이 주장하듯이 만일 그것이 조건적이고 변하는 것이라고 한다면 그것은 무한한 능력과 지식과 지혜를 가지신 분의 작정이나 목적이라고 말할 수 없는 것이다. 다른 말로 하면 알미니안 교리는 신적 작정하심의 존재함을 실질적으로 부정하는 교리라고 말할 수 있다. 만일 하나님께서 실질적으로 온 세상을 통치하시는 실제적인 행정력과 관련된 계획들과 목적들을 제정하신 것이라고 한다면, 그리고 인간의 행동들과 운명에 대한 규정을 정하신 것이라고 한다면, 그리고 이 계획이나 목적들이 조건적이지도 않고 변함이 없는 것이라고 한다면, 다시 말해서 그 작정하심의 실행이 다 피조물들이 어떻게 행동하느냐에 달려있는 것이 아니라 하나님의 독립적인 뜻에 달려있는 것이라고 한다면, 하나님이 지으신 피조물들이 행동하고자 선택한 방식에 따라서 변한다든지, 또는 변경하는 것에 달려있는 것이 아니라고 한다면, 이 모든 것들은 합리적으로 생각해 보나 성경적으로 들여다보나 신적 완전하심과 관련하여 우리가 아는 모든 것 안에서 하나님의 작정하심은 필수적인 것으로 보이는 것이다. 그렇다면 이 모든 진리의 본질은 우리의 신앙고백서에서 가르친 교리 안에 정확히 표현되어 있는 것이다. '하나님은 장차 이루어질 모든 일을 영원한 때부터 그 자신의 뜻하시는 바 가장 지혜롭고 거룩한 계획에 의하여 자유

롭게 그리고 변치 않게 정하셨다.'(WCF 3.1)

　이 위대한 교리의 근간은 이것이다. 하나님께서 자신이 지으신 온 세상과 모든 피조물이 스스로에 의해서 다스려지고 자라도록 내버려두신 것이 아닌 한, 그 모든 것들이 하나님으로부터 독립하여 스스로 통치하고 가꾸도록 하신 것이 아닌 한 하나님은 영원한 때부터 그 모든 것들의 존재와 보존과 통치하심과 관련된 계획들과 목적들을 반드시 만드셨어야만 한다. 그 피조물들의 움직임들을 결단하고 통제하는 계획들이 서 있어야 한다. 이러한 계획들과 목적들은 조건적이거나 변화무쌍한 것이 될 수 없다. 다시 말해서 그 모든 일들이 다 피조물들의 의향에 맡겨져서는 안 되고, 피조물들의 의지의 특성과 결과들에 따라 변화무쌍한 상태로 방치되어서도 안 된다. 그러나 하나님의 무한하신 지식과 그의 다른 무한한 완전하심을 발휘하심에 있어서 그 모든 계획들과 목적들이 세워졌어야만 하는 것이다. 그러므로 완전히 효과적인 것으로 드러나기 위해서 그 계획들과 목적들은 확실해야하고 무오한 것이어야만 한다. 이러한 내용들이 광의적인 측면에서 "하나님의 작정하심에 관하여"라는 항목으로 일반적으로 논의된 주제들이었다. 만일 이 위대한 질문에 대하여 칼빈주의 교리가 분명히 성립된다면 이미 앞에서 언급하였듯이 이것은 선택과 유기문제에 대한 모든 의혹들을 다 해소하는 것이다. 또 인간 개개인의 특성과 운명과 관련하여 하나님의 목적들과 행동들에 대해 제기되는 문제들 역시 다 해결된다. 만일 하나님께서 장차 일어날 것이 무엇이든지 변함이 없이 미리 정하신 것이었다면, 그리고 만일 실상 어떤 자는 구원받고 나머지는 파멸케 됨이 사실이라고 한다면, 하나님은 어떤 자들은 영생에 이르도록 예정하셨고 다른 사람들은 영원한 죽음에 이르도록 미리 정하셨다는 것이 사실이어야만 한다.

　그러나 이것은 후자의 영역에 그리고 그 논쟁에서 주로 발생하게 되는 더 제한적인 질문 위에서 다뤄지는 것이다. 이 제한적인 주제로 다루도록 성경 안에서 우리에게 제공해 주는 자료들은 장차 발생하게 될 것들에 대한 하나님의 작정하심을 포괄적으로, 광의적으로 이해하도록 제공하는 자료들보다 훨씬 많고 풍성하다. 우리는 이 주제에 대해 칼빈주의자들이 주로 붙들고 있는 가르침이 무엇인지를 신앙고백서를 통해 살펴보았다. 그것은 본질적으로 이것이다. 영원한 때부터 하나님은 영생에 이르도록 어떤 자들을 선택하셨다(이것은 인류 족속들 중 확실하고 분명한 사람들을 택하신 것이다). 하나님께서 직접 작정하셨고 결정하셨다. 확실하게 오류가 없게 그렇게 하셨다. 구속주가 그 택자들을 구원에 이르도록 이끄심에 있어서 조건적이지 않고 변개함이 없는 작정이시다. 이 일부를 선택하심과 그리고 그들을 구원하시고자 작정하심에 있어서 하나님은 택자들 안에 존재하는 그 어떤 것들에 의해서 영향을 받거나 편향적인 결단을 전혀 하지 않으셨다. 또는 그 택자들 안에 있는 어떤 무엇을 미리 내다보시고 행한 것이 아니다. 예를 들면 믿을 것을 혹은 선한 행실을 하게 됨을 미리 아시고 정하신 것이 아니다. 그 택자들이 다른 사람들과는 차별이 되는 될 성싶은 나무처럼 보여서라거나 하나님 자신의 영역 밖에서 보이는 뛰어난 자질 때문에 선택한 것이 아니라는 말이다. 우리에게 알려지는 그 어떤 이유가 있든지 혹은 우리에 의해서 파악이 가능한 특별한 사유가 있어서 작정하신 것이 아니다. 하나님께서는 각각의 사람들을 하나님의 영원하신 작정하심 안에서 확실하고도 오류가 없이 작동하는 영원한 목적과 작정을 하신 것이다. 반면에 택함을 받지 않은 나머지 사람들은 전부 버려두시기로 정하셨고 죄와 비참함의 상태로 남아 있게 하셨으며 마침내 그들은 그들의 죄로 인하여 영원히 멸망케 하신 것이다.

반대로 알미니안들은 하나님께서 아무런 작정도 하지 않았다고 주장한다. 인간의 구원에 즉각적으로 미치는 어떤 목적도 제정한 것이 없다는 것이다. 다만 하나님은 사실상 회개하고 믿는 자들 모두를 천국에 들어가도록 구원하실 것이라는 일반적인 주장을 할 뿐이다. 그리고 하나님은 계속해서 회개하지 않고 불신앙의 상태로 남아있는 자들은 정죄하시고 형벌에 처하게 하실 것이라는 일반적인 주장을 한다. 하나님은 이런 목적을 작정하셨고 그것을 모든 사람들에게 반포하셨다. 그리고 하나님은 인간의 구원을 위하여 방해가 되는 걸림돌들을 제거하기 위하여 독생자를 이 세상에 보내셨고 그리스도께서 규정하신 용어들이나 조건들을 받아들이든지 거부하든지 구원 문제는 사람들에게 맡기셨다는 것이다. 그리스도께서는 자신이 규정하신 것을 실행하심이 없이 물론 어떤 경우든지 그 결과를 낳게 하는 어떤 영향력을 실제적으로 행사하시지 않으시고 인간 스스로의 결정에 맡겼다는 것이다.

일부 알미니안들은 하나님께서 영원한 때부터 인간 개개인의 영원한 상태와 관련하여 고정되고 불변하는 작정을 만드셨음을 믿는다고 고백한다. 그러나 그들 중에도 성경의 언어를 수용하면서도 실질적으로 다른 사람들과 다르지 않은 방식으로 자신들의 입장을 표현하기를 선택한 자들이 있다. 왜냐하면 그들도 개개인의 구원과 관련하여 어떤 사람들의 믿음과 회심에 대하여 그리고 다른 사람들의 불신앙과 회개치 아니함에 대하여 하나님의 미리 아심에 대한 이러한 작정하심이나 목적들의 유일한 근거나 발판을 만들어야 했기 때문이다. 생명에 이르게 되는 특별한 사람들의 선택하심에 내포된 모든 것들은 다 하나님께서 그 개인이 회개하고 믿을 것이라는 사실을 미리 내다 보신 것 때문이다. 하나님이 그 사람을 구원하기로 움직이게 된 원인이나 조건이 되는 이 근거 위에서 하나님은 그를 천국에 들어가도록 허락하시는 작정하심이나 목적하심을 정한 것이다. 다시 말하면 그런 결과를 낳는 것은 인간 자신에 의한 결정인 것이다. 그의 구원과 관련한 하나님의 작정하심이란 하나님께서 자신의 효과적인 결정적 중재를 발휘함이 없이 그에게 선언한 그 조건들에 그가 부합한 자라는 것을 인정해 주는 것 그 이상의 어떤 것도 전혀 없는 것이다. 이것이 인간의 구원 문제에 대하여 알미니안들이 하나님께서 가지신 작정 혹은 목적을 담아내는 중요성을 시인하는 것 혹은 시인할 수 있는 모든 것이다. 그러한 알미니안들은 인간의 구원과 관련하여 하나님의 모든 작정이나 목적들을 대담하게 모두 거부하는 일관된 역할을 하고 있다.

도르트 공회 기간에 알미니안들의 근본적인 입장은 하나님께서 일반적인 목적 혹은 결심을 제정하였다는 것, 회개하고 믿는 사람은 모두 구원받게 될 것이라는 것, 계속해서 회개하지 않고 불신앙의 상태로 남아 있는 자들은 다 정죄를 받게 된다는 것. 이 사실에 일치하는 유일한 선택에 대한 작정교리였다. 이것은 실제로 각 개인의 경우에 어떤 결과가 있을지에 대한 간단한 예측이나 예지를 제외하고는 개개인에 대한 어떤 언급도 없다. 개인의 믿음과 순종함에 대한 예측이나 예정, 유일하게 근거한 작정이나 목적은 물론 그들과 관련한 그 어떤 목적이나 작정하심이 전적으로 결여되었거나 존재하지 않는다는 주장과 똑같은 것이다. 그것은 그들과 관련하여 아무 것도 결정하지 못하고 사람들에게 수여하는 것이 하나도 없다. 안전을 보장하는 것도 전혀 없다. 그것은 이 주제를 매우 모호하게 하고 혼란스럽게 만드는 것일 뿐 아무 것도 아닌 단지 이름뿐이다. 반면에 칼빈주의자들은 어떤 자들을 영생에 이르도록 선택하시는 작정의 원리가 그들에게 궁극적으로 주어지는 신앙과 거룩의 영원한 출처요 확정짓는 원인이라고 믿는다. 그들이 마침내 획득하게 되는 영원한 행복의 출처가 작정하심이다. 하나님께서 어떤 자들을 영생에 이르도록 선택하신 것은 그가 그들이 회개하고 믿을 것이며 믿음과 거룩한 삶을 잘 견지할 것임을 미리 내다 보셨기 때문이 아니라, 비록 우리에게는 전적으로 알려지지 않았다 하더라도 하나님 자신의 지혜와 공의하심에 따라서 온전히 이루어질 것이기에 의심할 이유가 전혀 없는 것이다. 분명한 것은 다른 사람들과는 구별되는 뭔가가 그 인간에게 있어서 그것을 미리 보시고 결정한 것이 아니라는 사실이다. 그렇다면 하나님께서는 죄인들을 구원하시기 위하여 자신의 지혜가 고안한 계획의 규정에 따라서 영원한 생명을 누리도록 허락받은 자들이 되기 위하여 정한 때에 그들에게 필요한 모든 것을 주신다고 작정하신다는 것이 맞다.

알미니안들은 일부 사람들이 다른 자들과 구별되게 믿음과 거룩함에 이르게 되는지, 그리고 하늘나라에 들어가기 위하여 준비하게 되는지 그 근원에 대해 잘 설명하지 못한다. 그들은 소시니안들이 했던 것처럼 그 복락들을 낳는 것으로부터 하나님이 역사하심을 전적으로 배제하려는 모험을 하지 않는다. 그들은 그 복락들을 발생시킴에 있어서 하나님께서 하시는 것이 무엇이든 하나님이 작정하시고 그것을 해결하기 위하여 영원부터 하셨다는 것 자체는 부인하지 않는다. 이런 설명과 다른 여러 이유들 때문에 그들은 선택보다 유기에 더 관심이 많다. 왜냐하면 그들은 유기와 관련하여서 선택과 관련한 것보다 더 그럴듯한 논지를 내세울 수 있다고 생각하기 때문이다. 만일 그들 자신들의 견해를 방어하는 것이 아니라면 적어도 칼빈주의자들의 입장을 공격함에 있어서 선택보다는 유기가 더 용이하다고 본 것이다. 도르트 공회에서 알미니안들은 첫 번째 항목(전적 타락)에서 유기에 대한 주제부터 다루기를 원하였다. 그리고 그 공회가 그 헌의를 거절하자 그에 대해서 불공정한 방식으로 불평했다.[73]

---

73) 윌리엄 커닝함의 『종교개혁자들과 종교개혁의 신학』, 538을 보라.

그들의 요구는 명백히 합당한 것이 아니었다. 그것은 진리를 사랑하는 마음에서부터 나온 것도 아니고 나올 수도 없는 것이었고 진리의 대의를 증진하는데 적합하지 않았다. 그러나 이것은 형태는 아니었지만, 이 주제에 대하여 진술하고 논의하는 과정에서 실질적으로 알미니안들이 채택한 과정이었다. 그들은 항상 유기론에 반대하는 편견을 자극하고자 애를 썼다. 즉 그들은 궁극적으로 멸망받기로 정해진 자들과 관련한 하나님의 작정하심 혹은 목적에 대해서 칼빈주의자들이 붙들고 있는 입장을 종종 왜곡시키거나 오보(誤報)함으로써 교리적 편견을 촉발하려고 애를 쓴 자들이다. 이 교리에 반하는 주장을 그들이 다 제기한 후에 그들은 또 반박하기를 유기와 같은 것이 없는 것처럼 거기에는 선택과 같은 것도 있을 수 없다고 하였다.

반대로 칼빈주의자들은 항상 선택교리에 대한 증거를 먼저 제시하고, 이 교리를 확립한 후 논쟁의 과정에서 이어지는 유기에 대하여 그들이 붙들고 있는 입장을 개진하였다. 그들은 실로 유기론의 증거를 선택교리에 전적으로 의존하지 않는 것으로 간주하였다. 왜냐하면 그들은 유기론이 그 자체의 구별된 성경적 증거를 가지고 있다고 믿었기 때문이다. 그러나 칼빈주의자들은 선택교리에 대한 증거가 유기론에 대한 주제에 대해 그들이 붙들고 있는 모든 것을 다 충분히 성립시킨다고 생각한다. 유기교리보다 선택교리에 대한 성경적 자료들이 월등하게 많다. 유기론에 항상 우선권과 우위권을 두고 논쟁하자는 것이 알미니안들이 추구한 것인데 이것은 토론 과정의 전적인 불공정성을 드러내는 것이다.

유기에 대한 이해

성경에는 믿고 회심하는 자들에게서 믿음과 중생을 일으키는 하나님의 행하심에 대한 정보가, 회개하지 않고 불신앙 상태에 남아 있는 자들을 하나님이 다루시는 절차들에 대한 정보보다 훨씬 많다. 그렇기 때문에 성경은 멸망케 되는 자들에 관한 것보다 구원받는 자들과 관련한 하나님의 작정과 목적들에 관한 언급들이 더 많다고 말할 수 있다. 만일 그렇다면 이 주제에 대한 우리의 연구 과정에 있어서 구원받는 자들에 관한 것들을 시작하는 것이 버림당하는 자들을 다루는 것보다 우선되어야만 하는 것이다. 우리는 반드시 더 확실하고 명확하게 선언하고 있는 것으로 성경에 계시된 것에 대한 우리의 견해를 먼저 정립하는 노력을 기울여야 한다. 칼빈주의자들은 유기에 관한 논쟁을 벌임에 대해서 별로 위축됨이 없다. 물론 그 내용상 상당히 두려운 주제이긴 하나 그 문제에 머무는 것에 만족하지 않고, 또한 그들은 여기에 기록된 것보다 더 지혜로운 자가 되려는 시도도 하지 않는다. 이에 대해서 매우 특별히 주의를 기울여야 한다는 타당성을 깊이 느끼는 자들이다. 그들은 유기 문제가 선택교리에 필연적으로 함축되어 있는 것으로 혹은 선택교리로부터 유추할 수 있는 문제라고 말하는데 결코 주저하지 않는다.[74] 그들은 유기와 관련하여 그들이 실질적으로 붙들고 있는 모든 것들을 충분히 입증하고 방어할 수 있다고 생각한다.

이 주제에 대해서 칼빈주의자들이 붙들고 있는 입장은 이것이다. 하나님은 멸망할 자들이나 구원받을 자들에 관하여 영원한 때부터 때가 되면 실질적으로 하나님이 하시고자 하는 것을 작정하셨고, 목적하셨다는 것

---

74) *'De Reprobatione nos non sumus admodum soliciti, nisi quatenus consequitur ex Electione. Positiva autem reprobatio ad exitium, sine consideratione ullius inobedientiae, non sequitur ex Electionis doctrina.' Amesii Antisynodalia Scripta.'* 37. '유기 문제에 대해서는 선택의 결과로 나오는 것을 제외하고는 조심하지 않으면 안 된다. 그러나 불순종함에 대하여 어떤 고려도 없이 멸망에 대한 긍정적인 반대의견은 성경을 연구한 것으로부터 나온 것이 아니다.' 에임스의 도르트 공회 기록, 37.

이다. 이것은 본질적으로 하나님의 성령의 은혜롭고 항거할 수 없는 영향력, 그로 인해 믿음과 중생이 일으키는 그 모든 복락들을, 유기하기로 미리 정해진 자들로부터 거두시는 것이든지 또는 그들에게 전달되는 것을 금하는 것이다. 즉 그들을 그들 자신들의 본성적인 죄의 상태에 남겨두는 것이며, 그래서 그들의 죄로 인해 마땅히 받게 될 그 형벌을 그들에게 부과하는 것이다.

몇몇 칼빈주의자들은 우리가 그 부분에 대한 알미니안들의 잘못을 노출한 것으로부터 더 다른 극단적 입장으로 선회하였음을 드러냈다. 알미니안 극단은 논쟁의 한 주제로서 유기 문제를 불편부당하게 강조한다. 다른 극단은 그 문제를 시야에서 사라지게 하는 것이다. 우리가 지칭하고 있는 그런 자들은 하나님의 영원하시고 무조건적이며 불변하는 작정 혹은 목적, 어떤 자들을 영생에 이르도록 그리고 그들의 구원에 영향을 미치어 확증케 하는 그런 하나님의 작정하심이 있다는 주장을 내세우는 자들이다. 그러나 그들은 궁극적으로 멸망키로 정해진 자들과 관련된 하나님의 작정 혹은 목적에 대한 언급은 *모조리 다 생략하는* 자들이다.

이것은 잉글랜드 교회(성공회) 신조 17조항에서 채택되었다. 그 조항은 생명에 이르게 하는 칼빈주의 예정론을 명백하게 다루고 있다. 그 조항이 알미니안의 의미를 공정하게 인정하는 것이라고 사람들이 설득되었다고 하면서, 그러나 신학자들의 유기 문제에 대한 논의에 익숙해 있던 부분에 대해서는 한 마디도 언급한 것이 없다는 것은 매우 이상하다. 그러한 누락이 시작된 동기 또는 그들에 의해 영향을 받는 일부 사람들의 일반적인 특성에 대한 존중이 무엇이든 간에 그 누락 자체는 전혀 근거 없는 일이다. 생명에 이르는 선택교리를 보여주고 있는 성경 본문들에 대한 칼빈주의 해석을 수용한 모든 사람들은 구원받게 되는 자들과 멸망케 될 자들에 대한 하나님께서 정하신 작정들이나 목적들을 언급하는 본문들이 충분하다거나 엄청 많이 있는 것은 아닐지라도 성경에는 그런 것을 지칭하는 본문들이 있다는 것을 시인해야만 한다. 사람들이 자신들의 원칙을 그들의 합법적인 결과에 따르는 것을 의도적으로 거부하는 것이 아닌 한, 그들은 필연적으로 몇몇 사람들은 나머지 사람들과는 달리 선택에서 누락되거나 혹은 버려짐을 암시하고 있다는 것을 논박할 수 없다. 그리고 계시된 것들의 한계 내에서 지켜야 할 의무보다 더 절실한 주제는 없고, 더 깊은 경외심과 거룩한 경외감 아래 언급되고 논의되어야 할 주제는 하나도 없을지라도, 다른 주제들보다 이 주제를 더 많이 다뤄야 할 하등의 이유는 없다. 우리는 '성경에 명백하게 표현되어 있거나 선하고 필연적인 결과에 의하여 성경에서 추론할 수 있다'는 모든 것을 확인하거나 꺼내올 수도 없는 것이다.[75)

유기와 관련된 문제를 설명하고 논의함에 있어서 칼빈주의자들은 이미 앞에서 지적한 영원한 때부터 하나님께서 작정 혹은 목적하신 그 두 가지 다른 행동들, 즉 역사 속에서 하나님께서 그것들을 실행하시는 것, 하나는 부정적으로 다른 하나는 긍정적으로 행하시는 것, 하나는 주권적인 것이요 다른 하나는 법정적인 행동 사이를 구분하는 것에 대해 매우 신중한 입장을 띠고 있다. 먼저 비택자들, 누락시킨 자들 혹은 버려진 자들은 그냥 떠나라고 정하신 것이라고 한다. 그 결과 그들은 실제로 자신들의 죄의 본성 상태로 남아 있는 것이다. 그리고 회개하고 믿을 수 있게 하는 필요한 특별하고 초자연적이고 은혜로운 영향력들로부터 제외시키

---

75) 웨스트민스터 신앙고백서, 1장 6항

거나 끊어버린다는 것이다. 그리하여 그 결과 그들은 계속해서 그들이 죄를 범한 유죄자로서 죄 가운데 남아 있게 되는 것이다. 둘째는 긍정적인 법정적 행동이다. 이것은 우리의 신앙고백서에서 더 적합하게 묘사하고 있다: '영원한 사망에 이르도록 미리 정하였다' 그리고 '그들의 죄 때문에 그들을 버려두실 뿐 아니라 그들이 치욕과 진노를 당하도록 정하시기를 기뻐하셨다.'(WCF 3. 3,7.)

하나님께서는 인간들의 죄로 인한 것을 제외하고는 누구도 진노에 혹은 형벌을 받도록 정하시지 않으신다. 죄가 없는데 형벌을 받아야 할 자로 규정하시지 않는다. 그리고 그들의 죄 때문임을 분명히 명시하되 확실한 것으로 그리고 깊이 생각하신 것으로 그렇게 하신다. 그러나 첫 번째 부정적인 것, 누락시키는 행위 혹은 버려두시는 행위는 그들의 죄에 근거하여 그렇게 하는 것이 아니다. 죄를 범할 것을 미리 내다 보시고 그 때까지 보존해 두었다가 그들이 죄를 범한 것에 근거하여 그렇게 한다는 근거는 없다. 죄가 누락되거나 버려지는 타당한 근거나 원인으로 미리 본 것이었다면 누락은 모든 사람들에게 다 똑같이 정해진 운명이었어야만 한다. 왜냐하면 모든 사람이 다 죄를 범하였고 죄인들로 미리 아시게 되기 때문이다. 택함을 받지 못하였거나 버려진 자들은 택함을 받아서 영생에 이르게 된 자들에 비해 더 죄가 큰 자들이라고 주장할 수 없다. 그런 생각을 가지고 최종적으로 회개하지 않고 믿지 않는 상태로 남아 있게 되는 것을 미리 아신 것이 그들의 누락의 원인이요 근거가 된다면 죄 때문에 진노에 처해지도록 미리 정하신 것으로부터 구별되는 것으로서 이것은 칼빈주의자들이 믿음과 중생이 발생하는 것을 설명한 성경의 가르침들과는 온전히 상충되는 것으로 간주된다. 그리고 믿음 안에서 보존되고 거룩한 자리에 있게 되는 것이 전적으로 하나님의 기뻐하신 뜻에 따른 것이요 그의 영의 효과적인 역사하심에 의한 것이라는 가르침과도 모순되는 것이다. 그리고 멸망할 자들에 대해서도 하나님의 작정하심과 목적하심이 있으며 그것 역시 하나님의 기뻐하시는 뜻에 의한 것이며 가장 지혜롭고 가장 거룩한 그의 뜻에 따라서 이루어지는 것임을 성경이 가르쳐주고 있는 것과도 불일치한다.

8. 예정-무엇이 문제인가?

칼빈주의자들과 알미니안들 사이에서 하나님의 작정에 대한 주제를 논쟁하는 가운데서 우리가 살펴본 그 질문의 요지들로부터 확신할 수 있는 것은 두 가지 이론들이 존재한다는 것이다. 그 문제를 제대로 이해할 수 있는 자들, 그리고 그에 관해 어떤 고정관념을 가진 사람들은 둘 중 하나이다. 즉 칼빈주의자들이든지 아니면 알미니안들이어야만 한다. 반면에 자료들의 중요성에 비추어볼 때 칼빈주의자들은 자기들 간에 서로 다를 수가 없는 자들이다. 나는 이 주제에 대하여 명확하고 분명한 개념을 정립하기 위해서라도 이것은 매우 중요한 문제라고 생각한다. 그리고 우리의 길을 가장 안전하고 가장 성공적으로 잘 헤치고 나갈 준비를 하기 위해 이 논쟁이 가리키는 것을 통하여 우리는 양자택일만 존재할 뿐이라는 것을 명확하게 파악할 수 있어야 한다. 그리고 거기엔 중간이 없다는 것도 알아야 한다. 우리는 확고하게 그리고 분명하게 이 두 가지 선택사항들이 무엇인지를 잘 이해하고 있어야 한다.

이미 언급한 것을 통해서 알게 될 것은 확실하게 이 주제를 연구함에 있어서 진리에 대한 편견이 없는 공정한 사랑의 과정은 무엇보다도 하나님께서 영원한 때부터 작정하신 것이 무엇이며, 구원을 받게 되는 인간의 구원문제와 관련하여 때가 되어 그 작정하신 것을 실행하시거나 효력 있게 하시는 것이 무엇인지에 대하여 무엇을 믿을 것인지를 분명히 규명해야 할 것이다. 그 다음에 멸망케 될 자들의 궁극적인 운명과 관련해서 하나님의 목적하심과 행동하심과 연관된 우리가 가진 정보를 살펴보아야 할 것이다. 이 모든 주제들 중 후자보다 전자에 관한 정보가 성경에는 훨씬 더 많이 있다. 그렇기에 무엇부터 살펴보아야 하는지 그 과정은 올바른 것이다. 즉 우리는 선택교리를 먼저 다루어야 하고 그 다음에 유기 문제와 관련해서 계시되거나 확립된 것들이 있는지를 살펴보아야 한다. 또는 멸망하게 되는 자들에 대한 하나님의 작정하심이나 목적하심이 있는지도 눈여겨보아야 한다. 그리하여 우리가 선택교리를 형성한 의견들을 확정하거나, 포기하거나 아니면 수정 보완해야 하는지를 결정한다. 간단히 말해서 이 주제에 대한 가장 근본적이고 우선적인 연구과제는 유일하게 구원받게 되는 자들의 사례이다. 이런 결과를 낳게 되는 출처들이나 원인들, 그것들을 설명할 수 있게 하는 원리들, 그런 효과를 낳게 하는 방편 그리고 이 방편이 작동되게 되는 방식 등을 살펴보아야 하는 것이다.

칼빈주의 교리의 핵심은 이것이다. 영원부터 하나님은 어떤 사람들을 영생을 주시기로 선택하셨다. 그리고 그 택함을 받은 자들의 구원을 확실하게 그리고 틀림이 없이 효과 있게 하도록 결정하셨다. 하나님은 이 목적을 위하여 계획하신 하나의 엄청난 체계, 즉 죄인들은 어느 누구라도 구원받을 수 없다는 체계와 일치하는 것이다. 그리고 이러한 개개인들 중 확실하게 구원을 받게 되는 자들을 선택하심에 있어서 하나님은 이미 보시거나 미리 아시는 것에 의해서 어떤 영향을 받는다든지 그런 예지에 의하여 결정하시는 것이 없으시다. 그들은 그렇지 않은 자들과 구별되게 회개하고 믿게 될 것이며 끝까지 믿음과 거룩함으로 보존되어질 것이다. 그러나 반대로 그들의 믿음과 회심, 그들의 거룩함과 견인은 그들에 대한 하나님의 선택으로 말미암는다. 그리고 그들의 구원의 참되고 유일한 출처로서 하나님의 택하신 작정하심 혹은 목적하심을 실행하기로 제정하신 효과적인 방편에 기인된다. 그들은 절대적으로 그리고 무조건적으로 구원에 이르도록 택함을 받은 것이다. 또한 믿음, 중생 및 필요한 수단으로서 견인에 이르도록 택함을 받은 것이다. 어떤 의미에서 구원의 조건들까지도 택함을 받은 것이다.

만일 이 교리가 부정된다면 이 교리를 설명하고 있는 것에 내포된 여러 요점들을 *취해야만* 하는 그 견해는 본질적으로 이것이다. 하나님은 영원부터 인류 족속들 중에서 어떤 부류의 사람들을 구원하시기로 결심하고 결단하는 그 같은 선택은 하지 않았다는 것이다. 물론 거기에 적합한 그 어떤 수단도 작동하도록 결코 정한 것도 없는 것이 된다. 다른 사람들과 구별되는 것으로서 구원받게 되는 자들의 구원을 보증하는 의향도 없었던 것이 된다. 결과적으로 구원 문제에 필수불가결한 요소들인 그들의 믿음과 중생은 성령의 역사로 효력적인 것이 되는 하나님의 선물일 리가 없다. 그리고 인간 스스로의 능력과 역량들을 발휘하여 자신들 스스로 만들어낸 것이 된다. 이런 이론을 가지고서는 멸망케 될 자들에 대한 것 그 이상의 무엇으로 하나님께서 구원을 받게 되는 자들의 회심과 구원을 작정하거나 목적하신다는 것은 불가능한 이론이다. 개인적으로 그들이 구원받게 되는 유일한 길은 하나님의 인식에 달려 있는 것이다. 그것은 장차 미래에 일어날 사실로서 미리 보신 것에 기초한 것이다. 그것은 하나님께서 작정하신 것도 아니요 목적한 것도 아닐지라도 반드시 그렇게 회개하게 되고 믿게 되는 것이 발생하게 됨을 미리 아시고 인정하는 것이다. 그리고 그들 스스로 믿음을 잘 지키고 순종하는 것을 미리 보신 결과이다. 그것이 다른 사람들과 구별되게 개별적으로 구원하게 되든지 아니면 버림당하게 되든 하나님이 하신 행동의 원인이요 출처이다. 이것은 그 경우에 실제로 가능한 유일한 대안으로 제시되는 것이다.

근본적인 질문은 이것이다: 구원받게 되는 자들의 구원의 진정한 저자요 원인은 하나님인가? 아니면 이런 결과를 낳게 되는 것은 어떤 경우든지 다 인간들의 몫인가? 칼빈주의자들과 알미니안들은 이 주제에 대한 논의와 설명에서 매우 다양한 입장들을 드러냈다. 알미니안들과 마찬가지로 칼빈주의자들도 때로 그에 대한 설명들과 표현에 대한 아이디어나 방식에 몰입하여서 새로운 견해를 주장하기도 했다. 이는 그들 자신들의 교리를 보다 확고하게 확립하거나 또는 반대편에 있는 자들의 것보다 더 성공적으로 노출시키기도 하였다. 그러나 이 모든 독창적인 추측의 실제적인 결과는 그 주제를 세밀하게 살피면서 그 문제에 대한 설명이 항상 그 이전과 동일한 것으로 귀결된다. 불변하는 실질적인 대안, 본질적인 증거 자료들과 변경되지 않는 똑같은 논리들이 남게 됨을 발견케 되는 것이다. 그러나 반대 입장에 부착된 난제들은 그 모든 독창적인 시도들 가운데서 그 어느 때보다 강력하고 당혹스러운 것들로서 자신들의 입장을 수정하게 하거나 혹은 바꾸게 할 뿐이다.

이러한 사실로부터 끄집어내는 실질적인 교훈은, 이 논쟁을 신중하게 개관한 모든 사람들에게 제시되어야 한다는 사실이다. 이 주제에 대한 연구과정을 주목하면서 우리가 추구하는 큰 목적은 이것이다. 논쟁에서 주도적인 요점의 진정한 특성이 무엇인지 명확하고 독특한 판단을 가지는 것이다. 그와 관련하여 유지될 수 있는 유일한 대안의 진정한 중요성과 담아내고 있는 것들을 확실하게 세우는 것이다. 그리고 그 주제에 대한 진리를 확립함으로써 핵심적인 논쟁의 의미와 증거에 대한 확고한 개념들에 대해서 익숙한 자가 되는 것이다. 그리고 우리가 참된 것으로 붙들고 있는 교리를 가지고 공격받게 되는 어려운 점들에 잘 적용되는 주도적인 원리들에 대해서 친숙한 자들이 되는 것이다. 그 다음 그에 대한 올바르고 적법한 적용을 만드는 것이다. 끝이 없고 무익한 의혹에 끌려 들어감이 없이, 지속적인 의혹과 어려움에 의하여 괴롭힘을 받게 되거나 더 깊은 신비와 더 복잡한 당혹감에 이끌리지 않고 그 진리의 참된 특성, 경향 및 태도에 따라서 이 교리에 대하여 정확하고 적법한 적용을 스스로 잘 세워 가기 위함이다.

이 중요한 주제에 대해서 두 가지 서로 다른 입장을 낳게 된 동일한 원인, 그리고 결과적으로 그 주제를 연구하는 자들을 논쟁에 있어서 필연적으로 칼빈주의자로 아니면 알미니안이 되게 하는 이 원인이 또한 그 결과를 낳고 말았다. 즉 칼빈주의자들과 알미니안들은 스스로 자료적인 측면에서 그렇게 다르지 않다. 상대적으로 그 주제에 대해서 그들이 붙들고 있고 가르친 것들에 대한 본질적인 차원에서 보면 그렇다. 반대 이론들에 부착되어 있는 난제들에 대한 새로운 해결책들을 고안하고자 많은 시도들에 대해서는 내가 지적했었다. 그러나 그것들은 일반적으로 그 이론들 자체들을 묘사하고 설명하는 방식에 효과를 미치지 못했다. 똑같은 독창성이 새로운 논박들을 고안해내려는 일에 종종 발휘되었고, 새로운 논쟁에서 옛 방식을 사용하면서 더 만족스러운 빛을 던져주기도 했다. 그러나 그 문제를 설명함에 있어서 효력을 미치기는커녕 그러한 시도들이 논쟁 자체에서도 그 어떤 본질적인 상이성을 만들어내는 것은 거의 없었다.

소시니안들은 이 주제에 대해서 일반적으로 알미니안들과 입장이 같다. 그들도 알미니안들과 같이 칼빈주의 예정론 교리를 부정한다. 그러나 이 두 집단은 그 주제에 대해서 믿고 가르치는 것은 서로 같지만 칼빈주의와 맞서 논쟁하는데 있어서 소시니안들이 사용하는 방식에는 한 가지 중요한 점이 있다. 그것이 그 두 집단의 차이점인데 언급하고 지나가는 것이 유용하다고 생각한다. 우리가 앞서서 설명한 기회를 가졌었듯이 소시니안들은 하나님께서 장차 일어날 일들이나 사건들을 확실하게 틀림이 없이 발생함을 미리 보시거나 미리 볼 수 있으셔서 사람들의 미래의 행동들과 같은 일들은 다 그들의 의지에 달려있다는 것을 부정하는 자들이다. 내가 앞서서 이 호기심 있고 흥미진진한 사실을 언급했었다. 그들 중 몇몇은 매우 용감하고 정직하여서 인간의 미래 행동들에 대하여 하나님께서 확실하게 미리 아신다는 것을 부인하는 자리로 나아가게 한 이유가, 만일 이것을 시인한다면, 그것은 칼빈주의 예정론을 반박하거나 동의하지 않는다고 말하는 것이 불가능하기 때문이었다.

일반적으로 알미니안들은 모든 미래 사건들에 대한 하나님의 확실한 예지를 부인하지는 않는다. 물론 그들 중 일부는 그 사실을 명백히 부인하는 진술을 하고 있다. 이 부분에 대해 나중에 확실하게 보여줄 수 있을지 모르겠지만 그런 자들은 할 수 있는 한 의도적으로 이를 부인하고자 한다. 그러나 그것을 부인하지 않는 자들은 결과적으로 성공하지도 못하면서도 이런 인정이 소시니안이 생각하는 것만큼 치명적인 것이 아니라할지라도 예정론에 대하여 칼빈주의 입장을 반대한다는 것을 보여주고자 엄청 노력한 것이었다. 더 대담하고 일관성이 있는 소시니안들은 풀 수 없다고 느꼈던 매듭은 싹둑 잘라냈다. 그러나 이런 차이점이 그 문제에 대하여 어떤 입장을 취하든지 본질적으로 거기에 영향을 미치지는 않는다. 따라서 우리는 안티 칼빈주의자들이 자신들의 교리적 입장을 방어함에 있어서 다소 다른 방식을 취한다고 하더라도 예정론에 대해서 그들이 가르치고 있는 본질적인 내용에서는 다 동일한 입장에 있다는 것을 인정한다.

실로 우리는 그것이 칼빈주의에 대한 대안은 하나 밖에 없다는 점을 눈에 띄게 만드는 어느 정도의 중요한 요점으로 생각한다. 만일 칼빈주의자들의 교리적 입장을 부인하게 된다면 이 주제에 대해서 우리가 붙들 수 있는 유일한 대안은 하나뿐이다. 그러나 그들은 우리에게 거의 같은 입장을 양보하지 않는다. 적어도 그들은 항상 칼빈주의에 대한 편견을 자극하고자 애쓴다. 이미 우리가 논의를 많이 한 이 문제와 관련된 차이점 하나를 붙들고 늘어져서 과대 포장하여 공격하는 것으로 힘을 뺀다. 그리고 칼빈주의자들 사이에 때때로 약간의 예리함을 가지고 논박하는 일이 있는데 나는 이것을 슈프라랍사리안(Supralapsarians, 타락전 선택론자들)과 섭랍사리안들(Sublapsarians, 타락후 선택론자들) 사이에 벌어진 논박이라고 말한다.

특별히 타락전 선택설을 붙들고 있는 칼빈주의자들 중 두 세 명의 저명한 학자들은 타락전 선택설이 핵심적인 요소인 것처럼 이 주제에 대해서 상당한 공을 들였다. 특히 알미니우스의 반대편인 동료 교수 고마루스가 그렇다. 그리고 웨스트민스터 종교회의의 의장 혹은 총회장인 트위스 박사가 있다. 그러나 일반적으로 칼빈주의자들은 이 주제에 대해서 중요한 논쟁거리로 인식하지 않았다. 실로 그 주제는 칼빈주의자들보다는 알미니안들에 의해서 더 자주 언급된 것이었다. 왜냐하면 내가 이미 언급했던 것처럼 그들은 항상 칼빈주의에 반하여 하나의 편견을 자극하는 수단으로써 그 문제를 진전시키고자 했기 때문이다. 첫째, 그들은 칼빈주의자들 중에 존재하고 있는 이 문제에 대해서 일치점에 이를 수가 없었던 하나의 중요한 차이점을 부각하고자 그렇게 한 것이다. 둘째 이유는 보다 각별한 것인데 타락전 선택설에 더 무게감을 둠으로 말미암아 마치 그것이 가장 참되고 가장 일관성 있는 칼빈주의인 것처럼 내세워서 두 사람 사이에 인간의 자연스러운 감정들과 느낌들에 충돌할 가능성이 더 큰 교리로 나타내려고 그렇게 한 것이다.

나는 이런 문제들에 대해서 논의하거나 설명을 더 해야 할 필요성을 느끼지 못한다. 왜냐하면 솔직히 거기에 많은 정력을 쏟는 것, 혹은 그것이 정말 중요한 문제가 되는 것처럼 취급하는 것은 도리어 우리의 반대편에 있는 자들이 논란을 일으키고 있는 그 주제에 우리도 어떤 호의를 가지고 있는 인상을 심어줄 우려가 있기 때문이다. 이 문제에 대한 질문의 내용은 매우 분명하게 설명되었다. 그리고 타락후 선택설은 튜레틴의 '예정의 대상들에 관하여' 라는 논문에서 매우 잘 옹호되었다.[76] 나는 그 문제에 대한 신학자들의 글들에서 발견될 수 있는 것을 설명하고자 한 가지만 지적할 것이다. 그 문제는 늘 이런 형식으로 제기된다. 이 두 용어가 비슷하기 때문에 예정론의 대상 혹은 주체가 무엇이든지, 택함을 받은 자들과 버림을 당하는 자들에 관한 선택이 인간이 타락하기 전인지 타락한 후인지를 논하는 것이다. 다시 말해서 하나님께서 생명에 이르도록 어떤 자들을 택하시고, 다른 자들은 버리시는 행동 안에서 사람들을 깊이 생각하셨거나 또는 자신의 마음에 하나님이 창조하신 그 인간을 단순히 이성적이고 책임감 있는 피조물로 여기시고 택하셨는지가 전자이고, 또는 그들을 타락하여 죄와 비참함의 상태로 떨어진 존재로 여기시고 그 상태로부터 몇 사람들을 구원하시기로 작정하셨고 나머지는 구원의 은총으로부터 차단되도록 정하신 것이냐 하는 것이 후자이다. 전자의 견해를 지닌 자들은 타락전 선택설론자라 부르며 후자를 타락후 선택설론자들로 말한다.

이 주제에 대한 칼빈주의자들 간의 차이점은 자료적으로 중요한 뭔가를 보여주는 것에 있지 않다. 현대 시대에 현명한 칼빈주의자들은 그것이

---

76) Turrettin, Loc., iv., Qu. ix.

불필요한 것이라고 생각하였다. 만일 근거 없는 것이라면 거기에 시간을 들여 공식적으로나 명백한 입장문을 제시하는 것은 불필요하다. 반면에 그 주제에 대한 성경의 일반적인 표현들을 고수했는데 이런 자들이 실천적으로 타락후 선택설을 주장하는 자들이다. 이것은 본질적으로 도르트 공회와 우리의 신앙고백서에서 그 과정을 채택하였다. 비록 그것이 도르트 신경에 언급된 것보다는 어쩌면 우리의 신앙고백서에 덜 언급된 것이 엄밀한 타락전 선택설을 주장하는 이들에게는 불쾌하게 여기는 것일 수 있다. 타락후 선택을 주장하는 자들도 모두 다 하나님께서 장차 일어날 것들과 마찬가지로 아담의 타락을 변함없이 미리 정하신 것임을 인정한다. 우리의 신앙고백서에 있듯이 그들은 이 원리가 그 결론을 함축하고 있는 것으로 증명될 수 있다는 것을 부인한다. 즉 '하나님은 죄의 저자이며, 피조물들의 의지를 침해한다. 그리고 제2원인들의 자유나 우연성을 제거하였다'라는 것이 증명될 수 있다는 것을 다 부인하는 것이다.(WCF 3.1.)

타락전 선택을 주장하는 자들이 다 인정하는 것은 하나님의 영원하신 목적들은 실제적인 것만이 아니라 모든 가능한 것들, 즉 미래적인 일들에 대하여 온전하고 확실한 지식 위에 성립된 것이라는 점이다. 그리고 모든 그의 완전한 지혜와 공의를 실행하심에 있어서 그리고 특별히 죄와 관련하여 예정문제로 다뤄야 할 것이다. 또는 튜레틴이 말한 것처럼 그 문제에 대한 진실한 설명을 이 요점 위에서 주고 있다: '예정에 있어서 죄의 개념을 고려해야한다... 죄를 범하지 않았는데 정죄될 자는 아무도 없다. 그리고 비참함과 절망적인 상태에 떨어진 자들이 구원을 받는 자는 한 사람도 없다.'[77] 아담 안에서 죄와 비참함의 상태로 떨어진 인류 족속의 타

---

77) Turretin. Loc. iv., Qu. ix., sec. vii.

락 문제는 성경에서 계시된 진리의 체계의 기본이요 근본이다. 그것은 칼빈주의 신학 체계의 근간이기도 하다. 그 진리 안에서 성경이 명확하게 계시한 것은 어떤 자들은 그들의 비참한 죄의 상태로부터 구원을 받게 되고 나머지는 멸망케 되는 방안을 결정하고 규정하는 원리에 대한 자료들은 충분히 있다. 이것은 우리가 보증하지 않고 추측할 수 없는 추정에 빠져드는 것 없이 칼빈주의에 유리하게 결정을 내릴 수 있는 자료들이다. 그리고 진실로 칼빈주의자들과 알미니안들 사이의 논쟁에서 내포된 모든 요점들에 대해 알미니안 주의에 대항하는 자료들도 넘쳐난다.[78]

만일 우리가 칼빈주의자들과 알미니안들 사이에 논쟁이 오간 것으로서 예정과 관련한 질문의 내용에 대한 이 설명이 맞다면 논쟁에서 다루는 진짜 요점은 다음과 같음이 확실하다. 영원부터 하나님께서 인류의 영원한 상태에 관하여 숙고하고 배치함에 있어서 인류 족속으로부터 어떤 사람들을 선택하여, 그것은 확실한 사람들, 개별적으로 그리고 특별히 확실하게 틀림없이 영생에 참여하는 자들로 선택하셨는가? 또는 하나님께서 단순히 어떤 특질들이나 자질들만 선택하셨는가? 예를 들어 믿음, 회개, 거룩 및 견인과 같은 특질들, 누구든지 이러한 특질들을 소유한 모든 사람들에게 천국으로 들어가게 할 목적을 가지고 택하셨는가? 그리고 정말 좋은 기회들을 가졌었음에도 불구하고 그에 대한 반응을 보이는 실패한 자들은 모두 형벌에 처하기로 정하셨는가? 이 질문은 실질적으로 그리고 본질적으로 그 논쟁을 소진하는 것이다. 이러한 입장들의 두 번째 것은 모든 반칼빈주의자들이 다 붙들고 있다.

그러나 소시니안이 반칼빈주의 정서를 드러내고 있는 것과는 다른 알

---

78) 이 주제는 『종교개혁자들과 종교개혁 신학』책에서 상세하게 언급되었다. 358.

미니안 입장이 있다. 그것은 모든 사건들에 대한 하나님의 예지를 인정하고, 물론 하나님께서 영원부터 미리 보셨고, 결과적으로 자신의 마음에 나타냈다는 것이다. 이것을 다 인정하면서도 그럼에도 하나님은 개개인의 궁극적인 운명이 어떻게 될지는 미리 정한 것이 아니었다는 것이다. 알미니안 반대자들이 내세운 것처럼 그 논쟁의 양상은 일반적으로 이런 형식을 띤다. 즉 영생을 받기로 된 자들에 대한 하나님의 선택은 단순히 하나님 자신의 값없이 베푸시는 은혜와 사랑에 기초하였거나 근거한 것이었는가? 아니면 미래에 일어날 일들로서 미리 보신 그들의 믿음과 거룩 및 견인에 근거한 것인가? 이것은 모든 사건들에 대한 하나님의 예지를 인정하는 알미니안들과 늘 논쟁할 때 대두되는 양상이다. 그러나 이 부분에 있는 질문은 예지를 인정하든 부정하든 반칼빈주의자들에게 동일하게 적용되는 이전의 논쟁 방식에서 나타나는 것과 본질적으로 그렇게 다르지 않다.

물론 특정인들의 믿음, 거룩 및 견인에 대해 미리 보신 것에 근거한 선택은 솔직히 말해서 선택이라고 볼 수 없다. 단순히 어떤 사람들에게서 발견되는 확실한 자질들이 장차 존재하게 될 것이라는 인식에 불과한 것이다. 더구나 이것은 하나님께서 만들어내신 것도 아니고 발생하도록 작정하신 것도 아니다. 따라서 알미니안들은 특정한 개개인의 선택을 그리스도 안에 있는 그들의 믿음과 일치시키기를 잘 한다. 마치 하나님께서 사전에 어떤 일을 그들에게 하신 것이 전혀 없었던 것처럼, 그들이 믿기까지는 그들의 특성이나 상태에 어떤 일도 하지 않은 것처럼 개개인의 믿음과 일치시키고 있다. 그런 동일한 개념 위에서 행동하면서 다른 사람들에 대해서는 그들 자신들의 교리에 맞춰서 일관적으로 진술하기를 믿음은 구원과 필연적으로 관련된 것이 아니라고 한다. 신자들도 배교할 수 있고 최종적으로 멸망될 수도 있다고 하면서 그 때까지 하나님께서 구원에 효력을 미치거나 획득하는 일에 영향을 주는 일에 아무것도 하지 않으신다고 주장한다. 즉 인간의 구원은 전적으로 확실한 사건 혹은 확실하게 알려진 것에 의해서만 되는 것처럼 선택에 대한 하나님의 작정 시간을 신자들의 죽음과 일치시키고 있다.[79]

그러나 그보다 더 중요한 질문은 이것이다. '사람들이 선택된다는 것은 무엇인가?' 그것은 단지 외적이고 일시적인 것이지 내적이며 영원한 것은 아닌가? 이 주제에 대한 논의에 있어서 흔한 것은 그것을 두 가지 주도적인 지류로 분류하는 것이다. 첫째는 선택의 대상에 대한 조사를 잘 이해하거나 또는 선택에 있어서 하나님께서 특정인들을 선택하셨든 혹은 단순히 일반적인 특질들을 선택하셨든지 이 질문을 잘 이해하는 것이다. 둘째는 선택의 *이유*에 대한 조사를 잘 이해하는 것이다. 또는 어떤 자들을 구원하시기로 결정하시는 것에 있어서 하나님께서 그들의 믿음, 거룩 혹은 견인을 미리 내다 보심으로 말미암아 영향을 끼치거나 결심하게 된 것인지 아니면 순전히 하나님 자신의 값없이 베푸시는 은혜와 사랑으로 그의 기뻐하시는 뜻으로부터 선택한 것인지 이 문제를 잘 파악하는 것이다. 그리고 그들을 구원해 주시기로 선택하심의 결과로 그들에게 믿음, 거룩 및 견인이라는 복락을 주시기로 결정한 것이 무엇 때문인지 잘 이해하는 것이 중요하다. 그러나 이미 설명했듯이 그것은 이 두 질문들이 실질적으로 하나로 귀결되는 것임이 명백하다.

또한 이 주제를 논의함에 있어서 일반적인 것은 이 두 가지 반대 되는 이론들에 대해서 선택에 대한 하나님의 작정에 대한 그 말씀 자체*(ipsissima*

---

79) 그리하여 항거자들은 그들의 도르트 "공회의 의사록과 글"에서 말한다. Amesii Anti-synod. Script., 11.

verba)를 제시하는 것이다. 그리고 비록 이것이 어쩌면 하나님의 입의 말씀들을 집어넣는 것으로 추정된다 할지라도 그것은 분명하고도 인상적인 빛으로 그들 사이의 차이점을 이끌어 내기에 적합한 것이다. 칼빈주의 이론은 이것이다. 즉 선택에 대한 작정 혹은 하나님께서 한 특정 개인과 관련하여 하나님께서 작정하시거나 선언하신 것은 이런 방식으로 설명된다: '나는 베드로를 택한다. -혹은 어떤 특정인을 확실하게 이름으로 택한다. -나는 베드로를 영생에 이르도록 택한다. 그리고 제정된 방식으로 그가 영생을 획득하게 되도록 나는 그에게 믿음과 거룩을 줄 것이다. 그리고 그는 그것들을 잘 보전할 것이다.' 이와는 다르게 선택에 대한 알미니안 이론은 이와 같다. '나는 믿고 견인하게 될 모든 사람들을 영생에 이르도록 선택한다. 나는 베드로가 믿고 견인할 것을 내다본다. 그러므로 나는 그를 영생에 이르도록 택한다.'

그러나 우리는 그 질문의 내용들에 대해서 충분히 말했다. 이제 우리는 칼빈주의 교리가 성립된 주도적인 토대 위에 몇몇 사항들을 살펴봐야 할 것 같다. 그리고 공격하는 반대이론들도 눈여겨봐야 한다.

9. 예정과 타락교리

유사한 문제를 다루는 대부분의 경우와 마찬가지로 이 주제에 대한 증거도 언제나 두 가지 유형으로 구분할 수 있다. 첫째는 논쟁에 있어서 정확한 요점을 직간접적으로 풍기고 있는 성경의 특별한 진술들로부터 끄집어내는 것이다. 둘째는 성경에서 가르치고 있는 일반적인 원리들로부터 끄집어내는 것 또는 예정론 주제에 대한 한두 가지 이론이 필요한 논리적인 순서를 따른다는 주장을 가지고 거기에 밝혀진 다른 교리들로부터 이끌어 내는 유형이다. 사람들이 성경의 특별한 설명들에 가하는 해석은 사실상 신적 진리 체계에 대한 주도적인 양상들을 형성하는 일반적인 개념들에 의해서 결정된다. 그러나 특정한 성경 말씀의 정확한 의미에 대한 창의적인 정확한 조사 없이 주로 이런 식으로 하나님의 진리에 대한 우리의 의견을 규정하는 습관에 빠지는 것은 위험하다. 왜냐하면 우리는 서로 다른 교리의 논리적 관계를 형성하는 관점에서 실수하기 쉽기 때문이다. 그리고 이 문제를 정돈하고자 시도할 때, 우리가 굳건한 기초를 갖지 못하는 추정적인 의혹에 빠지기 쉽다. 그것은 여전히 성경에서 우리에게 계시된 교리의 완전하고 조화로운 체계가 있음에 대해서는 논박할 수 있는 것이 아니다. 그 모든 부분은 서로 일치해야만 한다. 비록 우리는 교리가 서로 일관성이 있어야 하는 독특한 인식을 줄 수 있도록 주의를 기울여야만 할지라도 이 일관성을 추적하는 것은 우리의 의무이다.

우리는 먼저 성경에서 가르치고 있는 다른 교리들이나 원리들로부터 끄집어낼 수 있는 칼빈주의 예정론 교리를 선호하는 측면에서 그 논의들을 언급할 것이다. 특히 연관된 것들이나 유추가 가능한 것들로부터 나오는 것들과 더불어서 논의할 것이다. 우선 여기에서 우리는 자연스럽게 영생에 이르도록 예정되었다는 칼빈주의 예정론과 아담 안에서 인류의 타락 교리가 죄와 비참함의 상태로 떨어지게 되었다는 교리 사이에 존속하는 연관성을 언급하지 않을 수 없다. 이 점과 관련해서 칼빈주의자들은 일반적으로 인류의 타락 혹은 모든 인간의 타락이 매우 엄격한 의미의 예정론 체계의 본질적인 부분으로 인정한다. 이 교리가 진리가 아니라면 예정론에 대한 칼빈주의자들의 입장은 유지될 수 없다. 그들이 내세우는 교리의 근거가 없는 것이 되기 때문이다. 예정에 대한 우리의 교리는 필연적으로 모든 인간은 본질상 죄책과 부패의 상태에 있고 그로 인해 스스로를 구원할 수 없으며 불공평함이 없는 하나님이 그들 모두를 다 멸망의 상태로 버려지게 하였다는 내용들을 포함하고 있다. 이것은 본질적으로 인간의 상태 자체에서 실질적으로 깨달아지는 것들이며 그 사실이 칼빈주의 예정 교리를 위한 토대이다. 또는 이런 상태에서 어떤 자들을 하나님이 값없이 베푸시는 은혜와 사랑으로 선택하시고 구원하시기로 결정하신 것이다. 이 사실을 기초하여 모든 사람들이 공정하게 멸망 상태에 빠지게 되는 것과 같이 인간은 누구도 하나님의 구원과 건짐을 요청할 수 없다는 것을 강조한다. 그리고 우리는 흔히 우리를 공격하는 많은 반대자들로부터 우리의 교리를 지킨다. 반대자들은 마치 우리의 교리가 하나님이 인간을 매우 존중하는 것을 나타내되 여기에는 필연적으로 하나님의 불공정성을 내포하고 있으며, 특히 어떤 자들은 구원하기로 작정하시거나 또는 어떤 자들은 버리고 멸망케 되도록 남겨진 자들에 대해 언급을 하고 있는 것처럼 하나님의 불공정성을 내포하는 주장을 한다며 공격한다.

나는 여기에서 아담 안에서 인류의 타락 문제에 대해 강론하거나 옹호하는 시간을 가지지는 않는다. 아담 안에서 타락은 인간이 다 보편적으로 죄인이며 부패한 자들이라는 교리의 근간이요 부분적인 빛이다. 그러나 여전히 성경이 던져주고 있는 이 신비한 주제는 매우 중요한 것이다. 그로 인하여 우리에게 교훈하는 것은 아담이 후손들에게 그 모든 죄책이 다 전가되었다는 것을 알게 한다. 알미니안들은 칼빈주의 보편적 죄책과 타락설이 그릇되다는 것을 결코 증명할 수 없으며, 물론 예정론에 대한 칼빈주의 교리에 반대하여 이 사실을 부인할 권리가 없는 자들이다. 이렇게 말하는 것으로 충분하다. 인류가 다 본질상 죄에 빠진 자들이요 부패한 자들이라는 사실을 증명할 수 없다고 한다면 이것은 의심의 여지가 없이 칼빈주의자들에게는 자신들의 예정 교리를 확립하고 옹호하는 것에 엄청 심각한 재앙이 아닐 수 없다. 그러나 다른 한편으로 이 사실이(인간은 보편적으로 타락했다) 성경과 인간의 경험으로부터 만족스럽게 확립되는 것임을 입증할 수 있다면, 예정 교리를 누구도 공격할 수 없는 교리로 남게 만들 수 있고 그것을 뒷받침하는 긍정적인 증거를 제공해 주는 것이다. 왜냐하면 만일 모든 인간이 본질상 죄책을 지닌 자요 타락한 존재라고 한다면, 그리고 인간 스스로는 전적으로 구원할 능력이 전혀 없다면, 그리고 하나님께 구원을 간청할 권리도 없다고 한다면, 건짐을 받고 구원함을 받게 되는 자들의 구출과 구원은 반드시 아주 선한 근거, 즉 하나님께서 값없이 베푸시는 은혜와 사랑 안에서 시작되는 것이어야만 한다. 그리고 그것은 하나님의 전능하신 권능으로만 효력 있게 되는 것이어야만 한다. 그 원리들은 알미니안들에게 있어서는 오로지 입으로만 시인하는 것일 뿐 그들의 신학 전 체계의 본질과 정신하고는 전혀 맞지 않는 주장이다. 그런 원리들은 오로지 칼빈주의 교리들 안에서만 완전하고 정직하게 표현된 것이다.

10. 예정과 하나님의 전지(全知)하심

이 문제는 세상을 통치하심에 있어서 실행하시는 하나님의 완전하심과 주권에 대한 성경적인 표현들로부터 나오는 칼빈주의 교리에 대한 지지를 언급하게 한다. 칼빈주의자들은 언제나 주장하기를 그들의 예정교리가 하나님의 본성적인 속성들과 관련한 사유와 계시에 의해서 표현되는 견해들에 내포되었거나 함의된 것이라고 말한다. 하나님의 무한하신 능력과 지식과 지혜라는 속성들 그리고 그가 수행하시는 최고 주권적 행사는 모든 피조물들 위에 실행되는 것으로서 그로부터 예정론은 충분히 추정되는 주제라는 것이다. 예정론이 함의하고 있는 근본적인 원리들 몇 가지는 특별히 하나님의 뜻과 관련하여 신적 속성들과 완전성을 주로 살피는 '하나님에 관하여'라는 제목으로 다루는 신학체계에서 항상 논의되고 있는 내용들이다. 즉 하나님의 의지력은 규정하는 원리이며 그 의지의 존재에서 나오는 결과들이다. 그 논쟁의 핵심은 이것이다. 알미니안의 신학 체계는 여러 면에서 하나님을 하나님 자신의 무한히 완전하심과는 상충되는 하나님으로 묘사한다. 그리고 의심의 여지가 없는 것은 하나님께서 소유하고 계신 속성들이나 완전하심의 충분한 실행과 조화될 수 없는 방식으로 세상을 통치하시고 관장하시는 하나님으로 묘사한다는 점이다.

반면에 칼빈주의 교리는 세상을 다스리심에 있어서 하나님의 모든 완전하심의 주권적 행사의 발로로 말한다. 그리하여 여기에 기초하여 하나님은 모든 피조물들로부터 독립적으로 행사하시는 분임을 말하는 것이다. 그러나 그의 행사가 어떠한 것인지는 우리가 그들의 특성이나 실행과 관련하여 우리가 아는 것으로부터 직접적으로 그리고 긍정적으로 추정할 수 있을 것이다. 이 부분에 대한 연구에 수렴되는 그 요점들에 대한 논의에서 늘 대두되는 두 가지 원론적 주제들은 하나님의 전지하심과 주권이다.

하나님은 모든 것을 다 아실 수 있으시고 실제로 아신다. 알미니안들은 소시니안들과는 달리 하나님의 전지는 사람이 행하는 모든 행동을 다 포함하고 있다고 주장한다. 즉 하나님은 영원부터 미리 보셨다는 것이다. 이것은 단순히 가능성과 추측성이 아니라 실제로 확실하게 틀림없이 일어나게 됨을 미리 아셨다는 것이다. 발생한 사건들만이 아니라 장차 일어날 것들, 그리고 인간이 저지른 모든 것들과 앞으로 하게 될 모든 행동을 다 미리 보셨다는 것이다. 그리하여 영원부터 하나님은 그 모든 사건 사고들의 개별적인 것들을 오류가 없이 예언하실 수가 있었다는 것이다. 그것은 마치 하나님께서 미리 예언하신 것들이 다 발생하게 된 그 모든 것들을 실질적으로 다 예견하신 것을 뜻한다. 이제 우리가 알미니안이 동의하고 있는 이 진리에 머물 때, 그리고 이것이 함의하고 있거나 시사하고 있는 것이 무엇인지를 실감할 때 우리는 그것은 알미니안들이 반증할 수 없는 고려할 사항들을 제시하고 있는 자들임을 쉽게 발견할 것이다. 그리고 칼빈주의 교리인 예정론을 확립하지 않을 수 없게 될 것이다.

하나님께서 모든 사건 사고들에 대해 다 예지하신다는 것은 그 모든 것들이 고정되고 확실하게 이루어진다는 것을 내포하는 것이다. 어떤 원인이나 다른 이유 때문에 그것은 이미 확실한 것이 된다. 결심하셨고 변개할 수 없는 것으로 확실하게 성립되는 것이다. 미리 아신 것들은 반드시 발생할 것이며 영원한 때부터 이것은 참된 제안으로 이미 발생하게 될 *것이라고* 주장하는 것이 가능한 명제인 것이다. 이것은 알미니안의 원리들이 사람들의 행동에 귀속되도록 요구하는 *우발성*(contingency)과는 일치하지 않는 것이다. 확실성은 그 사건들 자체의 자질이 아니라 오직 그것들을 숙고하는 마음에 속한 것이라고 그들이 통상적으로 주장하는 것같이 주장할 이유가 없다.[80] 왜냐하면 이것이 단순히 용어 사용에 있어서 그 용어에 대한 정의나 정확성에 대한 단순한 질문으로 여겨진다고 하더라도, 그것은 하나님의 마음이 미래에 발생할 것들을 숙고했다는 확실성이 그것들은 우발적이라거나 손상되는 것들은 아니라고 추정할 좋은 근거를 제공하기 때문이다. 그리하여 그것은 그것들이 발생하지 않을지도

---

80) Copleston's, 『예정론과 그 교리의 필요성에 대한 질의』, 서문과 강화(講話) iii.

모른다는 가능성을 내비친다. 그러나 그것들의 미래에 발생하는 것은 이미 영원한 때부터 고정된 것이었고 반드시 일어날 것으로 자리 잡은 것이다. 만일 그렇다면 제일 원인인 하나님의 선하신 기쁜 뜻을 따라, 장차 일어나게 될 것들이 무엇이든지 자유롭게 변개함이 없으신 미리 정하심을 제외하고는 다른 그 어떤 것도 원인이 될 수 없다.[81] 그리하여 미래의 모든 사건들에 대한 하나님의 확실한 예지를 함의하고 있는 자료들은 엄청 많다. 발생하게 된 사건들의 특성이나 원인들에 대한 견해를 하나님의 미리 정하신 뜻으로 밝히는 자료들이 많은 것이다.

그러나 이 주제에 대해 또 다른 의문이 제기되었다. 즉 하나님께서 어떻게 모든 미래의 사건들을 예견하실 수 있는가? 그것들을 미리 정하신 것에 근거함을 제외하고 또는 그런 일이 일어나도록 작정하신 것을 빼고서 어떻게 모든 일들이 일어나심을 예견하실 수 있는가? 그 질문은 어쩌면 주제넘은 질문일 수 있다. 왜냐하면 그것은 칼빈주의를 선호하는 측면에서 이러한 입장으로부터 하나의 논쟁을 유도하기 위하여 우리는 하나님께서 그 모든 것들을 작정하시지 않는 한 미래의 모든 사건들을 하나님께서 확실하게 예지하실 수 있다는 것은 가능할 수 없다는 주장을 인정해야만 하기 때문이다. 그것은 우리가 성경에서 그 주장을 인준하는 몇몇 사례들을 가지고 있는 것처럼 하나님께서 직접 그렇게 발생되도록 명확하게 선언하신 것을 가지고 있지 않는 한, 교리적인 주장들을 앞세우는 것이 일반적으로 타당하거나 안전하다. 여전히 이런 관점은 칼빈주의 입장에서 하나의 논리로서 전혀 무게감이 없는 것이 아니다. 우리가 전적으로 하나님의 예지의 가능성에 대한 어떤 개념도 형성할 재주가 없다고 말

---

81) 에드워드가 쓴 『의지의 자유』 서언, ii., vii항목을 보라. 이것은 Copleston이 인용하였다. Dis. i., 39-40. 에드워드는 이를 그의 주요한 신학적 논쟁이라는 글에서 재언급하였다. c. iii., secs. vi. xvii.

하는 것은 충분히 근거가 있다. 하나님께서 이미 자연의 질서 안에서 물론 이것은 시간적인 순서를 말하는 것은 아니라하더라도 그 모든 것들을 미리 정하신 것이지 않는 한, 하나님의 예지력에 대한 개념을 정립할 수 없는 것이다.

이것을 말함에 있어서 내가 이미 언급하였듯이 만일 모든 미래의 사건들이 오류 없이 일어나게 된다는 것을 예지하신 것이라고 한다면, 칼빈주의 예정론은 결코 거부당할 수 없다는 것을 동의한 우리의 반대편에 있는 자들의 소시니안 항목을 우리가 지지하는 것이 된다. 그리고 하나님께서 인간의 어떤 특별한 행위들을 예언하였다는 증거로 인해 압박을 받을 때 그 견해로부터 도피하는데 익숙한 자들이 된다. *만일 그렇다면, 하나님은 이 특별한 행동들을 미리 정하셨어야만 한다. 그래서 그것들을 예언하실 수가 있는 것이다.* 한편 그들은 이것이 일반적으로 미래의 행동들에 적용된다는 것을 부인한다. 실로 우리는 어떻게 하나님께서 그 모든 행동들을 미리 정하신 것이 없이 모든 사건들을 다 예견할 수 있는지, 그렇게 하시는 것에 대한 불가능성의 증거를 파악한다는 것은 우리의 능력 밖의 일이다. 그러나 그런 무능력은 다른 한편으로 어떤 결정적인 증거가 없는 곳에서는 약간의 무게감이 있는 주장일 수 있다. 적어도 이런 사용은 우리가 충분히 그것을 만들 수 있는 근거가 된다. 즉 우리는 공정하게 그것을 중립적인 것으로 혹은 칼빈주의 체계를 반대하는 주도적인 반대 입장과 균형을 맞출 수 있는 것이다. 칼빈주의 체계는 하나님께서 장차 발생할 것들이 무엇이든 그 모든 것들을 어떻게 미리 정하실 수 있는지를 파악하는 것은 불가능하다는 주장으로부터 파생한 것이다. 그러나 인간은 그의 행동들에 대해서는 스스로 책임을 져야한다. 하나님께서 그 모든 것을 미리 정하신 것이 아닌 한 그 모든 사건들을 하나님께서 어떻게 예견할 수 있는지를 파악하는 일에는 상당한 어려움이 있다. 하나님께서 미리 정하신 것이지 않는 한 인간이 자신의 행동에 대해서 어떻게 책임질 것인지에 대해서 파악하는 것 역시 불가능한 것이다. 그 하나의 난제는 다른 하나에 반하여 정당하게 제시되는 것이다.

하나님의 전지하심으로부터 가져온 칼빈주의 예정론 교리를 선호하는 그 논쟁들을 함께 다룸에 있어서 알미니안들은 예지(foreknowledge)와 미리 정하심(fore-ordination)에 대한 차이를 확대하기에 익숙한 자들이다. 그리고 우리가 확실하게 어떤 행동들을 실행할 것이라는 것을 소유하고 있을 수 있는 다른 존재에 대한 지식은 우리의 자유를 방해하거나 혹은 그러한 행동들이 발생하도록 만드심에 있어서 우리의 자유를 침범한다든지 어떤 영향력을 행사하거나 효력적인 것이 되도록 방해함이 없다는 것을 보여주고자 한다. 그러나 하나님의 미리 정하심은 그런 방해가 있는 것이다. 이제 이런 논쟁의 방식은 지금 논의하는 것에 대하여 실질적인 요점을 건드리는 것이 아니다. 모든 사건들에 대한 하나님의 미리 정하심이 얼마나 사람들로 하여금 자기들의 죄악들에 대한 책임으로부터 면제 받게 하는가? 그리고 그 일에 하나님이 어디까지 개입하시는가? 라는 질문에 영향을 줄 수는 있을 것이다. 그러나 그것은 예지로부터 우리가 미리 정하심을 추론하는 주장에는 영향을 미치지 않는다.[82] 그리고 그것만이 우리가 지금 논할 수 있는 유일한 요점이다.

내가 확실히 어떤 일을 행할 것인가 라는 것에 대해 다른 사람이 가질 수 있는 단순한 지식은 이러한 행동들을 낳도록 어떤 영향을 끼쳤다고 주장할 수 있는 것은 아니다. 그러나 그럼에도 불구하고 그것은 추론의 방

---

82) 이 답변에 대한 불만족은 실제로 대주교 Whately에 의해서 시인되는 것이다. Essays on Difficulties in St Paul's Writings, Ess. iii., sec. 4. 141-2, 5th Ed., 1845.

식으로 여전히 미래의 일들인 이러한 행동들이 고정되고 결정되었다는 만족스러운 증거를 제공할 수 있을 것이다. 그렇게 일어날 것이라고 효과를 미치는 이러저러한 방식으로 만들어진 방편도 제공할 수 있을 것이다. 그리고 이런 방편으로, 그 방편이 어떤 것이든, 그것들에 대한 예지는 그 *본래 출처를 찾아가보면* 분리될 수 없이 연계되어 있어야만 함을 제공할 수 있다. 이것은 공정한 비유는 아니다. 비록 이것이 실질적으로 알미니안들의 주도적인 논지일지라도, 즉 나의 미래 행동들에 대하여 마음에 전달된 것이 있을 수 있는 예지와 하나님의 마음에 존재하는 그것들에 대한 예지 사이에 대한 논쟁에서 주도적으로 제기되는 것이기 때문에 그 미래적 행동들에 대한 예지는 반드시 제기된다.

　미래에 일어날 사건들에 대한 확실한 예지는 본래 본질적으로 오로지 하나님께 속한 것이다. 그리고 하나님에 의해서 그 지식을 소유한 다른 존재들에게 전달되어야만 한다. 하나님은 인간들이 미래에 벌이게 될 행동들에 대한 지식을 한 천사에게 전달하셨을 수 있다. 그 천사는 그것을 선지자들 중 한 사람에게 전달했을 것이다. 그 전달과정에 있어서 이런 단계를 밟은 것은 그 결과를 낳도록 영향을 미치지 않는 것은 없는 것이다. 그러나 여전히 전달되고 소유하게 된 그 지식에 대한 확실성은 다음과 같은 추론의 훌륭한 근거를 제공하는 것이다. 즉 그 사건들은 반드시 고정되었고 결정되었다는 추론에 대한 매우 타당한 근거이다. 우리가 하나님의 마음에 있는 궁극적인 출처에까지 이 지식을 밝히고자 할 때, 그리고 그것이 영원한 때부터 존재하는 것으로 잘 관찰될 때, 우리는 여전히 예전과 같이 동일한 추론 -즉 예지는 그 사건들이 이미 고정되었고 고착되었다는 증거를 제공하는것-을 도출할 수 있지만, 그래서 우리는 그것들에 대한 결정에 기인하는 것을 말하지 않을 수 없는 것이다. 또는 그것들은 반드시 발생할 것임을 보장하는 그 방편에 기인하는 것이다. 그것만이 유일하게 존재하는 타당한 원인이라고 말하지 않을 수 없다. 한마디로 하나님 자신의 의지와 생각에 따라 하나님의 영원하신 목적은 자유롭게 변개함이 없이 미리 정하신 것들은 무엇이든지 정확하게 발생하는 것이다.

하나님께서 모든 것을 아신다는 전지(全知)교리는 칼빈주의자들이 다 사용하고 있는 것이다. 이 교리는 모든 사건들을 하나님께서 미리 정하신 것들이라는 직접적이고 긍정적인 증거를 제공하는 것만이 아니라 또한 이 교리에 반하는 입장을 제기하고 있는 알미니안들의 반대 입장들 몇몇에 대한 만족스러운 답변을 제공한다. 이성과 성경으로부터 예정론에 대한 알미니안들이 늘 제기하고 있는 반대사항들은 적지 않다. 그러나 그것들은 참된 예정론 교리와 전혀 일치하지 않는 진술들에 근거하고 있다. 그러므로 그것들은 증명될 수 없는 것이다. *만일 그것이 유효하다면, 그것들은 하나님께서 모든 사건들을 예견하신다는 것을 똑같이 반증할 것임을 쉽게 보여줄 수 있는 것이다.* 이것이 성립될 수 있을 때 내릴 수 있는 올바른 결론은 그것들은 아무 것도 입증하지 못한다는 것이다. 이런 증거들은 차고 넘친다. 나는 이 논점을 확대하지는 않겠지만, 이 논쟁에 대한 연구에 주목해야 되는 한 가지 중요한 주제로서 그것을 간단히 언급하는 것으로 만족한다.

예정론에 대한 칼빈주의자들과 알미니안들 사이에 있는 논쟁에서 다루는 **하나님의 전지성의 방식과 방도**에 대한 설명을 들은 후에 우리는 내가 앞서 제기한 설명에 놀랄 필요가 없다. 일반적으로 알미니안들은 하나님께서 모든 것들을 예견하신다는 것을 부인함에 있어서 소시니안들을 따르려는 모험은 하지 않았다. 그러나 그들 중 몇몇은 자신들이 할 수 있는 한 대담하게 하나님의 예지를 의도적으로 부인하는 것을 명백히 표출하였다. 신학 논쟁사에 있어서 이것은 중요한 사실이며 교훈과 경고를 제공하는 것에 적합한 것이다. 그리고 그것은 증거 중 일부를 참조하는 것이 적절한 것일 수 있다. 알미니우스 자신은 그의 이름을 따라 자신들을 호칭하는 자들이 붙들고 있는 건전한 가르침으로서 하나님은 확실히 모든 미래 사건들을 예견하시며 영생에 이르게 하는 개개인의 선택은 이 예지에 근거한 것임을 견지하였다. 그러나 그의 추종자들은 하나님의 예지에 대한 이러한 입장을 인정하는 것에는 난제들이 내포되어 있다는 것을 곧장 발견하였다. 그 부분들은 자신들을 구출해 줄 수 없는 것 때문에 결과적으로 그들은 자신들의 입장들을 강론하는 가운데 전적으로 그 사실을 삭제하기 시작하였다. 그리하여 그들은 그 중요성과 그 진리성을 우선적으로 의심스럽게 말하기 시작했다. 1620년에 출판된 그들의 『그 공회의 회의록과 글들(Acta et Scripta Synodalia)』에서 그들은 하나님의 예지에 대한 모든 참조를 다 삭제하고 영광에 이르는 선택의 대상은 신적 도움에 의해서 그리스도를 믿는 모든 사람들, 그리고 참된 믿음을 가지고 죽는 모든 자들에게만 해당되는 것이 자신들의 의견이라고 선언하였다.[83] 마치 하나님께서 어느 특정인이 구원받게 될지는 하나님께서 실질적으로 그의 삶의 종말을 보았을 때까지는 알지 못하시는 것처럼 하나님의 예지를 부인한 것이다.

그들은 에피스코피우스가 작성한 신앙고백서에서도 그와 동일한 과정을 따랐다. 그 고백서는 『에프스코피우스 신앙고백서』라는 이름으로 1622년에 출판되었다. 그들이 라이덴 대학의 신학교수들에 의해서 작성

---

83) Act. et Scripta. Synod., P. ii. 5; Amesii Anti-synodalia Scripta, 11.

된 이 고백서의 타이틀로 'Censura in Confessionem'(고백서에 대한 검열)으로 된 문서에 답변하면서 이 문제에 도전을 받았고, 중요한 이 주제에 공개적으로 그들이 선언한 그들의 성향들을 선언하라는 요구를 받았다. 이 때 그들은 그들의 그 고백서에 대한 변증에서 그런 비난에 답하면서 에피스쿠피우스가 쓴 작업은 그들 모두의 이름으로 그 요구를 피해갔다. 그리고 그들은 상대방에 대한 교묘하고 구차한 응수로 벗어나고자 시도하면서 이 주제에 대한 자신들의 성향에 대하여 그 어떤 선언문을 발표하는 것을 거부했다.

에피스쿠피우스와 림브로치는 자신들의 작품에서 둘 다 하나님의 예지에 대한 교리를 의심하거나 비난했다. 그리고 그들의 입장에서 그것은 사람들이 믿든 말든 별로 중요한 것은 아니라고 암시하였다. 그러나 그들은 많은 말들을 가지고 이 교리의 진실성을 마지못해 인정할 의무가 있음을 시인했다. 왜냐하면 그들은 성경은 자유의지를 사용하여 책임감 있게 행동하는 자들의 미래 행동들에 대한 예측이 포함되어 있다는 사실을 회피하거나 배치하는 타당한 방식을 고안해 낼 수 없었기 때문이다.[84] 그리고 쿠르셀라우스(Curcellæus)는 사람들이 미리 정하심보다 예지를 부정하는 것이 훨씬 낫다는 것을 우리에게 분명하게 말해 주었다. 그는 이렇게 말한다: '나는 다음과 같이 주장하기를 망설이지 않는다. 언제나 동일하신 하나님은 미래에 우발적으로 발생할 수 있는 것들에 대하여 미리 아신다는 것을 제거한다고 해서 하나님의 존재 안에는 해가 될 만한 것이 없다. 그러나 하나님으로 확고히 서 계신 그는 그 모든 것들을 예견하시고 그의 작정하심 안에서 예견하신 것들을 이러저러한 방식으로 정하신 것

---

84) Censura in Confessionem, c. ii., sec. viii., 39. Apologia, 43-4, Amesii Anti-synodalia Scripta. 14-16, Limborch's Theologia Christiana, Lib. ii., c. viii., sec. xxvii.

이다.'[85]

물론 형식에 있어서 약간의 차이가 있지만 몇몇 알미니안 신학자들은 동일한 성격과 경향을 나타냈다. 그들은 이렇게 제시하고 있다: 하나님의 전지하심은 하나님의 전능하심이 *만일 하나님이 택하신다면 모든 것을 할 수 있으시다*는 것과 같이 하나님이 선택하신다면 하나님은 모든 것을 알 수 있으시다. 이 개념은 몇몇 알미니안 복음주의자들에 의해서 특별히 웨슬리안 주해가로 명망이 높은 아담 클라크(Dr. Adam Clarke)박사와 같은 분들에 의해서 옹호되었었다. 그러나 그것은 그들이 어떤 공정한 탈출의 방편을 제공하지 않는 한 어려운 입장이라는 비판을 피할 수 없음을 보여준다. 이 문제에 있어서 하나님의 전지하심과 전능하심 사이에 공정한 유추는 없다. 미래의 사건들을 위해서 즉 반드시 장차 일어난다고 확신하는 것들은 단지 *가능성이 있는 것들이* 아니라 아직 미래의 일이지만 *실질적인 실체들(actual realities)*이다. 그러므로 하나님에 대해서 실질적으로 그 사건들에 대해 무지한 존재로 묘사하는 것은, 심지어 하나님이 선택하신다면 그 일들을 하나님은 아실 수 있으시다는 것을 인정한다 하더라도, 하나님의 전지성에 대해서는 명백하고 분명하게 부인하는 것이다. 이 개념을 붙들고 있는 자들은 이 주제에 대한 소시니안 교리를 즉시 맹세할 수 있다고 한다면 더 일관적이고 믿을만한 부분을 행동하는 것이다. 왜냐하면 그들도 하나님이 선택하신다면 미래의 모든 사건들을 예견할 수 있다는 것을 시인하기 때문이다. 즉 하나님이 미리 정하신 것으로 인하여 예지할 수 있다는 것이다.

---

85) 『Institutio』, Lib. ii., c. vii., 53. *'Non dubitabo hic asserere, minus illum in Deum esse injurium, qui futurorum contingentium Præscientiam ipsi prorsus adimit; quam qui statuit Deum, ut illa certo præscire possit, in alterutram partem decreto suo prius determinare.'*

칼빈주의에 우호적인 측면에서 그 논쟁을 이끈 알미니안이 제기한 또다른 시도는 하나님의 전지하심으로부터 나온 것이며, 신적인 속성들과 일반적인 완전성으로부터 나온 것이다. 이것을 대주교 킹이 상세하게 강론했고 적용했는데 그 강론의 제목은 인간의 자유의지와 조화되는 하나님의 예정과 예지였다. 그리고 그것은 오늘날 대주교 웨이틀리와 코플스톤 주교와 같은 가장 탁월한 반칼빈주의자들 몇몇이 채택한 것이었다. 나는 이 부분에 대해 상세히 설명할 필요는 없다고 본다. 그것은 본질적으로 우리가 하나님에 대해서 아는 것이 극히 적다는 사실과 신적인 속성들과 완전성 문제로 구성되어 있음을 주장하는 것이기에 하나님께서 행하시는 절차에 관하여 그 사건들에서 결론을 이끌어 낼 것을 우리에게 증명하도록 구성된 것이다. 하나님의 속성들은 비록 똑같은 이름으로 불리고 심지어 무한히 우월적인 것이라 하더라도 종류가 다른 것이다. 그것들에 대한 우리의 지식은 모두가 다 유사한 것들이다. 그리고 우리는 사람들 안에 있는 동일한 자질들인 지혜와 지식을 가지고 할 수 있는 것과 같이 하나님의 지식이나 지혜로부터 어떤 추론들이나 결론을 내릴만한 입장이 못 된다. 우리는 그 주제에 관한 일반적인 견해에는 상당한 진실성이 있다는 것을 반박하지는 않는다.

만일 그 주제가 제시하는 실제적인 교훈들을 가지고 알미니안들이 좀더 온전히 행동했다고 한다면 아주 좋았을 것이다. 칼빈주의에 반대하는 그들의 주된 논박은 주로 하나님의 도덕적 속성들과 조화가 되는 주장으로부터 파생된 것들이다. 즉 하나님의 선하심, 공의하심 및 거룩하심과 같은 속성들과 조화된다고 주장한 것들로부터 끄집어낸 것들이다. 만일 이 주제에 대한 하나의 건전한 철학에 의해서 이러한 주제들로부터 도출된 자신들의 논거들을 박탈시켜버린다면 그들은 거의 할 말이 없게 될 것이다. 건전하고 정당하다고 하는 한 그 원칙은 칼빈주의에 대항하는 알미니안들의 반대 견해들의 큰 체계를 뒤집는 것이다. 대주교 웨이틀리(Whately)는 알미니안들이 늘 가장 큰 확신을 가지고 내세우는 것들인 칼빈주의 반대 주장들은 사실상 부당한 것이고 철학적으로도 타당하지 않은 것으로 포기했다. 그는 하나님의 도덕적 완전하심과 상충되는 것으로 도출된 알미니안들의 반대 입장을 버린 것이다. 그러나 하나님의 속성들에 대한 우리의 지식이 전적으로 유추적인 것이며 신적 절차의 방식과 관련하여 그 어떤 추론도 보증하지 않는다는 것을 확고하게 제기할 때 그 원칙은 너무 멀리 나간 것처럼 보인다. 우리는 여호와 하나님에 대한 불가해성, 유한한 존재와 무한한 존재 사이에 있는 무한한 거리감을 완전히 인식하고 행동해야 한다.

그러나 성경과 올바른 이성은 하나님의 속성들을 생각할 때 그의 도덕적 속성들과는 구분된 본질적인 속성들로부터 이끌어 낸 하나님의 절차와 관련하여 확실한 추론들이나 결말들의 타당성과 합법성을 충분히 보증하는 것으로 보인다. 칼빈주의를 선호하는 논박들은 하나님의 본질적인 속성들, 즉 그의 권능이나 최고의 우월성, 그의 지식과 지혜로부터 이끌어 낸 것들이었다. 반면에 반대편 입장들은 하나님의 도덕적 속성들인 선하심과 공의하심 및 거룩하심으로부터 도출된 것들이었다. 하나님의 속성들을 이 둘로 분류하는 것 사이에는 한 가지 중요한 차이가 있다. 그 차이는 칼빈주의가 더 낫다는 선택을 하게 한다. 즉 신적인 진행 절차와 관련하여 하나님의 본질적인 속성들로부터 나온 유추가 도덕적 속성들로부터 나온 것보다 더 근거가 충분하고 확실한 것일 수 있다는 것이다. 그러나 우리가 결코 잊지 말아야 할 것은 하나님께서 하시는 모든 일들은 그의 본질의 모든 완전하심과 일치하게 행하신다는 것이다. 여전히 그것은 만일 그의 도덕적 속성들 제각각이 온전히 발휘되어 홀로 작동된다면, 그 도덕적 속성들은 그의 피조물들을 다루시는 방식들이 다르게 그리고 반대되는 입장으로 이끌었을 것이 명백하다. 즉 하나님의 선하심은 하나님으로 하여금 행복을 즉각적으로 수여하시게 되고 그의 거룩하심과 공의하심은 죄에 대한 형벌로서 즉각 고통을 가하게 만들 것이다. 그의 자비와 사랑은 어떤 죄인들에게는 주어지고 그의 거룩하심과 공의는 다른 사람들에게 제각각 실행될 것이다. 그리하여 우리가 하나님의 도덕적 속성들만 가지고서는 하나님께서 모든 죄인들을 구원하실 것인지 아니면 한 사람도 구원하지 않으실 것인지 혹은 일부만 구원하실 것인지에 대해서 어떤 확실한 결론을 도출할 수 없다. 그리고 일부만 구원하신다면 어떤 원칙을 가지고 그렇게 선택하시는지에 대해서도 말할 것이 하나도 없게 된다. 하나님의 도덕적 속성들은 구원받게 되는 자들과 멸망케 되는 자들의 궁극적인 운명을 맞이하게 되는 목적이나 과정에서 명확하게 나타나고 실행된다. 우리의 신앙고백서의 용어를 사용하고 있는 한편의 사람들은 '하나님께서 영생에 이르도록 예정하신다'라는 항목에서 *그의 은혜의 영광을 찬미케 하시려고* 예정하신 것이라고 했다. 다른 편의 사람들에 대해서는 그들의 죄악들로 인하여 버림을 당하게 하시고 불명예와 진노의 불길에 떨어지도록 정해졌다고 했는데 그것은 *하나님의 공의의 영광을 찬미케* 하는 것이다.

이제 하나님의 본질적인 속성들과 관련하여 다양성이나 명백한 모순과 유사한 것은 아무 것도 없다. 하나님의 권능과 지식 및 최고의 우월성 안에 어떤 결함이나 한계가 있음을 암시하는 어떤 목적이나 절차가 하나님께 있다고 말할 근거는 없는 것이다. 이 속성들을 실행하심에 있어서 한계가 있다거나 수정해야 할 것이 있는 것으로 고정시킨다든지 확정지을 수 있는 것은 아무것도 없다. 하나님은 그의 권능과 우월성을 그의 도덕적 완전하심과 상충되게 일하실 수 없으시다는 것이 사실이다. 그러나 여전히 언급한 그 차이가 보여주는 것은 이것이다. 우리가 하나님께 속한 어떤 특정한 절차 방식이 하나님의 무한한 능력과 지식과 지혜 및 주권적 우월성과 맞지 않는다고 주장할 때보다 하나님의 무한하신 선하심과 거룩하심 및 공의하심과 일치하지 않는다고 주장할 때가 훨씬 더 불확실하고 불안정한 근거 위에서 논의를 진행하고 있다는 것이다. 간단히 말해서 나는 칼빈주의를 반대하는 논쟁들의 위태롭고 불확실한 특성과 관련하여 웨이틀리 대주교의 솔직한 시인을 받아들이는 것이 전적으로 타당한 근거 있는 주장임을 보여주는 것은 그렇게 어려운 일이 아니라고 생각한다. 왜냐하며 그것이 하나님의 도덕적 속성들과 불일치하는 것이기 때문이다. 동시에 우리는 알미니안주의를 반대함에 있어서 하나님의 본질적 속성들을 가지고 칼빈주의를 선호하는 논쟁도 결코 포기할 수 없다. 이 주제는 우리가 고려해야 할 중요한 사항이다. 그리고 칼빈주의를 옹호하는 입장에서 직접적이고 긍정적인 논쟁을 벌임에 있어서 폭넓게 적용 가능한 중요한 사항이다. 뿐만 아니라 이에 반대하는 주장을 늘 앞세우는 알미니안들의 주도적인 반대 논리를 반박하는데 적용되는 사항이다.

11. 예정과 하나님의 주권

칼빈주의 교리적 입장을 선호하는 차원에서 주로 사용된 주도적인 하나님에 대한 성경적 교리들은 하나님의 전지하심과 주권에 속한 것들이다. 하나님의 주권론은 하나님의 뜻과 유효성(efficiency)이라는 항목으로 늘 논의된 주제들을 파악하는 교리로 간주된다. 또는 하나님께서 섭리 가운데 인간의 특성과 행동들과 운명을 결정함에 있어서 발휘하시는 기관으로 간주될 수 있다. 그 하나님은 최고의 통치자이시며 우주의 주재자이시다. 하나님의 완전하심을 수행하시고 나타내심에 있어서 모든 피조물들과 그들의 행동들을 하나님이 지시하시고 통제하신다는 것은 보편적으로 인정된다. 우리는 성경에서 이와 관련하여 우리에게 제시하고 있는 정보를 통해서 실현되고 적용되어질 때, 이 주제는 칼빈주의적인 교리들을 확정하는 것이며, 알미니안 견해들이 그릇된 것임을 증명하는 많은 자료들을 제공하는 것이라고 강력히 주장한다. 일반적으로 누구나 다 인정하는 것은 하나님이 모든 것들의 제일 원인이라는 것이다. 하나님이 존재하는 모든 것의 창조주이시며 보존자이시다. 주권적 통치자시며 모든 사건들의 감독자이시다. 이런 주장이 다 여기에 내포되어 있는 것으로 보인다. 즉 하나님은 모든 것들을 규정하시는 한 계획을 만드셨어야만 한다. 섭리 가운데서 하나님이 행하시는 모든 것들 안에서 우리는 이 단어를 이미 설명하였듯이 세상의 모든 것들을 다스리시는 실제적 통치에 모든 피조물들이 다 포함되어 있다. 그 다스림에 있어서 하나님은 그가 만드신 그 계획이 효력 있게 진행되게 하신다. 만일 그렇다면 어떤 것이 발생하든지 그 모든 일들이 벌어지는 것에서 하나님의 작정하심들을 다 실행하시고 그의 작정하심이 다 수반되는 것이어야만 한다. 성경의 일반적인 표현들은 하나님이 자신의 뜻에 따라서 모든 것들을 다스리시고 지시하시는 분으로 설명한다. 이것은 우리로 하여금 모든 완벽하심에 있어서 무한하신 존재의 통치권으로 말할 수밖에 없게 만들며, 그 하나님이 모든 것들의 '제일 원인'이시며 최고의 관리자시라는 것과 정확하게 일치한다.

모든 것들을 드러냄에 있어서 하나님에게 절대적 우월성 혹은 주권이 있다는 설명을 할 때 칼빈주의자들은 반대 입장에 있는 자들이 흔히 공격하듯이 하나님께서 자신의 작정들과 목적들을 정하셨고 실행하신다고 한다. 그리고 독단적으로 혹은 이유들이 없이 임의대로 행하신다는 것을 의미하는 것은 아니다.[86] 그들은 하나님께서 목적하시고 행하시는 모든 것들에서 하나님은 자신의 무한하신 지혜를 활용하심으로 최상의 이유들을 가지고 행하신다고 믿는다. 그러나 그들은 하나님께서 우리의 이해 수준에 맞춘 것이 아니지만 우리가 알기에 적절하지 않다고 생각하는 이유들을 가지고 목적하시고 행동하신다고 생각한다. 그러므로 우리는 하나님께서 어떻게 실행하시는 지에 대해서 오직 하나님 자신의 측량할 수 없는 완전하심에 맡길 수밖에 없는 것이다. 즉 하나님 자신의 의지의 권고에 맡김으로 해결할 뿐이다. 이에 비해 알미니안들은 사실상 하나님께서 사람들을 다루심에 있어서 하나님께서 하신 모든 일들을 설명할 책임이 있다고 말한다. 즉 하나님의 목적들과 절차의 원인들이나 이유들을 부여해 주어야 한다는 것이다. 이것은 실로 양대 체계의 구별된 특성들 중 하나이다. 하나님께서 인간을 다루시는 모든 행동의 이유들을 제시해야 할 책임이 있고 고백해야 한다고 말함으로써 하나님의 주권을 사실상 부인하는 것이 알미니안의 입장이다. 반면에 칼빈주의자들은 이것들을 하나님 자신의 의지의 권고로 해결한다. 이 입장이 하나님의 완전하심에 대한 성경적인 표현들과 더 일치하는 것이다. 하나님께서 자신의 피조물과 관계에 대한 성경적인 설명들, 그리고 그 피조물들을 주재하시는 최고의 우월권에 대한 성경적인 표현들과 더 들어맞는 것이다.

성경에서 하나님에 대해 언급하는 것과 하나님에 대한 모든 고귀한 개념들에 내포된 하나님의 주권적 행위는 하나님의 목적들과 의지들과 행

---

86) 『Walæi Enchiridion Religionis Reformatæ』, Opera, tom. i., 66. 그리고 『Walæi Loci Communes』, Opera, tom. i., 332를 보라. 여기에서 그는 칼빈과 베자의 글로부터 이 요점을 인용하고 있다.

위들이 궁극적으로 하나님 자신의 본성에 대한 본질적인 완전하심에 기인하는 것이어야만 함을 암시하고 있는 것처럼 보인다. 반면에 하나님의 목적들과 의지들은 어떤 의미에서 세상만사의 일들을 운영해 가심에 있어서 발생하는 모든 일들의 원인들이거나 출처들이어야만 한다는 것을 암시하고 있는 것 같다. 만일 이런 원리들이 제대로 확립이 된다면 그 원리들은 칼빈주의 신학의 요지와 실체를 형성하는 결론들을 위한 확실한 근거를 분명히 제공하는 것이다. 즉 하나님 자신의 의지의 권고에 따라 하나님께서는 무엇이든 발생하게 될 것들을 미리 정하신 것이며 하나님의 모든 피조물들에 대한 영원한 운명을 미리 정하셨다고 말할 수 있는 확실한 근거를 제공해 주는 것이다.

하나님의 뜻*(voluntas Dei)*에 관한 주제, 하나님의 의지력, 여기에는 하나님의 실제적인 의지와 그것들을 규정하는 원리들이 포함되는데 이 논쟁들의 토론은 매우 길고 복잡하게 이어졌다. 그리고 이 주제에 대한 연구는 칼빈주의자들과 알미니안들 사이에 벌어진 논쟁에서 그 논박의 본질적인 부분을 형성한다. 물론 보편적으로 사람들이 인정하는 것은 하나님께서 사람들에게 그들의 성격들과 행동들을 규정하는 법을 계시하셨다는 것이다. 이 법은 인간이 어떤 존재가 되는지 그리고 무슨 일을 하는가와 관련된 하나님의 뜻을 가리키며 표현한다. 그리고 사실상 이 법은 사람들에게 계시된 하나님의 뜻을 따르거나 또는 준수하지 않으면 그들의 운명에 그리고 궁극적인 결말에 어떤 결과가 있을 것인지를 알려준다. 이 점과 관련한 입장들에 내포된 모든 것들에 대해서는 분쟁이 없다. 그러나 하나님께서 세상을 통치하시고 지배하신다는 것, 인간들의 모든 행동들과 관심사들 위에 최고의 우월적 다스림을 실행하신다는 이 위대한 진리에는 이런 일반적인 개념이 명백하게 내포되어 있다. 즉 실제적으로 발생하는 사건들과 일들은 또한 어떤 측면에서 하나님의 뜻의 결과들이고 표현들이며 지시들이다. 또는 존재하는 혹은 발생하는 것들은 하나님의 원하심과 목적하심의 결과들이다. 인간이 벌이는 모든 행동들을 다 포함하여 물론 인간의 궁극적인 운명이나 종말도 다 포함하여 벌어진 모든 것들은 하나님에 의해서 다 예견된 것임을 인정한다.

하나님의 섭리는 이러저러한 방식으로 모든 사건들의 순서와 관련이 있다. 하나님께서는 모든 것들이 발생하는 것들 혹은 어떤 것이든지 방해하실 수 있으시다, 이미 벌어진 일들이나 발생할 것들을 그가 택하셨다면 만일 이것이 그의 뜻이나 기뻐하시는 뜻이었다면 어떤 것이든 방해하실 수 있으시다는 것에 대해서는 하나님의 전능성을 부인함이 없이는 논쟁이 될 수 없다. 그러므로 인간의 모든 행동들과 궁극적인 운명들까지 다 포함한 모든 일들은 실제적으로 벌어진다. 즉 하나님께서 정하시고 목적하신 뜻에 일치하게 발생되어야만 하는 것이다.

어거스틴의 질문에 대해 누구도 답할 수 없다. '하나님께서 뜻하실 때 사람들의 의지의 악행을 선한 것으로 바꾸실 수 없는 분이라고 누가 감히 불경스럽게 그렇게 말할 사람이 있겠는가?'[87] 인간의 죄악된 행동들과 같이 발생하는 많은 사건들은 의심할 여지없이 하나님께서 인간이 마땅히 하기를 바라시는 것이 분명한 그 법안에서 계시해 주신 것처럼 그 하나님의 뜻하고 반대되거나 모순되는 것이다. 그러므로 여기에는 하나님 안에 의지의 명백한 모순이 드러나는 어려움이 있다. 물론 그 율법이나 사건이 반드시 하나님의 뜻을 가리키는 것은 아니다. 그렇지 않으면 몇

---

87) 『Augustini Enchiridion』, c. 98. Opera, tom. vi., 170. Edit. Benedict. (Quis porro tam impie desipiat, ut dicat Deum malas hominum voluntates quas voluerit, quando voluerit, ubi voluerit, in bonum non posse convertere?) 역자 주) 어거스틴의 핸드북으로 번역할 수 있는 이 책자는 기독교인의 경건생활에 대한 것으로 주로 믿음, 소망, 사랑에 대한 논문이다.

가지 구별되게 말해야 할 것들이 있다. 무엇이 참된 것인지를 전부 살피면서 이 주제에 대한 설명이 입증되는 것이어야 한다.

물론 이 법은 하나님의 뜻의 표출임을 부정할 수 없다. 그리고 이 법은 어떤 의미에서 하나님께서 명령하시고 요구하신 하나님의 뜻을 가리킨다. 하나님의 모든 이성적인 피조물들이 거룩한 길로 다니시기를 원하심을 드러내는 것이다. 모든 사람이 거룩하게 행함으로 영원토록 복되게 사는 자가 되기를 원하시는 하나님의 뜻을 가리킨다. 알미니안들은 사실 이 것이 하나님의 마음과 뜻을 가리키는 참되고 실질적인 유일한 것이라고 주장한다. 실제적인 사건들은 그 자체가 어떤 의미로서든 하나님의 뜻으로 간주되는 것은 아니라는 것이다. 즉 그 모든 일들이 다 하나님께서 바라셨거나 원하셨던 것을 가리킨다고 볼 수 없다는 것이다. 즉 하나님이 목적하신 것이라든지 혹은 하나님께서 의도하신 것이라고 볼 수 없다는 말이다. 반면에 칼빈주의자들은 모든 벌어진 사건들은 하나님의 법과 마찬가지로 어떤 의미에서 하나님의 뜻을 표현하거나 가리키는 것이라고 주장한다. 그리고 이 입장은 인간의 모든 행위들과 관심사항들에 대하여 하나님이 실행하시는 최고의 통치권 교리를 다루는 것에 내포된 것이라고 믿는다. 그리고 명백하고 부정할 수 없는 것은 하나님이 발생된 또는 발생하게 될 모든 것들의 경위를 방해하실 수 있다고 믿으며, 어떤 측면에서 하나님의 뜻에 일치하는 것이 아니었다고 한다면 하나님은 능히 그렇게 하고도 남을 분이라고 주장한다. 그의 목적하심을 달성하시기에 적합한 것을 하도록 방해하실 수 있으신 분이다. 심지어 그렇게 하는 것이 적합한 것이었다면 하나님은 죄를 짓지 못하게 막았을 것이요 이성적인 모든 피조물들의 파멸도 막으셨을 것이다.

알미니안들은 벌어진 사건들, 실질적으로 일어난 행동들이 다 하나

이 뜻을 표출하는 것 혹은 하나님의 뜻을 가리키고 있는 것으로 여기지는 않지만 그들도 다음의 사실을 인정하지 않을 수 없다. 즉 인간의 죄악된 행동들과 같이 벌어지게 될 많은 사건들은 다 합쳐서 모두가 다 하나님의 뜻에 반하는 것이었다는 점이다. 엄밀하게 말해서 이 설명은 하나님의 전능하심과 거의 일치되는 것같이 보이지는 않으나 알미니안들도 칼빈주의자들과 마찬가지로 이 주제를 설명하는 일에 몇몇 독특한 것들을 소개하지 않을 수 없는 것이다. 이 점에 대한 논쟁은 실제로 다음과 같은 평범한 질문을 하게 한다. 즉 하나님의 뜻에 대한 칼빈주의자들의 독특성들이나 알미니안들의 독특성들, 그 어떤 것이 더 성경에서 우리에게 계시한 것들로서 신적 완전하심과 특성에 대한 올바른 입장들과 일치하는지를 보아야 한다.

일반적으로 이 주제를 설명하고 논의하면서 칼빈주의자들이 사용하고 있는 독특성들은 주로 다음과 같다. 칼빈주의자들은 말하기를 작정하심의 의지(*voluntas decreti*) 혹은 훈계 혹은 명령의 의지(*voluntas præcepti*) 또는 은밀하고 계시된 의지가 있다는 것이다. 이 두 가지 의지에 대해서 칼빈주의자들은 다양한 이름을 사용하고 있는데 그 모든 용어들이 다 성경에서 그 주제에 대해서 말한 것 혹은 가리키고 있는 것들을 제시하는 것이다. 하나님의 작정의 의지 혹은 은밀한 의지를 그들은 하나님의 *voluntas εύδοκίας*(은밀한 의지), 그리고 *voluntas beneplaciti*(마음에 품은 의지)로 부른다. 반면에 그들은 교훈의 의지 혹은 하나님의 계시된 의지는 하나님의 *voluntas εύαρεστιάς*(기뻐하시는 뜻) 그리고 *voluntas signi*(의지 표시)라고 부른다. 이제 이런 용어들은 솔직히 성경에서 우리 앞에 제시되어 있는 것들에 대한 정당한 설명을 가리키고 있는 용어들일 뿐이다. 사건들이나 행동들을 규정하거나 결정하시는 하나님의 뜻이 있다. 그리고 벌어진 그 사건들, 수행된 행동들이 가리키는 하나님의 뜻이 있다. 이것을 부정하는 것은 세상의 통치로부터 하나님을 제외시켜 버리는 것이다. 그리고 하나님께서 지시하시지도 않으시고 통제하시지도 않는 것들이 전적으로 발생한다고 주장하는 것은 하나님의 뜻과 상충되는 것이거나 하나님의 뜻에 반대되는 것이며, 적어도 전적으로 하나님의 뜻에 전혀 영향을 받지 않는다고 주장하는 것이다.

작정하심의 의지, 사건들을 결정하시는 하나님의 의지는 은밀한 것이다. 왜냐하면 작정하신 일이 일어나기까지는 우리에게 전적으로 숨겨진 것이기 때문이다. 발생한 것에 의해서 하나님의 작정하신 그 뜻을 선언하는 것이다. 벌어진 모든 사건은 우리에게 하나님의 뜻과 관련한 뭔가를 계시한다. 즉 하나님께서 목적하신 것과 관련된 것을 나타내는 것이다. 적어도 하나님이 허용하신 것들이 발생하도록 진행되는 것이다. 그러나 우리에게는 그 모든 것들이 사전에 알지 못하던 것들이다. *voluntas decreti*(작정하심의 의지), *arcana*(은밀한), *εύδοκίας*(비밀한), *beneplaciti*(마음에 품은 것)들의 용어들의 구별된 특징은 아무 것도 없다. (이 모든 네 가지 용어들은 칼빈주의 신학자들 사이에서 널리 사용하고 있는 *usus loquendi*,발언의 용도에 따른 설명들에 불과하다. 또는 동일한 것을 여러 가지 다른 말로 표현한 말들이다.) 즉 하나님께서 사건이 벌어지는 결과를 낳게 하는 의지에 대한 다양한 표현들이라는 것 외에 아무것도 없다. voluntas *præcepti*(명령의지) *revelato*(계시), *εύαρεστίας*(기뻐하시는 것) 그리고 signi(표시)라는 단어들 속에도(이 네 단어는 앞에서 언급한 단어들과 상대적으로 대조되는 단어들이다. 그리고 이것들도 모두 동일한 것에 대한 다른 표현들이다. 즉 하나님께서 결정하시는 것에 의해서 반드시 하시는 의지에 대한 다른 표현들이다). 여기에도 구별된 특징이 전혀 없다.

이 두 가지 구별된 용법에는 용어의 나열에 불과한 것 외엔 아무 것도 없다. 넓은 의미로서 성경에서 여전히 우리가 시인하도록 제시하고 있는 두 가지 교리에 대한 인준된 기술적인 용어들의 집합인 것이다. 우리가 제시할 수 있는 다른 방법은 없다. 그리고 이 주제에 대해 우리가 믿도록 성경이 입증하고 있는 모든 것을 표현하고 있는 것이다. 왜냐하면 이미 말한 것처럼 유일한 대안은 인간들의 행동들과 궁극적인 운명을 포함하여 발생하는 사건들은 하나님의 뜻을 나타내는 것 외에는 *아무 의미가 없*다는 것을 유지하는 것이다. 다른 말로 하면, 하나님과 그의 사용하시는 방편(agency)에 대해서 개별적으로 제시하는 것이다. 그 문제를 설명함에는 우리가 해결할 수 없는 어려운 점들이 있다. 이 부분을 반박하지 않는다. 그러나 이것은 거룩한 성경과 이성적으로 확고히 확정짓는 것으로 인하여 온전히 재가된 것이 무엇이든지 시인하기를 부정하거나 거부하거나 그에 대한 충분한 근거를 제공하는 것은 아니다.

알미니안들과 마찬가지로 칼빈주의자들에게 그 주제에 관한 교리들을 부착시키는 어려움들은 없다. 거기에는 사건들이나 결과물들이 단순히 어떤 의미로서든 하나님의 뜻을 표명하거나 나타내는 것은 아니며, 하나님의 전능성과 최고 우월권에 대한 올바른 견해들과 명백하게 일치하는 것이 아니라는 그들의 일반적인 입장만 있을 뿐이다. 거기에는 또한 그 주제를 논의해 나감에 있어서 그들은 하나님의 완전성과 통치에 대한 올바른 견해들과 함께 그들의 신학의 전 체계와는 불일치함을 더욱 분명히 나타내는 구별된 특징들에 의지할 필요가 있는 것이다. 이 주제에 대해서 그들이 제안하고 촉구하고 있는 큰 차이는 하나님의 선행의지 *(antecedent)*와 결과*(consequent)* 사이의 차이이다. 또는 사실 동일한 것인데 하나님의 비효율적이거나 조건적인 의지와 효과적이거나 절대적인 하나님의 의지 사이의 차이이다. 그들이 보통 적용하는 이 구별들은 그들의 모든 범위 내에서 발생하는 것들이 무엇이든지 그것들이 나타내고 있는 것에서 일반적으로 하나님의 목적들과 작정하심에 많이 적용하는 것은 아니지만 오직 인간의 궁극적인 운명 혹은 종말에 적용시킨다.

그들은 하나님께 모든 인간을 구원하시려는 선행적 의지를 기인시키고, 결과 의지, 하나의 의지 혹은 결과적 목적, 그리고 그들의 실제적 행동, 또는 예견된 행동을 보고 그들이 믿고 끝까지 믿음을 지키고 있는 것을 보고 그들만을 구원하시려는 조건적인 의지, 그리고 계속해서 회개하지 않고 불신앙 상태에 있는 자들을 비참함에 빠뜨리는 모든 것들이 다 하나님께 기인하는 것으로 묘사한다. 물론 이 선행 의지는 절대적인 것은 아니라 조건적이며, 효율적인 것이 아닌 비효율적인 것이다. 따라서 그들은 하나님을 결코 벌어지지 않는 일을 바라시는 의지를 지니신 하나님으로 묘사하는 것이다. 그러므로 하나님은 발생하도록 할 수도 없는 신이거나 그럴 의지조차도 없는 분으로 말하는 것이다. 하나님께서 발생케 할 의지가 없는 분으로 말하는 것은 그들 스스로 모순을 일으키는 것이다. 또는 하나님을 서로 반대되고 상충되는 두 개의 의지를 가지신 분으로 묘사하는 것이다. 하나는 효력을 발하는 의지요, 결과적인 의지에 의하여 수반되는 것이며 다른 하나는 그렇지 않은 의지이다.

모든 사람을 구원하시고자 하지만 사실은 많은 사람들이 멸망케 되는 조건적 의지를 하나님이 가지고 계신 것으로 묘사하는 것은 하나님을 결코 일어나지 않을 것을 아시는 의지를 가지신 분으로 나타내는 것이다. 그것은 하나님 안에서 살며 기동하며 존재하는 피조물들의 의향들과 행동들에 대한 하나님 자신의 목적들과 계획들을 중단시키는 것이다. 그리고 하나님께서 진정으로 달성하시고자 하는 것은 전적으로 인간들에게 의존되는 하나님으로 말하게 되는 것이다. 이 모든 것들은 확실히 하나님께서 피조물들을 주관하시는 최고 우월권과 피조물들과 하나님과의 관계에 있어서 하나님의 위치를 확연하게 나타내는 하나님의 완전하심과 통치권과 관련된 것들을 우리가 믿도록 가르치고 있는 것과는 완전히 상충되는 것이다.[88]

만일 인간 개개인의 구원과 관련하여 하나님의 작정하심이나 목적하심이 알미니안들이 가르치는 것처럼 전적으로 인간들의 믿음과 끝까지 유지하는 것에 대한 예지 위에 근거한 것이라고 한다면 이것은 하나님을 자신의 계획과 목적들을 달성하시기 위해서는 전적으로 인간들에게 의존하시는 분으로 나타내는 것이다. 반면에 그것은 세상의 도덕적 역사를 구성하고 있는 일련의 모든 사건들, 그리고 어떤 측면에서 인간의 영원한 운명을 결정하시는 것들이 다 전적으로 설명되지 않거나 납득되지 않는 것으로 남게 하는 것이다. 이것은 하나님에 의해서 규정되거나 조정되는 것이 전혀 아닌 것이다. 인간의 행동들과 운명과 관련하여 하나님께 기인하는 것으로 묘사하는 최고의, 실로 유일한 근거는 단순히 하나님이 그것들을 예견하신다는 것이다. 하나님이 예견하신 이것을 행하시는 것이지 그 이상은 아무 것도 없다. 그것은 인간들의 미래나 어떤 존재가 될지에 대해서 단언하고 결정하는 것은 알미니안들에 의해서 전적으로 설명되지 않은 채로 남아 있는 것이다. 반면에 칼빈주의자들은 이것이 하나님 자신의 완전하신 속성에 따라 실행하시는 하나님의 뜻에 기인하는 것이라고 주장한다. 인간의 영원한 운명을 언급함에 있어서 후속 결과물(consequent results)과 함께하는 그들의 특별한 특성은 실질적으로 인간 스스로에 의해서 결정되어지는 것이다. 왜냐하면 알미니안들은 하나님의 섭

---

88) Turrettin. Loc. iii., Qu. xv. and xvi.

리하심과 은혜가 어떤 의미로서든 인간의 행동들의 산물과 연계되어 실행하는 것이라는 것을 반박하지 않기 때문이다. 그러나 하나님이 어떤 확실한 효율적이고 확정적인 영향을 미쳐서 인간들이 그렇게 행동하게 된다는 것은 부정한다. 세상을 다스리심에 있어서 시간적으로 하나님께서 하시는 것은 영원부터 그가 목적하신 것이거나 혹은 결단하신 것이다. 알미니안들은 이런 입장을 거의 부인할 수가 없다. 그러나 그렇다면 그것을 인정하는 것은 그들을 사건들 혹은 나타난 결과물들이 발생함에 있어서 하나님의 방편의 범위와 효율성을 제한시키고자 더 단호한 입장을 띠게 할 뿐이다. 그리고 하나님으로부터 좋은 특성들과 좋은 행실들을 낳게 함에 있어서 결정적인 영향을 없애버리게 한다.

칼빈주의자들은 시간적으로 이 세상에서 벌어지는 모든 것들을 영원한 때부터 정하신 하나님의 작정하심의 원리를 여기에 적용시킨다. 성경에서는 인간에게 있어서의 영적으로 선한 믿음과 중생의 산출은 전부 다 하나님이 하시는 일로 나타낸다. 그 모든 것들이 다 하나님의 효력적이고 결정하시는 방편에 기인하는 것으로 묘사하고 있는 것이다. 믿음과 중생은 구원과 관련한 모든 경우에 하나님께서 배치하신 것에 따라서 서로 분리될 수 없는 것들이다. 만일 앞에서 언급한 일반적인 원리가 사실이라면 하나님께서 믿음과 중생을 일으키실 때마다 하나님은 영원한 때부터 하시려고 목적하신 것을 때가 되어 하신다는 것으로 이어지는 것이다. 그것은 하나님께서 영원한 때부터 반드시 일어나도록 결심하신 것을 효과 있게 하려고 행하시는 것이다. 즉 하나님께서는 일부 사람들의 영원한 구원을 이루시고자 그들에게 믿음과 중생을 수여하시는 것이다.

그러므로 전체 이 논쟁에서 믿음과 중생을 발생하게 함에 있어서 신적 은혜의 확실하고 확정적인 효과에 대한 주제가 얼마나 중요한 것인지를 보게 될 것이다. 갱신과 통제에 있어서 하나님의 은혜의 확실하고 꺾이지 않는 효과를 배제하는 것으로서 모든 알미니안의 논지는 본질적으로 그런 하나님의 자기 결정력을 인간의 의지에 예속되는 것에 대한 설명과 밀접한 관련이 있다는 것을 드러낼 뿐이다. 믿음과 중생의 발생이 어떤 사람들에게는 허락되고 어떤 자들에게 허락되지 않는 것은 하나님의 일이다. 그것은 실로 인간의 정신적인 구성 원칙에 따라 그들에게 주어지지만 그것을 낳기에 필요한 능력이 발휘될 때마다 여전히 확실하게 그리고 오류가 없이 하나님에 의해 주어지는 것이다. 그것은 효과를 발휘할 수 없는 일이 벌어짐이 없는 실질적 결과물이다.

만일 이것이 믿음과 중생이 발생됨으로 말미암는 기관이라고 한다면, 이런 의미에서 그것들을 낳는 원인이 하나님께 있다고 한다면 그것들이 발생하게 될 때마다 그것들을 낳도록 영원한 때부터 하나님께서는 반드시 작정하셨거나 목적하셨어야만 한다. 물론 그것들의 존재가 불가불 연계되어 있는 궁극적이고 영구적인 결과를 낳도록, 즉 죄로부터 구원을 받는 것과 영원한 행복에 이르는 결과를 낳도록 해야 하는 것이다. 인생의 대 전환점이 되는 믿음과 중생을 낳는 것이 각각의 경우에 인간 자신의 자유 의지의 행사에 달려 있고, 신적 은혜는 단순히 보좌하는 것이거나 협력하는 것에 불과하여 확실하게 *그 결과를 결정하는 것*이 아니라고 한다면, 그렇다면 이 논리를 따른다고 할 때 하나님께서 실로 그 문제에 있어서 하나님께서 하실 것들을 영원한 때부터 작정하셨을 것이라고 말하는 것이 가능할 수 있다. 그러나 그 결과가 실질적으로 발생하는 문제와 관련하여 여전히 각각의 개인은 그에게 하나님께서 주신 은혜를 향상시키기 위해 무엇을 할 것인지를 예견할 수 있을 뿐이며, 인간의 궁극적인 운명과 관련하여 하나님께서 목적하신 모든 것에 대해서는 단순히 예견하신 것에 의하여 전적으로 규정되어질 수 있는 것이다.

반면에 만일 하나님께서 믿음과 중생을 낳게 하신다면, -만일 그것이 실로 그것들이 발생하도록 결정하시고 보장하시는 분이라고 한다면, 하나님께서 때가 되어 행하시는 모든 것이 다 영원부터 행하심을 결정하신 것이라는 이 일반적 원리 위에서 우리는 하나님께서 믿음과 중생을 주시기로 선택하셨고, 그에 의해서 그들을 구원하시기 위하여 하나님이 그렇게 하신다는 결론을 내리지 않을 수 없다. 따라서 믿고 구원받게 되는 자들의 믿음과 구원은 그들을 선택하시고 그의 전능하신 은혜와 그 영원한 영광의 상속자들로 삼아주신 하나님의 선하시고 기뻐하시는 뜻에 기인한 것이라는 결론이다.

물론 (믿음과 중생을 낳는) 그 결과들 혹은 사건들은 그것들을 낳게 하시는 하나님을 생각할 때 하나님의 의지의 표현들이거나 가리키는 것들이 분명하다. 하나님의 완전성, 최고 우월권 및 섭리하심에 대하여 이성적으로나 성경의 가르침에 근거한 이 일반적인 입장들은 어떤 측면에서든 나타난 모든 사건들이나 결과물들이 어떤 것들이든 다 하나님이 역사하신 것과 관련이 되었다고 믿기에 충분한 근거를 제공한다. 만일 하나님이 그렇게 선택하셨다면 장차 발생할 그것들이 발생하지 못하도록 하나님께서 막으셨을 것이다. 그러므로 하나님은 적어도 그런 일이 발생하도록 또는 발생하도록 허용하시는 하나님의 작정이나 목적이 있어야만 하는 것이다. 하나님의 역사(agency)는 모든 사건이나 결과를 낳게 함에 있어서 같은 방식이나 같은 정도로 사용되지 않는다. 그리고 신적 의지를 표현하거나 나타내는 충만함과 명료성은 그것들이 일어나도록 배치하신-물론 그렇게 목적하신- 하나님의 역사하시는 종류와 정도에 달린 문제에다.

이 역사는(agency) 동일한 방식 혹은 정도(degree)로 수행되지 않는다. 즉 사람들의 나쁜 행실을 허용하는 것에서나 또는 선한 행실을 허용함에 있어서 다 똑같은 방식이나 정도로 나타나는 것이 아니다. 인간의 선한 행실들에 있어서 하나님의 작정하심의 의지(voluntas decreti)와 그의 작정하심의 교훈(voluntas præcepti)-그의 은밀하고 계시된 의지-은 일치하고 병합된다. 하지만 인간의 죄악된 행실에 있어서는 그렇지가 않다. 그러므로 악한 행실들이 선한 행실과 같은 의미로 혹은 그런 범주 내에서 하나님의 뜻을 나타낸다거나 가리키는 것으로 볼 수 없다. 여전히 우리는 그것들을 전적으로 하나님의 작정하심의 의지로부터 그 모두를 배제할 수는 없다. 그것들도 하나님의 일반적인 섭리하심의 체계 안에서 이해되기 때문이다. 하나님의 지혜와 거룩한 목적들을 세우시고자 그것들도 하나님에 의해서 직접 지시되고 관장되기 때문에, 그리고 적어도 하나님께서 선택하셨다면 그것들이 일어나지 않도록 막으실 수 있기 때문에, 하나님이 그모든 것들을 허용하시기를 작정하셨거나 결정하신 분으로서 인간의 악한 행실들이 하나님의 작정하심의 의지로부터 완전히 배제될 수 있는 것은 아니다.

알미니안들은 이러한 위대한 원리들을 적용시키는 것을 배제하거나 제한하고자 하는 자신들의 주된 시도를 이성적이고 책임 있는 존재들에게 있는 자유의지에 기초하여 설명한다. 우리는 이전에 은혜의 효능에 대한 주제를 논의할 때 이 주장이 충족되어야 할 고려사항을 언급한 적이 있었다. 즉 이런 논리적 설명을 주장하는 것은 하나님께서 자신이 인간에게 주신 규율에 따라 인간의 행실과 운명에 효력을 미치는 모든 일들에다 절대적으로 하나님의 통제 범위 밖의 놓여 있는 어떤 유형의 존재들을 하나님께서 창조하셨다는 그 개념의 불합리성을 보여줌으로 말미암아 그렇게 하였다. 그리고 칼빈주의자들이 인간의 행동들과 성격 및 운명을 배치하거나 결정하심에 있어서 필연적으로 사람으로서 사람에게 붙어있는 것 혹은 의지로서 의지에 붙어 있는 것에 대한 어떤 위반이나 침해를 내포하는 하나님의 역사하심에 기인하는 것으로 말하는 것의 증명이 불가능하다는 것을 지적함으로 알미니안의 논리적 문제점을 언급했었다.

발생한 인간의 일반적인 행동들에는 하나님의 역사하심이 있다는 것은 맞는 말이다. 그리고 이 역사하심의 성격과 결과물들에는 자유의지의 제한이 있다는 주장 역시 틀린 말이 아니다. 그러나 우리는 하나님의 역사하심과 인간들의 행동들에 대하여 즉각적으로 가장 중요한 부분으로 말해질 수 있는 것, 즉 구원 문제에 있어서 뗄 수 없는 관련을 지닌 믿음과 회심의 산출과 그 실행에 관하여 성경이 우리에게 제공하는 온전하고 독특하며 특별한 정보를 가지고 있다. 그리고 이 정보는 우리에게 하나님께서 믿음과 회심의 발생이 인간 의지의 능력들이나 역량들에 달려있게 내버려두지 않으시고 하나님 자신이 그것들을 발생시키시며 그런 일이 일어나는 곳에서는 확실하게 그리고 오류가 없이 그 자신의 전능한 힘으로 발생시키신다는 것을 확실하게 가르쳐주고 있다. 물론 이미 설명한 원리들 위에서 이 전능한 힘으로 때가 되면 나타나게 됨을 영원부터 작정하셨거나 목적하셨기 때문이다. 그런 현상이 나타나는 결과는 하나님이 그렇게 하신 것이라고 하는 그 설명만으로 충분하고 그런 효력발생의 적절한 원인인 것이다. 이런 효과들이 분리될 수 없는 산물들과 함께 궁극적인 그 결과물들을 다 낳게 만드는 것은 하나님의 전능한 역사이다. 이것이 사실이라면 다음과 같이 결론짓는 것은 피할 수 없게 된다. 하나님께서 믿음과 회심을 낳도록 그의 전능한 힘을 발휘하지 않는 모든 자들과 관련하여 하나님께서는 영원부터 이런 사람들을 버리시기로 작정하시거나 목적하셨다는 것이다. 그들을 그들의 본성적인 죄책과 부패 가운데서 멸망의 자리에 남겨두시고 하나님의 영광스러운 공의를 찬미케 하셨다는 결론이다.

12. 예정에 관한 성경적 증거

우리는 성경과 이성에 의해 즉각적으로 가르치는 다른 원리들과 교리들로부터 도출해낸 칼빈주의 예정론 교리를 지지하는 몇몇 주된 주장들을 설명했다. 또 필요한 결과에 따라, 특히 모든 미래의 사건들에 대한 하나님의 예지를 포함한 하나님의 전지성 교리들과 하나님의 주권 혹은 최고 우월권 혹은 규정하는 하나님의 권리에 대한 교리, 그리고 그의 실제적인 규정하심에 대하여 하나님 자신의 뜻에 따라서 모든 것이 발생한다는 예정론 입장을 설명했다. 더 특별히 구원에 필연적으로 수반되는 믿음과 중생에 의해서 전능하고 틀림없이 효과적인 것을 수여하심에 드러나는 것들은 어떤 사람들에게는 이런 것이 나타나고 다른 사람들에게는 누락되거나 배제된다는 것을 설명했다. 이 위대한 하나님의 전지성과 주권론 교리들은 계시 종교에 의해서나 자연적인 현상에 의해서 가르쳐지는 것이다. 무슨 일이 벌어지든 그것들은 하나님께서 미리 정하신 것들이며 하나님께서 그의 모든 피조물들의 영원한 운명들을 결정하신다는 교리가 성립된다는 충분한 자료들이 제공됨을 증명하고자 하였듯이 만일 그것이 사실이라면, 칼빈주의 신학체계가 일관성이 있는 것만이 아니라 또한 모든 가치 있고 적확한 개념들에 의해서도 요구되는 교리체계로서 우리는 신적 완전성과 최고 우월권을 확립할 수 있다.

성경에는 칼빈주의 예정론을 지지하는 만족스러운 증거를 제공하는 것들로서 명확하게 계시된 다른 원리들이나 교리들이 있다. 그 원리들과 교리들은 죄인들의 구원을 위하여 하나님께서 고안하시고 실행하시는 계획의 특성과 방편에 더 근접한 것으로서 순수한 계시의 문제들과 연계된 것들이다. 그리고 사람들을 본성적인 죄책의 상태와 부패로부터 건지시고자 그리고 그들로 영원한 복락들을 즐거워하는 자리에 들어가도록 준비시키는 일을 위한 계획의 특성과 방편들에 더 즉각적으로 진입케 하는 원리들과 교리들이다. 이 일반적인 기사는 하나님께서 인류의 집단과 구별되는 특별히 선택된 사람들을 가지고 있다는 것에 대해서 성경이 가리키고 있는 모든 것들을 이해하는 것이다. 그리고 사람들 중에서 택함받은 자들의 구속주가 되고 수장이 되는 그의 아들을 주신 것들에 대한 내용들, 그리고 하나님의 특별한 돌봄과 사랑에 관하여, 그리고 이 모든 것들이 다 연계되어 있는 방식과 태도에 관하여, 구원받게 되는 궁극적인 구원과 함께 언급된 모든 내용들을 이해하게 된다.

그리스도께서 세상에 보내심을 받은 목적과 관련하여 성경에서 주장하거나 가리키고 있는 모든 것, 그리고 타락과 구원과 관련되어 인간의 파멸과 회복을 효력 있게 하거나 효력을 발하는 그의 낮아지심과 고난 및 죽으심의 목적들은 하나님의 기뻐하시고 선하신 뜻으로 말미암은 것이다. 이 뜻으로부터 하나님께서는 어떤 사람들은 영생을 얻도록 그리고 *이 사람들을* 변개함이 없이 영원한 구원에 이르도록 결정하신 것이다. 그리고 실로 이것은 이 주제에 대한 다른 어떤 교리와도 일치하거나 조화될 수 있다. 이 모든 주제들에 대한 성경의 일반적인 흐름은 하나님께서 어떤 사람들을 구원하시고자 영원부터 택하셨는데 그들 안에 뛰어난 뭔가가 있어서 그것들을 보시고 그것들에 의해서 하나님이 그들을 선택하시게 된 그 동기나 원인이 없이 택하셨다는 것이 포함시키지 않는 교리체계와는 조화될 수 없는 것이다. 또 이 선택이나 택함이 그들의 구원에 기여하거나 이바지할만한 모든 것의 원천이거나 출처라는 것이 내포된 것이 아니라든지, 그리고 그 결과를 확보하기 위하여 효과적인 계획이 세워졌다는 것을 함축하고 있는 것이 아니라는 교리체계와도 어울리는 것이 아니다. 간단히 말해서 본질상 인간의 멸망과 버려짐에 관련하여 성경에 명시된 모든 것들, 그리고 그들의 건짐과 구원을 위하여 마련된 방안들, 멸망된 사람들과 관련된 신적인 목적이나 계획과 연관된 것으로 선언하거나 말해지는 모든 것들, 아들의 대속적 사역의 목적이나 의미, 믿음과 회심, 거룩과 견인을 낳게 함에 있어서 성령의 효력적인 역사하심 등 이 모든 것들은 성경의 가르침들과 완벽하게 조화된다. 그 모든 것들을 다 병합할 때 칼빈주의 신학 체계를 형성할 수밖에 없다. 하나님의 기뻐하시는 선한 뜻을 따라서 어떤 이들은 구원하신다는 하나님의 선택교리, 그들이 아들에 의해서 구속되도록 아들에게 인도되고, 그리스도께서 그들을 위해서 값 주고 산 복락들을 그들에게 적용하도록 성령을 보내주시고, 따라서 그들이 영생복락을 즐기도록 보장해 주시며, 하나님의 은혜의 영광을 찬미케 하신다는 칼빈주의의 모든 신학 체계를 형성하는 것이다. 이것이 그 자체와 실질적으로 일치하는 교리의 유일한 체계이다. 또한 이것은 인간의 본성적인 상태와 역량들과 관련한 하나님의 모든 말씀 전반에 걸쳐 드러나고 있는 근본적인 원리들과 실질적으로 잘 조화 될 수 있는 유일한 교리체계이다. 그리고 구원받게 되는 자들의 구원에 있어서 드러나는 하나님의 은혜와 역사하심과 잘 어울리는 유일한 교리체계이다.

그러나 나는 하나님의 완전성과 최고 우월성과 관련하여 성경에서 가르치고 있는 다른 특별한 교리들로부터 혹은 일반적인 원리로부터 능히 도출되는 칼빈주의 예정론을 지지하는 일에 더 이상 머물 필요는 없다고 본다. 그리고 구원의 주도적인 방안들과 배치체계나, 은혜의 언약에 대한 것도 더 언급할 필요는 없다. 그리고 이제 더 진행시키고자 하는 것은 앞서 언급한 그 구분에 따라서 논의된 이 예정 교리의 성경적 증거들을 좀 더 관찰하려는 것이다. 다시 말해서 논의에 있어서 명확한 요점을 직접적으로나 즉각적으로 더 잘 부각하고 있는 성경적 설명들이 무엇을 의미하는지를 탐구하는 것을 포함하여, 그 용어들의 보다 제한적 용도 측면에서 관찰하고자 한다. 물론 나는 그 증거를 상세히 강론하려는 것이 아니다. 그러나 단지 그것과 관련하여 이 주제를 연구하는 일에 도움이 되기에 적합하다고 여겨지는 몇 가지 점들을 제시하고자 할 뿐이다.

제한적으로 규정된 이 주제가 예정에 대하여 직접적으로 그리고 즉각적으로 언급하고 있는 성경적 진술들만 포함하고 있다고 하더라도 그것은 그리스도의 죽으심의 목적이 개별적인 목적들과 관련하여 한정적이거나 특수한 것임을 명백하게 가리키고 있는 성경적인 설명들이나, 그리고 믿음과 중생을 일으키는데 필요한 은혜로운 역사하심의 실질적인 실행 혹은 작용하심에서 한정적이거나 특별한 자들에게 향한 것임을 다루고 있는 모든 성경적인 진술들은 칼빈주의 예정론 교리의 진위를 추론하거나 함의하는 방식으로 이끌어 내는 것이 아니라 보다 더 직접적인 것들을 보여주고 있는 것으로 간주되어야 한다는 것을 기억하는 것이 중요하다. 생명에 이르는 특별한 속량을 받는 절대적인 개인적 선택교리와 회심에 있어서 효과적인 은혜의 특별한 구분 사이의 차이점은 너무나 명확하고 너무나 밀접하다. 유추나 개연성을 논하기에는 그 어떤 여지도 남기지 않는다. 실로 그것들은 하나의 위대한 교리에 속한 것이다. 그 모든 것들의 진실성에 대한 증거는 직접적으로 그리고 필연적으로 나머지 교리들까지 다 확립시킨다. 물론 그 체계는 구원의 방식과 관련하여 성경에서 가르친 근본적인 모든 원리들을 부인함에 있어서 유일하게 일치하는 것이지만 복음주의 진영과 구별되는 것으로서 더 펠라기안적인 알미니안 체계는 이런 요점들과 그 자체로는 동일하게 일치되는 것이라고 인정될지도 모른다.

따라서 옛 알미니안들은 칼빈주의 예정론에 반대하는 자신들의 주된 논박을 하나님의 말씀으로부터 나오는 성경적인 것이라고 고백하는데 익숙한 자들이다. 즉 그리스도께서 모든 사람들을 위하여 죽으셨다는 것이다. 그것은 모든 사람을 위하여 그리고 모든 개개인을 위하여 죽으셨다는 것이다(*pro omnibus et singulis*). 하나님은 모든 사람들에게, 적어도 복음이 선포되어지는 자들 모두에게 회개하고 믿도록 충분한 은혜를 주신다는 것이다. 좀 더 복음적인 알미니안들이 주장하는 기독교 교리 체계의 표현에는 동일한 일관성이나 조화가 없다. 왜냐하면 인류의 전적인 타락에 대한 그들의 견해, 그리고 믿음과 중생을 일으키는 성령의 역사하심의 특성에 대한 그들의 교리적 입장을 그들이 충분히 따른다면 그들은 칼빈주의에 도달할 수밖에 없다는 것을 인정하게 되기 때문이다. 다른 견해들은 칼빈주의 교리를 붙들고 있으면서 동시에 보편적 구속교리를 내세우는 것은 결코 완전히 일관성 있는 입장을 유지할 수 없는 것이다. 우리가 이미 언급한 것과 같이 그들의 교리 체계는 본질적으로 여기에 집중된다고 본다. 즉 그들은 하나님의 사랑이 모든 사람들을 향한 것이라고 금방 주장하고 다시 금방 부인하거나 혹은 하나님이 모든 사람을 구원하시려는 목적이나 욕구를 가지고 계신다고 주장하면서 또 즉시 부인하는 꼴이 되기 때문이다. 보편속죄론을 주장하기에 만인을 향한 사랑을 주장하게 되고 그리고 하나님의 영원하신 목적이나 작정하심을 실행하심에 있어서 어떤 사람들에게는 특별하게 효과적인 은혜가 수여된다는 주장을 하는 것은 곧 보편속죄론을 부정하는 꼴이 되는 것이다.

그러나 회심에 있어서 특별 속죄론과 특별히 구별되는 효과적인 은혜 교리를 확립해 주는 성경적인 진술들은 어쩌면 단순히 추론하는 방식이 아니라 직접적으로 칼빈주의 예정론 교리를 증명하는 것임을 기억하는 것은 매우 중요하다. 그러나 우리가 이러한 위대한 교리들을 이미 살펴보았기에 이제 우리는 예정이나 선택에 관하여 직접적으로 그리고 즉각적으로 언급하고 있는 성경적인 중요한 진술들의 참 의미와 중요성을 다루는 논의들을 집중적으로 관찰하고자 한다. 즉 본문 말씀, *προγινώσκω*, *προορίζω*, *προτίθημι*, *προετοιμάζω*, *εκλέγω*[89])과 그들과 같은 어근을 가지고 있는 단어들은 인간의 특성과 궁극적인 운명과 연관되어 사용된 것들이다.

이런 용어들이 등장하고 있는 다른 본문들은 그것들의 특성이나 문자적인 중요성 측면에서 칼빈주의 교리를 지지하는 것들임을 반박하기에는 너무나도 명백한 것들이다. 나는 그 사실을 언급한 적이 있었다. 즉 그것은 독일 이성주의자들에게는 옛 소시니안들과는 달리 사도들이 복음적이고 칼빈주의 교리를 믿고 가르치고자 한다는 것이 명백하고 확실하다고 인정한다는 것은 드문 현상이 아니다. 그리고 철학과 비판주의 원리들과 규범들의 공정한 적용에 일치하고 있는 그들의 진술들은 다른 어떤 해석을 허용할 수 없는 것임도 시인한다. 물론 그들은 이런 교리들을 믿는 것이 어떤 사도의 권위에 근거한 것이라고 여기지는 않는다. 우리가 지금 살피고 있는 주제들과 관련하여 발생하고 있는 사례를 언급하고 가는 것이 유익하다고 본다. 그것은 할레 대학의 신학교수 중 한 분으로 일한 백샤이더(Wegsheider)교수가 쓴 기독교 신학 교리 강요『*Institutiones Theologiæ Christianæ Dogmaticæ*』에 나타나 있다.[90] 이 책은 주로 이성주의

---

89) 역자 주) 사전에 예정하심(행26:5, 벧후3:17), 미리 정하심(행4:28, 롬8:29), 미리 세우심(롬 3:25, 엡1:9), 미리 준비하심(롬9:23, 엡2:10), 미리 선택하다(눅6:13, 행13:17, 고전1:27). 헬라어 순서대로 적어보았다.
90) part iii., c. iii., § 145.

적 신학의 주교재로 사용된다. 여기에서 그는 이러한 용어들이 자연스럽게 그리고 타당하게 하나님에 의한 영생복락에 이르게 하는 예정 혹은 인간의 선택을 표현하고 있다고 인정한다. 그러면서 다음과 같이 부연했다: '언급되어지는 다른 의미의 성경적 용도에 대해서 무지하지 않는 한 그것들은 이러한 범주에 속한 것이라 말할 수 있다.'[91] 그는 사도가 이 교리를 견지하고 있는 것이 신적 효력과 관련하여 가공되지 않고 있는 그대로 발전되지 않은 시대의 잘못된 개념 때문이며 그리고 사도들이 전적으로 전달하지 않은 유대적 특수주의 양식에 기인하는 것이라고 하면서 그것은 성경의 다른 부분들과 모순된다고 주장하고 있다. 그러나 이것은 사도 바울이 믿고 가르친 것이라는 바울 자신의 증언의 가치를 크게 훼손하는 것이 아니다. 비판적으로 탐사된 그의 말들은 다른 그 어떤 의미도 인정하지 않는다.

언급된 본문들은 하나님께서 사전에 모든 남은 사람들 가운데서 어떤 사람들을 선택하셨거나 선발하셨다는 개념을 도출하기에 매우 적합한 것으로 보인다. 따라서 선택되거나 뽑힌 이 사람들은 특별한 특권을 즐기게 되고 어떤 특별한 목적이나 뜻을 섬기기 위한 의도를 가진 본문들로 판단하기에 적합한 것들이다. 이 용어들 자체를 살펴보아도 그런 의미가 매우 자연스럽다는 것을 가리키고 있는 이 일반적 개념은 알미니안 교리와는 완전히 상충되는 것이다. 우리가 앞에서 설명했듯이 알미니안 교리는 진짜 선택을 전적으로 인정하는 것이 아니다. 이 용어들이 사용된 그 연계성으로부터 더 분명하게 나타나는 것은 첫째, 이 예정이나 선택이 인간의 선택에 근거한 것이 아니라는 점이다. 즉 하나님께서 인간을 왜 선

---

91) 'nec nisi neglecto Scripturarum sacrarum usu loquendi aliæ significationes, mitiores quidem, illis subjici possunt.'

택하셨는지 그 이유나 원인이 인간의 선택이나 결정에 근거한 것이 아니다. 그것은 오직 하나님 자신의 기뻐하시는 뜻으로 말미암은 것이다. 둘째, 그것은 개개인의 예정이나 선택이다. 단순히 인간 집단이나 군중에 대한 예정 혹은 선택이 아니라 개별적인 것이다. 셋째, 선택이나 선발은 그들의 영원한 구원에 직접적으로 효과를 미치는 것이다. 확실히 그 결과를 낳게 된다. 그러기에 칼빈주의 이 교리는 온전히 성립된다. 물론 칼빈주의자들은 이 모든 세 가지 입장이 다 성경에서 사람들 가운데서 하나님이 제정하시는 선택과 관련한 교리를 확고히 세우는 것임을 견지하고 있다. 반면에 알미니안들은 이것을 부정한다. 이 시점에서 예정이나 선택에 있어서 하나님의 행동을 언급하고 있는 성경적인 진술들의 의미와 관련하여 취해진 그 논쟁의 가장 중요한 요점이 언급되고 있는 것이다.

이 입장의 *첫 번째*는 이것이다. (구원은 전적으로 하나님의 주권적 의지이다.) 즉 인간을 구원하시기로 선택하게 된 원인이나 이유가 인간에게서는 그 어떤 것도 있지 않고 오직 하나님의 기뻐하시는 선한 뜻으로 말미암는 것이라는 사실에 근거한 입장이다. 전적으로 하나님께로 말미암은 것이라는 입장은 명백하고 분명하게 성경에서 언급되어 있다. 특별히 바울 서신인 로마서 9장에서 명백히 나타난다. 알미니안들은 이 부분에 대해서 이의를 제기하는 모험을 거의 하지 않는다. 우선 이런 설명은 좀 놀랍지 않은가? 인간의 믿음과 인내에 대한 예지에 근거한 선택은 언제나 주장하듯 알미니안의 두드러진 입장임을 우리는 알고 있다. 만일 그들이 이것에 대해서 반박하지 않는다면 그들은 그들의 전체 원인을 포기하는 것이다. 그 설명은 여기에 놓여 있다. 그 선택이 인간의 믿음과 인내에 대한 예지에 근거한 것이라는 그들이 그 입장을 붙들고 있을 때, 그들은 그 선택이라는 단어를 어느 정도는 상대방이 사용하는 방식에 맞게 어떤 의미로 사용했지만 그것이 일반적으로 성경에서 사용된 의미는 아니라는 것이다. 선택이 인간의 믿음과 인내에 대한 예지에 근거한다고 말함으로 사실 우리가 이미 설명했듯이 그들은 그것이 선택이라는 것을 부인하는 것이다.

칼빈주의를 반대함으로써 알미니우스와 그의 추종자들이 제시한 알미니안 교리의 진실성과 타당성은 이것이다. 선택교리에 대한 칼빈주의자들의 일반적 개념과 유사한 것을 나타내는 유일한 의미의 선택교리의 모든 것은 믿고 믿음을 끝까지 지켜내는 자들 모두를 구원하시고, 회개하지 않고 믿지 않는 가운데 지속적으로 남아 있는 사람 모두에게 형벌을 내리신다는 하나님의 일반적인 정하신 목적이다. 그래서 만일 구원하기로 한 개개인에 대한 하나님의 선택이 있다고 한다면 그것은 전적으로 인간의 믿음과 인내에 대한 예지에 근거할 뿐이다. 이것이 칼빈주의자들이 주장하는 영생에 이르는 개별적 선택이 아니라는 것을 주장하는 한, 선택의 이유가 선택된 사람들 안에 있는 그 어떤 무엇이 아니라 성경에는 오직 하나님의 기뻐하시는 뜻으로 말미암는다는 것을 가르치고 있는 하나님의 선택이 있다는 것을 동의하는 것과는 필연적으로 일치하지 않는 것이다. 그것 외에는 아무것도 없다. 즉 앞에서 언급한 세 가지 중 하나를 부정하든 다른 두 가지를 부정하든, 또는 다시 말해서 성경에서 말하고 있는 하나님의 선택은 개개인의 선택이 아니라 국가적 혹은 인간 집단적 선택을 말하는 것이라고 주장하는 한 그렇다. 또한 그것은 믿음과 구원에 이르게 하는 선택이 아니라 사람들이 선택한 그 특권을 향상시키든지 아니하든지 단순히 외적 특권들을 누리는 것이다.

사람들이 진리를 반하고 성경적인 진술들의 명백하고 분명한 의미를 왜곡시키려고 부단히 애쓸 때, 흔히 나타나는 혼란 가운데서 일부 알미니안들은 심지어 로마서 9장에서 언급하고 있는 하나님의 선택조차도 하나님의 기뻐하시는 선한 뜻에 기인한 것이 아니라 사람들 자신들 안에 존재하고 있는 것을 미리 보신 것에 근거하고 있다고 말하는 것이 사실이다. 그러나 이들은 오류에 대해서 가장 존경스럽거나 공략하기 힘겨운 옹호자들인 적은 없었다. 알미니안의 성경적인 논의에 대한 가장 그럴듯한 방어자들이 이 점을 인정하듯이 주요 난제가 놓인 부분을 설명하는 것은 적절한 일이다. 그럼에도 불구하고 그들은 여전히 이 특허(concession)를 붙들고 있을 수 있다. "사도 바울의 서신에 있는 난제들에 대한 몇 가지 소고"라는 제목이 붙은 그의 세 번째 작품에 "선택에 대한 소고"에서 웨이틀리 대주교는 성경에서 사용되고 있는 *선택하다*는 단어 대다수가 다 임의적이고 무관심하며 무조건적인 작정과 관련이 있음을 특별히 인정하고 있다.[92] 그리고 *이것을 부정함*으로 말미암아 이 단어가 쓰인 성경의 본문들을 근거하여 칼빈주의자들의 반박을 답하고자 애쓰는 알미니안들은 그들이 생각한 것과는 달리 그 입장을 유지할 수 없게 된다.

앞에서 언급한 다른 두 가지 입장들은 성경에서 칼빈주의 논지들이 올바른 것으로 확립하기 위해서라도 증명이 필요한 것들이다. 첫째, 어떤 사람들을 개별적으로 선발하거나 선택하심이 전적으로 하나님께 기인하는 것이지 국가별 혹은 대중 집단을 선택하는 것이 아니다. 둘째는 그것은 단지 외적 특권을 누리는 선택이 아니라 믿음과 구원에 이르게 하는 선택이다. 알미니안들은 성경에 그렇게 말하는 선택이 있음을 부인한다. 그리고 주장하기를 하나님께 기인한다고 말하는 유일한 선택은 택일이다. 즉 우선 국가들 혹은 사람 집단 중에서 하는 선발이지 개별적인 선택은 없다는 것이다. 둘째는 외형적인 특권이나 은혜의 수단을 누리게 하는

---

92) 『Essays』, 135, 139, 제 5 판, 1845.

선택이다. 그러나 이것은 믿음과 구원에 이르게 하는 것이 아니다. 몇몇 알미니안들은 칼빈주의자들의 논지를 반박하는 일에 있어서 이쪽의 하나를, 다른 자들은 다른 쪽의 하나를 선호한다. 그리고 성경의 증거를 피하고자 한다. 반면에 다른 사람들은 다시 긴급 상황에 따라 두 가지 방법을 모두 사용하는 것이 좋다고 생각한다. 그들 사이에는 본질적으로 외관상으로 차이점이 있는 것은 아니다.

알미니안들은 하나 혹은 다른 하나의 회피 모드를 사용하는 것이 일반적인 관행이다. 하나 혹은 다른 하나의 회피 방식은 그들에게 더 그럴싸한 자료들을 제공하는 것처럼 보일지 모른다. 특히 칼빈주의를 선호하는 논지를 뒤바꾸게 하는, 그들이 연구하고자 하는 특별한 본문으로부터 도출된 더 가능성이 농후한 자료들을 제공하는 것처럼 보일지 모른다. 웨이틀리 박사가 취한 근거는 대부분의 경우 임의적이고 무관심하며 무조건적인 작정과 관련이 있음을 인정하면서 성경에서 하나님께 기인하는 것으로 말하는 선택은 믿음과 구원에 이르는 선택이 아니라고 한다. 그것은 오직 외형적인 특권들 혹은 은혜의 수단을 사용하게 되는 선택일 뿐이며 그 특권들이나 은혜의 수단 사용을 향상시키거나 그렇지 않거나 그것은 그들의 선택에 달려있다는 것이다. 사도적 설교라는 글에서 켄터베리 대주교인 숨네르(Sumner) 박사는 다른 근거를 취하였다. 그리고 선택은 개별적인 선택이 아니라 국가들의 (집단) 선택이라는 입장을 취하였다.[93]

물론 이러한 질문들은 그 주제를 언급하고 있는 특별한 본문들에 대한 신중한 연구에 의해서만 결정될 수 있을 것이다. 그 용어들의 적확한 의미를 연구하거나 그 본문의 문맥과 범위에 대한 세밀한 연구를 통해서만

---

93) 웨이틀리 박사는 그의 『Essays』 제5판의 서언 글에서 자신의 입장과 숨네르 박사 입장 사이의 차이점을 지적하였다. xxiii., xxiv.

결정될 수 있다. 일반적으로 이 주제와 관련하여 칼빈주의자들은 성경에서 하나님의 선택에 대하여 언급하고 있는 본문들은 개별적인 선택, 개별적으로 믿음과 구원에 이르는 선택을 말하는 것이기에 강조할 필요도 없고 사실상 강조하지도 않는다. 또는 성경에 국가별 선택이나 인간 집단선택에 대한 언급은 일절 없다는 것 역시 굳이 주장하거나 내세우지 않는다. 그렇다고 인간을 선택하심은 외적 특권들을 누리도록 한 것이라거나 그 이상 아무 것도 아니라는 점도 애써 주장할 필요를 느끼지 않는다. 하나님은 국가들도 선택하신다는 것을 의심하지 않는다. 그들에게 다른 나라들에 비해 어떤 특별히 나은 특권들을 누리도록 수여하신다. 특별한 나라들을 택하여 그들에게 현상적인 것들이나 영적인 것들에 더 많은 혜택을 누리게 하신다는 것은 의심의 여지가 없다. 외적 특권들과 은혜의 수단들과 관련하여 국가들이나 개별적인 선택의 조건은 하나님의 주권적인 역사와 하나님 자신의 뜻에 따른 조언에 기인하는 것이라는 점이다.

이 교리가 성경에서 가르치고 있는 것임을 칼빈주의자들은 전혀 반박하지 않는다. 아니, 그들은 시인하기를 하나님의 선택에 대해 언급하고 있는 몇몇 본문들에서 그것이 의도된 가장 주된 것이라는 것이다. 그러나 그들이 강조하고 있는 것은 자신들의 주장을 충분히 성립시키는 것들, 두 가지 견해를 주장한다. 첫째, 국가들에 대한 선택이나 외적 특권들에 대한 선택을 언급하고 있는 사례들을 보면 실제로 거기에 표기된 내용보다 더 많은 것을 함축하고 있다는 사실이다. 또는 그 논쟁은 논쟁 자체의 특성이나 혹은 그것이 실행되는 방식으로부터 영감된 저자가 믿고 또는 추측하는 선택에 관한 내용이 개개인을 믿음과 구원에 이르도록 선택하신 것을 믿었거나 그렇게 추정했다고 주장할만한 충분한 근거를 제공한다는 사실이다. 둘째로 더 특별한 것은 국가들에 대한 선택이나 외적 특권들을 전적으로 누리게 하는 선택이 아니라고 결론을 내리게 하는 근거를 충분히 제공하는 본문들도 있다는 점이다. 그러나 유일하게 개개인들에 대한 선택만 존재할 뿐이며 성화와 영생에 이르도록 또는 은혜와 영광에 이르게 하는 개개인의 선택이 있을 뿐임을 칼빈주의자들은 주장한다.

몇몇 칼빈주의자들에 의해서 적용된 이 입장들의 첫 번째에 해당되는 근원적인 본문들은 비록 모두가 다 그런 것은 아니지만 로마서 9장이다. 이 본문에서 몇몇에 의해서 인정하고 있는 것은 사도들의 진술들과 논쟁들 안에서 파악되고 있는 한 가지는 외적 특권들을 누리게 하는 국가들의 선택이 있다는 것이다. 반면에 그들이 생각하는 것은 사도의 진술 전반적인 영역으로부터 명백하게 보이는 사실은 사도가 그 사실에만 자신을 한정시키고 있는 것이 아니라는 것이다. 이것은 사도가 그런 입장을 가지고 있는 것만이 아니라, 하나님의 특별한 백성으로서 유대인들의 거부에 대한 주제와 그리고 교회의 모든 특권들을 누리도록 이방인들을 허용하였다는 주제를 강론하는 것에서도 사도가 진술하고 있는 내용들과 원리들은 하나님께서 그의 기뻐하시는 선한 뜻에 따라 사람들을 영생에 이르도록 선택하신다는 교리를 확실하게 포함시키고 있다.

하나님의 주권에 대한 원리는 동일하게 그 두 가지 사례 안에서도 명백하게 나타난다. 세상에 대한 하나님의 통치에 있어서 외적인 특권들을 누리거나 은혜의 수단들을 누리는 것과 다른 한편으로 믿음과 구원을 얻게 하는 일 사이에 성립된 불변의 관계가 있다. 이런 의미에서 그리고 이런 정도로 첫 번째의 부정은 두 번째의 부정을 함축한다. 성경의 모든 흐름에 의해서 하나님의 주권으로 사람들로부터 은혜의 수단을 누리는 것을 억누르신다. 즉 유일한 구원의 길을 알게 될 기회를 차단하시며 동시에 하나님이 동일한 수단이나 방편에 의하여 믿고 구원을 받게 되는 기회와 힘을 억제하신다는 것을 주장할 근거를 우리는 가지고 있다. 이 두 가지 것들은 동일한 일반 원칙에 근거한다. 따라서 지금까지 같은 목적으로 향하고 있다. 그러므로 그것은 사도가 그 하나를 논의함에 있어서도 다른 것도 소개하고 있다는 것은 의아하게 여길 것이 아니다. 외적 특권들을 주시든지 거두시든지 사람들로 하여금 그것들을 향상시키게 하시는 하나님의 절차에 대한 설명을 취함도 없고, 하나님의 절차에 대해서 강론함도 없다는 사실이다. 따라서 사도 바울도 이 주제를 논함에 있어서 가장 큰 힘을 기울이거나 긴장함이 없이 하나님께서 원하시는 자들에게 은혜의 수단을 주시듯이 사람들에게 있는 어떤 가치들을 근거한 것이 아니라 하나님의 기뻐하시는 선한 뜻으로 하나님이 만드신 선택에 따라서 은혜의 수단을 올바르게 향상시킬 수 있는 힘이나 능력을 주시고 그로 인해 구원을 획득케 하심을 뜻하는 것이 아니라고 단정할 수 없게 하는 다양한 진술을 소개했다.

사실은 로마서 9장에서 논의하고 있는 과정에서 사도는 영생에 이르게 하는 개개인의 선택에 대한 칼빈주의 교리를 너무나도 명백하고 확실하게 주장하는 진술들을 하고 있다. 그 논쟁에 소개하며 허용하는 진술들은 제시된 일반적인 목적으로부터 도출된 모호하거나 불확실한 고려사항들에 의해서 피해가거나 회피할 수 있는 것들이다. 심지어 그것을 소개하면서 그의 직접적인 목적은 단순히 외적 특권들로부터 유대인들의 거부와 그 모든 것들을 누리도록 이방인들에게 허용한 것과 관계된 그 원리들을 설명하는 것보다 더 명확한 증거가 있다고 할지라도 칼빈주의 교리를 확고하게 주장하는 것이다. 이 모든 것은 이 거룩한 성경 말씀의 중요한 이 부분을 연구하면서 충분히 입증이 된 것이다. 이것을 반증시키고자 많은 영향을 미치는 많은 시도들은 자신들의 독창성을 발휘하였지만 결국은 헛된 것들 뿐이었다. 그것을 반증시킬 만한 그 어떤 것도 고안되지 않았다. 그리고 자신들의 지적 판단력과 심장을 하나님이 계시하신 것에 기꺼이 복종케 되는 것도 고안된 것이 하나도 없다.

이 본문에서 사도 바울은 선택교리에 대한 칼빈주의자들이 붙들고 있는 교리를 주장하고자 한 것만이 아니라 더 나아가서 독자들의 입에 이의를 넣어줌으로써 독자들이 그의 설명들을 칼빈주의자들이 이해한 것과 같이 충분히 이해할 수 있을 것이라고 기대하였다는 것이 분명하다. 즉 사도는 설명 과정에서 독자들이 자기가 가르친 것에 반대되는 것으로서 그것은 하나님을 불의하신 분으로 그리고 인간들의 책임을 방해하는 분으로, 그래서 인간들의 행동들에 대해서 하나님이 마땅히 책임을 질 분으로 비난하는 것이라고 즉각적으로 주장할 수 있을 것으로 기대했을 것이다. 그런 비난은 칼빈주의 예정론을 반대하는 인간들의 마음에 즉각적으로 떠오르게 되는 반대 주장들이다. 오늘날까지 반대하는 그 논리들은 지속적으로 촉구되고 제시되는 것들이다. 그러나 그것들은 우선 그럴듯한 것이 아니다. 그것은 직접적으로 하나님께서 인간을 선택하시되 외적인 특권들을 누리도록 선택하시고 그 특권들을 향상시키지 못한 자신들의 선택에 근거하여 자신들의 궁극적인 운명이 결정된다는 것으로 주장하는 알미니안 교리와는 직접적으로 반대된다. 이런 반대 입장들을 위한 명확하고 가능성이 있는 근거를 제공하지 않는 교리는 사도가 가르친 교리가 될 수 없다. 이것은 반대하는 자들이 사용하고 있는 그 본문의 올바른 해석이라는 것을 반증하기에 충분한 것으로 그 이상의 다른 것은 아무 것도 없다.

실로 알미니안들은 하나님에 의해서 다른 나라들과 다른 개개인들에게 외적 특권들이 전달되는 다른 각도에서 이런 반대들을 제시하고 있는 것처럼 보이는 하나의 불가사의한 신비를 발견한다고 분명하게 공언한다. 그러나 그들이 그것을 주장한다고 하더라도 그 점을 고려할 때 사도가 소개하고 있는 그 반대 의견들은 거기에 불가사의한 어떤 신비가 있었다는 것이 암시된 것이라는 그의 교리를 반박할 수 있는 것이다. 알미니안들은 문제 해결에 있어서 어떤 큰 문제가 있다는 것에 어떤 신비도 남겨주지 못한다. 외적 특권들을 가지고 있다는 것과 실제적으로 구원을 받았다는 것 사이에 변하지 않는 관계가 있지 않는 한 외적 특권에 대한 불평등한 분배에는 어떤 큰 신비함도 없다. 즉 첫 번째에 대한 부정은 두 번째에 대한 부정을 함의한다. 만일 알미니안들이 이 연계성을 우리에게 인정했었더라면 이것은 의심의 여지가 없이 당연히 바울 사도에 의해서 언급된 그러한 반대 의견들을 제시하는 것으로 말하기가 매우 자연스럽고 여기에 그러한 한 신비를 함축하고 있다 할 것이다. 그러나 그들의 일반적인 원리들은 이것을 시인하도록 허락하지 않을 것이다. 왜냐하면 그들은 인간들의 외적 특권들 안에 있는 차이들이 무엇이든지 간에 그것들이 잘 향상되었을 때 그들의 구원으로 나아가게 할 충분한 수단들과 기회들을 가지고 있다는 주장을 반드시 견지하고 있어야만 하기 때문이다.

따라서 인간들의 외적 특권들이 공평하지 않음에 있어서 인간들의 마음에 이러한 반대의견들을 실질적으로 제시하며 사도 자신이 가르친 교리에 포함된 불가사의한 신비에 관하여 말하고 있는 근거에 대하여 뭐라도 찾고자 시도한 후에 림보르치(Limborch)는 일관되게 이 불공평의 한계와 그 필연적인 결과물들을 소개하지 않을 수 없었다. 이들의 한계는 실질적으로 하나님 안에 있는 불의한 외관을 다 제거한다. 그리고 모든 사람은 구원받는 은혜가 부족할지라도(licet careat gratia salvifica), 복음 계시에 대한 지식의 수단으로 말미암아 '그러나 만약 그것이 그 지식을 점차적으로 제대로 활용하게 됨으로 보다 나은 상태로 변이될 수 있다면 구원의 은혜의 도움으로 그 결핍이 채워져 실질적으로 구원에 이르게 될 수 있을 것'[94)]이라고 주장하는 것이다. 이로써 하나님의 판단은 측량치 못할 것이라는 것을 부각할 필요성을 대체시키는 것이다. 알미니안들은 이 주제를 취급함에 있어서 불일치로부터 도망칠 수가 없는 자들이다. 그들이 그 논쟁을 다룰 때 솔직히 칼빈주의 예정론 교리의 원리에 포함된 복음에 대한 지식이나 은혜의 수단이 없이도 그 사례들 사이에 구별을 성립시키고자 애를 쓴다. 따라서 그들은 복음과 구원의 지식 사이의 연계성을 부정함으로 그 논쟁을 피해가고자 한다. 그리고 그들은 그 불공평을 하나님의 절대 주권으로 해결하는 것 대신에 인간 스스로의 행하는 것에 있는 어떤 무언가에 의해 설명하고자 한다. 따라서 그들은 은혜의 수단을 분배함에 있어서 이 불공평은 사도가 말하고 있는 선택교리에 포함된 것으로서 불가피한 신비라고 주장하기 위하여 유일하고 그럴듯한 근거를 제거하고만 것이다.

신비를 제거하는 근거들 안에서 그들의 전체 신학 체계의 기초를 닦고, 그리고 신적 절차에 있어서 모든 것을 완전하게 이해할 수 있게 만듦으로 그들은 사도의 진술들이 명확하게 인준하고 있는 추론들로부터 달아나고자 그 시도를 강요당할 때조차도 하나의 신비도 얻을 수 없는 것이다. 간단히 말해서 알미니안들은 부정적으로 은혜의 수단을 즐기는 것과 실질적으로 구원을 획득하는 것 사이에 불변하는 연계성이 있다는 칼빈주의 원리를 수용하든지, 아니면 자신들의 교리에 반하여 사도가 자신의

---

94) Limborch, Theol. Christ., Lib. iv., c. i., sec. xvi. *'non tamen illa gratiæ mensurâ destitutus est, quin si eâ recte utatur sensim in meliorem statum transferri possit, in quo ope gratiæ salutaris ad salutem prevenire queat.'*

교리가 확실한 것임을 분명하게 알리고 있는 그 반대들을 반박할 만한 근거가 없다는 것을 인정해야만 한다. 어떤 경우든지 로마서 9장에서 설명하고 있는 개개인을 믿음과 구원에 이르게 하는 칼빈주의의 절대적 선택 교리를 배제하고자 하는 그들의 시도는 전적으로 실패하게 되는 것으로 판명될 뿐이다.

따라서 몇몇 칼빈주의자들이 했듯이 비록 우리가 로마서 9장에서 사도의 직접적인 목적이 외적인 특권들로부터 유대인들의 거부를 규정하는 원칙들을 전개시키는 것과, 이방인들이 그 특권들을 누리도록 허용된다는 것을 규정하는 원칙을 전개시키고 있는 것임을 인정한다 하더라도, 이것은 전적으로 사도가, 하나님은 자신의 기뻐하시는 선한 뜻을 따라 어떤 자들은 영생에 이르도록 선택하시고 나머지는 가치가 있는 존재이든 더 무가치한 존재이든 죄책과 부패의 자연적 상태로 버려두시어 멸망케 하신다는 하나님의 주권적 선택에 대하여 원리적으로 일치되는 것을 여기에서 분명하고 확실하게 주장하는 것이 아니라는 것을 보여주기에는 불충분한 것이다.

나는 이제 앞에서 언급한 두 번째 입장으로 칼빈주의자들이 견지하고 있는 것, 즉 하나님께서 국가들을 선택하시고 개개인들을 외적인 특권들을 누리게 하시거나 은혜의 수단들을 누리도록 선택하신다는 것을 언급하고 있는 본문들도 성경에는 있지만 그런 식으로 피해갈 수 있는 그럴 듯한 주장이 없는 구절들도 많이 있다는 점을 언급하지 않을 수 없다. 즉 이 본문들은 사람들 자신에게 있는 어떤 무엇이나 또는 우리가 알고 있거나 알 수 있는 어떤 다른 것들에 의해서 영향을 받는 것이 전혀 없이 **하나님 자신의 의지의 조언에 따라서** 하나님은 어떤 사람들을 믿음과 거룩함에 이르도록 선택하시고 그들이 그 복락들을 잘 지켜서 영생에 이르도록 하시며 그의 아들의 형상을 본받게 하시고 마침내 그의 영광에 함께 동참하게 하시도록 선택하신다는 것을 명백하게 가르치는 것들이다. 이런 본문들은 사도 바울 서신들에서만 발견되는 것이 아니다-몇몇 사람들은 그렇게 주장하지만- 우리 구세주 자신의 강론에서도 발견된다. 그리고 사도 베드로 서신들과 요한서신에서도 발견된다. 그것들을 잘 알아야 하는 것은 우리의 의무이다. 우리가 그 본문들을 신중하게 연구하여 정확하게 이해하게 될 때 우리가 믿는다고 고백하는 교리들이 하나님의 말씀의 명확한 인준을 받고 있다는 것을 보여줄 수 있는 근거들을 제시하고 방어할 수 있게 되는 것이다.

칼빈주의 선택교리는 성경에 명백하게 표현되어 있다. 분명한 함의에 의하여 공식적이든 부수적이든, 교리적으로나 역사적으로나 일반적인 진리로서 사람들을 다루시는 하나님의 방편을 규정하는 원리를 펼쳐 보이는 것이다. 또한 역사적으로 벌어진 특별한 사건들에 대한 참된 설명을 제공하는 원리도 드러낸다. 따라서 하나님의 완전하심과 최고 우월성과 관련하여 우리에게 제시되는 일반적인 견해들에 의해서 이 주제에서 언급되고 있는 모든 것을 가장 온전하게 확정하는 것이다. 그리스도께서 세상에 오셔서 잃은 자들을 찾아 구원하시는 목적이나 대상을 확고히 설명하며 그리스도께서 그들을 위하여 값을 지불하여 사신 복락들을 개개인에게 적용하시는 성령의 역사하심을 온전히 설명하는 것이다. 그들 안에서 믿음이 역사하게 하시고 그로 인하여 그들을 효과적인 부름에 의해서 그리스도에게 연합하게 하시며 그들을 안전하게 하나님의 영원하신 나라에 이르도록 지키시는 성령의 역사를 확고히 설명하는 것이다.

13. 예정교리에 대한 반대 주장들

우리는 이제 칼빈주의 예정론을 일반적으로 반대하는 주장들에 대해서 몇 가지 관점들을 언급하고자 한다. 그리고 그 반대 주장들이 어떤 방식으로 제기되었는지 그리고 어떻게 대해야 할 것인지를 다루고자 한다. 우리가 칼빈주의를 지지하는 주장을 하기 위해서 논지들을 분류하여 설명한 것처럼, 그 반대 주장들도 분류해서 설명해야 할 필요는 없다. 다시 말해서 첫째, 성경에서 가르친 일반적인 원리들이나 또는 다른 연관된 교리들로부터 끄집어낸 것들과 둘째, 논쟁에서 그 요점을 직접적으로 그리고 즉각적으로 담아내고 있는 성경적인 특별한 진술들로부터 파생된 것들로 분리하여서 칼빈주의를 지지했듯이, 마찬가지로 반대 주장들도 그런 식으로 분류해서 설명해야 할 필요성은 없다. 왜냐하면 그것은 칼빈주의 교리를 반대하는 전체 주제와 관련하여 하나의 중요한 일반적인 고찰이기 때문이다. 알미니안들은 이를 반대할 그 어떤 것도 특별히 성경으로부터 추출한 것을 가지고 있다는 공언을 거의 하지 않는다. 그들은 일반적인 원리들이나 연관된 교리들과는 구별된 것으로서 가르치고 있다는 성경적 근거를 전혀 대지 못하고 있다.

우리는 칼빈주의 예정론을 지지하는 입장에서 성경에서 예정론을 분명하게 포함하고 있고 그리고 그것을 필연적으로 암시하고 있는 다른 교리들이나 그 교리를 분명하고 확실하게 연역해 낼 수 있는 성경본문들에서 칼빈주의의 일반적인 원리들만이 아니라 그 교리 자체가 명확하게 직접적이고 즉각적으로 가르치고 있는 특별한 진술들로부터도 예증을 들어 이 교리의 정당성을 분명하게 보여주었다. 물론 알미니안들도 이 논의의 유형들에 대해서 답하고자 시도한다. 다른 차원에서 증거자료들을 찾고자 한다. 그러나 그들은 예정론의 확실한 입장인 칼빈주의를 반대하는 혹은 알미니안 입장을 직접적이고 즉각적으로 주장하고 있다는 성경적인 본문들을 제시할 수 있다고는 주장하지 못한다. 우리의 견해에 반하는 그들의 반대 주장들과 그들 자신들의 입장들을 지지하는 그들의 주장들은 전적으로 거기에서 가르쳐지고 있다고 언급되는 원리들과 교리들로부터 추론하는 방식으로 연역한 것에 불과한 것이다. 그들은 예정론에 대한 칼빈주의 교리가 거짓이라거나 알미니안 교리가 참이라고 명백하고 직접적으로 나타내고 있는 그 어떤 성경적 진술들을 근거하여 자신들의 주장을 펼친 것이 아니다.

우리는 하나님의 완전성과 주권과 관련하여 칼빈주의 예정론 교리를 필연적으로 내포하고 있는 본문들, 또는 확실히 그렇다고 추정할 수 있는 성경 본문들을 통해서 하나님이 세상을 통치하시고 특별히 사람들에게서 생산되는 믿음과 중생을 일으키는 것과 관련된 말씀으로부터 예정론 교리를 충분히 입증할 수 있다고 고백한다. 뿐만 아니라 올바르게 해석된 진술들로부터도 명백히 그리고 직접적으로 하나님께서 사람들 중에 선택 혹은 선발하시는데 그 선택된 사람들 안에 있는 그 어떤 무엇에 근거한 것이 아니라 하나님 자신의 기뻐하시는 뜻으로 말미암은 것임을 말해 주는 본문들로부터 칼빈주의 예정론을 증명한다. 이 선택은 어떤 사람들을 개별적으로 믿음과 거룩과 영생에 이르게 하는 선택이었다. 그리고 그것을 이해하고 있는 모든 사람들 안에서 이러한 결과들을 보장하신다는 의향을 가지신 그에 적합한 선택이었다고 말하지 않을 수 없다.

물론 알미니안들은 우리가 이 교리를 제시하고 있다고 내세운 본문들이 이 교리를 함축하고 있는 것이 아니라고 반박한다. 그러면서 그들은 더 나아가 하나님의 완전하심과 섭리하심에 대한 표현들을 이끌어 내는 본문들이 있다고 주장한다. 사람들의 능력과 역량들에 대하여 그리고 그들의 운명을 그들 스스로 결정할 수 있는 원리들에 대하여 주장하지만 이것은 우리의 교리와 정면으로 충돌되는 것이다. 그러므로 그것들로부터 그들이 추정하는 방식은 그 주장의 거짓됨을 도출할 수밖에 없는 것이다. 그럼에도 그들은 선택의 주제에 대해서 직접적으로 다루고 있는 본문들이 있다는 근거를 내세우지 않는다. 더욱이 명백히 표현되거나 결론을 내릴 수 있게 하는 *이러한 특별한 진술들을 담고 있는 분문들로부터도* 아무런 주장을 하지도 않는다. 그들은 칼빈주의자들이 하나님께 기인하는 것으로 설명하는 그러한 선택은 없다고만 말한다. 그렇지 않으면 알미니안 자신들이 하나님께 기인한다고 말하는 것처럼 그러한 선택은 거짓된 것일 뿐이다. 한 마디로 칼빈주의 예정론에 대한 그들의 반대 주장들, 그리고 자신들의 입장들을 지지하는 그들의 논박들은 주로 **하나님의 완전성과 도덕적 통치하심에** 대해서 성경에서 우리에게 주신 일반적인 말씀들로부터 유래한 것뿐이다. 그리고 예정이라는 주제 위에 그것이 우리에게 직접적은 아니지만 간접적으로 말하고 있는 것들로부터 그리고 사람들의 능력들과 역량들을 언급하고 있는 것들로부터 추론한 것에 불과한 것이다.

알미니안들도 실로 우리의 교리적 입장을 반대하고 자신들의 입장을 지지하고자 대체로 성경으로부터 종종 인용하기는 한다. 그러나 이러한 인용구절들은 하나님의 완전성과 도덕적 통치, 그리고 인간의 역량들과 책임성들과 관련된 입장만을 확실하게 성립시킬 뿐이다. 따라서 이런 견해들로부터 그들이 추론하여 확립하는 것은 칼빈주의 예정론은 참일 수가 없다는 주장이다. 왜냐하면 성경이 가르치는 교리는 자신들의 입장과 모순되기 때문이다. 우리는 알미니안들이 완벽하게 성공적으로 성경으로부터 정립시킨 내용 즉 하나님이 무한히 거룩하시고 의로우시며 선하시다고 한 그들의 주장에 전적으로 동의한다. 하나님은 죄의 저자가 아니시며 하나님은 사람들을 존중히 여기는 분이 아니시다. 인간은 자신들의 모든 행동에 대해서 책임을 져야 할 자들이다. 인간은 죄인들이다. 그래서 하나님의 율법을 어긴 상태에서 형벌을 피할 길이 없는 자들이다. 인간은 하나님이 원하시는 선에 이를 수 없는 죄인들이다. 인간은 특별히 죄를 더 심화시킨 죄를 범한 존재이다. 그리스도에게 나아와 회개하고 하나님께 돌이키며 그의 아들의 이름을 믿으라고 촉구하는 초청과 명령에 따르기를 거절한 모든 경우에서 인간은 다 죄를 범하여 하나님의 영광에 이르지 못하는 자들이 된 것이다. 그리하여 그들의 최종 멸망에 이르게 한 책임은 인간 자신에게 있는 것이다.

알미니안들도 이 모든 것들을 성경으로부터 풍성하게 입증하지만 그들은 그 이상의 무엇을 증명하고 있는 것은 하나도 없다. 그들이 가진 유일한 증거 자료는 하나님께서 영원부터 어떤 사람에게는 그의 기뻐하시는 선한 뜻을 따라서 영생을 주시기로 선택하신 것이 아니라는 증거일 뿐이다. 하나님은 하나님이 택한 이 사람들에게 때가 되어 믿음과 거룩함과 믿음의 인내를 주심으로 정해진 때에 이 작정하심을 실행하는 것이 아니라는 것이다. 따라서 거절된 칼빈주의 교리는 추측과 연역법적으로 하나님의 완전성에 대하여 성경에서 우리에게 주신 표현들과는 모순된다는 것이며 인간의 역량들과 책임성들에 대한 성경의 교훈과도 거리가 먼 것이라는 설명뿐이다.

그런데 알미니안들에 의해 호소된 본문들의 부류가 있는데, 이는 이 관찰과 모순되는 것처럼 보일 수 있지만 그것은 단지 그렇게 보일 뿐이다. 나는 그런 구절들을 언급하고자 한다. 그 구절들로부터 그들이 늘 제기하는 것은 하나님께서 모든 인간이 구원받게 되기를 원하시며 그리스도의 죽으심도 모든 사람을 구원하시려는 의향을 가지고 그리스도께서 죽으셨다고 제기하고 있는 것이다. 내가 이미 설명했듯이 하나님께서 모든 사람을 구원하시기를 원하신 것이 아니며 그리스도께서도 모든 사람들이 구원받게 되기를 바라는 마음으로 죽으신 것이 아니라는 그 입장을 성립시키고 있음을 회상케 될 것이다. 다시 말해서 하나님은 모든 사람들을 집단적으로 혹은 개별적으로*(omnes et singulos)* 다 구원하시기를 원하시는 것이 아님을 확실하게 보여 줄 것이다. (물론 우리도 어떤 의미에서는 하나님께서 모든 사람들이 구원받게 되기를 원하시며 그리스도께서도 모든 사람을 위하여 죽으셨다는 것을 부인하는 것이 아니다.) 내가 모은 본문들은 *그럴 것이라는 추론이나 연역적인 방식으로서가 아니라 직접적으로* 칼빈주의 예정론 교리를 입증하는 것들이다.

　동일한 일반적인 원리에 근거하여-이것과 반대로 적용한다고 할지라도- 하나님께서 모든 사람들의 구원을 원하셨고 목적하셨으며, 그리스도께서도 모든 사람이 구원받게 되기를 원하는 마음으로 죽으셨다는 증거는 단순히 추론적으로서가 아니라 직접적으로 칼빈주의 예정론 교리를 배격하고 알미니안 교리를 확립시킴을 수반하는 것으로 보일 수 있다. 우리는 이런 주장을 따르도록 직접적으로 영향을 미칠 수 있음을 인정한다. 그러나 그 두 진영의 차이는 여기에 있다. 즉 알미니안들은 자신들의 입장을 주장하기 위해서 늘 내세우는 것들이라고는 우리가 항상 지적하고 있는 것들인 하나님의 완전성과 하나님의 도덕적 통치와 인간의 역량들과 책임성에 대한 일반적인 표현들을 굳이 가져올 필요가 없이도 자신들의 주된 결론을 직접적으로 확립할 수 있다고 주장하는 법이 거의 없다. 그래서 하나님께서 모든 사람들이 구원받게 되기를 원하시며 그리스도께서 모든 사람을 위해 죽으셨다는 그런 단순한 입장에 관한 한 그들은 우리가 그 문제에 관하여 아는 것이 전혀 없는 것인 그 *사건이나 결과*로부터 그것들의 중요성과 담아내고 있는 것들을 판단하기 위한 어떤 근거가 있을 것이라는 사실을 거의 부인할 수 없었을 것이다. 그들은 하나님과 그리스도는 무한한 지식, 지혜 및 권능을 가지고 있음에도 불구하고 사실상 모든 사람들이 구원을 받는 것이 아니라는 사실에 근거하여 이런 진술들은 하나님과 그리스도의 의지나 의향인 목적이나 행위와 관련하여 약간의 제한이 있다고 하든지 아니면 그 *모든 사람*을 뜻하는 행동이나 목적을 지난 것으로 이해될 수 있다고 해야 한다는 것을 부정할 수 없는 자들이다.

이 매우 명백한 관점의 힘에서 벗어나 그들 자신만의 입장을 확립할 수 있게 하려고, 예정론에 대한 칼빈주의 교리들을 직접적으로 입증할 수 없는 것으로 내세우려는 알미니안 입장을 확립하여 이용할 수 있게 하고자 (그들은 이 논쟁이 진행된 방식의 전체 역사가 완전히 증명하듯이) 하나님의 완전성과 도덕적 통치 및 인간들의 역량과 책임성에 관련하여 성경에서 우리에게 주어진 일반적인 표현으로 되돌아갈 수밖에 없는 것이다. 따라서 우리는 우리가 제시한 일반적 입장을 여전히 붙들고 갈 수 있다. 즉 칼빈주의에 반대하여 그들이 제시한 성경적인 증거 그리고 알미니안주의를 지지하는 성경적인 증거는 증명되어야 할 정확한 요점을 제대로 직접적이고 즉각적으로 증명하는 것들이 아니라는 것이다. 그러나 하나님과 인간과 관련하여 확실한 일반적인 표현들은 한 교리의 거짓성과 다른 교리의 진정성으로부터 추론하는 방식으로 유추될 수 있다. 이 주제를 연구하면서 이 사실을 기억하는 것이 매우 중요하다. 이는 논쟁적일 경우에 진정한 상태에 대한 올바른 개념을 형성하면서 우리에게 도움이 되기에 적합한 것이며, 그리고 칼빈주의 신학 체계를 지지하는 증거의 힘을 확정하기 위하여, 그리고 공격받게 되는 논지가 불확실하고 불만족스러운 것들에 불과하다는 것을 확정하기에 적합한 것이기 때문이다.

　알미니안들이 성경을 가지고 제기한 증거는 하나님이 무한히 거룩하시고 공의로우시고 선하신 분이라는 것을 입증한다. 그리고 하나님은 죄의 저자가 아니며 사람들을 존중하는 분이 아니며 인간은 자신들의 모든 행동들에 대해서 책임이 있는 존재라는 사실도 증명하고 있다. 인간은 죄를 지었고 하나님의 율법을 불순종한 것에 대해서, 그리고 회개하기를 거부하고 복음을 믿기를 거부한 것에 대해서 하나님의 공의로운 형벌을 받아야 할 존재라는 것도 증명한다. 이로부터 그들이 추측하는 것은 칼빈주의 예정론 교리가 거짓이라는 것이다. 그러나 우리는 이 논쟁의 단계에서부터 이 추측은 성립되지 않는다는 우리의 입장을 견지하지만 그 이상 더 많은 것을 견지하라고 요구받지는 않는다. 결과적으로 칼빈주의 입장을 선호하는 적절한 증거-직접적이거나 추론적이거나-는 공격을 받을 수 있는 것이 아니며 올바른 사유를 하면 그것이 진리라고 동의하지 않을 수 없게 하는 것이다.

　하나님의 완전성과 도덕적 통치와도 일치하지 않는다고 말하면서 인간의 역량과 책임성을 내세우는 것이 실질적으로 칼빈주의 교리를 반대하는 자들의 유일한 주장이다. 이런 논쟁은 그 주제를 다룬 책들에서만 찾아지는 유일한 자료들이 아니다. 칼빈주의자들은 자신들의 입장을 방어하고자 엄청 노력을 기울였다. 특히 반대하는 자들이 제기한 주장들 대다수가 부적절하다는 것을 들춰내는 노력을 적지 않게 쏟았다. 그리고 그들의 교리적 논지들이 오해에서 비롯된 것이며 잘못된 설명들에 근거한 것들임을 지적하였다. 그리고 이 사안을 제대로 접하고자 한다면 진짜 어려움들이 산재해 있는 그 방법에 대해서 언급하기 전에 이러한 요점들 위에 몇몇 사안들을 눈여겨보는 것이 적절한 것이라고 본다.

순수하게 무관심하다는 논지 하에서, 알미니안 저자들이 칼빈주의를 반대하여 제기한 모든 시도로 규정되는 것은 도덕적 율법에 대한 변치 않는 의무, 즉 거룩하신 하나님께 보편적으로 수용되는, 그리고 인간의 행복에 있어서 없어서는 안 되는 필수적인 것, 즉 천국에 들어가기 위한 믿음과 회개, 거룩함과 견인의 필요성에 대한 증거에 근거한 것이다. 이런 유사해 보이는 교리에는 심지어 칼빈주의 신학 체계의 원리들에 대한 어떤 원리들과 어긋나는 것으로 보이는 것은 하나도 없다. 우리는 이런 입장 중 그 어느 것 하나도 부인하지도 않으며 부인할 필요도 없고 수정하거나 뒤에 깔아놓는 일을 할 이유가 없다. 그 질문은 한편 믿음과 거룩 사이의 연계성에 대한 확실성과 불변성, 그리고 다른 한편으로는 천국과 행복 사이의 연계성과 관련된 것이 아니다. 이것은 양측이 다 인정하는 것이다. 그것은 양측의 신학 체계 모두에서 추론되고 제공되는 것이다. 그 질문은 마련된 이 불변하는 연계성을 견지하는 방법이나 태도와 관련된 문제일 뿐이다. 사실상 그것을 토대로 진전된 것이다. 그 문제에 대한 칼빈주의 견해는 인간의 본성적인 조건에 대한 성경적인 표현들과 피조물로서 그리고 죄인으로서 하나님께 서 있는 관계성에 대한 성경적인 표현으로 제시된 모든 고려사항과 더더욱 일치하는 것이라고 주장하지 않을 수 없다.

종종 그렇게 하듯이 마치 칼빈주의 교리들이 알미니안주의와 비교해 볼 때 궁극적으로 구원함을 받는 자들의 수가 줄어들 수밖에 없다는 것을 내포하고 있다거나 산출된다거나 추측이 되는 것처럼 이야기하는 것도 순전히 적절하지 못하다. 궁극적인 결과물로 보는 구원받는 자들의 수와 멸망될 자들의 수에 대해서 상대적으로 비교하며 내세우는 교의적 주장은 칼빈주의 교리의 어떤 형태에도 포함되거나 구성된 것이 아니다. 인류의 몫에 있어 구원의 *실질적인 결과*와 나머지는 멸망케 된다는 *실질적인 결과*는 그 결과를 낳게 되는 것과 관련된 원리들을 설명하는 것은 서로 다를지라도 양측이 다 동일하다. 그들의 동료 세대가 취한 운명 혹은 기다리고 있는 운명을 형성한다는 견해를 가지고서 인류의 과거 역사를 관찰하거나 현재 지구상에 남아 있는 인류들을 돌아보면(물론 우리는 사람 개개인들이 소유한 특성들을 알면서 자라나는 세대들에 대해 언급하는 것이다. 그리고 유아 때에 죽은 모든 자는 구원받게 된다고 믿는 칼빈주의를 가로막는 것은 아무것도 없다.) 칼빈주의자들은 *구원에 수반되는 것과 관련*하여 하나님의 말씀 안에서 명백하게 계시된 하나님의 뜻으로 말미암는 것이라는 것 외에 다른 무엇을 소개하지 않는다. 그리고 결과적으로 그렇게 함으로써 만일 알미니안들이 인정하게 되는 것과 비교되는 결과들과 관련하여 다른 평가를 형성할 수밖에 없는 것이었다면, 이것은 칼빈주의 교리를 붙들고 있는 자들에게 그 어떤 독특한 것을 발생시킬 수 없는 것이다. 그러나 그것은 오직 개인적인 성품에 대한 보다 높은 표준을 형성하고 적용시킨 것으로부터 발생한 것이다. 즉 알미니안들이 기꺼이 장려하는 것보다 *하늘나라에 들어가도록 잘 준비함에 반드시 있어야 할 도덕성과 거룩성*에 대한 보다 높은 표준을 적용시킴으로 발생된 것이다. 그러나 알미니안 저자들 가운데서 흔히 발견되는 것은 칼빈주의 교리들이 알미니안들이 천국의 복락을 즐기는 자리에 들어가게 되는 인류 족속들 중 상당수를 영원토록 비참한 음부에 떨어지게 하며 그리 들어가도록 이끄는 잘못된 교리로 소개하고 있다는 점이다. 그러나 우리는 그와 같은 적합하지 않은 반대 주장들에 오랫동안 머물 필요가 없다.

더 중요한 것은 반대 주장들 대부분이 칼빈주의 교리에 대한 **오해와 잘못된 주장**들에 근거한 것임을 지적하는 것이다. 그 문제를 설명하면서도 우리가 이미 이런 것들에 대해서 언급했지만, 그것들은 주로 유기 문제와 관련된 것들이다. 이것은 알미니안들이 논쟁 벌이기를 매우 좋아하는 것이다. 그러나 그들이 이 주제를 논함에 있어서 언제나 추구하는 과정은 진리에 대한 진정한 사랑 이외의 다른 의도가 있는 것이 명백하다. 나는 그들의 문제 제기 방식이 얼마나 불공정한 것들인지 이미 설명을 다 했다. 그들은 언제나 선택과 구별되는 것으로서 유기 문제를 두드러지게 부각한다. 내가 언급했듯이 알미니안들은 도르트 공회에서 유기 문제를 먼저 논의하자고 주장하였고 공회가 그것을 인정하기를 거부하자 그에 대해서 엄청 힘겨워하며 불평하였었다.[95] 그들은 그와 비슷한 정책을 지속적으로 추구하였다. 『*다섯 가지 요점*(five points)』라는 자신이 기리는 책에서 휘트비(Whitby)는 —사실 이 책은 탁월한 어떤 자질을 보이는 책은 아닌데도 감독주의 알미니안들 사이에서 오랫동안 교과서 역할을 했다— *첫 두 장*을 유기 문제에 집중했다. 요한 웨슬리는 그가 쓴 냉철히 판단한 예정론이라는 글에서[96] 선택은 필연적으로 유기를 내포하고 있음을 증명하는 것으로 시작하면서 그 이후로는 유기라는 주제에 집중하였다. 그들

---

95) Devenant's Animadversions on Joard's 『God's love to mankind』, 49. 그리고 길 박사가 웨슬리에 답변하면서 언급한 예정론 교리, 21-22를 보라.

96) 그의 전집 제 10 권 204. 칼빈주의 교리를 반대하는 전체 주장들에 대해서는 커닝함의 『종교개혁자들과 종교개혁 신학』,531을 보라. 그리고 Amesii Melulla Theologiæ, Lib. i., c. xxv. Mastricht(Ames를 인용한 사람), Lib. iii., c. iv., sec. vi. 304를 보라. 그리고 터튤리안의 책 iv., Qu. xiv., secs. i-xvii, tom. i. Davenant's Animadversions, passim. Davenant의 예정과 유기, 113-14, 137, 172-3, 182-8, 196-8, 201-2을 보라. 길 박사의 하나님과 진리, 3부 1장과 2장을 보라. 그의 예정론 교리도 보라. Pictet, La Theologie chretienne, Liv. viii., c. vii. 557. De Moor, Commentarius, c. vii., secs. xxix-xxxvi., tom. ii., 96-115. 조나단 에드워드의 중요한 신학적 논쟁에 대한 재조명, c. iii., secs. xxxv-vii를 보라.

의 반대 역시 분명하다. 그들은 유기가 더 잘 오해될 수 있다는 것을 안다. 그에 대적하는 인간의 감정적 편견에 매우 적합한 방식으로 펼치고 있다. 나는 이런 정책의 불공정성을 이미 지적했었다. 그리고 선택과 유기 사이의 차이를 언급하기도 했다. 그 교리의 특성과 중요성을 지적한바 있다. 그리고 알미니안들이 유기에 대한 우리들의 입장에 대해서 늘잘못 묘사하고 있다는 점도 지적했었다.

이제 우리는 칼빈주의 예정론을 공격하는 실질적이고 심각한 반대 주장들을 주목해야만 한다. 그것들은 이미 증거 없이 제기된 모순으로부터 도출된 것이다. 첫째, 하나님의 거룩, 공의 및 선하심과 관련된 것이다. 둘째, 하나님의 율법을 불순종하거나 깨버린 인간의 모든 행실들에 대한 책임문제와 관련된 것이다. 여기에는 회개하고 복음을 받아들이기를 거부한 것과 그리하여 인간 스스로가 자신들의 죄의 조성자들이요 파멸의 원인자들이 되었음을 포함하고 있다. 본질적으로 이 두 번째 반대 주장은 성경에서 인간들에게 주신 명령들과 초청들 및 훈계들에 기초해서 발견되는 죄목들과 정확히 같은 것이다. 이런 반대 주장들에 대한 관심은 모든 주제에 대한 가장 어렵고 당혹스러운 논의들을 끝없이 일으킨다. 그러나 나는 그와 관련하여 몇 가지 문제들에 한정할 것이며 이 문제를 연구하면서 가장 중요한 것들을 염두에 두고서 몇몇 사항들에 대한 목적을 직접 다룰 것이다.

1. 알미니안의 반대 주장의 증거들은 직간접적으로 입증될 수 없다. 그들이 제기한 수많은 증거들을 가지고 예정론의 진리를 부정하는 그들의 논지는 내가 반복적으로 주장했듯이 직접적인 설명도 안 되고 연역조차도 할 수 없는 것들이다. 그리고 이의제기로서 자신들의 적절한 장소

에 가둬 두어야만 하는 것들이다. 이 관점의 실제적 효과는 그런 주장들을 다룸에 있어서 우리가 그 반박의 조건이 다음과 같다는 사실을 잊어서는 안 된다는 것이다. 즉 칼빈주의 교리는 수많은 증거, 직접적이고 추론적인 증거에 의해서 확립된 것이다. 이 증거들은 때로 직접적으로 대답이 될 수 없는 것들도 있지만 반대자들의 입장들보다 유리한 이의제기를 다루는 일에 긴요한 것들이다. 즉 그 증거 자체를 반대하는 것과 구분되는 것으로 그 교리 자체에 대한 반대 입장들을 다룰 때 요긴하다. 그것은 이 반대 주장들이 입증된 적이 없다는 것을 보여주는 것이다. 우리의 확립된 교리체계의 증거들을 반대편들이 거절할만한 그 어떤 충분한 근거를 제공하는 것도 실제적으로 전혀 없다. *증거를 제출할 책임은*(onus probandi) 그들에게 있다. 우리는 그들이 본질적으로 자신들의 입장을 내세우는 증거와 관련하여 어떤 입장도 입증할 수 없다는 것을 보여주기만 하면 된다. 그것은 그들이 추측하여 제기한 그 교리를 버리라고 강요하기에 충분한 것이다. 이것은 그들과의 모든 논쟁에서 염두에 두고 적용할 중요한 쟁점이다. 너무나도 명백하고 당혹스럽지 않은 입장이다. 그리고 진리를 진흥시키는 것에 참되고 공정한 적용 가능한 쟁점임을 잊지 말라. 그 반대 주장이 하나님의 속성들과 그의 피조물들을 다루시는 것을 규정하는 원리들로서 우리의 이해를 훨씬 뛰어넘는 주제와 직접적인 관계가 있는 논지에 근거하거나 이와 관련되어 있을 때 이 점과 관련된 그 논박의 진짜 조건에 주목하는 것은 특히 우리의 의무이다. 이 출처로부터 도출된 반대 주장들을 다룸에 있어서 우리가 주의할 것은 우리 자신을 그 논지가 지적하고 있는 논리적인 조건들에만 한정시키는 것이다. 그 이상을 확대하여 광범위한 영역에 빠져들면 그들의 추론적인 의혹들에 끌려들어가 헤매기 십상이다. 우리가 다루고 있는 이 주제와 관련된 반대 주장들을 취급하면서 이 원리 위에서 행동하는 의무는 사도 바울의 모범 사례에서 잘 드러나고 있다고 본다. 그가 동일한 반대 주장들을 다루면서 그들의 논리적 방식을 들춰내서 반박한 것은 우리에게 좋은 지침이요 모델이 될 것이다.

우리는 바울의 교리가 매우 칼빈주의적이라고 추측된다는 사실을 언급했었다. 그는 그가 로마서 9장에서 가르치고 있는 교리가 칼빈주의 교리를 반대하는 자들이 지속적으로 이의를 제기한 바로 그 반대 주장들과 같은 방식으로 공격을 받은 것이 확실하다. 즉 그것은 하나님의 공의와 반대되는 것이었고, 인간의 죄악들과 궁극적인 운명은 전적으로 인간의 책임이라는 사실을 배격하는 것이었다. 바울의 그런 반대 논리들을 알미니안주의에서 도출해 낸 것이라고 볼 수 없다. 그러나 본질적으로 명백한 것은 칼빈주의를 반대하는 데에 그런 논리들은 하나님의 주권과 최상의 권위를 인정하기를 싫어하는 자들의 마음에 자연스럽게 솟아나는 것이라는 점이다. 그리고 이 위대한 진리들이 포함하고 있는 것들이 수반된다. 간단히 말해서 그들은 하나님께서 그의 피조물들을 통치하심에 있어서 하나님이 계셔야 할 그 위치에 하나님을 두는 습관이 그들의 생각과 성찰의 평범한 과정에 전혀 없는 자들이다. 그러나 우리가 지금 하는 것은 이런 반대 주장들이 사도의 교리를 반대하여 제기된 주장이라는 사실에 의해서 제공된 증거를 가지고 하는 것이 아니라 그들이 처리하고 다룬 방식에 관한 사도의 모범이 가르치는 교훈을 가지고 대응하는 것이다. 공식적이고 정교하게 대답하는 대신 사도는 모든 문제를 하나님의 주권과 최고 우위권 그리고 하나님의 계획을 파괴하거나 아니면 하나님의 권고를 이해할 수 없는 인간의 무능력을 가지고 해결해 가고 있다. "아니, 오 사람아, 하나님을 대적하는 너는 누구냐?"

이 문제에 있어서 사도 바울이 하는 것은 우리가 주로 그 교리 자체의 직접적이고 적절한 증거를 의존해야 할 것을 가르쳐주기에 매우 적합한 것이다. 이 점에 대해서 만족한다면 반대 주장들은 설혹 그 주제를 우리가 완전히 이해할 수 없고 궁극적으로 우리의 힘이 헤아릴 수 없고 이해가 안 되는 신비로 해결되기 때문에 명백하거나 그럴듯한 반대 견해처럼 보이더라도 그렇게 신경 쓰지 않아도 된다. 이것은 명백히 사도의 행동이 우리를 가르치시게 매우 적합한 교훈임을 말하는 것이다. 사실 칼빈주의자들이나 알미니안들이나 둘 다 그 교훈을 잘 배워서 실천하기에 신중한 모습을 보였더라면 정말 잘 해결되었을 것이다. 알미니안들은 종종 하나님의 본성과 속성들에 대하여 매우 주제넘은 추측을 하며 이러한 반대 주장들로 압박해 왔다. 그리고 하나님이 하시는 일들이 하나님에게 어울리는 것인지 아닌지, 또는 하나님의 완전성과 일치하는지에 대해서 말하면서 압박하였다. 반면에 이 반대 주장들을 다룸에 있어서 칼빈주의자들은 종종 엄격한 추론의 규칙이나 사도들의 모범이 근거해 준 그 이상으로 나아갔다. 그리고 그들의 반대편 자들의 주장만큼 거의 비슷한 추측에 빠져들었다.

나는 칼빈주의자들도 종종 오류에 빠졌다고 생각한다. 그리고 자신들의 교리들을 설명하고 옹호하는데 너무 많은 노력을 기울이다가 어려움에 봉착한 것이라고 생각한다. 그리고 이 주제에 너무나 복잡한 추론에 빠져들면 세심한 주의와 준비가 요구된다. 이것은 논란의 여지가 있는 논쟁을 성공하는 것과 관련하여 건전한 정책에 의해서도 요구될 뿐만 아니라 의무의 문제로서 그 주제에 대한 신성하고 불가해한 견해와 영감 된 사도의 모범에 대한 경외감에 의해서도 요구되는 것이다. 칼빈주의자들은 알미니안들이 칼빈주의가 하나님의 완전성과 도덕적 통치, 또는 인간의 역량들과 책임에 관해 우리가 알고 있는 것과 일치하지 않는 어떤 것을 확실하게 암시하고 있다는 것을 입증하지 않는다는 사실 이 한 가지 요점에만 집요하게 물고 늘어져야 하는데 그 대신, 그들은 종종 자신들은 어떤 반대 주장들이 있든지 자신들의 교리적 입장들을 직접적으로나 긍정적으로 능히 방어할 수 있다는 상상에 의하여, 그리고 자신들의 교리적 입장을 옹호하고 실증적으로 방어하면서 어려움은 거의 혹은 전혀 없음을 증명할 수 있다는 상상에 의하여 쉽게 사색에 빠진 것이다. 따라서 이것은 한편 그들이 이전에 받은 것보다 훨씬 더 결정적이고 인상적인 형태로 칼빈주의를 반대하는 주장들을 제시하는 방법을 발견했다는 알미니안의 근시안적인 상상을 보여주는 드문 광경은 아니다. 다른 한편으로는 이전에 사용했던 것보다 훨씬 만족스러운 답변을 할 방법을 발견했다고 상상하는 칼빈주의자의 근시안적인 상상을 보여주는 것도 드문 현상이 아니다.

이렇게 문제의 핵심은 항상 변함없이 지속되고 있는 동안, 단지 그 입장이 약간 달라졌거나 혹은 한 가지 요점에서 조금 더 배경에 깔린 진정한 어려움은 다른 곳에서는 감당할 수 없는 어려운 문제로 드러나게 되는 것이다. 진실은 사도의 교훈에 반대하여 가해진 것 그 이상으로 제기된 반대 주장에 본질적으로 실질적인 추가적 압박을 가할 수 없다는 것이다. "하나님께 불의함이 있는가? 왜 하나님은 하나님의 뜻을 저항한 자들에게서 잘못을 찾으시는가?" 그 질문에 대답하는 방식에는 사도가 제시하고 사용한 그 근거를 제공하는 것 말고 그에 대해서 더 잘 대답할 수 있는 것은 아무것도 없다. 즉 사도가 제시한 하나님의 주권과 최고 우위권, 그리고 인간의 절대적인 의존성과 전적 무가치성, 그리고 그 주제는 우리가 그 심연을 파악할 수 없는 이해 불가한 신비가 내포되어 있다는 것을 들이밀어서 이 문제를 해결하는 것 말고는 달리 해결할 방도가 없다.

2. 알미니안들의 반대 주장은 동일하게 하나님의 작정하신 것들에 대한 하나님의 시행절차를 말하는 **칼빈주의 견해를 반대하는 것**임을 기억하는 것이 중요하다. 즉 만일 이 반대 주장들이 조금이라도 무게감이 있다든지 그리고 그런 무게감을 어떤 것이라도 가지고 있다면, 이 반대 견해들은 신적 작정하심을 하나님께서 실행하시는 절차에 대한 칼빈주의적 견해를 직접적으로 반대하는 것들이라는 것을 기억하는 것이 중요하다. 하나님께서 하시는 일이 무엇인지, 또는 그 행하심으로부터 중단하시는 것이 무엇인지 대한 칼빈주의 견해를 반대하는 것과 똑같다. 그리고 하나님께서 영원부터 하시기로 작정하신 것들 혹은 목적하심과 같은 또는 그렇게 함을 중단하시는 것들과 마찬가지로 구원받는 자들과 멸망당하게 되는 자들과 관련한 하나님의 절차에 대한 칼빈주의 견해를 직접적으로 반대하는 것이다.

실로 알미니안들은 내가 앞에서 지적하였듯이 하나님께서 시간적으로 행하시는 것이 무엇이든지 하나님은 그렇게 하도록 영원부터 작정하셨거나 목적하셨다는 것을 공식적으로 부정하려는 모험을 대담하게 하지는 않는다. 그러나 여전히 그들은 하나님께 기인하는 영원한 작정하심이나 목적하심에 유형이 *다르다거나* 혹은 *더 우월한 것*으로 부착된 어떤 특별하고 특이한 어려움이 있다는 인상을 주기에 매우 적합한 방식으로 그 문제를 제기하기에 익숙한 자들이다. 그리고 섭리 가운데서 하나님께 기인하는 그 절차에 부착된 작정하심이나 목적하심에 뭔가 어려움이 있다는 인상을 심어주는 방식으로 표현하기를 잘 하는 자들이다.

그러므로 우리의 교리에 찬성하는 증거의 양과 그것에 대해 가해진 반대 주장의 불확실하고 불만족스러운 성격에 대하여, 보다 정당한 평가를 형성할 수 있기 위하여, 우리의 마음에 다음과 같은 것을 매우 명료하게 인식해두는 것이 아주 중요하다. 즉 칼빈주의자들은 위에 계신 하나님의 작정하심이나 목적하심을 완전히 이해하는 것으로 여기는 것은 그 어떤 것도 하지 않는다. 그리고 이러한 작정하심들을 실행하면서 시간적으로 실제 행하시는 분으로 여기는 하나님 너머의 어떤 것도 완전히 이해하는 것으로 간주하지 않는 자들임을 분명히 하는 것이 중요하다. 만일 하나님 께서 인간과 관련하여 영원부터 작정하심이나 목적하심을 확실하게 정 하신 것이 하나님의 완전성과 도덕적 통치하심이나 인간의 역량들과 책 임성들과도 일치하지 않는다면, 그것은 하나님께서 이 작정하신 것들을 제때에 실행해야 한다는 것과 동일하게 일치하지 않는 바로 그것이어야 만 한다. 하나님께서 역사 속에서 반드시 실행되는 것으로 효과를 미치게 되어 행하시는 것은 무엇이든지 인간의 도덕적 특성과 하나님의 완전하 심과 일치되는 것은 하나님이 영원한 때부터 그렇게 하도록 작정하신 것 으로 간주하는 것에 대해서는 더 이상 반대할 수 있는 것이 없다.

구원받는 자들과 멸망 받는 자들의 궁극적인 운명과 관련하여 칼빈주 의자들이 말하는 역사 속에서 일하시는 하나님의 실질적인 절차의 본질은 이것이다. 즉 어떤 사람들에게는 그들이 결코 좌절시키거나 정복할 수 없 는 전능하신 능력을 발휘하시어서 그런 결과를 확실히 그리고 틀림없이 만들어내게 하심으로 믿음, 중생, 거룩케 하심 및 견인을 낳거나 효력을 미 치신다는 것이다. 그리고 나머지 사람들은 하나님이 그들의 죄책과 부패 의 상태에 남아있게 하신다. 이 일은 그런 열매들로부터 보류하거나 혹은 하나님의 전능하시고 효력적인 은총을 *사실상* 그들에게 수여하지 않으심 으로 타락의 상태로 남겨두신다. 사실 하나님은 그들이 회개할 수도 없고 믿을 수도 없는 자들임을 잘 아신다. 따라서 그런 상태로 남아 있는 결과 는 필연적으로 그들이 죄 가운데서 멸망당하게 된다는 것을 아신다. 만일 이것이 역사 속에서 인간을 다루시는 하나님의 실질적인 절차라고 한다면 하나님께서 영원부터 이 모든 것들이 일어나도록 작정하시거나 결정하셨다고 말하는 것에 그 어떤 명백한 새로운 혹은 부가적인 난제가 발생되는 것이 아니다. 그러나 많은 사람들이 여기에 반대 주장을 말하고 강요하는 일반적인 알미니안 방식이 소중히 여기는 숨어있는 개념을 즐기는 것 같다. 즉 하나님이 이렇게 *하신다*는 교리에는 어떤 어려움이 숨어있다는 것이다. 그리고 영원부터 이것을 행하기로 작정하셨거나 결심한 것으로 하나님을 나타내는 교리에는 분명 부가적인 어려움이 따른다는 것이다.

이러한 잘못된 개념과 혼란으로부터 방어하기 위하여 칼빈주의를 지지하는 증거의 힘과 알미니안 반대 주장들의 힘을 평가하면서, 특히 하나님을 일이 발생하도록 작정하신 분으로 묘사하기보다는 일을 행하시는 분으로 나타내고 있는 우리의 교리가 무엇을 담아내고 있는지를 정확하게 파악하는 것이 요구된다. 물론 알미니안은 하나님께서 역사 속에서 하시는 모든 것은 영원부터 작정하신 것이라고 온전히 믿고 따르는 우리의 일반적인 입장에 반대되는 조그마한 틈이라도 발견하면 그 틈을 비집고서 공격하기를 좋아한다. 그렇다면 실제로 그 반대 주장의 본질은 이것이다. 즉 하나님께서 자신의 전능하신 은혜로 말미암아 사람들에게서 믿음과 중생을 낳도록 확실하게 효력을 발휘하시어서 그로 인하여 사람들의 영원한 구원을 보장하시고, 다른 사람들에게는 이 전능한 은혜 수여하심을 중단하거나 그러한 변화를 그들에게 일으키는 효력을 발하시지 않으심으로 그 필연적인 결과가 어떠할 것인지를 온전히 다 아시는 하나님께서는 그들 자신들의 죄악들만이 아니라 불신앙과 회개치 않음 때문에 형벌로서 그들에게 영원한 비참함에 처하게 하신다는 이런 가르침들은 하나님의 완전성과 도덕적 통치하심 및 인간의 역량들과 책임성과는 전혀 맞지 않는다는 것이다.

3. 알미니안의 반대 주장에 대한 직접적이고 적절한 답변은 이것이다. 구원받게 되는 자들과 멸망당하게 되는 자들의 특성, 행동들 및 궁극적인 운명과 관련하여 하나님을 그렇게 행하시는 분으로 묘사하거나 또는 그 모든 일이 다 하나님께 기인하는 것으로 묘사하는 칼빈주의자들의 입장은 하나님의 완전성이나 그의 도덕적 통치하심의 원리들, 혹은 인간의 권리들과 주장들이나 실제적 역량들과 책임성들과 전혀 일치하지 않는다는 것이 필연적으로 내포되어 있다는 것이다. 그러나 이것을 입증할 수 있는 것은 하나도 없다는 사실이다. 하나님의 완전성과 도덕적 통치와 우리의 교리가 일치하지 않는다는 주장과 관련하여 이것은 오로지 단지 설에 그칠 뿐이다. 왜냐하면 그 주장을 뒷받침할만한 실질적인 증거가 없기 때문이다. 그리고 그런 설 자체가 불확실하고 추정에 불과하다는 것을 명백하게 드러내기 때문이다. 정말 안전하고 확실한 것은, 우리의 결함투성이인 지적 사고나 하나님께서 *하셔야 하는 것* 혹은 *하실 수 없는 것*과 관련한 하나님의 무한하신 완전성에 대한 우리의 온전치 못한 개념들을 가지고 이러저러하게 추측하는 것보다 하나님께 하셨다거나 그렇게 하실 것이라고 주장하는 것이 안전하다. 이 모든 것은 확실히 하나님의 무한하신 거룩과 공의, 선하심과 자비와 잘 일치되는 것이라는 확신 안에 있는 것이다.

우리는 무한하신 거룩함과 일치하지 않는 그 어떤 것이 하나님께 있다는 것을 증명할 수 없다. 왜냐하면 그것은 우리의 교리가 하나님은 인간의 죄악된 행위들이 발생한 것에 대해서 책임을 일정 가지신 분이라는 것이 필연적으로 내포하고 있음을 보여줄 수 없기 때문이다. 그리고 그의 공의하심과 일치하지 않는 그 어떤 것이 하나님께 있다고 하는 것도 증명할 수 없다. 왜냐하면 하나님은 인간이 정당하고 올바른 주장을 가지고 있다는 그 어떤 것도 사람에게서 배제한다는 것이 우리의 교리에 내포되어 있다고 증명할 수 없기 때문이다. 하나님의 선하심과 자비하심에 어울리지 않는 뭔가가 하나님께 있다고 하는 것도 입증될 수 없다. 왜냐하면 하나님께서 사람들에게 나눠주실 자신의 도덕적 완전성의 결합된 영광으로 이루어진 모든 선하심과 자비하심을 사람들에게 수여하지 않으신다는 것을 우리의 교리가 필연적으로 내포하고 있다는 것을 증명할 수 없기 때문이다. 그리고 하나님께서 하시기로 선택하셔서 그런 일이 일어나지 않도록 막으셨을 때 하나님의 도덕적 통치하심 하에 실질적으로 나타난 하나님의 선하심과 자비하심과 일치하지 않는 그 어떤 것을 하나님께서 나타내신다는 것은 명백히 비합리적이기 때문이다.

이런 근거들을 가지고서 종종 보여주었듯이 칼빈주의자들이 주장하는 것은, 하나님의 도덕적 완전성과 통치하심과는 필연적으로 불일치함을 내포하고 있다고 하는 그런 주장은 그 어떤 확실하고 분명한 근거를 가지고 입증할 수 있는 것이 아님을 충분히 보여주고도 남는다. 이것은 그 반대 주장이야말로 그 어떤 실질적인 무게감을 가지고 있지 않다는 것을 충분히 입증하고도 남는 것이다. 결과적으로 어쩌면 이 나라에서 일반적으로 널리 퍼진 철학적 사고 원리를 가지고 칼빈주의를 반대하는 자들은 누구든지 대체로 항상 하나님의 도덕적 완전성과 불일치한다는 주장을 내세운다. 그런데 그것은 오늘날 가장 뛰어난 반칼빈주의 저자들, 예를 들면 대주교 웨이틀리나 코플스톤 감독 같은 몇몇 사람들에 의해서 실질적으로 폐기된 주장이다.[97]

---

97) 커닝함의 『종교개혁자들과 종교개혁 신학』, 458을 보라. 웨이틀리의 사도 바울 서신에 있는 난제들에 대한 에세이 iii., sec.iv., 144-7 제5판 1815년을 보라.

그러나 반대 진영의 반박이 인간의 역량들과 책임들에 관해 알려진 것과 우리의 교리가 일치하지 않는다는 주장에 근거하여 더 강력하고 확고한 근간을 가지고 있는 것처럼 보일 수 있다. 인간은 하나님보다도 우리에게 더 잘 알려진 존재이다. 하나님의 완전성과 속성들에 대해 논쟁할 때와 같이 인간의 특성들과 자질들을 논쟁함에 있어서 동일한 추정은 있을 수 없다. 다음의 사실은 완전히 확립된 위대한 진리로 온전히 인정되는 것이요, 결코 간과되거나 배경에 깔려져서는 안 되며, 지속적이고 격렬하게 주목받고 유지되어야 할 것이다. 즉 사람은 자신의 모든 행동에 책임을 져야 할 존재라는 것이다. 사람은 죄책감을 느끼고 하나님이 사람들에게 요구한 것들을 범하거나 어겼을 때마다 정당한 처벌을 받아야 할 존재이다. 특별히 사람이 자신에게 주어진 명령에 따르기를 거부할 때마다 회개하고 하나님께로 돌이키고 그의 아들의 이름을 믿어야 한다는 주장 역시 더욱 강조되고 지켜져야 하는 것이다. 이 모든 것은 전적으로 다 인정되는 것이다.

그러나 여전히 부인되는 것은 칼빈주의자들이 인간의 성품, 행동 및 운명과 관련하여 하나님을 행하시는 분 혹은 행하시지 않는 분으로 표현하는 것과는 필연적으로 일치하지 않는 어떤 것이 있다는 결정적인 증거가 추가되었다는 것이다. 하나님은 인간이 자신의 행동에 대해서 전적으로 책임져야 할 존재로 만드심으로써 인간을 그렇게 구성하셨고 그러한 환경에 처하게 하셨다. 책임 있는 존재로서만이 아니라 자신의 감정을 위하여 그리고 자신이 책임 있는 존재임을 아는 존재로서 인간의 체질을 완전하게 규정하셨다. 책임성에 대한 이런 확신은 어쩌면 인간의 가슴속에서 결코 지워질 수 없는 것이다. 우리는 인간이 하나님의 율법을 어긴 것에 대하여 책임을 질 존재가 아니라고 확고히 그리고 정직하게 믿는 사람이 진짜 있는지 의심하지 않을 수 없다. 물론 이것을 부인하는 자들도 있다. 그들은 심지어 칼빈주의자들에 의해서 일반적으로 내세운 것과 유사한 견해들을 가지고 그들 자신의 책임성을 부인한다고 공언하였다. 알미니안들은 마치 칼빈주의적 교리의 유지와 개인적인 책임감의 유지가 서로 양립할 수 없다는 증거를 제공한 것처럼 때때로 그러한 경우를 들춰내고자 했었다. 그러나 그런 사례들은 인간의 책임성을 저버리는 것이라고 고백하는 곳에서는 그렇게 많지 않았다. 심지어 그런 고백이 이뤄진 곳에서조차도 그것이 실제로 실질적인 확신과 일치하는 것인지, 단호하고 정직하게 유지되었는지 의심 살만한 근거가 있다. 그리고 비록 혼합되어 있지만 약간의 자기기만과 함께 다소 위선적으로 주장한 것인지 아닌지 의심할 여지가 있는 것이다.

일반적으로 인간의 매우 제한된 힘과 역량들로는 교리의 조화 혹은 일관성, 실제 조화와 서로의 일관성에 대한 시험과 표준을 인식한다는 것은 부적합하다는 것이 인정된다. 결과적으로 그것은 만족할 만한 증거와 직접적이고 적합한 증거에 의해서 확립되는 것으로 나타나는 교리를 거절한다는 것은 우리에게 용납될 수 없다. 왜냐하면 우리는 그 증거 자체를 볼 때 만족할 만한 증거에 의해서 분명하게 지지를 받는 것으로 보이는 다른 교리와 어떻게 조화를 이룰 수 있는지 설명이 안 되기 때문이다. 우리는 하나님의 미리 정하심과 섭리하심에 대하여 어떻게 설명할지 불가능한 것처럼 보일 수 있다. 하나님의 효과적인 은혜를 어떻게 주시는지 또는 거두시는지를, 그것들이 인간의 책임성과 함께 어떻게 조화를 보여줄 수 있는지를 설명한다는 것 자체가 불가능할 수 있다. 그러나 이것은 이 교리가 만족스러운 증거에 의해서 충분히 확립되는 것으로 나타나고 있고, 그 자체의 유익을 근거로 검증했을 때 공격하기가 불가능한 그 증거를 우리가 왜 거절해야 하는지 충분히 납득될 만한 이유가 없는 것이다.

그것들이 서로가 불일치하다고 제시한 증거는 각각이 진리의 증거를 개별적으로 제공하는 것보다 불확실하고 불안정한 고려사항들로부터 파생되는 것이다. 그러므로 제대로 사고함에 있어서 비록 그것들의 조화나 일치성을 파악하거나 발전시킬 수 있는 능력이 없다고 하더라도 우리가 이것이나 혹은 저것이나 거부할 만한 충분한 근거로 간주할 수 있는 것이 아님이 분명한 것이다. 명백한 불일치나 조화가 어렵다는 것은 각각의 증거들을 엄격하고 면밀하게 조사하는 유용한 이유가 되는 것이다. 그러나 만일 만족스럽고 결정적인 것이 되는 그 증거라면 그것들을 받아들이고 인정하는 것이어야 한다. 심지어 그것들의 일치가 확립되는 어려움이 있다든지 혹은 우리가 그것을 파악하고 설명하기가 힘들다고 느낀다 하더라도 변경됨이 없이 그대로 두는 것이 좋다.

칼빈주의자들은 항상 이성적인 존재가 선택한 것을 행하는 충분한 능력, 자기 자신의 의지에 온전히 효과를 부여하는 것보다 자기 자신의 행동에 책임을 진다는 면을 강조한다. 모든 사건들에 대하여 하나님께서 미리 정하신 것과 그것들이 발생하게 하시는 하나님의 섭리하심과 불일치하는 것으로 보이는 것이 역량을 소유하고 있고 실행하는 능력을 지닌 인간을 조명하기보다는 항상 자기 자신의 행위에 모든 책임을 지는 존재임을 강조하게 한다. 그리고 또한 칼빈주의자들은 영적으로 선을 행함에 있어서 인간의 무능력과 무기력함은 내가 이미 논의한 주제로서 죄를 범한 것에 대해 공정하고 공의롭게 부과한 형벌이나 형벌적인 처벌로 여긴다. 이러한 다양한 근거들 위에서 알미니안의 반대 주장들은 결코 성립될 수 없다는 타당성을 보여준 것이다. 즉 그들의 이 주제에 대한 주된 입장들은 입증될 수 없다. 그러므로 그들이 추론한 것, 왜 우리는 그 자체의 장점을 근거로 그들로부터 성공적인 공격을 받을 수 없다는 증거가 분명한데 이렇게 안전하게 확립된 교리를 거부해야 할 이유가 무엇이겠는가?

4. 이 주제에 대해서 **칼빈주의자들이 붙들고 있는 한 가지 다른 중요한 견해**가 있다. 그것은 그들 자신들의 원인에 대한 옹호를 완전히 붙들고 있는 견해이다. 그것은 자신들의 입장을 추론해내는 목적을 충분히 뒷받침해 주지 못하는 알미니안의 반대 주장을 한쪽으로 치워버리게 하는 온전한 근거를 제공한다. 이 신비한 주제와 연계된 진짜 어려움은 칼빈주의 신학 체계에 특별한 것은 아니다. 그러나 전부는 아니더라도 다른 모든 분야에도 거의 동일하게 적용되는 것이다. 어떤 체계도 그 주제가 포함된 어려움들을 제거하거나 그것들에 대한 실제적 설명을 제공해 줄 수는 없다. 즉 근원적으로 다양한 이론들 중에 진짜 차이들은 자료적으로 그것들의 중대성이나 해결점들에 어떤 영향을 줌이 없이 단지 난제들을 안고 있는 다른 입장들을 표시할 뿐이다. 어떤 방식으로든 그들은 하나님과 사람은 인간의 행동들을 낳게 함에 있어서 그리고 인간의 운명을 결정하심에 있어서 인간의 특성을 형성하는 일에 함께 동의하거나 합치는 일을 했다는 것이 분명하다는 것이다. 이것은 기독교 계시에 근거하여 고백하는 종교의 그 어떤 체계와도 맞는 교리가 아니다. 그러나 그것은 모든 사람들에게도 동일하다. 그것은 실로 무신론을 거부하지 않는 모든 사람들에 의해서도 인정된다.

마찬가지로 그러한 행동 결과를 낳는데 하나님과 인간이 서로 합일하거나 동의한 방식이나 태도에 대한 설명은 전혀 해소된 적이 없는 신비를 포함하고 있다. 그러므로 우리는 그들의 현재 상태와 기본의 역량들과 지식의 수단으로도 해결될 수 없다고 추정함이 타당하다. 이 어려움은 주로 다름과 같은 것으로 구성되어 있다. 인간의 타락과 죄악된 행동들이 저지른 것들을 포함한 그 실질적 결과들을 볼 때, 우리는 하나님과 사람이 어떻게 그렇게 드러난 결과들에 관심을 가질 수 있는지를 이해하거나 설명할 수 없다. 그러나 각각의 행동들은 하나님이 소유하신 능력들과 자질들과 일관된 것들이며, 하나님 자신의 본성과 도덕적 속성들과도 일치되는 것이다. 그리고 인간은 피조물로서 그의 전적인 의존성과 책임 있는 존재로서의 자유로운 선택의 의지와도 일치되는 것들이다. 이것은 측량할 수 없는 위대한 신비이다. 그리고 종교에 대한 연구와 또는 하나님과 사람 관계에 대한 강론과 연계된 모든 어려움들은 이 문제를 쉽게 해결하거나 혹은 미궁에 떨어질 수 있다. 이것은 무신론을 제외한 모든 종교적 체계에 부착되어 있는 어려움이다. 그리고 모든 체계가 만나고 파악하는 어려움이며 그리고 그 어떤 체계도 충분히 설명하거나 쉽게 처리할 수 없는 어려움이다. 그리고 이것이 웨이틀리 대주교가 지각하고 인정하는 현명함과 솔직함이다.[98]

이 신비한 주제의 해명에 대해서 직접적으로 고백한 끝없는 의혹들에는 반대되는 극단적인 입장으로 뛰어드는 어떤 경향을 나타내기도 했다. 하나님의 본성적인 것들, 하나님의 도덕적 속성들을 상대적으로 빼버리거나 무시하는 것, 피조물로서 인간의 의존성을 부각하는 것, 책임 있는 존재로서의 자유 선택 의지를 비교 생략하거나 무시하는 것 또는 그와 정반대되는 극단적인 입장에 쉽게 빠지는 흐름이 있는 것이다. 그러나 그 우세한 경향은 이런 극단적 입장들의 두 번째 입장으로 나아가게 한다. 즉 하나님을 배제시키고 인간을 높이는 입장이다. 이것은 하나님의 도덕

---

98) Essays, fifth edition, 146.

적 속성들을 부각하는 것이나 또는 인간의 존엄성이나 자충족성과 충돌되는 것으로 보이는 것들을 부각하는 것과 그의 무한한 능력과 지식과 지혜와 그의 주권적 최고 우위권을 강조하는 것들을 간과하는 극단적 견해이다. 그리고 마치 인간이 하나님으로부터 독립적으로 또는 탈 의존적인 존재인 것처럼 인간 자신의 능력들과 역량들을 실행함에 있어서 나타난 결과들을 함께 나누는 점을 높이는 극단적인 견해이다. 인간들이 살면서 경험한 풍성한 사례들이 증명하는 것은 인간의 일반적인 성향은 이 극단적 견해에 의존한다는 것이다. 따라서 이것은 하나님께 속해 있는 명성과 영광을 하나님으로부터 강탈하는 견해이다. 그러므로 이것은 우리가 가장 주의하며 경계해야 할 극단적인 주장이다. 이 주제에 대한 교리가 만족스러운 증거에 기반한 것처럼 보이는 것을 암묵적으로 수용해버리는 것을 경계해야만 한다. 그러나 그것은 인간의 교만과 자충족성을 겸손케 하는 것일 수 있다. 그렇지만 그것은 또한 우리가 믿고 있는 다른 교리들과 일관성을 인식하지 못할 수도 있다.

인간의 교만과 추정, 무지와 타락은 모두 인간을 하나님을 배제하고 자신을 높이며 모든 신비를 풀기 위해 인간이 할 수 있는 한 멀리 하나님으로부터 도망가도록 이끌고 있다. 그리고 이런 경향들은 이 주제에 대하여 대다수 인류 족속을 칼빈주의 교리보다도 알미니안 교리를 더 의지하도록 이끈다. 그러나 하나님을 전적으로 배제시키거나 혹은 하나님의 가장 본질적이고 의심할 수 없는 완전성을 부인하지 않는 한, 그리고 하나님이 지으신 피조물들을 다스림에 있어서 하나님의 최고의 통치권을 다 한쪽으로 치워버리지 않는 한, 그 누구도 그 신비를 해결할 수 없다. 그렇다고 인간 자신이 열망하는 독립성과 자충족성의 입장으로 인간을 높일 수 있는 견해도 해결할 수 없다. 진짜 어려움은 하나님의 무한한 거룩과 권능과 지혜의 통치하에서 어떻게 도덕적 악이 침투했는지를 설명하는 것이다. 어떻게 사악함이 하나님의 그런 통치하에서 광범위하게 번졌는지를 설명하는 것은 정말 어려운 문제이다. 특별히 이 부분은 그 주제에 대하여 가장 두렵고 신비한 영역이다. 사실 하나님의 피조물들 대다수가 어떻게 영원히 멸망하는 비참함과 파멸에 떨어지게 되는 이것이 허용될 수 있었는지는 정말 설명하기 쉽지 않다. 그것은 실제적인 결과로서 이것이 무엇을 포함하고 있는지를 실감할 때 더 그렇다. 그 사안에 함축되어 있는 것이 무엇인지를 반추해 볼 때, 그리고 어떤 이론에서도 이 결과물들의 상태는 그 모든 것을 미리 보신 하나님의 무한한 지식과 능력의 통치하심에서 이루어지는 것이 분명하다. 그리고 하나님께서는 원하신다면 그 모든 일들을 막을 수도 있는 그런 능력의 하나님의 통치하에서 벌어진 것들이다. 우리는 칼빈주의 신학 체계에 반하여 제기된 일반적인 반대 주장들의 그와 같은 논지들이 근거가 전혀 없는 단지 추정에 불과하다는 것을 가장 명확하고 가장 확실하게 인지하고 있다. 그리고 우리는 그 전체 문제에 대한 사도의 해결책을 묵묵히 받아들이게 하는 강권적인 어떤 힘을 느낀다.

"오! 깊도다 하나님의 지혜와 지식의 부요함이여 그의 판단은 측량치 못할 것이며 그의 길은 찾지 못할 것이로다! 누가 주의 마음을 알았느뇨 누가 그의 모사가 되었느뇨 누가 주께 먼저 드려서 갚으심을 받겠느뇨 이는 만물이 주에게서 나오고 주로 말미암고 주에게로 돌아감이라 영광이 그에게 세세에 있으리로다"(롬 11:33-36).[99]

---

99) 이 주제를 언급한 커닝함의 『종교개혁자들과 종교개혁 신학』책 468쪽을 보라.

14. 성도의 견인교리

성도 혹은 신자들의 견인교리는 칼빈주의 신학 체계에 있어서 본질적인 부분으로 간주된다. 그 자체의 특성상 칼빈주의의 다른 교리들과 서로 연계되어서 필히 설명되어야 할 것임이 명백하다. 그렇기 때문에 이 또한 대다수 칼빈주의자들이 붙들고 있고 거의 대다수 알미니안들은 부인하는 교리이기도 하다. 이 역사적 진술에 대하여 두 가지 뚜렷한 예외가 있다. 그것들을 언급하는 것이 적절하다. 그 사람들은 중요한 두 인물 어거스틴과 알미니우스이다.

어거스틴은 참된 신자들, 거듭난 사람들도 즉, 하나님의 진리와 종교적인 원리들의 영향을 진정으로 입은 자들도 타락할 수 있고 최종적으로 멸망될 수 있다고 생각한 것처럼 보인다. 그러나 그는 타락할 수 있고 타락하고 멸망당할지도 모르는 그런 사람들은 영생에 이르도록 예정된 자 혹은 선택함을 받은 자들의 수에 속한 자들이라고 생각하지는 않았다. 그는 영생에 이르도록 택함을 받은 자들 모두는 끝까지 인내하며 마침내 구원을 획득한다는 것을 굳게 붙들었다. 물론 어거스틴은 만일 하나님께서 어떤 자들을 영생에 이르도록 절대적으로 무조건적으로 택하셨음도 확고히 믿었다.

이 택함을 받은 사람들이 반드시 구원받게 되고 확실히 구원을 받게 될 것이라는 증거는 차고 넘친다. 영생에 이르도록 예정함을 받지 못하여서 결과적으로는 타락하고 구원을 획득하는 것을 실패하게 되는 사람도 믿고 거듭날 수 있는지의 여부는 별개의 질문이다. 이 질문에 대한 어거스틴의 입장은 외적인 예전들의 목적들과 효과들에 관하여 일반적으로 널리 퍼진 개념들, 특히 세례적 중생의 교리와 같은 개념에 의해 모호하고 왜곡된 것처럼 보인다. 세례적 중생(baptismal regeneration) 교리는 아마도 사단이 발명한 교리들처럼 치명적인 오류를 지니고 있는 강력하고 광범위한 원인으로 간주되어온 것이다.

그렇다면 어거스틴의 오류는 영생에 이르도록 택정함을 받은 적이 없는 자들도 믿을 수 있고 거듭날 수도 있지만 결과적으로는 궁극적 구원 획득에 실패할 수도 있다고 추측하게 만든 것이다. 그러나 어거스틴은 결코 그렇게 하지 않았다. 하나님께서 어떤 자들을 영생에 이르도록 절대적으로 선택하실 수 있으시지만 그렇게 선택하시고서도 타락하고 멸망하도록 허용하실 수 있는 분인 것처럼 그토록 비이성적이고 비논리적인 개념을 어그스틴은 결코 포용할 수 없었다. 어거스틴이 결코 붙든 적이 없는 이런 개념에 대한 반박은 칼빈주의자들이 성도의 견인에 대한 주제를 가르친 것의 총약이며 핵심을 이루고 있다.

알미니우스는 모든 신자들의 확실한 견인교리를 전부 부인한 적이 결코 없었다. 심지어 그가 칼빈주의의 다른 모든 원리들을 내버린 후에도 그렇게 하지는 않았다. 그러나 이에 대해서 언급했을 때 그는 자신의 생각이 다 정리되지 않은 상태에서 지적한 것이라서 더 연구가 필요하다고 생각했다. 따라서 그는 실질적으로 그 교리가 근거하고 있는 성경적 증거를 제시하는 것은 어렵다고 증언하였다. 마찬가지로 그의 직계 추종자들도 이 문제에 대해서 언급하기를 주저하였다. 그러나 그들의 당대의 반대자들은[100] 그들이 자신들의 진술과 주장의 전체 흐름을 달갑게 여기지 않았다는 고백의 진정성에는 많은 신뢰를 주지 않았다. 왜냐하면 그들은 한동안 부정적인 결론을 직접적으로 명시적으로 지지하지 않았기 때문이

---

100) Amesii Coronis, 285. Anti-synodalia, 202.

다. 그들은 이미 이 주제에 대한 개혁교회들이 수용한 교리를 일반적으로 버린 자들이었기 때문이다. 그들은 심지어 도르트 공회 이전에 벌써 칼빈주의의 다른 교리들과 더불어서 공개적으로 성도의 견인교리를 버렸다. 나는 칼빈주의자들이 이 교리를 받아들이기를 주저했다거나 알미니안도 그것을 부정하기를 꺼려했다는 사례가 있다는 것을 본적이 없다.

따라서 이 교리는 우리의 신앙고백서 안에 명시되어 있다: '하나님이 그의 사랑하시는 독생자 안에서 용납해 주시고 그의 성령으로써 효과적으로 부르시고 성결케 하신 자들은 전적으로 그리고 최종적으로 은혜의 상태로부터 타락할 수 없다. 그들은 마지막 날까지 그 상태에서 확실히 보존되어 영원히 구원을 얻게 될 것이다.'[101] 이 진술들의 의미에 대한 설명은 거의 할 필요가 없다. 그 명제의 주제는 두 가지 특질로 표시되는 특정한 부류의 사람들이다. 즉 하나님께서 그의 사랑하시는 아들 안에서 받아들인 자들과 성령으로 말미암아 하나님께서 효과적으로 부르시고 성결케 한 자들이라는 두 가지 특질들로 구성된 자들이다. 이것은 그들의 *상태*와 *성품*에 중요한 변화가 일어난 사람들이라는 것을 의미한다. 그들의 상태와 관련하여 모든 사람들이 본질상 처해 있는 그 죄책과 정죄의 상태로부터 벗어나서 하나님께서 기쁨을 감추지 못하시며 품어주시는 자들이 되었다는 것이다. 그래서 그들의 죄악들은 용서받았고 그리스도께서 그들을 위하여 행하시고 고난당하셨다는 것을 근거하여 하나님의 식구들로 그리고 하나님과 친밀한 교제 속으로 들어가게 되었다는 것을 의미한다. 그들의 성품과 관련해서는 그들은 성령의 역사하심으로 말미암아 그들의 심령으로 새롭게 된 자들이었다. 하나님께 대한 그들의 적

---

101) 웨스트민스터 신앙고백서 17장 1항.

대감, 그들의 부패함은 진압되었다. 거룩한 원리들이 그들의 마음에 심겨졌다. 그들은 새로운 순종의 상태에 들어선 자들이다. 이러한 변화들은 명백하게 성경에서 표현되고 있는 것들이다. 그러한 현상들이 일어난 곳에서는 예수 그리스도를 믿는 믿음과 뗄 수 없이 연결되어 있는 것으로 성경은 명백히 지적하고 있다. 그래서 여기에서 언급되고 있는 사람들은 다 그리스도 안에 있는 진정한 신자들이다. 하나님의 말씀으로 거듭난 자들이며, 진리를 믿는 자들이다. 그런 모든 자들은 다 은혜의 상태로부터 전적으로 또는 최종적으로 떨어져나갈 수 없는 것이다. 그것은 하나님이 받아주시고 개인적으로 거룩한 자가 되었고 확실하게 끝까지 지키심을 받는 것으로부터 결코 떨어져 나갈 수 없다는 것을 의미한다. 앞에서 지적한 상태에 확실하게 남아서 영원히 구원을 얻게 되는 것이다. 사실상 이런 자들은 결코 버려지지 않으며 그들 모두는 지키심을 받아 구원을 얻게 되는 것이다. 이들이 *타락할 수 없는 것*은 이 결과를 방지하기 위하여 효과적이고 오류가 없는 일부 계획이 만들어졌기 때문이다.

그들은 완전히 또는 최종적으로 버려질 수 없다는 이 진술은 특히 신자들이나 성도들이 비록 최종적으로는 아니라 할지라도 전적으로 타락할 수 있다고 가르친 루터파 저자들에 의해서 제창된 개념을 가지고 있는 것이다. 이 사람들이 흥미 있게 여긴 것처럼 보이는 그 개념은 이런 종류의 것이다. 한 때 믿었던 사람들이 죄를 지어서 자신들의 상태와 성품과 관련된 그런 특권들을 전적으로 상실하고 잃게 될 수 있다는 것이다. 그래서 하나님이 그들을 우호적으로 대하시고 용납해 주심으로부터 그리고 도덕적 원리들로부터, 그들이 믿기 이전처럼 나쁜 모습으로 살았던 것과 같이 타락하게 될 수 있다는 것이다. 그러나 그런 사람들 모두는 다시 은혜의 상태로 *새롭게*(de novo) 인도받게 될 수도 있다. 따라서 그들은 타락할 수도 있고 배교할 수도 있지만 최종적으로는 그렇지 않다는 것이다. 온전히 타락하지만 최종적인 것이 아니라는 이런 개념은 하나님의 말씀을 연구하는 것에서부터 나온 주장이 아니라 교회에서 종종 발생된 일들로부터 더 많이 도출된 것이다. 사실 교회 안에서 신자들이 종종 심각한 죄악에 빠지는 사례들이 발생한다. 우리가 언급한 그런 입장을 가진 자들이 생각하는 것은 그런 경우들은 은혜의 상태로부터 온전히 타락한 모습을 나타내는 죄악들이라는 가정을 제외하고는 설명할 수 있는 것이 아니다. 그러면서도 그들은 한번 중생하고 믿음을 가진 자들이 배교로부터 확실하게 회복될 수 있어서 마침내 구원을 받게 된다는 것을 시인함과 관련하여 성경의 일반적인 흐름에 맡긴다는 것이다.

신자들은 마침내 완전히 타락할 수 없다는 것이 우리의 신앙고백서의 주장이다. 즉 하나님께서 받아주시고 새롭게 된 마음 상태에 존재하고 역사하는 거룩한 도덕적 원리들에 따라 살아가는 은혜의 상태가 일단 발생하게 되면 그것은 다시는 잃어버리는 일은 없다. 그리하여 이런 사람들은 하나님에 의해서 여전히 자신들의 본성적인 죄책 상태에 살고 있는 자들처럼 낯선 자들로, 원수들로 간주하거나 취급되는 일은 결코 없게 될 것이다. 또한 원칙이나 동기 면에서 완전히 타락하여 본성과 성품의 모든 거룩함이 결핍되어 있는 자들로서 마치 예전처럼 그들이 타락하게 될 수 있는 특정한 해로운 죄를 짓게 되는 일이 결코 없게 된다는 것이 우리의 신앙고백서가 가르치는 바이다. 그러나 루터파 저자들의 주장은 우리의 이런 가르침과 반대 입장이다.

그러나 성도의 견인교리는 칼빈주의 신학 체계의 필수불가결한 요소이다. 이미 우리가 상고한 다른 근본적인 교리들안에 확실하게 내포된 것이며 또 그런 교리들로부터 충분히 파생되는 교리이다. 만일 하나님께서 일부 사람들을 영생에 이르도록 영원한 때부터 절대적으로 무조건적으로 택정하신 것이 사실이라고 한다면, 이 사람들은 단연코 틀림이 없이 구원받게 될 것이다. 또한 이 땅에서 은혜의 상태로 인도함을 받지 않는 한, 그리고 회개하고 믿게 되고 믿음과 거룩함을 굳건히 지켜나가지 않는 한 이들 중에 구원받지 못할 사람은 아무도 없다는 것이 사실이라면, 하나님께서는 영생에 이르도록 택정하신 모든 사람들에게 믿음과 거룩함을 확실하게 주실 것이며 세상 끝 날까지 지킴을 받을 것이라는 보장을 틀림이 없이 갖게 하실 것이다. 하나님께서 그의 택정하심을 실행하심에 있어서 어떤 자들에게 믿음과 회심을 일으키시는 것은 그 자들을 구원하시기로 *정하셨기* 때문이다. 그렇게 하시는 것도 그들을 구원하시기 위함이시다. 이것을 칼빈주의자들이 가르치는 것이다. 그들이 견인교리라는 제목으로 가르치는 그 모든 것들은 따라서 효과적으로 성취되는 것들이며 확고히 확립되는 것들이다. 믿음과 중생은 궁극적으로 구원이 보장된 자들이 아니면 누구에게서도 나타날 수 없다. 그러므로 믿음과 성결함 안에서 그런 자들의 견인은 반드시 확언되어지고 틀림이 없는 것이라야만 한다. 이 모든 것은 너무나도 확실하기 때문에 다른 설명이 필요 없다.

물론 칼빈주의자들은 모든 신자들 혹은 성도들의 확실한 견인을 지킬 책임을 지속적으로 강조하고 있다. 일단 믿음과 거룩함의 열매가 낳게 되었으면 그것을 유지하는 책임은 성도 개개인에게 있는 것임을 가르친다. 그러나 알미니안들이 이 교리를 부인하는 것에는 모두가 일치하는 것 같지는 않다. 물론 그들의 일반적인 경향은 이 교리를 부정한다. 그러나 회개하고 믿을 수 있는 사람들은 어쩌면 그들 모두가 다 보존되고 구원받게 된다는 것을 붙들고 있을지 모른다. 그러나 그들은 사람들이 자기 자신의 의지를 가지고 있는 가운데서 믿음과 회심을 불러일으키는 하나님의 성령의 은혜를 저항할 수 있고 물리칠 수 있다고 가르치기 때문에 그들은 적어도 그들이 그 은총들을 소유한 이후에 그것들을 던져버려서 결과적으로는 타락하게 될 것이라는 그 가능성을 유지하고 있다는 것이 거의 피할 수 없는 사실이다.

그들의 일반적인 실천사항은 견인교리를 논의함에 있어서 많은 강조를 하고 있다. 그들은 이것이 그들에게 가장 그럴싸하고 효과적인 방식으로 일반적으로 칼빈주의 체계에 반하는 더 대중적인 반대 주장들을 제안할 좋은 기회를 제공한다고 생각한다. 또한 예정 문제에 대한 명확한 질문에 직접적인 성경적 증거가 없다는 자신들의 결함을 지원해 주는 것으로 생각하고 있다. 그 예정론 교리를 반대함에 있어서 그들이 생각하는 증거는 성경으로부터 제시될 수 있다고 생각하는데 그것은 칼빈주의자들이 영생에 이르도록 택정함을 받은 자들로 간주하는 신자들이나 성도들이 타락하게 되어 멸망될 수도 있다는 것도 성경에서 예증할 수 있다는 것이다.

우리는 이러한 두 가지 요점들을 언급하지 않을 수 없다. 즉 첫째는 이 교리와 연관하여 알미니안들이 일반적으로 칼빈주의 교리를 반대한다는 입장이다. 둘째는 알미니안들이 이 특별한 주제에 대한 성경적인 진술들이 충분히 제시된다는 그들의 증거이다. 물론 그들의 반대 주장은 만일 한번 은혜의 상태에 들어오게 된 자들이 최종적으로 타락하여 멸망당하는 일이 있을 수 없다고 한다면, 그렇다면 어쩌면 그런 교리가 자연스럽게 드러내는 경향이기도 하는 부주의한 무관심과 안일한 삶을 사람들이 영위하게 되지 않느냐 하는 이의이다. 그리고 누구도 죄를 피하는데도 관심을 기울이지 않게 하지 않느냐는 것이다. 왜냐하면 그들의 죄가 그들의 영원한 상태에 전혀 해를 끼칠 수 있는 것이 아니라고 믿기 때문이다.

이제 이 반대 주장은 알미니안들이 전체 이 논쟁에서 매우 일반적으로 의존하는 통상적인 방식에 대한 잘못된 표현을 하고 있는 하나의 표본일 뿐이다. 즉 우리의 교리의 일부분을 취하여 그것을 전체 신학 체계와 분리하여서 그 콕 꼬집은 것에서 부족해 보이는 것들만 부각하는 전략인 것이다. 우리가 주장하고 가르치는 그 위대한 일반적 원리는 그 수단은 목적만이 아니라 미리 정하신 것이라는 사실이 그 반대 주장에 완전한 답변을 제공한다는 점이다. 그러나 우리는 이제 성도의 견인교리와 관련하여 제기된 것으로서 그 반대 주장의 특별한 측면을 담아내는 이 일반적인 방식에 대해서 더 구체적으로 언급하고자 한다.

우리가 주장하는 성도의 견인교리가 효과적으로 방편을 예비하며 확보된 것은 믿음과 거룩함 가운데서 인내하게 하는 것이다. 계속해서 믿음 가운데 거하며 의의 풍성한 열매를 맺게 하는 것이다. 견인은 사람에게 믿음과 중생의 선물이 주어지게 된 그 이후로 단순히 이 땅에서 얼마동안 지속되다가 그리고 삶의 과정에 있어서 중간 기간의 도덕적인 역사하고는 전혀 상관이 없이 천국으로 이끌림을 받는 것을 말하는 것이 아니다. 견인은 인간이 진입하게 된 신앙생활의 과정 안에 있는 것이다. 믿음의 실행과 거룩한 삶의 실천 과정에서 끝날까지 지속되는 덕목이다. 이것이 우리가 말하는 예비된 견인이요 확실하게 효력적인 것이다. 그러나 한번 믿음과 회개의 자리에 나아왔다가 그 이후로 습관적으로 부주의한 삶과 죄악된 일들을 저지르다가 결국엔 그런 상태에서 죽게 된 그 사람은 우리가 말하는 견인교리의 성향이나 효과가 제대로 드러나고 잘 설명되고 있는 사례는 아니며 결과적으로 잘못 이해한 것에 불과하다. 전반적으로 잘못 인식한 것이요 견인교리와 상반되는 사례이다. 그러나 만일 그 경우 진짜 믿음과 회개의 자리에 나아간 것이 분명히 성립되는 것이었다면 그것은 견인교리를 *반증할* 것이다. 그 모든 사례들과 관련하여 반대 주장들과 맞서서 우리의 교리를 방어할 필요성만이 아니라 *교리 자체의 본질적인 것으로부터* 우리에게 지워진 의무는 참 신앙과 중생은 결코 존재한 적이 없으며 따라서 보존될 수 없다고 주장하고 유지하는 것이다. 우리는 우리의 반대편 자들이 우리 교리의 일부분만 떼어서 결함이 있는 쪽만 부각하여 공격하는 것들에 대해서는 멀리 할 뿐이다. 그리고 우리는 그것을 설명하는데 익숙한 자들로서 교리 *전체*를 섭렵한다.

우리는 제기된 그런 사례나 그런 사례에 기초하여 반대하는 주장들은 전반적으로 관련이 없다는 것을 즉시 알아차린다. 다시 말해서 우리의 교리는 실질적으로 그런 주장들과는 전혀 관련이 없다. 우리의 교리가 사실이라면 그런 사례는 발생할 수도 없다. 왜냐하면 *믿음과 거룩한 삶 안에서 보존된다는* 그 교리는 이미 정립된 것이요 확보된 것임을 의미하기 때문이다. 사실 견인은 그 준비되고 확보된 것으로부터 솟아나는 것이다. 그러나 만일 실패한 사례가 한 신자에게 성립될 수 있다면, 공정한 추론은 우리의 교리가 그러한 결과를 산출하거나 산출하려는 경향을 가진 것이 아니라 도리어 그런 교리는 근거가 없다는 것을 뜻하는 것이다.

그 반대 주장이 그 교리가 무엇인지에 대한 부분적이거나 결함이 있는 견해에서 비롯된 우리의 교리의 제기된 경향으로부터 파생된 것이듯이 같은 방식으로 견인교리를 믿으며 토대 위에서 행동한다고 고백하는 자들에 의하여 그 교리가 남용되거나 왜곡되는 일들은 하나같이 다 동일한 출처로부터 시작되는 것이다. 그들은 그 교리를 전체적으로 보지 않고 오로지 한 부분만 쳐다본다. 그러면 반드시 남용할 수밖에 없고 스스로를 부주의한 죄악에 빠지게 한다. 그들이 수단들만이 아니라 목적 자체도 다 미리 정하신 바가 된 것들임을 망각할 때 그런 일들이 발생한다. 하나님께서 약속하셨으며 준비하셨다는 그 자체는 믿음의 성결한 신앙생활을 함에 있어서 견인을 위한 것이다. 하나님은 이것을 획득하기 위한 방안을 마련하셨다. 왜냐하면 하나의 수단으로서 믿음과 거룩 안에서 세상 끝날까지 지키신다는 것과 종국적으로 영원한 구원을 얻게 된다는 것 사이에는 하나님께서 확립하신 불변의 연계점이 있기 *때문이다.*

하나의 교리의 실천적 경향과 그 결과를 제대로 판가름하는 진짜 방식은 그 교리의 진정한 특성을 바르게 이해하고 정확하게 파악하여 생각하는 것이다. 그리고 그 교리의 올바른 관계 등 전반적으로 옳게 파악하여 생각하는 것이 실천적인 경향에 대해서 그리고 하나의 교리의 결과에 대한 판단을 옳게 가지는 것이다. 그리고 확고하고 진정으로 믿는 것으로서 그리고 현명하고 지적으로 적용된 것으로서 파악하는 것이어야 한다. 그 다음에 그것을 그렇게 이해하고 믿고 적용하는 사람들의 견해, 동기, 행동에 어떤 영향을 끼치는지를 고려하는 것이다. 그런 방식으로 성도의 견인교리를 시험하게 될 때 그것은 사람들로 하여금 자신들의 행동 규정에 관하여 매우 부주의하고 안일한 태도를 가지도록 격려하는 흐름은 전혀 가지고 있지 않을 뿐 아니라 도리어 정반대의 성향을 나타내고 있다는 것을 금방 밝힐 수 있는 것이다.

수단의 원칙과 목적이 미리 정해져 있고, 한편으로는 믿음과 거룩에 대한 견인, 그리고 다른 한편으로는 구원 사이에 불변의 연결점이 확고히 성립된다는 것에 관하여는 견고하고 성실하게 붙들어야 한다는 모든 평범한 의무와 동기를 준다. 즉 마음과 삶의 거룩함을 흔들림이 없이 증가시키며, 그리고 이 결과를 조성하는데 도움이 되는 모든 수단들을 사용하는 것이다. 다시 말해서 적어도 그들에게 속한 타당한 모든 힘이 전혀 손상이 되지 않은 상태로 작동하도록 모든 수단들을 사용하는 것이다. 하나

님의 은혜로 말미암아 회개하고 믿게 되는 자리에 나아간 사람의 입장은
-그에게 영향을 끼치어 이런 변화를 얻게 되도록 설득되어서 결과적으로
자신은 끝까지 보호될 것이며 구원받게 될 것이라는 확신을 즐기는 자의
입장은- 명확하게 계시된 다른 교리적 원리들과 연계하여 바라보는 것이
다. 그리고 칼빈주의의 모든 다른 교리들과 일치하는 관점에서 바라보는
것이다.

이런 입장이야말로 하나님과 자기 자신, 자신의 과거 역사, 현재 상황
및 전망과 관련된 모든 고려사항에서 비롯된 가장 강력하고 가장 힘 있는
동기를 작동시켜서 그 모든 것들을 다 병합하여 그로 하여금 확대된 마음
을 가지고 하나님의 계명의 길 안에서 힘껏 달리도록 강권하기에 적합한
것이다. 그리고 더 나아가서 그가 믿는 그 교리는 그 자체의 일부로서, 또
는 적어도 즉각적인 결과로서 그것을 포함하고 있다는 것을 기억해야 한
다. 그리고 이 교리는 그가 자신의 믿음을 흔들림이 없이 굳게 붙들고 있
지 않는 한, 그가 새로운 순종의 길에서 계속해서 굳게 머물러 있지 않는
한, 즉 죄에 대하여는 날마다 죽고 의에 대하여는 날마다 더 펄펄 살아가
는 순종의 삶을 지속적으로 유지하지 않는 한, 자기 자신이 안전한 상태
에 있으며 영원한 행복에 대한 확신을 굳게 가질 수 있다고 믿는 그 어떤
선한 근거도 스스로는 결코 가질 수 없다는 것을 기억하게 한다.

신자들의 부주의와 죄 가운데서 살도록 장려한다는 이 교리의 성향에
대한 반대 주장은 그들의 영원한 복락이 확보되었다는 근거위에서, 더욱
이 하나님의 전능하신 능력으로 어둠에서 빛으로 옮겨진 신자들, 그들의
눈이 떠져서 하나님의 아들의 얼굴 안에서 하나님의 영광을 바라보게 된
신자들, 그리고 그들은 더 이상 자기 자신의 것이 아니라 하나님 자신의
아들의 보배로운 피로 값을 주고 산 자들이라는 사실을 보게 되고 느끼게

된 신자들일지라도 그들은 여전히 자기 안에 있는 그 어떤 동기들로 영향을 받을 수 있는 존재가 아니라 다만 자신들의 안전과 행복과 관련하여 자기 자신은 완전히 배제되는 어떤 다른 동기로부터 영향을 받게 되는 것이라는 말이다. 심지어 우리가 이 모든 것을 다 동의한다고 하더라도, 그리고 우리의 반대편 자들이 그런 질문들을 논쟁하면서 늘 취하기를 좋아하는 낮은 도덕적 수준에게까지 내려간다고 하더라도, 우리는 여전히 신자들에게 견인교리 안에 굳게 서도록 *전적으로 승리하신* 강력한 동기들을 충분히 제공할 수 있다.

심지어 죄를 지으면 영원한 행복을 잃게 될 것이라고 촉구할 필요도 없이 모든 죄로부터 멀리하게 하는 강력한 동기들을 제시할 수 있다. 우리의 신앙고백서는 하나님의 말씀과 온전히 일치하게 가르치고 있다. 즉 비록 신자들이 전적으로 최종적으로 버려질 수 없고 확실하게 보호되고 구원받게 될 것이라고 하더라도 '그럼에도 불구하고 그들은 사단과 세상의 시험들을 당하며 부패의 요소가 그들 안에 남아 번져 있으며, 그들을 보존하는 방편에 대한 무시함으로 인해 중한 죄에 빠질 수 있다. 그리고 한동안 그 죄 가운데 거하기도 한다. 그로 인하여 그들은 하나님의 분노를 사며 성령을 근심케 한다. 그리고 그들의 은혜들과 위로들을 어느 정도 빼앗기게 된다. 그들의 마음이 강퍅케 되고 그들의 양심이 상처를 받으며 다른 사람들을 다치게 하고 비방거리를 사게 한다. 그리고 일시적으로 그들 자신에게 심판을 초래한다.'[102] 이 진술은 신자들이 저지르는 모든 죄에 대해서 *어느 정도는* 사실이다. 신자들이라고 해서 종종 범하게 되는 단순히 "심각한 죄악들만" 해당되는 것이 아니다.

---

102) 웨스트민스터 신앙고백서 17장 3항.

견인교리에 대한 성경적 증거들

그러나 우리는 이 주제에 오래 머물러 있을 수 없다. 이제 우리가 언급한 다른 요지들도 살펴보도록 하자. 즉 이 특별한 견인교리에 대한 직접적이고 즉각적인 성경적 증거들을 살펴보고자 한다. 칼빈주의자들은 이 교리가 우리가 이미 살펴보고 확립한 그 위대한 진리들을 반드시 포함하고 있거나 혹은 분명히 그 진리들로부터 추론할 수 있는 것 말고도 견인교리가 독특하고 독립적인 진리로서 자리매김하기에 충분할 정도의 적절하고 직접적인 성경적 증거를 가지고 있다고 주장한다. 그들은 직접적이고 적절한 성경적 증거에 의하여 믿음과 회심을 통하여 은혜의 상태로 들어오게 된 자들이 마침내 그 자리에서 떨어져나갈 수는 없으며 확실하게 끝까지 인내하고 영원히 구원을 받을 것이라는 입장을 증명한다고 단언한다. 만일 이것이 독특하고 독립적인 진리임을 입증할 수 있는 것이라고 한다면, 그것은 칼빈주의 신학의 주도적인 원리들 전부를 확정하게 하는 매우 직접적이고 매우 강력한 증거로 기여하는 것이다. 그것은 칼빈주의가 실제로 하나님의 말씀의 교리임을 증명하는 막대한 증거를 제공한다.

그러나 알미니안들은 우리가 이미 언급했듯이 우리의 성도의 견인교리가 잘못된 것임을 증명하는 직접적인 성경적 증거를 제시할 수 있다고 장담한다. 그 부분에 대해서는 우리가 이미 다 설명하였다. 그러나 그들은 선택교리와 관련하여 그렇게 한다고는 거의 공언하지 않는다. 실로 그들은 전반적으로 칼빈주의 신학 체계에 반하여 제시해야만 하는 직접적인 성경적 증거로서 우리의 교리가 거짓되다고 추론한 그 증거에만 의존하고 있을 뿐이다. 우리는 그들이 정말로 한번 믿고 중생을 체험한 자가 실로 타락하여 최종적으로 멸망당하게 되었거나 혹은 그들이 버려져 망하게 되었다는 사실이 성경으로부터 입증할 수 있다고 한다면, 충분히 그들의 입장에 기꺼이 동의할 것이다. 하나님께서 그렇게 되지 않도록 막기 위한 그 어떤 확실하고 효과적인 조치도 취하지 않았다는 것을 입증할 만한 성경적 증거가 분명히 있다면, 그리고 하나님께서 그 자신의 선하고 기뻐하시는 뜻에 따라서 어떤 자들을 택했는데 그들이 결과적으로 버려지게 되었다는 성경적인 증거가 분명하다면 우리가 알미니안의 입장을 따르지 못할 이유가 없는 것이다. 우리는 믿고 회심한 사람들 중 어떤 이들은 타락할 수 있지만 택함을 받은 자들은 아무도 그렇게 할 수 없다는 어거스틴의 입장은 옹호하지 않는다.

우리의 견인교리를 반대하여 알미니안이 제기하고 있는 성경적 증거, 그리고 그들 자신의 입장을 지지하기 위하여 제시하는 성경적 증거는 이 전체 논쟁에 포함된 다른 그 어떤 주제에서 제기할 수 있었던 것보다 훨씬 강력한 것이다. 그것은 공정하게도 상당한 타당성을 가질 수 있어야만 한다. 그들이 가장 명확한 것으로 간주하여 제시하는 본문들이 성경에 있다. 그 증거들은 일단 믿고 회심을 한 사람들이 타락하거나 버려지게 되어 어쩌면 최종적으로 멸망하게 된다는 것을 내포하고 있는 것처럼 보인다. 만일 이 설명이 맞다고 한다면 아마도 우리가 이 교리를 받아들일 수 있을 만큼 충분한 근거가 될 것이다. 그러나 우리는 성경에서 성도들의 견인교리를 지지하는 결정적인 증거, 직접적이고 추론적인 많은 양의 증거를 성경에서 더 많이 가지고 있다. 물론 추론적인 증거는 답변할 수도 없고 그렇다고 제외할 수도 없는 증거들이다. 이 증거들은 반대편 자들에게 제시될 수 있는 그 어떤 것들보다 강도 면에서 범위측면에서 혹 명시성 측면에서 훨씬 월등한 위치를 차지하고 있는 것들이다. 물론 타당한 질문은 이것이다. 이 주제에 대하여 성경이 진정으로 가르치고 있는 교리가 무엇인가? 성경에 제공하고 있는 모든 자료들을 다 취합하여 그 모든 것들의 핵심사항을 종합적으로 검토하였을 때 성경이 진정으로 인준하고 있는 입장을 충분히 동의할 수 있게 만드는 교리는 어떤 것인가?

칼빈주의자들이 이 주제에 대해서 성립된다고 단언하는 명제들은 이 것이다. ① 일단 믿음을 통해서 그리스도와 연합된 자들 그리고 그의 말씀으로 거듭난 자들의 확실하고 최종적인 견인을 설명하는 명확하고 결정적인 증거를 성경은 가지고 있다. 성경은 그들이 결코 멸망당하지 않으며 영생을 얻게 될 것이라는 명백한 증거를 내포하고 있다. ② 이 교리를 부정할만한 혹은 반대 입장을 성립시킬만한 근거를 제공하는 충분한 성경적 증거는 없다. 우리의 교리와 일치되는 것으로 설명될 수 있는 것임을 보여주기 위해서 알미니안들이 찾은 본문들을 설명하는데 큰 어려운 문제가 있다거나 긴장을 바짝 해야할만한 면이 전혀 없다. 사실 우리의 교리적 입장을 지지함에 있어서 우리가 제시한 성경적인 진술들을 그들의 교리와 조화시키고자 하는 일은 근거할만한 것도 없고 자연스럽지도 않는 것으로 매우 불가능한 것이다.

나는 결정적으로 확립된 우리의 교리에 의해서 이 논쟁의 그 요점을 직접적으로 그리고 즉각적으로 담아내고 있는 수많은 명백한 진술들로부터 그리고 위대한 일반적 원리들로부터 즉시 도출되는 성경적인 증거의 몸통 전체를 다 다룰 수는 없다. 그러나 나는 반대편에 있는 알미니안들에 의해서 제기된 그 증거에 대해서 우리가 처리한 그 방식을 간략하게나마 언급하고자 한다. 그것은 얼핏 보면 상당한 타당성을 가지고 있는 그 증거를 우리가 어떻게 다루는지는 지적할 수 있다고 본다. 물론 그것은 참된 믿음과 진정한 거룩의 영향 하에서 은혜의 상태로 진입하게 된 인간이 타락하였고 그 복락으로부터 멀어졌으며 최종적으로 멸망케 된다는 사실을 일반적으로 직접적으로 또는 명백히 함축적으로 주장하고 있는 것처럼 보이는 본문으로 구성되어 있다.

이제 그들이 이 목적을 위하여 제기한 성경적 진술들과 관련하여 그들이 증명하고자 하는 것이 무엇인지를 주목하자. 다시 말하면, 첫째, 앞에서 언급한 사람들 그들이 일단 참 신자들이었고, 그들의 심령이 진정으로 새롭게 된 자들이었다는 것이 명백하고 필연적으로 함축하고 있다고 하는 그들의 주장을 보자. 둘째로는 이 사람들도 악에 떨어졌거나 또는 최종적으로 파멸케 될 수 있다는 주장이다. 그들은 이 두 가지 입장들을 입증해야만 한다. 만일 그들은 이 둘 중 어느 하나라도 증명하지 못한다면 그들의 논지는 내동댕이쳐질 뿐이다.

사실 그 두 입장은 그 똑같은 사람에게 정확하게 적용되도록 증명되어야 한다. 또는 적어도 의심의 여지가 없는 실질적인 가능성에 대해서 확실하게 증명해야 한다. 그들이 제시한 몇몇 본문들과 관련하여 우리는 그들의 입장 그 어느 것도 그들이 말하는 사람에게 성립될 수 있는 것이 아님을 보여줄 책임이 있다. 그러나 이것은 우리의 논박에 필요한 것은 아니다. 만일 우리가 이 사람들은 참 신자들이었거나 또는 그들은 그렇게 행동해서 마침내 멸망당할 수밖에 없는 자들이었다는 사실 그 어느 하나라도 입증할 수 있는 결정적인 증거가 없음을 보여줄 수 있다면 그것으로 충분하다. 우리는 이러한 입장 중 하나라도 성경적 증거가 없다는 것이 분명히 성립되었을 때 반대자들의 목적을 달성하기는 완전히 부적절한 것으로 판단되는 그 본문들을 한쪽으로 치워버릴 권리가 있다. 즉 그들의 입장은 우리의 교리와 실제적으로 또는 심지어 명백하게도 불일치하는 것으로 묘사된다. 이런 방식으로 알미니안들이 성도의 견인교리를 부정하는 근간으로 사용한 본문들은 별 어려움이 없이 날려버릴 수 있다.

그러나 그들이 제기한 또 다른 유형의 본문들이 성경에 있다. 이러한 처리 방식이 직접적으로 적용되지 않는 본문으로 신자들의 배교나 타락에 대한 경고의 메시지들이다. 그들은 이 구절들이 신자들의 버림당함의 가능성을 함축하고 있는 것들이라고 반박한다. 이제 우리는 신자들도 타락할 수 있다는 *가능성이* 어떤 의미에서는 존재한다는 것을 부인하지 않는다. 즉 신자들도 자신들 안에 있는 것들을 바라볼 때, 특히 자신들의 능력과 역량들과 관련하여 바라보면 그들을 향하신 하나님의 목적이나 계획하심과 상관이 없이 실패하고 넘어질 수 있다는 가능성이 충분히 내포되어 있다. 이 점에 관한 질문에 답하면서 튜레틴은 이렇게 설명하고 있다: '그 질문은 인간 입장에서 그리고 나눠진 의미에서 실패할 가능성에 관한 것이 아니다. 왜냐하면 신자들은 자신들이 본성적으로 변하기 쉽고 나약한 존재라는 것을 늘 염두에 두고 있다는 것을 부인할 자는 아무도 없기 때문이다. 신자들도 넘어질 수 있을 뿐만 아니라 특별히 사단과 세상의 유혹에 접하게 될 때 자신들 스스로 어떤 도움을 줄 수도 없는 존재임을 안다. 그러나 그 질문은 특히 복합적인 의미에서 하나님의 목적하심과 벌어진 그 사건 자체와 관련하여 하나님 입장에서 실패할 가능성을 염두에 둔 질문이다. 이런 의미에서 우리는 인간의 이탈(defection)이 불가능하다고 말하며 절대적으로 단순하지 않고 다만 가설적으로 그리고 상대적으로 그렇다고 말하는 것이다.'[103]

이것은 오직 이런 측면에서 우리는 이것이 우리의 교리와 불일치되는 것이 아닌 것으로 인정한다. 즉 타락하게 될 가능성은 언급한 본문에서 시사하고 있다. 그들의 적절한 주된 효과는 가장 인상적인 방법으로, 배

---

103) 튜레틴의 신학 강요, xv., Qu. xvi., s. iv. De Perseverantia Fidei.(믿음의 견인에 대하여). 역자는
튜레틴의 영문 번역서 *Institutes of Elenctic Theology*, translated by George Musgrave Giger, edited
by James T. Dennison. Jr의 vol. 2. 594에서 재번역한 것임. P&R 출판사, 1994.

도와는 반대되는 것으로서의 견인과 수단으로서, 그리고 목적으로서 구원 사이에 하나님께서 확립하신 연결의 불변성에 대한 위대한 원칙을 이끌어 내는 것이다. 따라서 하나님께서 달성하시고자 작정하신 그 목적에 효과를 미치는 수단으로서 작용한다. 신자들로 하여금 인내하게 하거나 또는 배교로부터 그들을 보존하는 것이다. 그리고 끊임없는 겸손함과 경계 및 근면성실함을 낳게 함으로써 인간의 도덕적 법칙의 원리에 전적으로 일치하게 행하도록 효력을 미치게 하신다.

교회에서 발생하는 종국적으로 신자들의 실질적인 배교의 명백한 사례들과 관련하여 우리는 그 문제들을 처리하는 문제에 대해서는 큰 어려움이 없다. 동료들의 특성을 개인적으로 확실하게 안다, 즉 그들이 참 신자들이라는 것을 철저하게 안다는 것은 인간에게 불가능한 것이다. 그것은 우리가 사도의 원리를 자신 있게 적용하는 것을 망설이게 하는 것은 성경의 진술들과 경험의 증언에 의해서 너무나도 확립되어 있다. 실로 사도의 원칙은 이 전체 주제의 많은 난제들을 해결하는 열쇠를 제공하는 것이다: "저희가 우리에게서 나갔으나 우리에게 속하지 아니하였나니 만일 우리에게 속하였더면 우리와 함께 거하였으려니와 저희가 나간 것은 다 우리에게 속하지 아니함을 나타내려 함이니라"(요일 2:19).

신자들이 전적으로 타락한다는 것이 불가능하다는 것은 특별히 칼빈주의 신학적 원리의 특이성으로부터 나온 직접적인 결과가 아니다. 결국 타락하게 되었을 때 견딜 수 있는 원리가 아니라 중생과 성령의 내주하심에 대한 성경적인 견해들로부터 나온 것이다. 그리고 그들이 하나님과 그리스도에게로 나오게 한 그 관계로부터 나온 것이다. 웨스트민스터 신앙고백서의 용어를 빌려서 말한다. "이 성도의 견인은 성도들 자신의 자유의지에 달려 있는 것이 아니라 성부 하나님의 값없이 베푸시고 변함없으신 사랑으로부터 흘러나오는 선택 작정의 불변성에 달려 있는 것이다. 그리고 예수 그리스도의 공로와 중보의 효력과 성령의 내주하심과 그들 속에 있는 하나님의 씨로 말미암는 것이다. 그리고 은혜의 언약의 본질에 달려 있다. 이와 같은 모든 것에서 견인의 확실성과 무오성이 나오는 것이다."[104]

15. 소시니안주의, 알미니안주의, 칼빈주의

우리는 이제 소시니안 논쟁과 마찬가지로 알미니안 논쟁의 총체적 개요를 완벽히 마무리했다. 이러한 논쟁을 훑어보면서 우리는 기독교 신학의 가장 중요한 분야 전부를 직접적으로 거의 다 다루게 되었다. 소시니안주의는 계시된 종교 체계의 가장 독특하고 근본적인 내용 모든 것들을 다 부정하는 것만이 아니라 하나님께서 우리에게 알게 하신 것들과 정반대되는 교리 체계를 긍정적으로 주장하고 있다. 반면에 알미니안주의는 성경이 가르치고자 했던 거의 모든 것들을 거절하고 인간의 죄책감, 타락, 무력감에 대한 성경적인 견해와 유일하게 일치하는 칼빈주의 신학 체계, 하나님의 구원을 성취하심에 있어서 아버지와 아들과 성령이신 하나님의 주권적 최상의 우위권과 모든 자충족적인 효과적 하나님의 역사하심을 다루고 있는 칼빈주의 신학 체계 사이에 중도적인 계획을 세우려는 시도이다. 우리가 이 세 가지 유형의 교리 체계들을(소시니안주의, 알미니안주의, 칼빈주의) 취합하여 살펴봄으로써 자연스럽게 제시된 몇 가지 일반적인 고려사항들이 있다. 이것들은 성경의 신적인 권위를 믿는다고 고백하

---

104) 웨스트민스터 신앙고백서, 17장 2항 칼빈주의의 교리들에 대한 실천적 적용 문제에 대해서는 커닝함이 쓴 『종교개혁자들과 종교 개혁 신학』 책 525을 보라.

는 모든 사람들이 견지하고 있는 신학 체계들에 대한 다양한 견해들을 올바르게 평가하는데 도움이 되는 것들이다. 이런 종류의 고려 사항들은 주로 다음 세 가지이다.

첫째, 기독교 신학의 체계에는 일반적으로 칼빈주의의 특성들이라고 부르는 것들보다 더 높은 영역을 차지하고 있는 교리들이 있다. 둘째, 알미니안주의는 형식에 있어서는 펠라기안 형태에 더 가까운데 이들은 소시니안주의와는 실천적으로 약간 차이가 있다. 만일 그것이 그리스도의 신성과 속죄론 및 성령의 특별한 역사하심의 필요성을 공개적으로 부인하는 것이었다면 더 일관성이 있는 것일 수 있다. 셋째, 형식에 있어서 좀 더 복음주의 색체를 띠고 있는 알미니안주의가 있다. 이들의 주장은 중요한 오류와 결함이 있는 것으로 책임을 져야 할 존재만이 아니라 알미니안주의가 구현하고 있는 중요한 성경적 진리들이 칼빈주의의 독특한 교리들과 연계된 것을 제외하고는 일관성을 가질 수 없는 것이기 때문에 그 자체도 일치되지 않는 것이다. 나는 이 세 가지 입장들에 대한 설명에서 한두 가지 점을 지적하고자 한다.

1) 기독교 신학의 체계에는 일반적으로 칼빈주의의 특징들(5대교리들, 역자 주)이라고 부르는 것들보다 더 높은 영역을 차지하고 있는 교리들이 있다. 물론 여기에서 언급한 교리들이란 본질상 인간의 타락성, 그리스도의 인격과 사역, 중생과 성화에 있어서 성령의 역사하심과 관련된 것들인데 이런 것들은 칼빈주의자들만이 아니라 정통 루터파 학자들과 복음적인 알미니안들도 가르치는 것들이다. 성경은 우리에게 본질적으로 인간의 잃어버리고 파멸된 상태, 그리고 죄인들을 구원하시기 위하여 하나님께서 마련하신 그 방책에 대한 존재, 특성 및 작동이 무엇인지를 펼쳐

보여주기 위하여 우리에게 주어진 것이다. 성경에서 가르치고 있는 모든 것은 하나님의 권위에 동등한 것이기에 우리가 반드시 믿어야 할 동일한 의무와 책임이 있다.

그러나 성경에서 우리에게 가르쳐주고 있는 많은 다른 유형의 진리들 가운데는 근원적으로 중요한 부분에서 큰 차이가 있다. 비록 우리가 그것을 적용하는 데는 상당히 무능하기 그지없지만 우리가 잘못 적용하지 않기 위해서라도 매우 조심해야 한다. 그것들이 얼마나 중요한 지에 대한 상대적인 일반적 평가는 우리가 인류 족속의 파멸과 회복에 대하여 알려진 계시의 주도적인 대상으로 묘사한 것들과 그것들이 서 있는 직접적이며 즉각적인 관계의 문제이다. 이런 주제들을 직접적으로 즉각적으로 드러낸 그 교리들은 다른 어떤 것들과도 함께할 수 없는 근원적인 중요한 요점 안에서 하나의 위치를 점하고 있다. 이러한 교리들은 우리에게 인간의 보편적인 죄책과 전적인 타락에 대해서 말해 주는 것들이다. 인간의 구원을 위하여 예비하심에 있어서 하나님의 주권적인 자비하심과 아들의 인격과 사역에 대하여 그리고 그의 대속적인 사역이 죄인들의 칭의를 담아내고 있는 방식에 대하여, 그리고 인간을 위하여 그리스도께서 값 주고 사신 그 모든 복락들을 개별적으로 사람들에게 적용하심에 있어서 성령의 역사하심에 대하여, 그리고 그들 속에서 믿음을 불러일으키고 또한 그들을 거듭나게 하시고 그들의 특성들을 성화시키심으로 말미암는 성령의 모든 역사하심에 대해서 우리에게 말씀해 주는 것들이다.

이제 이 모든 주제들을 즐긴 사람들이 있었고 지금도 존재한다. 그러나 그들은 여전히 칼빈주의의 독특한 교리들을 거부한 자들이라는 사실에는 합리적인 그 어떤 의심도 있을 수가 없다. 우리는 칼빈주의의 독특한 교리들이 다 성경적이요 옳은 것이라고 인정해야만 한다. 왜냐하면 그것들은 큰 흐름에서 우리 자신이 믿는 것과 동일한 것이기 때문이다. 우리가 주장하고 있는 본질은 이것이다. 이러한 요점들에 대한 성경적인 견해를 견지하면서 우리와 동의하는 사람들은 비록 칼빈주의의 독특한 교리들을 부정한다고 할지라도 더 중요하고 더 근본적인 주제들에 대해서는 우리와 같이하는 자들이다. 그것들은 우리와는 다른 것들보다 공적인 교훈의 통상적 과정에서 더 두드러진 위치를 차지해야만 하는 것들이다. 그들은 우리에게 가르치는 계시의 주도적인 목적이었던 이러한 요점들에 대한 그 진리를 붙들고 있는 자들이다. 즉 죄인의 구원의 길에 대한 강론에서 직접적으로 그리고 즉각적으로 영향을 미치는 것으로서 복음 선포에 가장 자주 등장하며 그리고 가장 두드러진 위치를 차지하고 있는 것이다. 그리고 그 복음 선포 사역은 죄인들의 회심을 위하여 하나님께서 통상적으로 가장 많이 복을 주시는 방편이다.

이런 요점들에 대한 성경적 교리들을 붙듦에 있어서 비록 그들이 칼빈주의의 독특성을 부정한다고 할지라도 그들의 일관성은 현재 다뤄야하는 사안은 아니다. 그 문제는 앞으로 다룰 것이다. 그들이 그 요점들을 붙들고 있다는 사실은 의심의 여지가 없다. 그것이 공정한 평가라는 것을 인정해야만 한다. 실로 그들이 이러한 가장 중요한 주제들에 대하여 모든 것이 다 순수하게 성경적인 입장들이라고 말하기에는 솔직히 그렇다. 우리가 그것들에 대해서 언급하면서 그들의 견해에는 몇몇 오류들이 있다는 것을 지적한 바가 있다. 적어도 감성적으로나 혹은 표현상 일종의 결함을 지니고 있는 것은 사실이다. 그러나 의미심장한 것은 분명 아니지만 우리는 이런 요점들에 대해서 성경이 가르치고 있는 모든 것들에 어긋나거나 부족한 면이 있다는 것은 죄악된 것이요 위험한 것이라고 종종 주장해 왔다. 그것은 실로 성경적인 교리의 모든 분파들 사이에 존재하는 조화이다. 그것들 중 어느 하나에 관한 진리나 오류가 있다면 나머지 부분과 관련하여 피할 수 없는 크고 작은 진리나 오류를 낳기 마련이다. 즉 간단히 말해서 칼빈주의자들만이 기독교의 주요 교리들과 관련하여 모든 면에서 성경적인 견해를 가지고 있다. 물론 여전히 우리가 언급한 자들의 견해들은 이러한 근본적인 요점들과 관련하여 본질적으로 성경이 가르치고 있는 것과 일치하고 있기는 하다. 그러나 그들의 결함과 오류는 우리가 독특한 교리적인 부분을 다루게 될 때 부분 부분을 상세하게 설명하는 과정에서 주로 돌출된다. 그리고 그로부터 추론될 수 있는 더 거리가 멀거나 덜 분명한 결론들을 논하는 과정에서 발생한다. 그리하여 우리가 이런 요점들에 대해서 실천적인 교훈의 목적을 위하여 우리의 감성을 설명하는 과정에서 우리가 만드는 거의 모든 진술과 관련하여 그들은 우리와 완전히 동의하지 않을 수 없다.

알미니우스는 칭의 문제에 있어서 몇몇 잘못된 입장을 가졌다. 그의 추종자들은 후에 구원의 복음적인 방법을 타도하는 방식으로 전개시켰다. 그리고 율법의 행위로 말미암아 의롭다 함을 받는다는 주장을 성립시켰다. 그러나 알미니우스는 선언하기를, 나는 그가 정직하게 선언한 것이라는 사실을 의심하지 않는다. -칼빈의 기독교 강요에서 이 주제에 대하여 다룬 모든 내용을 다 서명할 수 있다고 했다. 물론 이것이 이 요점에 대한 알미니우스의 생각에 실제로 결함 혹은 오류가 있다는 사실에 있어서 비록 그것이 상대적으로 중요한 문제가 아니었다하더라도 그 사실이 드러나거나 정죄를 받지 않아도 된다는 그 어떤 이유를 제공하는 것은 아니다. 이 주제와 관련하여서 어떤 오류라도 허용하는 것은 상당한 위험성을 안고 있다는 것을 지적하지 않아도 된다고 말하는 것은 아니다. 그러나 알미니우스가 선언한 것은 자신이 칭의교리의 주된 본질과 핵심적인 원리와 관련하여서 칼빈과 전적으로 동의한다는 그 주장이 틀린 것이 아니라는 훌륭한 근거를 확실히 제공하는 것이다.

원죄, 그리스도의 대속의 특성 및 인간의 심령을 새롭게 하고 성결케 하는 성령의 역사하심과 같은 주제와 관련하여 가장 건전하고 가장 복음적인 알미니안들의 입장에 관해서 유사한 지적이 필요하다. 실로 우리는 이러한 모든 주제들에 대한 그들의 입장에 어떠한 것이었는지 그들의 오류들과 결함들에 대해서도 이미 다 언급을 했다. 그리고 그들의 입장들이 건전한 교리로부터 상당히 큰 이탈들을 유도하는 경향이 있음도 지적했었다. 그러나 이 모든 것이 맞다고 하더라도 우리가 잊거나 간과하지 말아야 할 것이 있다. 그들 중에는 칼빈주의의 독특한 교리들을 부정하는 자들이 있다는 것 역시 사실이다. 그래서 우리는 그들을 알미니안이라고 부른다. 물론 그들은 성경에서 가르치고 있다고 우리가 믿는 교리들에 대한 본질적인 원리들과 주된 핵심사항들에 대해서 동의한다. 예를 들면 인간 본성의 타락, 그리스도의 인격과 사역, 그리고 회심과 성결케 하심에 있어서 성령의 역사하심 등에 대해서는 우리들의 입장과 다르지 않다. 사실 이런 교리들은 그들이 우리들의 교리들과 다른 입장을 표명하는 것들에 비하면 훨씬 본질적이고 중요한 교리들이다. 왜냐하면 그것들이 계시의 이론적이고 실천적인 목적들을 더 직접적이고 즉각적으로 담아내고 있기 때문이다. 다시 말하면 구원의 길에 대해서 더 직접적이고 실천적인 모습을 부각한다. 죄인들의 회심에 있어서 하나님이 사용하시는 도구들로서 통상적으로 하나님이 사용하시는 진리들의 진전을 더 두드러지게 하는 것들인 것이다.

나는 우리의 논의를 진행해가는 과정에서 알미니안의 모든 잘못과 결함이 무엇인지 지적했다. 심지어 가장 복음주의적 형태를 띤 것이라 할지라도 내가 할 수 있는 한 가장 명확하게 확실하게 그들의 오류가 무엇인지를 다 들춰냈다. 적어도 충분히 예리한 눈으로 심각성을 가지고 그렇게 하였다고 본다. 그러나 나는 기독교 신학에 있어서 우리가 믿고 있는 칼빈주의 신학의 독특한 교리들을 부인하는 자들의 가장 건전한 부분에 이르기까지 확대하여 지적하기를 마다하지 않았다. 그리고 이런 동의하는 부분이 드러나는 것과 관련하여 그리고 그들이 타당하다고 여기고 있는 특별한 두드러짐과 관련하여 그 교리들의 광활한 중요성을 실감케 하고자 했다.

2) 내가 지적하고 싶은 두 번째 관찰은 알미니안주의가 조금 더 펠라기안 형태에 있어서 소시니안주의보다 실천적으로 약간 낫다는 것이다. 그리고 그들이 그리스도의 인격과 사역, 성령의 역사하심, 이것은 특히 소시니안주의와 구별되는 것으로 나타나는 것인데 이런 교리들을 고백하는 것을 단념했다면 더 일관성이 있는 자들이었을 것이다. 펠라기안 알미니안들은 그리스도의 신성과 대속사역, 그리고 성령의 에이전시 역할을 믿는다고 고백한다. 그러나 그들은 실천적으로 이러한 교리들을 *생략해버린다.* 그렇지 않으면 그들이 계시된 진리의 일반적인 특성이나 정신을 드러내고자 할 때 전반적으로 뒤로 숨겨버린다. 그리고 인간의 상태나 특성을 담아내는 방식에 대해서 설명할 때도 그리한다. 다른 사람들을 가르치고 안내하기 위하여 그들이 즐겨 사용하는 기독교의 참된 특징과 목적에 대한 그들의 통상적인 입장들이나 감성이나 그에 대해서 통상적으로 제시하는 표현들은 자료들을 보아도 그들이 믿는다고 말하는 그리스도의 신성과 대속 그리고 성령의 역사하심이 미치는 영향은 거의 보이지 않는다. 그들이 고백한다는 이런 교리들은 말뿐이며 거기에 어떤 의미도

가치도 부여되지 않는 것들이다. 실천적인 목적들에 전혀 반영이 되지 않는 불필요한 것으로 취급되는 것들이다. 왜 그런지 그 이유를 보면 그들이 인간의 죄책과 타락, 그로 인하여 스스로를 구원할 수 없는 인간의 무기력 혹은 자신의 구원에 영향을 미치기에 실질적으로 적합한 그 어떤 것도 할 수 없다는 것과 관련된 성경적인 교리를 다 거부하고 더럽힌데 기인한 것임을 알 수 있다. 이 주제에 대한 그들의 극단적인 오류를 지닌 견해들은 실천적으로 그리스도의 대속 사역과 성령의 중생케 하시는 역사가 불필요한 것으로 만드는 것이다. 그들의 견해에는 그와 같은 독특하고 초월적인 방편에 의해서 달성되어질 적절한 구원의 대상들이 존재하지 않는 것이다.

그리스도의 공로와 성령의 도와주심은 그런 사람에게는 단순한 말에 지나지 않으며, 마치 하나의 문장을 내던지고 기독교 계시의 위대한 면들을 인정하고 있다는 것을 계속 보여주는 것과 같은 것이다. 사실 그들의 주장은 실천적으로나 본질적으로 기독교에 대한 그들의 표현의 일반적인 기조가 인간은 구원이라고 할 수 있는 그 어떤 것도 필요로 하지 않거나 또는 이 문제에 있어서 인간이 필요한 것이 무엇이든지 인간은 자기 자신에게 구원의 효과를 미칠 수 있고 자신을 위한 구원의 방책을 능히 마련할 수 있다는 것을 분명히 암시하고 있는 것으로 보인다. 이것이 바로 실천적인 소시니안주의이다. 소시니안주의의 형태는 기독교에 있어서 가장 독특하고 근본적인 가르침 모두를 거부하는 사상이다. 이런 사상은 통상적으로 종교적이지 않고 부주의한 사람들 가운데서 나타나고 있다. 그런 사상은 그리스도의 신성과 대속을 불편하게 여기거나 찬동하지 않으면서 공개적이며 공식적으로 부정하는 일들이 벌어지고 있는 공동체에 거하는 자들 사이에서 나타난다.

인간을 위한 그리스도의 사역과 인간 안에서 역사하시는 성령의 사역은 인간의 자연스러운 죄책의 상태와 타락 및 무기력함에 의해서 필요한 것으로 간주한다. 만일 인간이 구원받게 된다면, 그런 사역은 구원과 뗄 수 없는 요소이다. 그런 가르침은 성경에 계시된 것으로 기독교 신학 체계의 본질적인 특성들이다. 그런데 소시니안들은 공개적으로 또 공식적으로 이 모든 근본적인 원리들을 다 부정한다. 펠라기안 알미니안들은 말로는 그것들을 시인한다. 그러면서 죄인들이 구원을 받게 되는 방식이나 방도와 관련해서는 그들의 모든 실천적인 입장들과 표현들에서 다 생략함으로써 그 모든 참된 중요성과 가치를 다 박탈해 버린다. 이것이 18세기 전반부 기간 동안 영국 땅에 있는 국교회 안에 광범위하게 퍼져 있는 신학 사상이었다. 이런 현상은 개인적인 참된 경건이 사라진 곳에 널리 퍼지게 된다는 것도 사실이다. 목회는 단지 직업에 불과하고, 단순히 먹을 것을 위해서 성직에 뛰어드는 일들이 벌어지는 곳에서는 그런 잘못된 사상이 만연되어 나타나는 것이다. 그런 사람들 가운데는 그들이 입술로 그리스도의 신성과 대속 및 성령의 인격성과 역사하심에 대한 고백을 유지할 것인지 포기할 것인지에 대한 여부를 묻는 질문은 그들의 확신보다 그들이 처해 있는 상황에 의해서 결정되어진다. 양심의 소리보다 현실적인 배짱에 의해서 결정되어진다. 그것은 이 질문이 어떻게 결정되어지는지는 상대적으로 그렇게 중요하지 않다. 왜냐하면 그들이 말로 이 위대한 교리들을 고백하는 것을 유지하든 버리든 그들은 근본적으로 하나님의 은혜의 복음을 부패시켰고 구원의 길을 전반적으로 잘못 드러냈기 때문이다.

펠라기안 형태를 가진 이 알미니안주의는 언제나 냉랭하고 빈약하고 생명력이 없는 종교가 만연된 곳에서 발견된다. 개별적인 성향이 그러하든 혹은 다른 사람들의 영적인 유익을 위한 수고가 매마른 현상이 있는 곳에서 발견된다. 그러나 이것이 항상 그리고 보편적인 현상은 아니었다. 우리는 우리 시대에 그런 자들이 있었고 우리들 가운데 한 때 상당히 활동적으로 열정적인 헌신의 모습을 띤 펠라기안 알미니안들이 있다. 그런 사람들은 모리소니안으로 잘 알려진 자들이다. 그들은(Morrisonians) 죄인들의 급속한 회심, 광범위한 회심을 위한 큰 특별한 것을 발견했다고 공언하였다. 그들은 상당한 열심과 활동을 가지고 그것을 사용하였고 그것의 넘치는 성공 사례들을 크게 자랑하였다. 그러나 그들의 틀은 적어도 펠라기우스 시대에 있었던 것만큼이나 옛날 방식이었다. 왜냐하면 그 자체 안에는 펠라기우스가 제안한 것과 자료적인 측면에서 별 차이가 없었기 때문이다. 그런 방식은 어거스틴이 하나님의 말씀을 가지고 모두 내버렸다. 펠라기우스는 그리스도의 대속 사역이나 성령의 역사하심을 부인하지 않았다. 그러나 그는 실천적으로 그것들을 버렸거나 아주 무시해 버렸다. 그래서 이런 현상은 현대 이단들에게서도 그대로 나타난다. 그들에게 그리스도의 대속은 실질적으로 거의 또는 아무 것도 아닌 것으로 축소된다. 그러나 그들은 때때로 말로는 대속 사역을 존숭하는 표현을 한다. 그러나 그것은 인간에 대한 하나님의 사랑을 단순히 보여주는 것이요 하나님의 사랑의 증거로서 하나님이 인간을 기꺼이 용서하실 준비가 되어 있다는 확신을 우리에게 깊이 감명시키고자 하는 의도에 불과한 것이다. 그리고 그것은 이런 확신을 심어주는 것으로서 주로 작동된다고 제기한다. 그로 인하여 하나님께로 돌아가도록 설득됨을 당한다는 것이다.

그들이 인간이 복음을 믿을 수 있는 능력을 가지고 있고, 하나님께 회개하고 돌이킬 수 있는 역량을 가지고 있다고 하는 것은, 어떤 성경적인 색깔로 도배하여 적어도 성령의 은혜로운 도와주심이 모든 사람들에게 충분하게 수여된다고 하는 것과 같은 의미인데 이렇게 말하는 것은 인간의 본성이 타락하였다는 것과 관련한 성경의 명백한 교리와 상충하는 것이다. 그리고 그들의 그런 주장은 실천적으로 믿음과 회심을 낳게 하는 일에 있어서 성령의 효과적인 특별한 역사하심이 필요하다는 것을 소용없게 만드는 것이다. 간단히 말해서 그 신학 체계는 가장 펠라기안 형태로 나타내는 알미니안주의가 명백하다. 여기에 많은 열정과 활동적인 양상이 뒤따른다고 하더라도 펠라기안주의는 일반적으로 냉담과 무관심의 사람이 되게 한다. 이것은 우리가 가르친 교리 체계의 특성과 흐름에 영향을 미치는 것은 아니다. 성경의 증언과 교회 역사에 의해서 판단된 그 교리의 특성이 그들이 만들고 있다고 공언하는 회심을 크게 불신하는 것과 관련하여 많은 사람들이 뿌리가 없어 잠시 견디다가 말라버리는 돌밭의 청중들과 같은 자들로 만든다는 의혹제기를 소중히 여기도록 우리에게 보증한다.

이러한 일반적인 고려사항들을 떠나기 전에 나는 그들의 신적 진리의 모든 체계에 영향을 미치고 있는 인간 본성의 죄책과 타락에 관한 사람들의 견해에 상당한 영향을 끼치는 것으로서 가르치기에 적합한 그 교훈을 지적하고자 한다. 그리고 그 위대한 교리를 올바르게 이해할 필요성과 그 교리가 머물고 있는 성경적인 근거들과 익숙하게 되는 것을 언급하고자 한다. 만일 그리스도의 대속과 성령의 특별한 역사하심이 참된 것으로서 인정하는 것이 그렇게 중요하고 그렇게 특별한 교리들이라고 한다면 그것들을 믿는다고 고백함에 있어서 양심적으로 위선적인 자들이라는 낙인과 함께 그들을 펠라기안 알미니안들이라고는 하지 않았을 것이다. 그것은 신적인 진리의 체계와 죄인의 구원의 길에 대한 인간의 전체 입장들에게 가장 광범위하고 널리 퍼진 영향력을 끼치는 것으로 예상될 수 있었을 것이다. 그리고 교회 역사 속에서 풍성히 확립된 교리로 자리매김한 것을 볼 수 있었을 것이다. 인간의 보편적 죄책감과 타락이라는 그 위대한 교리에 대한 무지함이 실천적으로 그들의 모든 영향력을 무기력하게 만들었다. 그리고 그들의 가르침을 수용한 자들은 그리스도를 단순히 인간에 불과하고 성령은 존재하지 않는 것으로 믿는 자들에게서 찾아지는 동일한 방식으로 기독교 신앙 체계를 이해하고 나타내는 자들이 되게 하는 것이다.

내가 이미 여러 차례 지적했듯이 알미니안들 사이에서도 다양한 계층의 사람들이 존재한다. 이런 중요한 교리들 가운데 본질적으로 칼빈주의자들과 동일한 입장을 띤 자들이 있다. 그리고 소시니안들과 약간 차이가 있는 가르침에까지 다양하게 구성되어 있다. 그러나 이 모든 다양한 계층의 그룹들도 특성상 차이가 있고 인간이 구원을 받아야 한다면 그 인간의 실질적인 상태와 하나님의 자비의 중재, 하나님의 독생하신 아들의 대속적인 고난과 죽으심 그리고 그의 성령의 부어주심과 같은 개입함이 실질적으로 필요한 가운데 있다는 인간의 진정한 모습인 인간의 보편적 죄책과 전적 타락과 관련된 성경의 교리로부터 벗어난 자들에게서도 다양한 견해의 차이들이 있는 것이다.

3) 우리의 세 번째요 마지막 관찰인 것은 형식에 있어서 좀 더 복음주의 색체를 띠고 있는 알미니안주의가 중요한 오류와 결함이 있는 것으로 책임을 져야 할 존재만이 아니라 알미니안주의가 구현하고 있는 중요한 성경적 진리들이 칼빈주의의 독특한 교리들과 연계된 것을 제외하고는 일관성을 가질 수 없다는 사실이다. 이것은 주로 웨슬리안 감리교도들의 입장이다. 우리의 논의에 더 복음적인 형태의 알미니안주의를 제시하고 있는 것이다. 내가 이미 언급한 기회를 가졌던 것처럼 이것은 리차드 왓슨(Watson)의 신학 강요에서 나타나고 있다. 그 책에서 우리는 기독교 신

학 체계에 대한 가장 온전하게 조직적으로 발전된 웨슬리안 입장을 발견한다. 특히 거의 모든 측면에서 알미니우스 자신에 의해서 가르쳐진 것과 연관이 있는 것들이다. 물론 그 신학 체계의 오류 역시 주로 칼빈주의의 독특한 교리들을 부인하는 것에 놓여 있다. 그 오류들에 덧붙여서 그 결함들은 원칙적으로 성경의 전체 교리로부터 가져오는 결핍들이다. 심지어 그들이 칼빈주의자들과 일치한다고 보는 것들에서 조차도 허점을 지니고 있는데 이 부분은 내가 첫 번째 관찰에서 이미 언급한 적이 있다. 그들의 모순은 여기에 놓여 있다. 즉 그들은 너무나 많은 진리를 인정하든지 아니면 너무나 적은 진리만을 인정한다는 것이다.

한편으로 그들은 일관되게 펠라기안주의에까지 질질 끌어내리고 다른 한편으로는 일관되게 칼빈주의에게까지 끌어올리고 있다. 그런 경우의 심각한 양상은 성경의 증언과 경험의 소리가 위로 올라가는 경향보다 밑으로 내려가는 경향이 더 강력하다는 사실을 인정하는 것이다. 웨슬리안 감리교도들은 즉시 칼빈주의를 부인하고 즉시 펠라기안주의도 부인한다. 그러나 그들은 인간의 타락과 대속의 특성 및 중생에 있어서 성령의 사역들과 관련하여 성경적이고 건전한 입장을 계속해서 붙들고 있다. 그들이 국내에서나 국외에서나 이 위대한 성경적 교리들에 대해서 선포하고 있다는 것에 대해서 합리적인 의심을 가질 수 없다. 하나님께서는 죄인들의 회심하고 돌아오는 일에 그들이 엄청난 성공을 거둔 것에 대해서 큰 영광을 받으셨을 것이라고 믿는다.

그러나 이런 중간적인 입장에서 오래 지속된 교회는 없다. 틀림없이 그들은 두 극단 중 하나 혹은 다른 쪽으로 기울어지는 경향을 나타낼 확률이 높다. 솔직히 바라는 것은 그들이 지금 붙들고 있는 성경적인 모든 진리를 다 유지할 수 있는 입장으로 나아가게 되는 것이다. 그리고 지금

보다 더 완전하게 지속적으로 성경적 진리를 붙드는 방향으로 가기를 바란다. 그들은 칼빈주의가 항상 성경적인 중요한 진리를 상당히 많이 보유하고 있다고 늘 인정하였다. 그들은 이 진리를 칼빈주의 독특성이라고 부르는 것을 좋아하는 것과 분리하기를 갈망한다. 때때로 그것들을 그들은 그렇게 크게 중요한 것들은 아니라고도 말한다. 그들은 그들과 칼빈주의자들이 공통으로 붙들고 있는 진리의 역사와 효과를 무력화하거나 방해하는 것을 싫어한다고 공언한다. 우리는 그들이 많은 중요한 근본적인 진리들을 붙들고 있다는 것을 부인하지 않는다. 그들이 우리와 같이한다는 진리들은 우리와 다르다고 하는 것들보다 월등하게 중요하다는 것도 인정한다. 그러나 우리는 그들이 말하는 칼빈주의의 독특성들이 매우 중요한 진리들임을 굳게 붙들고 있다. 기독교 신학 체계의 온전하고 완전한 강론으로 본질적인 교리로 믿는다. 구원의 전체 계획에 대한 적확하고 정교한 계시의 발전을 나타내는 교리임을 믿는다. 더 특별한 것은 이것이 지금 우리가 주장할 수 있는 유일한 교리라는 사실이다. 그들은 그들이 믿는다고 주장하는 교리를 온전히 지속적으로 따르지 않는다. 만일 그들이 그렇게 했다면 이것은 확실하게 칼빈주의의 모든 근본적인 원리들을 인정하는 자리에 연착륙하였을 것이다.

나는 이 문제에 대해서 더 이상 언급하지 않으려고 한다. 그것을 설명하는 자료들은 칼빈주의자들과 알미니안들 사이에 벌어진 논쟁에서 논의된 다른 교리들에 대한 검증에서 충분히 제공되었다. 이 점검의 과정에서 우리는 반복적으로 논쟁의 그 요점이 실질적으로 이런 질문으로 둔갑되었다는 것을 보여주었다. 하나님이나 인간이 인간의 구원의 원인자 혹은 저자인가? 소시니안들은 인간의 구원이 인간에게 있는 것으로 말했다. 즉 인간의 영원한 행복을 획득하기 위하여 필요한 모든 것은 인간 자신이라는 것이다. 칼빈주의자들은 하나님께 있다고 하며 알미니안들은 부분적으로는 하나님께 부분적으로는 인간에게 있다는 것이다. 그러나 그들 중에도 더 펠라기안에 가까운 자들은 인간에게 더 많은 힘을 실어준다. 그리고 더 복음주의 진영에 속한 알미니안들은 칼빈주의자들처럼 전적으로 하나님께 있다고 고백은 하지만 그들이 칼빈주의 독특한 교리들을 부정함으로 말미암아 이 교리적 입장을 온전히 따르기를 거부한다. 그 고백을 독특하게 지속적으로 신적 진리의 다양한 체계에 적용하기를 거부한다. 그들은 이 일을 모호하게 표현한다. 이 위대한 교리가 독특하고 분명하게 독특한 칼빈주의 신학 체계 안에서 드러나고 나타나게 될 때 거기에는 인간의 자유의지의 작동과 책임성과 상충하는 결과들을 포함시키는 것이다. 마치 피조물이 창조주로부터 완전히 독립된 존재가 될 수 있는 것으로 나타낸다. 그리고 마치 하나님은 피조물들의 체질 원리들을 침해하지 않고는 그의 피조물들 안에서 그리고 그의 피조물들에 의해서 그의 모든 목적들을 달성하실 수 없는 분인 것처럼 묘사된다.

참된 경건의 영향력 하에서 자신들의 성격과 행동하는 일에 공급된 만족스러운 증거를 가진 모든 사람들은 죄인들의 구원이 하나님의 절대 주권적인 자비하심에 기인하는 것이라고 고백할 뿐 아니라 그렇게 믿는 자들이다. 인간은 자기 자신의 힘으로 구원에 어떤 영향을 끼칠 수 없는 자이며 자기 자신의 본성적인 죄책과 타락의 상태로부터 도망칠 수도 없는 존재임을 고백하고 믿는다. 그와 같은 일들은 전적으로 하나님의 값없이 베푸시는 은혜에 기인하는 것이요 그리스도의 대속의 사역에 기인하며 성령의 효력적인 역사하심으로 말미암는 것임을 고백하고 믿는다. 이제 칼빈주의는 이런 위대한 원리들을 분명하고 확실하게 표현하고 따르는 신학이며 그 모든 내용들을 구원의 체계의 각각의 영역에 매우 확실하고 명확한 개념들을 적용하는 교리이다. 반면에 다른 신학 체계는 확실하게 혹은 모호하게 서로 상충되는 교리적 입장을 표명하고 있거나 배제시키고 있거나 적어도 생략해 버리는 것들이다. 거기에는 불확실한 것과 모호함이 섞여 있으며 결과적으로는 궁극적으로 상충되거나 부정하는 자리로 떨어지는 것을 보여주는 것들이다.

복음적인 알미니안들은 본질상 인간은 영적으로 선한 그 어떤 것도 행할 수 없는 무력한 존재요 도덕적으로 무능한 존재임을 믿는다고 고백한다. 이 위대한 원리는 칼빈주의자들에 의해서 설명되고 적용된 원죄 교리에서만 완전하고 적확하게 표현된다. 반면에 가장 건전하다고 하는 알미니안들도 이 부분은 필연적으로 일반적으로 약간 모호하고 잘 정돈되지 않은 한계나 변형을 소개하고 있을 뿐이다. 실제로 그들은 인간의 보편적으로 전적인 죄책과 타락 문제에 대해서는 명확하게 설명할 수 없다. 그들은 모두 죄인들의 구원에 있어서 신적 은혜의 주권성에 대한 어떤 무엇을 인정한다. 그리고 이것을 시인함으로써 그들은 인간에게서부터 자랑할 만한 모든 것들을 박탈하는 경향을 보인다. 그리고 인간의 구원에 대한 모든 영광을 하나님께 돌리고자 한다. 그러나 만일 칼빈주의의 독특한 원리들이 부인된다면 죄인들의 영원한 구원을 결정하심에 있어서 하나님의 주권은 상응하는 현실이 전혀 없는 단지 이름으로만 남게 될 뿐이다. 어떤 고백이 이루어지든, 그런 고백을 하는 자들의 의향이나 정서가 어떤 것이든 구원을 받게 되는 자들의 구원은 하나님에 의해서 결정되는 것이 아니라 인간에 의해서 결정되는 것이다. 하나님은 단지 그들이 구원받게 됨을 구경할 뿐이며 그에 따라서 하나님 자신의 계획과 규정들을 행사할 뿐이다.

복음적인 알미니안들은 믿음과 중생을 일으키심에 있어서 사람들 개개인 안에서 성령께서 역사하시는 것으로 고백한다. 그들은 칼빈주의자들이 하는 것처럼 구원에 필수적인 위대한 영적인 변화의 기원이나 시초가 인간이 가진 자연적인 역량들을 발휘함으로 인간과 공동 협력하는 것임을 배격한다. 그러나 그들이 붙들고 있는 입장이 무엇이든지 또는 이 부분에 대해서 그들이 무슨 생각을 하고 있든지, 그들은 알미니안주의를 포기하고 칼빈주의 신학의 독특성들을 인정함이 없이는 일관성을 보일 수 없다. 영혼 속에 영적 생명을 부어주는 효력적인 원인이시며 영생을 결정함에 있어서 성령의 역사하심을 실질적인 것으로 만들지 않는 한 그들은 모순된 상태에 있는 자들이다. 어떤 방법으로든 알미니안주의를 붙들고 있는 한 그들은 이 구원의 시작에서부터 인간 자신과 공동 협력 사업하는 것으로 명백하게 또는 모호하게 묘사하지 않을 수 없는 것이다. 만일 구원의 시작이 하나님께 있다고 한다면 그런 차원에서는 하나님의 사용하시는 방편이 모든 면에서 결정하고 효과를 미치는 주도적인 원인이 되는 것이다. 그렇다면 이것은 필연적으로 알미니안들이 하나님께 기인하는 것으로 묘사하고 있는 것보다 훨씬 고상하고 분명한 차원에서 하나님의 주권적 행사를 포함하는 것이 된다. 하나님께서 역사 가운데서 하시는 것이 무엇이든지 영원부터 작정하신 것 혹은 그렇게 하기로 결정하신 것에 대해서는 논박할 여지가 전혀 없는 것이다. 그러므로 인간은 일관되고 하나님께서 이일을 하신 것임을 부인하든지, 그의 성령의 역사하심이 영적 생명이 심겨지게 되는 원인이시며, 그 성령의 시작하심이 인간과 협력하여 부분적으로 발생하는 것으로 말하는 것보다 훨씬 다른 의미에서 믿음과 중생의 열매를 낳게 하는 분이심을 부인하는 것이 되든지 아니면 은혜와 예정과 관련하여 칼빈주의의 독특한 교리들 모두를 시인해야만 할 것이다.

그렇다면 우리가 나중에 주시했듯이 독일에서 몇몇 명석한 신학자들이 최근에 칼빈주의에 대한 부인함이 전적 타락, 중생 및 성령의 역사하심에 대한 루터파들이 붙들고 있는 성경적인 교리를 인정하는 것과 모순되는 것임을 보게 하였고 시인하게 만들었다는 것은 하나도 놀랄 일이 아니다. 그들 중 몇몇 신학자들은 주로 일관된 철학적 추측의 바탕에 서 있지만 칼빈주의 편을 들었다. 사실 나는 웨슬리안 감리교도들이 이 요점들에 대해서 자신들의 독특한 교리들이 그것들을 내포하고 있다는 사실의 모순성을 보여주고자 힘을 쏟는 것보다 우리나라에서 건전한 교리와 참된 종교를 더 조성시키는 것과 관련하여 하고 싶은 것들이 몇 가지 있다. 모든 참 경건한 사람들이 고백하고 어떤 측면에서는 고수하고 어떤 차원에서는 보유하고 있으면 전적으로 완전한 모든 원리들에 대하여 온전하고 명확한 표현과 충분한 범위를 부여하는 유일한 신학체계로 수용하도록 이끌어야 하는 것이다. 이 신학 체계만이 죄인인 인간의 구원에 있어서 성부 성자 성령 하나님의 은혜의 영광을 충만히 드러내고 확보하는 것이다.[105]

---

105) Knapp의 『기독교 신학 강좌』, 116, 411을 보라. (Wood의 각주를 보라). Hagenbach's *History of Dcotrines*, vol. ii., 448-52, Wegscheider's 『Institutiones』 466-483.

제26장

교회 정치

제26장

교회 정치

1. 장로회주의

교회정치 문제와 관련하여 늘 제기되어 온 주도적인 쟁점은 다음과 같다. 교회 업무들에 대한 통상적인 행정에 관한 확실한 권리는 집단적으로 차별이 없이 교회 회중(공동의회)에게 있는가? 아니면 교회의 업무들에 대한 운영과 일반 회원들에 대한 다스림이 직분을 받은 선택된 사람들(당회원)에게 주어진 권리인가? 만약 후자가 맞는 것이라고 한다면 -이것은 종교개혁자들이 그렇게 믿고 있는 것이었다,- 다음의 질문들이 자연스럽게 대두된다. 교회 직분자들의 서로 다른 계층이나 나뉨은 무엇이며, 각각의 다른 역할들은 무엇인가? 그들 중에 사제로서 사제의 특성을 제대로 소유하고 그 역할을 더 잘 수행할 자격이 있는 자들이 있는가? 교회 일반 목사들 중에 보다 우월한 기능들을 지니고 수행하도록 하나님께로부터 인준을 받은 직위를 가진 자가 있는가? 아니라면, 어떤 측면에서 목사들보다는 낮지만 목사들과 함께 교회 정치문제에 참여할 권한을 가진 다른 계층의 사람들이 있는가? 이런 질문들 대부분은 종교개혁 당시에 충분히 연구되었고 토의되었다. 그 질문들은 개혁교회 전체 체계에 추천되어진 이후로 그 근거들 위에서 잘 정착이 되었다. 그 이후로 루터와 같은 일부를 제외하고 종교개혁자들은 일반적으로 교회 업무들을 운영하는 통상적인 권리가 회중 전체에게 귀속된 것이 아니라 선택된 교회 직분자들에게 속한 것으로 보았다.

그들 대부분은 일반적으로 교회를 신자들의 모임(coetus fidelium)으로 정의했는데 집합적으로 이 교회는 그리스도에 의해서 교회 자체의 목적을 달성하고 그리스도께서 제정해 주신 예전을 수단으로 삼아 교회 자체의 복지를 조성하는 모든 외적인 것들과 관련된 본질적인 역량을 온전히 발휘하여 자급자족하도록 위촉되었으며, 그런 결과들을 획득하도록 비정상적인 긴급 상황에서도 필요한 것으로 보이는 것은 어떤 일이든 수행할 수 있는 권한을 가지고 있다고 보았다. 이것이 우리의 신앙고백서에서 가리키고 있는 위대한 일반적 원칙이다. 신앙고백서에서는 그 입장을 이렇게 기술하고 있다: '보이는 보편적 교회는 전 세계적으로 참 종교를 신앙고백하는 자들과 그 자녀들로 구성되어 있다… 그리스도께서는 이 보이는 보편적 교회에게 교역자들과 말씀들과 규례들을 제정하셨다.'[106]

종교개혁자들은 로마교도들과 맞서서 자신들의 목회사역의 통상적인 소명의 정당성을 옹호하기 위해서 이 중요한 원칙을 사용하였다. 특히 종교개혁의 대 역사의 합법성을 내세우며 이 원칙을 활용했다. 그러나 그들은 그것이 하나님의 말씀에 근거하여 수반되는 진리들과 상충하는 것으로 여기지는 않았다. 즉 교회는 교회 직분자들에게 맡겨졌다. 그리고 영감된 성경 말씀에 의해서 재가되는 교회 직분자들의 유형들과 계층에 맡겨진 것으로 보았다. 개혁자들은 성경이 이런 직분자들이 임명되어야 하고 확립되어야 한다는 방식과 관련된 지침들을 명백하게 함축하고 있다

---

106) 웨스트민스터 신앙고백서, 25장 2항과 3항.

고 믿었다. 그 지침서는 모든 통상적인 상황에서 가능한 명확하게 실천되어야만 한다. 이렇게 임명되고 확립된 직분자들은 직분과 관련하여 권위를 가지고 교회 정치의 통상적인 업무들을 수행하는 자들이 되었다. 그들은 그리스도께서 자신의 말씀으로 말씀하시는 것 말고는 그 어느 재판부나 권위자들에게 예속되지 않는다.

로마교회는 개개인의 구원을 결정하는 위대한 원칙들과 관련한 것들보다 결코 덜하지 않는 부패와 타락을 교회 정치와 관련해서도 광범위하게 성경의 가르침을 완전히 타락시켰다. 성경적인 근거를 가지고 개혁자들이 공격을 퍼부은 로마교회의 정치의 주도적인 면들은 사제직(the Priesthood), 교황직(the Papacy) 및 감독직(the Prelacy)이다. 사제직이란 올바른 사제직의 특성을 의미한다. 그리고 교회 직분자들 몇몇에게 주어진 합당한 사제직 역할 수행을 뜻한다. 또는 본질적으로 오늘날 계급적 원칙(hierarchial principle)이라는 말로 종종 논의되고 있는 것을 의미한다. 이 원칙이 비성경적이요 위험한 특성을 여실히 드러내주는 주도적 고려사항들은 우리가 이미 성례 원리들을 논하면서 언급한 적이 있었다. 교황직과 감독직은 교황의 최고 수위권과 교구 감독들의 권위를 뜻하는 용어이다. 이것들도 우리는 이전 논쟁에서 취급하였다. 따라서 여기서는 종교개혁 시대에 논의된 방식에 대한 역사적 주목거리 몇몇을 소개할 수 있을 것이다. 그리고 그 논쟁들이 벌어진 이후에 개혁자들이 받아서 사용한 내용을 소개할 수 있다.

로마교도들은 그리스도에 의해서 제정된 교회 정치가 군주제라고 주장한다. 한 사람의 최고 통치권자가 전체 교회를 지배한다는 말이다. 그리고 교회의 모든 업무들을 집행함에 있어서 최고의 권위를 가지고 수행하도록 그 한 사람에게 귀속된 것이 곧 신율(jure divino)이라고 주장한다.

물론 로마교도들 가운데서도 의견을 달리하는 자들이 있다. 모든 로마교도들이 다 복종할 어떤 권위 있는 자들에 의해서도 그 문제가 한 번도 정리된 적이 없었다. 특히 다음의 중요한 질문에 근거한 답을 내놓은 것이 없다. 즉 교회의 최고 통치자가 절대적인 권리(de jure)를 지녔는가? 아니면 제한적인 권리를 지녔는가? 몇몇 사람들이 주장하는 것은 교황은 법제정과 판결에 대해 무제한의 권한이 있다고 하고, 그리고 교회의 모든 다른 직무상의 역할들은 단순히 그의 대리인들에게 권리가 있다고 한다. 그 대리인들의 권한은 교황으로부터 파생된 것이다. 그 대리인들은 자신들의 역할 수행에 있어서 교황의 통치에 전적으로 복종하는 것이다. 로마교도들 중 다른 사람들은 심지어 교황도 보편적 교회회의에 복종의 대상이며 교회의 법률에 따라서 자신의 결정사항들을 규정해야 한다고 주장한다. 더 나아가 감독들은 자기들의 권위를 그리스도에게서 부여받았지 교황으로부터 받은 것이 아니라고 주장한다. 물론 그들도 어떤 측면에서는 자기들의 통상적인 역할 수행에 있어서 교황의 통치에 제한적으로 복종한다고 했다. 그러나 여전히 로마교도들은 교황이 최고의 통치자요 교회의 보편적 군주로 인식하고 있다. 그리고 감독들에게는 특별한 교회들의 업무들을 운영하는 것을 맡은 자들로 간주한다. 이것은 장로들이나 평범한 목사들이 수행하는 것과는 구분되는 것들이다. 일반적인 교회회의가 열리게 될 때에 그들이 말하는 보편 교회의 회의로 모일 때는 그들이 참석하고 있는 그 교회회의는 무오성의 특권을 가진 것으로 묘사하고 있다.

루터가 교황이 신율 통치를 받는 교회를 다스릴 권리가 없다는 것을 가장 먼저 발견하였다. 더 나아가서 연구를 거듭하며 그는 주장하기를 심지어 인간 법률(jure humano)에 의한 교회 정치에서도 교회의 군주로 왕관과 홀을 가질 선한 권리(good right)도 가지고 있지 않다고 했다. 루터는 하나님의 말씀을 계속해서 연구하면서 그가 쓴 한 논문의 제목으로 삼은 "거짓되게 칭해진 감독들"(falsely denominated bishops)을 위한 용어가 성경에 근거가 없는 것을 발견하게 되었다. 그리하여 일반적인 장로들 혹은 목사들이 교회의 일반적인 의무들을 수행하는데 그리고 그리스도의 교회의 통상적인 운영을 하는데 필요한 모든 기능들을 감당하기에 충분히 자질 있는 자들임을 확신하게 되었다. 그러나 루터는 그의 추종자들 누구도 교회 정치에 대한 성경적 체계를 형성하는데 직접적으로 주목하지 않았다. 실로 루터는 한 때 모든 신자들이 다 동일한 제사장이라는 이 성경적인 원칙을 왜곡하기도 했고 잘못 적용시키기도 했다.[107] 그리고 그 원리로부터 다음과 같은 결론을 내렸다. 즉 신자들은 누구나 차별이 없이 하나님의 예전을 집행할 권리를 가졌다, 그리고 교회의 모든 업무들을 규정함에 있어서 동참할 권리가 있다고 한 것이다. 그 당시 루터가 일반적으로 여기고 있는 사역자의 기능으로 인식된 업무들을 개인적으로 따로 임명을 받고 세움을 입은 자들에게 허용한 것은 필요한 성경적인 배치에 따라 하기보다는 편의상 그 계획의 명백한 이점들에 의해서 제시된 것들이었다. 그러나 그 후로 그는 목사직의 성경적 권위를 명확하게 발견하였다. 그리고 교회의 일반 회원들과는 구분된 고착된 직분자들을 세우는 것이 성경적인 교훈임을 알게 되었다. 그러나 그와 그의 추종자들은 내가 이미 설명한 것과 같이 그러한 긍정적으로 필요한 성경적인 근거들을 계속해서 간과하였다. 교회의 통상적인 치리 문제와 예배 문제를 다루기에 적법한 것으로 확립된 성경적인 권위에 대해서 저조한 입장을 유지하였다. 그리고 그는 교회 자체를 가장 좋고 가장 편리한 기관으로 간주하였다.

---

107) De Institutionalis ministries Ecclesiæ, published 1523; Opera tom. ii. Ed 1527. Bellaruin., De Sacramentis, Lib. i., c. xxv., tom. iii., 44, Ed 1615.

루터는 장로 직임보다 더 높은 직임이 있다고 주장한 적이 한 번도 없었다. 그러나 그 자신을 그리스도의 교회의 통상적인 업무들을 수행하기 위하여 필요한 모든 역할들을 수행할 자격이 있는 자로 간주하였고 그렇게 했다. 그리고 사역에 있어서 후계자를 보존하였다. 그렇다. 그는 한두 번 주교나 감독직을 안수하는 권위를 실행한 것으로 보인다.[108] 그것은 다른 목사들을 총괄하는 확실한 잣대를 가진 사람에 대해서 염두에 둔 것으로 보인다. 몇몇 감독제 논찬자들은 종교개혁자들에게서 조금이라도 지지하는 글을 찾고자 애를 쓰는데 루터가 자신들의 원칙을 고수한 증거로 이 사실을 성급하게 분별이 없이 내놓는다. 그러나 루터는 사실 그와는 정반대 입장이었다. 자신을 감독직 원칙을 붙든 장로로 여긴 적이 없었다는 것이 확실하다. 자기 자신을 독특하고 높은 지위에 있는 자로서 감독직에 대한 성경적인 권위를 명백히 부정하고 있는 입장을 띤 그가 장로에 의해서 그러한 권한을 가지고서 실행하는 감독을 만들 권세가 자신에게 있다고 주장한다는 것은 결코 있을 수 없는 일이었음이 분명한 것이다. 그리고 이 체계에 대한 부정이나 주장은 내가 이미 반복적으로 설명했듯이 장로교도들과 감독주의자들 사이에 벌어진 논쟁에서 참된 쟁론이었다. 그 경우의 루터가 한 일은 특정한 상황이 다른 목사들을 주관하는 필요성이 확실히 요구되는 정황에서 그런 편리성은 전체의 동의에 의하여 한 사람의 목사에게 권한을 주는 것이 긍정적으로 죄악된 일이라거나 심지어 불법적인 것이라고 생각한 것이 아님을 확실히 입증한다. 그것은 그 사실을 증명하는 것일 뿐 그 이상 아무 것도 아니다. 그 때 그가 그

---

108) Brown, on Puseyite Episcopacy(p. 249), refers fpr proof of Luther's ordination of two bishops to Melchior Adams' 『Vitæ German. Theolog.』, 150, and Seckendorf, 『De Lutheranismo』, Lib.iii., 392.

렇게 한 그의 행동은 그의 생의 전체 흐름이나 그의 저술에 함축된 진술들이 증명하는 것처럼 그 역시 다른 개혁자들과 동일한 입장을 견지한 사람이라는 것이다. 즉 교회 안에서 역할 질서 차원에서 필요한 종신제 감독직은 성경에서 그 어떤 근거나 권위를 가지고 있지 않다는 사실을 함께 공유하였다.

그러나 교리에 대한 성경적인 체계만이 아니라 교회 정치 문제에 있어서도 성경적인 구도에 대한 가장 온전하고 정확한 강론을 우리가 가질 수 있게 된 것은 다 칼빈 덕분이다. 그의 주된 원칙들은 다음과 같다. 분리된 목회직은 하나님에 의해서 제정된 예전으로 자리 잡은 것이다. 그의 말씀 안에서 그 일을 말씀하셨으며 정기적인 방식으로 교회에서 항구적으로 존속하는 것이다. 그 사역에 정당하게 합법적으로 세움을 입은 목사들만이 모든 일상적인 상황에서 공적인 설교와 성례에 대한 하나님의 예전을 집전할 자격 있는 자들이다. 회중의 장로들과 일반 목사들은 다른 목사들을 안수하여 세우는 일을 포함하여 교회의 업무들에 대한 운영에 필요한 모든 의무들을 맡은 권위자들이다. 그리고 항구적으로 필요한 직으로서의 감독직제는 성경이 전혀 인준하고 있는 것이 아니다. 그러므로 앞에서 설명한 원칙들에 근거하여 명백히 금지해야 할 것이다. 마지막으로 교회의 직분자들과 회원들 사이의 구별은 성경에 의해서 확실하게 성립되는 것이다. 이 부분은 항구적으로 지켜져야만 한다. 동시에 교회에서 치리권 또는 직분과 관련된 교회 업무들에 대한 집례권은 엄숙한 예전의 권위 있는 운영자들로서 목사에게 한정된 것이 아니라 그런 목적을 위하여 선택되고 따로 세움을 받은 직분자들과 함께 공유하는 것이어만 한다.

그러나 교황과 감독들의 추정된 재판권에 대한 적법성은 전적으로 부인하였고 말씀의 모든 사역들이나 양무리의 목사들은 서로 평등하다는 것을 주장한다. 그리고 목사들이 아니라 교회의 일상적인 업무들을 실행함에 목사들과 함께 협력하는 것에 대한 타당성도 인정한다. 칼빈은 자기 자신을 로마교회에 존속하는 교회정치 구조에 반대 입장에 서 있었던 것이다. 이런 주제들에 대한 그의 교리는 모든 종교개혁자들에 의해서 수용되었고 본질적으로 그 원칙 위에서 교회를 운영하였다. 루터파 교회의 사례에 대한 설명을 한 것과 같이 그런 제한과 함께 종교개혁의 모든 교회들은 거의가 다 유사하게 그 원칙에 따랐다. 그러나 영국의 성공회 교회만은 상당히 차이를 드러냈다.[109] 나는 여기서 교회 정치에 대한 칼빈의 사상에 대하여 납득되는 성경적인 근거들을 강론하는 일을 할 수가 없다. 그러나 나는 그 일이 벌어진 토론과 관련된 몇 가지 역사적 상황에 대하여 언급하는 것으로 만족해야만 한다.

교황직과 감독직의 직분과 역할들을 포함한 교황주의자들의 교회 정치 구조는 종교개혁자들에 의해서 집중적인 공격을 받았다. 이 주제는 트렌트 교회회의에서 다뤄졌다. 여기에서 그들은 개혁자들이 제기한 다양한 문제들에 대하여 권위 있고 무오한 결정을 준 고백된 목적을 굳게 부여잡았다. 교회회의가 진행되는 과정에서 그리고 일반적으로 교황주의자들의 저술들에서 감독직과 관련된 것들 역시 "성직례(Sacrament of Order)"라는 항목에서 취급했다.[110] 다른 많은 주제들과 마찬가지로 이 주제에 대해서도 총대들 가운데서 다양한 의견의 차이들이 있었다. 그래서 법령들을 작성하는데 상당한 어려움을 겪었다. 이 어려움들에 대한 한 가지 흥미로운 설명은 바울(Paul) 신부가 쓴 『트렌트 교회회의 역사』라는 책

---

109) 이 주제에 대한 루터와 칼빈의 일반적인 견해를 설명하면서 상당히 엉터리로 다룬 Bunsen의 『미래의 교회』라는 책을 보라.
110) 23장을 보라.

에서 발견된다. 이 책은 그들이 제기한 논의와 술책에 대하여 그리고 그 주제에 대한 다른 입장을 띤 자들 사이에 벌어진 어려움들을 다루고 있다. 그 교회회의가 결정한 질서의 성례에 대한 그들의 법령들과 규칙들에 들어 있는 주 요지들은 다음과 같다. 신약성경에는 적절한 가시적 사제직이 있다. 또한 참되고 타당하게 사제들인 사람들의 구별된 집단이 있다. 그들의 특별한 특징들은 그들이 우리 주님의 참된 몸과 피를 성결케 하고 제공할 권리를 가진다는 것과, 죄들을 존속하거나 사유하는 권세를 가지고 있다는 것이다. 그리고 교회에는 성직의 다른 계급이 있는데 주된 것과 부수적인 계급으로서 후자를 통해서 사람들은 사제직으로 승급된다. 신적 안수식에 의하여 임명된 성직자 계급이 있는데 여기에는 감독들과 장로들, 집사들로 구성된다. 감독은 장로들보다 우위에 있는 계급이고 입교식과 안수례를 집례하는 독보적인 권한을 가진다. 이것이 트렌트 교회회의에서 확정한 것으로서 이 주제에 대한 로마교회의 합법적인 교리의 본질이다. 로마교도들에게 독특한 것들과 더불어서 관찰되어야 할 것은 감독직에 대한 구별된 주 원리들에 대한 명백한 주장을 포함하고 있는 것이다. 이것은 실로 잉글랜드 교회에 의해서 주어진 것보다 더 풍성하고 더 명확한 선언을 하고 있는 감독직에 대한 원리들이다. 트렌트 교회회의에서 감독의 관할권(potestas jurisdictionis)과 관련하여 장로들보다 우월한 지위에 있다는 것이 신율인지 아닌지에 대하여 많은 논쟁이 이루어졌다. 그런데 교황과 그의 수족들의 격렬한 노력을 통하여 그 교회회의는 그것이 사실이라는 것을 공식적으로 명백하게 선언하는 것을 기권했다. 이 상황으로부터 자신들의 입장을 지지하는 추정을 도입해 보려고 한 감독주의 논쟁자들처럼, 그리고 그 사실 자체가 호기심이 넘치는 것과 같이 그것에 대해서 몇 가지 설명을 가하는 것이 적절할지도 모른다.

장로교도들은 성직계급제도에 대한 주제에 대해서 감독주의자들의 입장들과 실제들이 다 로마교회와 같은 것들이라고 주장해 왔다. 이것과 관련하여 종교개혁자들의 회합에서 거부된 것이라는 사실과 함께 병합하여 설명하면서 감독주의자들의 입장은 개혁자들의 견해와는 반대되는 강한 추론에 불과하다고 주장하였다. 감독주의자들의 견해가 로마교회의 견해와 동일하다는 주장은 의심의 여지가 없이 다 시인하는 것이다. 왜냐하면 감독직이 성직 계급은 감독, 장로 및 집사라는 세 가지 구별된 계층으로 구성되어 있다는 것을 존속하고 싶은 하나의 교리에 불과하기 때문이다. 감독들은 장로들보다 우월한 존재이며 견진(confirmation)과 안수례를 집례하는 독보적인 권한을 소유한 자들이라는 것이다. 이 모든 것이 다 명확하게 로마교회의 교리로서 트렌트 교회회의에 의하여 많은 형식으로(totidem verbis) 선언된 것이다. 실로 감독주의자들은 로마교도들이 한 것과는 달리 안수례를 성례로 간주하지는 않았다. 그러나 그들이 로마교도들과 동의한 것은 입교식과 안수례를 집례하는 것은 교회의 통상적인 업무들의 필연적인 부분을 형성한다는 것이다. 그 일은 장로들에 의해서 집행될 수 없고 오직 감독들에 의해서만 거행된다는 것이다. 그럼에도 불구하고 이것은 몇몇 감독주의자들이 주장했듯이 로마교회는 감독직과 친구가 아니라는 것은 분명하다. 그들은 이것을 증거로 이미 언급한 그 사실을 내민다. 이제 분명한 것은 트렌트 교회회의가 채택하고 공표한 결정들 사이에 명백한 일치를 최소로 무효화하거나 무력화할 수 있는 조치를 감독주의자들이 열렬히 지지하며 주장하는 주 쟁점들을 보면 전혀 찾아볼 수 없다.

트렌트 교회회의의 주된 예비 논쟁에서 감독들이 장로들보다 우위에 있다는 것이 하나님의 정하신 계율(jus divinum)이라는 문제로 양분되고 논박이 일어난 원인은 크게 두 가지였다. 이 둘은 상당히 다른 이유들 때문이었다. 칭의와 예정론에 대해서 상당히 성경적 견해를 정직하게 붙든 총대들이 이 교회회의 안에 더러 있었다. 그래서 거기에 감독들이 장로들부터 우위에 있는지, 그것이 구별된 상위 직제로서 성경과 초대교회 전통으로부터 온전히 확립될 수 있는 것인지에 대하여 솔직하게 의구심을 제기한 자들이 있었다. 그 회의 참석자 중 가장 명석한 총대들 중 한 사람에 의해서 공개적으로 강력히 주장된 것은 이것이다. 감독주의자들이 흔히 내세우는 아에리우스(Ærius)만이 아니다. 제롬(Jerome), 암브로스(Ambrose), 어거스틴(Augustine), 세둘리우스(Sedulius), 프리마시우스(Primasius), 크리쏘스톰(Chrysostom), 데오도레(Theodoret), 에큐메니우스(Œcumenius), 및 데오빌라흐트(Theophylact) 등이 다 뛰어난 교부들인데 이들 모두가 감독들과 장로들은 다소의 차이가 있지만 서로 일치하는 직분으로 여겼다는 것이다. 장로교도들이 자주 증명했듯이 이렇게 양자가 서로 같다는 주장들과 증언들은 종교개혁 시대에 오기까지 상당히 많이 발견된다. 이에 대한 표본으로서 중요한 사실 하나를 언급한다면 감독과 장로가 본래 동일 직이었다는 것을 공개적으로 주장한 물증이 두 개가 있다. 하나는 그라티안(Gratian) 칙령에 있고 다른 하나는 롬바르드(P. Lombard)의 문장론에 있다. 전자는 교회법에 정통한 로마교회 내에서 위대한 변사였고 후자는 신학 분야에 정통한 분이었다.

헨리 8세 때 잉글랜드의 공적 권위에 의하여 출간된 책들에서 나타난 바와 같이 성경 연구의 생생한 결과들과 결합되어 동일한 일반적인 사람들의 인식을 나타내는 흥미로운 일이 하나 있다. 성공회 대주교 크란머의 감독 하에서 벌어진 것인데, 이 때는 로마교회와 단절한 후의 일이지만 그러나 개신교 체제를 잘 습득되기 이전의 일이다. 신약성경은 교회 직분에 대해서 오로지 두 가지 서열, 즉 장로들과 집사들임을 명확하게 밝히고 있다는 사실이 천명되어야만 한다고 주장한 것이다.[111] 감독직은 수세기 동안 로마교회 안에 횡행한 제도이다. 그리고 성경적인 권위와 초대교회 전통과 관련하여 잠재적으로 아마도 무의식적으로 그렇게 남아 있었던 것이 아닌가 한다. 종교개혁에 이를 때까지 거의 모든 시대의 명석한 저술가들이 감독직제와 장로직제가 두 가지 구별된 서열이 아니라 하나의 서열과 동일한 서열 안에 있는 두 가지 다른 등급(gradus)으로 부각했던 것이다. 그리고 그 둘을 엄청 다른 서열로 간주하였다. 상대적으로 교회법의 관행에 기초한 것으로 교회의 실질적인 통치 안에 그 차이가 확연하게 나타났다. 그러나 이 견해는 잉글랜드 개혁자들이 붙든 것으로 이둘이 본질적으로 동일한 것이었다.

로마교회 저자들 가운데서 통상적으로 혹은 보편적으로 나타나고 있는 이런 성직자 계급의 분류는 동일한 일반적인 개념에 대하여 일종의 비자발적이고 의도하지 않은 증언을 제공하는 것으로 보는 것이 공정한 판단일 것이다. 로마교회 저자들이 성직자 계급을 일곱 개로 만들었을 때 그런 것이 발견된다. 그들 모두가 다 성직(clerici)에 속한 자들로서 평신도(laici)와 구별되는 자들이다. 벨라민과 같은 저명한 자들은 각각의 계급을 하나의 성례로 만들었고 이 일곱 서열은 교황, 추기경, 총대주교, 대주교, 감독, 장로 및 집사로 나누는 것이 어쩌면 부자연스럽게 생각되지 않을 수도 있다. 사제직(Priesthood)은 일곱 개 성직 중에서 최고의 것이다. 장로들과 감독들 그리고 그들 위에 있는 모든 다양한 서열이 다 포함된다. 성직자의 다른 여섯 개의 서열은 사제직보다 하위계급이다. 그리고 하위 서

---

111) Boyse's Account of Ancient Episcopacy, c. i.

열은 다양한 등급으로 나눠진다. 집사, 부집사, 복사(服事, 신부를 옆에서 돕는 자들), 축귀사 및 독경사 그리고 문지기(ostiarii)도 포함된다. 사제직 혹은 장로회직을 일곱 개의 성직 중 최고로 우위에 있는 것으로 만듦에 있어서 로마교회 저자들의 보편적 관행은 종교개혁자들이 이 주제에 대해서 내세우는 성경과 초대교회의 고대성에 기초한 것이라고 무의식적으로 인정한 것으로 보는 것이 공정한 판단일 것 같다. 종교개혁자들은 성경과 초대교회 고대성에 기초하여 장로들 또는 목사들은 실질적으로 모든 교회 업무를 수행하는 유능한 자들이었고, 심지어 교회의 통상적인 업무들에 있어서 필요한 역할들을 감당하는 최고의 사람들로 보았다. 로마 교회 안에 보존된 초대교회 교리와 관행에 대하여 희미한 징조들에까지도 무게 있게 보면서 사실 다른 문제에서와 같이 이 문제에 대해서도 가중치를 부여하지 않을 이유가 없는 것이다. 로마교회가 무게 있는 것으로 보아 보전해 온 그것들은 오랫동안 그들이 교회가 승인한 교리와 관행으로 오랫동안 여겨온 지금의 것들과 반대되는 것들이지만 보존하고 있는데 (우리가 이 두 유형의 구분되는 직분론에) 무게를 두지 않을 이유가 없는 것이다.[112]

그러나 이러한 관찰에 의해서 영향을 받은 보다 정직한 몇몇 사람들도 트렌트 교회회의가 감독직을 신적 계율로 더 완전하게 또 분명하게 결정하는 그 방식에 심각한 어려움을 토할 수는 없었을 것이다. 그리고 다른 요점들에 대해서 더 건전한 입장을 띤 소수의 사람들이 그들을 비난하지 못하게 그 회의를 막을 수 있었으며 거기에는 다른 어떤 영향력이 작동하지 않았다. 특별히 그 회의 총대들 중 감독직을 신적 계율로 보는 명백한 결의를 표하고 있는 몇몇 프랑스 감독들과 합류한 스페인 감독들은

---

112) 괄호 안에 있는 것은 역자가 삽입한 것이다.

나중에 그 직제의 남용에 대한 철저한 개혁을 보고자 했다. 교황의 권력을 억누르고, 일들을 수행함에 있어서 그리고 결과들을 낳도록 영향을 미침에 있어서 교황이 단호하게 반대했던 감독들에게 부여된 권위가 무엇이든지 사용하고자 했다. 물론 이것이 교황이 이전에 감독직에 대해서 신적 계율로 선언한 것을 왜 반대할 수밖에 없는지에 대한 충분한 이유였다. 즉 감독들이 자신들의 역할들을 통상적으로 수행함에 있어서 교황의 통제를 벗어나 독립적으로 행사하려는 것을 가능하면 고수하고자 했기 때문이다. 따라서 이 결과는 사기, 음모 및 협박에 대한 일반적인 체계를 강력하게 적용하게 만들었고, 거의 모든 경우에 로마 법정은 재량에 따라 그 회의를 관장하고 적어도 반대하는 모든 법안이 제출되는 것을 막기 위해 힘쓰게 했다.

또한 우리가 주시할 것은 감독직이 신적 계율이라는 공식적인 선언을 반대하는 자들이 일반적으로 취한 정확한 입장이 무엇이었느냐는 것이다. 그들은 감독직이 일반적으로 신율에 근거하여 직임적인 직분들이나 분류에 있어서 구별된 우월적 지위를 지니고 있다는 서열상 우위권을 부인하지 않았다. 그러나 감독 개개인은 그들의 직분을 가지고 신율로서 그 기능들 모두를 수행해 나갈 권한이 본래부터 주어진 것이라는 것을 부인했다. 감독 혹은 감독직은 그리스도에 의해서 성립된 것이요 심지어 이 직분은 교황에 의해서도 폐지되거나 철폐할 수 없는 것임을 인정했다. 그러나 그들이 주장한 것은 감독직을 붙들고 있는 각 사람은 개인의 권위를 교황으로부터 부여받는다는 것이다. 그리고 감독직 역할 수행에 있어서 전적으로 교황의 통솔에 복종해야 한다고 했다. 교황은 이것은 신율이 아니라 교황령(jure pontificis)으로 여겼다. 이제 이 모든 것은 사실 감독직의 근본적인 원리에 어떤 영향을 주지 않고 유지될 수 있을 것이다. 장로교도들과 고교회 감독들 사이에 논쟁의 쟁점이 된 것으로서 감독직의 신율성을 부정하는 것 없이 자신들의 기본적 입장을 고수할 수 있는 것이다. 교황은 트렌트 교회회의에 자신의 입장을 명확하게 결정하라고 촉구하지 않았다. 그리고 그에 대한 명백한 부정을 막아내는 것에 만족하였다.

이것이 이 문제에 대한 전체 역사이다. 그리고 감독직 논쟁자들이 자신들의 논리를 세우기 위하여 종종 이것을 끄집어내는 것은 결코 적합한 것이 아니다. 로마교회는 교회 정치의 근본적인 체계의 한 부분으로서 종교개혁자들의 성경적인 논박들을 반대하고자 감독직의 모든 주 원리들을 다 유지하고 있다는 것은 누구나 아는 사실이다. 로마교회는 이 문제를 잉글랜드 교회(성공회)가 한 것보다 훨씬 더 많이 분명하게 주장하였다. 트렌트 교회회의는 그것을 아예 신앙의 한 조항으로 확정했다. 즉 감독들은 장로들보다 우월한 지위에 있는 자들이요, 견진례와 안수식에 대한 독보적인 권한을 소유한 자들이라는 것이다. 반면에 잉글랜드 교회는 그 주제에 대해서 상당히 길게 서술하였는데 성직 수임 식순을 다루고 있는 서문에서 이 사실을 밝히고 있다: '성경과 고대 저자들의 글들을 부지런히 읽는 모든 사람에게 명백히 나타나는 것은 사도들 시대 때부터 그리스도의 교회 안에는 사역자들에 대한 이런 서열, 감독들, 사제들 및 집사들이 존재했었다는 것이다.'

자 보라. 이 선언은 상당히 모호하고 애매한 것이다. 이 선언서에는 감독들이 장로들보다 우위에 있는 구별된 계급이라는 명확한 선언이 없다. 여기에는 장로들은 교회 업무들을 수행하기에 무능한 자들이요 교회가 모든 통상적인 업무에 필요한 특별한 기능들을 감독이 가지고 있다고 말한 것도 없다. 이 서열들이 사도들 시대에도 존재했다고 주장한 것이 아니다. 그 선언문의 주장은 사도들 시대 때부터 존재했다는 것이다. 이런 서열들이 존재한다는 결론을 내리게 하는 고대 저자들의 자료들에 등장하는 것들로서 언급되고 있는 성경의 일반적인 참고구절들은 그 서열들 각각이 다른 것들에 비해 우월하다는 것을 지지하는 신율에 대한 선언을 말씀하는 것과는 거리가 먼 것들이다. 이것이 잉글랜드 교회가 감독직에 대하여 내놓은 유일한 교리적 천명과 같은 것이다. 즉 교회 정치에 대한 위대한 구별된 모습으로 주장하는 유일한 교리적 입장인 것이다. 그것은 트렌트 교회회의에 의해서 주어진 것보다 그 명확성과 온전성의 입장에서 보아도 상당히 부족한 것이다. 잉글랜드 교회가 감독직에 대해서 내놓은 유일한 교리적 천명이 왜 이렇게 모호하고 애매한 것인가? 그 이유는 트렌트 교회회의가 감독이 장로들부터 우월적 지위를 가지는 것이 신적 계율(jus divinum)이라는 것을 명시적으로 만들자는 것을 막은 것과 같은 이유이다.

잉글랜드 교회의 개혁 운동에 관련된 주된 사람들은 감독직이 신적 계율에 해당된다고 믿지도 않았고 주장하지도 않았다. 이 주제에 대해서 잉글랜드 교회의 감독직에 대해서 처음부터 옹호한 자들도 그들이 유지한 교회 의식들과 예전들을 옹호할 때와 거의 같은 근거를 취했다. 즉 이것이 불법적이라거나 죄악된 어떤 것은 전혀 없다는 입장이었다. 이것이 시민과 교회의 지도자들이 동의하여 확립되었을 때 거기에 복종하는 것이 옳은 것이라는 입장이었다. 그렇다면 적어도 로마교회의 주장처럼 잉글랜드 교회의 주장을 위한 유용한 근거가 하나 있다. 그것은 감독직에 우호적인 입장이 아니라는 것이다. 이것이나 혹은 다른 어떤 과정에 의해서 감독주의자들은 불행하게도 이 주제에 대하여 배교의 교리와 관행을 고수한다는 혐오적인 비난을 피해갈 수는 없는 것이다.

그러나 우리가 이미 설명했듯이 교황제 역시 그것이 사실이 아니라는 합법적인 추정을 제공한다는 측면에서 하나의 교리나 관행으로 인정할만한 근거가 전혀 없다고 보증하는 것만으로는 충분하지 않다. 우리가 이에 대해서 로마교회가 가르치고 유지하고 있는 것들은 항상 종교개혁 시대에 하나님께서 세우시고 하나님의 진리를 회복하도록 자격을 갖춘 사람들에 의해서 정죄되었고 거부되었던 제도임을 확실히 보여줄 수 있어야 한다. 그래서 우리는 이제 종교개혁자들의 증언에 주목하며 살펴보고자 한다.

2. 장로회주의에 관한 종교 개혁자들의 증언

감독주의자들은 사도들의 시대로부터 종교개혁 시대에 이르기까지 감독직은 기독교 교회 전체에 퍼져 있었던 것임을 항상 자랑하고 다녔다. 그리고 그들은 이것을 선호하는 입장에서 매우 강력한 추정이라고 덧붙였다. 아, 그들은 이것이 사도들 자신들에 의해서도 확립한 증거라고 하며 감독제를 나타내곤 하였다. 내가 증명하는 기회를 마련했었던 것처럼 이 세기들 중 첫 두 세기를 삭제해 버린 충분한 자료들이 있다. 이 두 세기들은 가장 중요한 시기들이다. 실로 이 두 세기는 진정한 중요성을 지닌 유일한 증거이다. 정말 잊지 말아야 할 중요한 사실은 사도들과 개인적으로 관계를 맺었던 사람들이 남긴 것들 중 우리가 가지고 있는 유일한 작품들은 합리적인 의혹으로부터 자유로운 진정성과 성실성을 가진 것들이다. 이것들은 고린도교회에 보낸 클레민트 서신과 폴리갑이 빌립보교회 성도들에게 보낸 서신이다. 이 서신들은 사도들을 직접적으로 계승했던 시대에서 고린도와 빌립보 교회는 -적어도 거기에 어떤 특이한 것이 있다고 생각할 이유는 없다- 감독제 원리에서 운영한 것이 아니라 장로회에 의해서 다스려졌다는 만족스러운 증거를 함유하고 있다. 그러나 심지어 감독직이 성령의 감동과 무오성의 시대 이후 전체 교회의 관행으로 자랑할 수 있는 것처럼 우리는 인간적인 권위에 근거하는 그것을 반대하지 못할 이유가 하나도 없다. 왜냐하면 어떤 경우에도 이는 종교개혁자들의 만장일치의 증언이기 때문이다.

종교적인 문제에 있어서 소위 권위라는 것은 양심의 주인이신 하나님께만 있다고 말하는 것이 적절하다. 우리는 주님의 이름과 인도하심으로 말하는 것임을 증명할 수 있을 때만 사람들에게 암묵적으로 복종한다. 우리는 확실히 직접 주님으로 오는 것이라는 것은 아무 것도 수용하지 않는다. 그러므로 우리는 주님의 기록된 말씀에 기록된 것들을 제외하고는 그 어디에도 매이지 않는다. 무엇이 권위 있는 것인지 아닌지를 적확하게 구별하는 것은 최종적으로 중요한 일이다. 우리의 이해력에 의무감을 즉각 가지게 하는 것과 하나의 가정이나 가능성을 제공하는 것 사이의 차이가 무엇인지도 명확하게 구별하는 것은 정말 중요하다. 그러나 어떤 상황에서 사람들의 의견에 합리적인 복종이 있을 수 있다. 이는 그들이 고백하는 견해에 대한 성경적 진리에 찬성하는 어떤 추정을 제공하거나 또는 어떤 가능성을 나타내는 것으로 간주될 때 그렇다. 그리고 이 점에 대하여 올바른 이유를 제시함으로 말미암아 평가된 것에는 따를 수 있는 것이다. 우리는 특별히 부각할 수 있는 사람들 중 어떤 사람의 말이 무게성과 가치성 문제에 있어서 보다 우월한 것으로 간주함을 머뭇거릴 이유가 없다. 특히 하나님의 말씀에 계시된 구원의 성경적 방법을 제시하고 드러냄에 있어서 종교개혁 시대에 하나님께서 자신의 특별한 도구들로서 높여주신 자들의 증언을 비중 있는 것으로 간주함을 머뭇거릴 이유가 없다.

그런 분들에 대한 모든 것들, 성품이나 개인사, 그들의 의견을 제시하는 방식, 그들의 주장의 출처, 하나님께서 그들에게 수여해 주신 은사들과 은총들, 기독교 신학의 근본적인 교리들을 이끌어 내고 전파함에 있어서 그들에게 하나님께서 보증해 주신 성공적인 이야기들 등 이 모든 것들이 다 합하여서 다음과 같은 결론을 내릴 가능성을 주고 있다. 즉 그리스도의 교회의 헌법과 정치와 관련하여 그들이 가르친 교리들은 거룩한 성경과 일치하는 것이다. 하나님께서 하나님 자신과 하나님의 진리에 대한 증인들로서 이 중세 시대에 일으켜 세우신 사람들 대부분이 교황제도의 깊은 어둠에서 살았던 자들인데 교회 정치 문제에 있어서 장로회주의의 주 원리들을 성경을 연구하면서 끄집어냈다는 사실이다. 여기에 더하여 만일 우리가 종교개혁자들 전체도 동일한 자료들로부터 장로교 원리들을 연역해냈다고 한다면, 그리고 이것을 트렌트 교회회의가 정죄해 버려서 그래서 지금은 로마교회가 파문해 버린 그런 사실에 의하여 확정이 된다고 한다면, 우리는 그 어느 인간의 증언에서 파생될 수 있는 확률이 가장 높은 장로회에 대한 가장 방대한 자료축적물을 가지고 있다고 할 수 있다. 이제 이 모든 입장들은 결론적으로 성립될 수 있을 것이다. 그들은 하나같이 다 감독직 원칙들을 도출해 낼 수 있는 것보다 장로회 제도를 더 강력하게 선호하는 원칙을 더 많이 도출할 수 있는 것이다.

이제 그런 인물들 중 첫 번째 사람과 관련하여 다음과 같은 사실을 언급하는 것이 타당하다고 본다. 1588년 대주교 방크라프트(Bancraft)가 감독직을 선호하는 입장에서 출판한 그의 설교집은 개혁파 교회들에게 상당한 공격을 받았다. 그에 대한 답변은 요한 레이놀즈(Reynolds) 박사에 의해서 제시되었는데 그 분은 그 당시에 잉글랜드 교회에서 가장 많이 배운 석학으로 간주되었다.[113] 다른 것들을 기술해 나가는 가운데 그가 주

---

113) 홀(Hall)감독에 레이놀즈 박사에 대해서 말하기를 '그는 혼자서 모든 교수진들, 모든 학문들, 모든 학습으로 가득 찬 정말 잘 갖추어진 도서관이었다. 그의 독서량과 기억력은 거의 기적과 같

장하고 입증한 것은 '지난 500년 동안 교회의 개혁을 위해서 고군분투한 사람들 모두는 모든 목사들이 감독으로 부르든 사제들로 부르든 동일한 권위와 권세를 지닌 자들이라는 것이다.' 앞서 제공한 인용구들로부터 완벽하게 분명한 사실은 트렌트 교회회의가 종교개혁자들 탓으로 여긴 장로교회 원리들을 명백하게 정죄하였다는 것이다. 개혁자들의 가르침을 전적으로 반대하면서 감독직의 근본적인 원리들은 천명했다. 이제 우리가 덧붙이는 것은 이 세 가지 입장 중 하나로 남아 있는 것을 언급하는 것이다. 즉 트렌트 교회회의가 장로회 원리들이 종교개혁자들 탓으로 말하는 것은 옳다. 장로회 원리들을 종교개혁의 교리들로 간주하는 것도 맞는 것이다.

실로 모든 종교개혁자들이 어느 특정한 목사가 다른 목사보다 월등한 지위를 가지고 있음을 교회에 도입한다든지 혹은 그런 자리에 계속 머물 수 있다고 하는 것이 죄악된 것이라거나 불법적인 것으로 보았다는 것을 증명할 수는 없다. 그러나 그들 중 어떤 이는 이 점에 대해서 중용적인 입장을 띠기도 했기 때문이다. 그렇다고 그것이 감독제의 타당한 원리 위에서 그렇게 주장한 것은 아니었다. 그러나 내가 루터와 그의 추종자들이 그렇게 했다는 것을 보여준 것처럼 그 감독제를 교회 정치 제도에 있어서 항구적인 것으로 소개하는 것이 합법적이지 않다는 분명한 자각을 가지고 있지 않다고 보았기에 중용적인 입장을 취한 것이었다. 성경의 긍정적인 인준을 전혀 가지지 않은 것으로 보았기 때문이었다. 그러나 종교개혁자들 전체는 루터와 그의 추종자들을 포함하여서 감독직의 근본적인 원

은 것이었다.'(Works, folio, 262). 대 주교 방크라프트가 제기한 문제에 대한 답은 그가 프란시스 놀스(Knolls) 경에게 쓴 편지에서 발견된다. 그 편지는 페트리스 교회사와 보이스의 감독제에 대한 고대 설명에서도 찾아진다. 차우페피(Chaufepie)는 그의 전기를 썼다.

리를 부인하였다. 성경에는 어느 한 사람이 다른 사람들에 비해서 월등한 지위를 종신직으로 가지고 있다는 기능상의 구별된 서열이 있음을 요구하거나 재가하는 것이 전혀 없다. 교회의 필요한 통상적인 업무들을 수행할 자질들이 없는 자라는 것을 입증할만한 것이 성경에는 전혀 없다. 종교개혁자들은 사도들이 자신들이 떠나고 난 후에 자신들을 계승할 후계자들이 있어야 할 것을 가리키고 있는 그 어떤 증거도 성경에서 발견할 수 없었다. 물론 이것은 감독주의자들이 자신들의 감독직이 필요한 근거로 말하는 것이기는 하다. 그리고 이런 생각은 어쩌면 신약성경에서 감독직 계급이 등장하지 않은 것을 설명하는 가장 그럴듯한 방식이기도 하다.

종교개혁자들이 성경에서 사도들이 교회를 섬김에 있어서 장로들과 집사들 말고 다른 어떤 기능상의 우월적 지위를 가진 자들이 항구적으로 존속해야 하는 특별한 계층의 직위를 만들었다거나 임명했다거나 의향을 지니고 있었다는 그 어떤 증거도 찾을 수 없었다. 그들은 그에 대해서 완전히 그 어떤 의혹도 가질 수 없는 명백한 사실을 다음과 같이 제시하였다. 즉 신약성경은 일괄적으로 동일한 이름들과 동일한 기능들 혹은 임무들을 차별이 없이 감독들과 장로들이라고 부르는 자들에게 귀속시킨 것이다. 개혁자들은 이 주목할 만한 사실을 다음과 같은 것 외에는 달리 설명할 수 없는 자들이라고 고백했다. 다시 말하면 더 근대 저자들의 글들에서 찾아지는 그 어떤 것들로부터 다른 다음과 같이 추정되는 사실 외에 발견할 수 있는 것은 하나도 없다고 하였다. 즉 성령의 감동하심을 받은 저자들이 감독과 장로를 두 가지 다른 이름으로 사용하고 있는데 이것은 기능상 같은 한 서열의 사람들에게 해당된다는 것이다. 이것 말고는 다른 어떤 부가적인 설명이나 추론이 필요한 것이 아니다. 이러한 관행으로 개혁자들은 우리에게 직분자들이 사용하게 된 방법이나 서열들에 의하여 교회의 정치가 실행되어왔다는 것을 가르쳐주고자 했다. 교회정치와 관련하여 이런 입장이 성경에서 연역해 낸 견해들이다. 루터나 칼빈을 포함한 종교개혁자들 모두가 남긴 저술들에서도 이러한 견해들이라는 것을 쉽게 결론지을 근거들이 많이 있다. 실로 나는 이것이 그 문제를 점검한 사람들 가운데 정직한 의견의 차이가 있을 여지가 전혀 없느냐라는 의혹제기는 부적절한 것이 아니라고 생각한다.

그러나 일반적으로 종교개혁자들, 심지어 칼빈이나 베자도 감독직에 대해서 호의적이었다거나 혹은 호의적이지 않은 것은 아니었다고 주장하는 것은 감독주의 논쟁자들의 일반적인 관습이었다. 이 입장을 성립시키고자 그들이 시도한 일반적인 과정은 본질적으로 다음과 같다. 교회 정치 문제를 공식적으로 그리고 정치문제에 대한 자신들의 목적을 확고히 다지기 위하여 종교개혁자들의 모든 저술들에서 이 부분만을 빠뜨리고 보거나 혹은 숨기고 있다는 것이다. 그리고는 개혁자들이 가끔 모호하게 표현한 한 부분만을 취하여서 왜곡된 방식으로 그리고 그 부분만 삭둑 잘라서 제시하였다. 즉 문맥의 정황을 설명하거나 그런 의미를 던지고 있는 분문의 범위를 앞뒤 다 살펴봄이 없이 그렇게 한다. 이런 진술들에 대한 넘치는 사례들은 감독주의 논쟁자들의 글들로부터 쉽게 접할 수 있다. 많은 사람들이 이 문제를 다루면서 추구했던 부당하고 믿을 수 없는 과정을 취한 것에 대한 유일한 변명은 아주 불완전한 것인데, 그들이 인용하고 있는 저자들의 글들에서 그 내용들을 점검하는 문제를 눈여겨봄이 없이 그냥 그들의 선배들의 글을 그대로 발췌하여 사용했다는 것뿐이다. 나는 그만한 가치가 있다면 몇 가지 흥미로운 사례를 제시할 수 있다. 선배들의 글을 그대로 베끼는 이 긴 연속적인 과정은 그들이 감독제를 세우려는 목적을 위하여 처음으로 제시한 본문들에도 장로회주의의 흔적을 엿

보게 하는 것들인데 이마저도 그들은 다 없애 버렸다.

대륙의 개혁자들은 감독제에 대해서 비호의적이 아니었다는 것은 우리가 이미 본봐와 같이 대주교 방크라프트에 의해서 제기된 것이었다. 그는 개혁교회들 간에 평화를 깨버린 최초의 인물이었다. 그 사실을 입증하고자 그는 주로 왜곡된 글들을 발췌하여 모았다. 1593년에 출판한 무례하고 정직하지 못한 자신의 이 책에서[114] 방크로프트 대주교가 한 것이 이것이었다. 물론 정치와 예배에 대한 장로교도들의 입장은 그 시대의 청교도들에 의해서 옹호되었던 것이었다. 그 책은 편견을 불러일으키고자 만들어졌다. 그래서 그 장점들을 공정하게 다루지 않았다. 그 책의 주된 목적은 장로교회를 옹호하는 주된 인물들이 부정직하고 무지하며 모순된다는 인상을 심어주고자, 그리고 장로교도들은 자신들이 내세우는 근거들과 관련해서 정해진 원칙들이 없고 전적으로 서로 완전히 다양했다는 인상을 심어주고자 오도하고 왜곡시키려고 발췌한 것들이었다. 실로 그는 칼빈이 장로회주의를 옹호하였고 확립하였다는 것을 부인하지는 않았다. 그는 장로교회 정치가 칼빈에 의해 고안된 것이라는 설명을 잠깐 하는 척하였다. 그리고 그는 공개적으로 장로회주의는 외부적인 환경의 결과물이거나 더 나아가서 칼빈이 이기적이고 야망적인 목적을 가지고 조잡하게 꾸며낸 것이라고 주장하였다. 그리고서 그는 감독들에 대한 주된 비난거리들을 누그러뜨리기 시작하였다. 이 입장을 입증하고자 그는 자신의 논지를 대부분 칼빈과 베자, 그리고 다른 개혁자들의 글들을 사용하였다. 심지어 오늘날까지 이어져 내려오고 있는 감독주의 논쟁자들이 자신들은 감독제를 선호한다는 것을 입증하고자 다른 개혁자들의 글들

---

114) 그의 책 제목은 『Survey of the Pretended Holy Discipline』이다.

을 발췌하는 것에 익숙한 자들이었다.

또 감독주의 논쟁자들이 장로교회를 선호하고 감독주의는 반대한다는 증언을 무효화하고자 광범위하게 사용한 또 다른 원칙은 개혁자들을 장로회정치가 필요에 의해서 제시한 것뿐이라고 묘사하는 것이다. 그리고 자신들의 입장의 난처함을 변명함으로 말미암아 그렇게 행동할 수밖에 없었음을 양해해 달라는 식으로 묘사하였다. 개혁자들이 처한 상황에서 그렇게 밖에 할 수밖에 없었던 어려운 입장을 변명하였다는 식이었다. 이 주제와 관련해서 그들 몇몇은 대륙의 종교개혁자들을 대신하여 필요한 이 변명거리를 제시함으로 자신들의 큰 아량을 잘 드러내었다. 그들은 대조적으로 더 화나게 하고자 세심한 주의를 기울이면서, 우리나라에서 그 불가피성이 없이 자신들이 세운 사도적인 정치 형태를 받아들이고 순응하기를 거부한 불합리한 비국교도들의 행동을 부각하였다.

이런 개념은 감독주의자들의 글들에 아주 자주 등장하는 것이다. 그 주제를 이런 방식으로 다루는 것은 종교개혁의 모든 교회를 강하게 교회가 아니라고 헐뜯는 감독주의자들보다 다소 친절한 정신과 자세를 나타내는 것으로 인정될 수 있다. 그러나 그것은 솔직히 말해서 어떤 증거도 제시함이 없는 순전히 사기이다. 종교개혁자들은 한 번도 자신들 입장에서 불가피한 사정을 언급한 적이 없다. 그들은 장로회 교회 정치를 입증하고 확립하고자 그런 입장이나 또는 다른 그 어떤 것에 근거해서도 한 번도 변명을 늘어놓은 적이 없다. 그들은 언제나 믿었다. 그리고 공개적으로 전혀 주저함이 없이 자신들은 성경의 인도를 따르는 자들임을 주장하였다. 교회 정치 문제를 확립함에 있어서 성경적인 가르침을 충실히 따르는 자들임을 천명한 것이다. 그들은 교회 정치 문제에 들어온 부패성을 제거하고자 힘썼다. 그들은 그 문제에 있어서 언제나 하나님의 말씀에 계시된 하나님의 뜻과 생각을 따라 규정한 것이다. 이것이 종교개혁자들이 자신들의 글들에서 이 주제에 대해 일관되게 그리고 일치하게 증언한 것들이다. 그 어디에서도 이 문제에 대해서 일말의 의구심이 있다는 것을 말하거나 진실성에 의문을 제기한 적이 전혀 없다. 많은 개혁파 교회들은 그들이 장로회주의에 대한 근본적인 원리들이야말로 하나님의 말씀에 계시된 하나님의 불변하는 진리의 한 부분으로서 선언한 것들을 자신들의 신앙고백서 안에 도입하였다. 그리고 장로교회의 신앙과 실천에 하나님의 권위를 부과하였다. 따라서 교회 정치 문제에 대한 종교개혁자들의 증언을 무효화시키려는 감독주의자들의 시도는 어떤 측면에서는 조금은 그럴듯하게 들리기도 하였지만 전혀 성공을 거둘 수 없는 것이었다.

감독제에 반대하는 종교개혁자들의 증언의 힘을 깨버리고자 감독주의자들이 순간적으로 사용하는 다른 한 가지, 그리고 종교개혁의 교회들 가운데서 성공회 입장의 특이점을 부드럽게 하고자 그들이 사용한 것은 덴마크와 스웨덴에 감독들이 존재한다는 것이다. 그리고 몇몇 루터파 교회 안에도 감독자들을(superintendents) 두고 있다는 것이다. 덴마크와 스웨덴의 감독직은 전반적으로 개혁파 교회의 일반적인 통일성과는 약간 벗어난 것이다. 종교개혁 당시에 이들 나라에 개신교 감독들을 둔 것은 감독직에 임명된 사람들의 규칙적인 후계자들이 아니었다. 그들은 루터에게서 안수를 받고 권위를 부여받은 자들이었다. 루터와 함께 일한 장로들이었던 것이다. 그래서 그들은 적절한 감독제 원칙을 수행할 수 없었던 것이다. 따라서 현재 미국에 있는 감리교회의 감독들과 매우 유사한 것이었다. 미국의 감독들은(저자가 생존해 있을 때의 미국을 말함, 역자 주) 요한 웨슬리로부터 권위를 부여받았고 다른 두 장로들은 웨슬리와 함께 동역한 콕(Coke) 박사를 통해서 감독으로 임명되었다. 다른 루터파 교회에 있는 감독자들과 관련해서는 이 사례가 타당한 감독제를 추구할만한 증거가 되지 못한다. 이들 감독자들은 장로들보다 우월적 지위에 있는 구별된 직분으로 간주되지 않았다. 단지 일반 목사들 사이에서 재판권을 가진 자들이었는데, 이들은 같은 동료들 사이에서 순수한 질서 유지 차원에서 제한적인 통제권을 행사할 수 있는 선출된 장로들로서 활동한 것뿐이었다. 따라서 이것은 루터파 교회가 감독제 교리를 가진 교회였다고 단정할 수 있는 증거가 아니다. 그들은 같은 동료 장로들의 동의하에서 뛰어난 혹은 우월적인 위치에서 단지 제한된 권한을 행사하는 적법성을 지닌 자들이었다. 실로 감독직과 반대되는 장로회 교리는 우리가 이미 살펴본 것과 같이 루터와 그의 동료들만이 붙든 것이 아니라 루터파 교회의 상징적인 책들 중 하나인 슈말칼트(Smalcald) 신조에서도 독특하게 선언되고 있는 것이다.[115] 거기에 이렇게 적시되어 있다: '교회 정치의 모든 기능은 목사 혹은 장로 또는 감독으로 부르든지 교회들을 총괄하는 그들 모두에게 동일하게 속한 것이다. 이 일반적인 원칙이 일반 목사들에 의해 집전된 안수례도 유효하다는 것을 입증하는 것으로서 안수식에 그대로 적용되는 것이다.'[116]

따라서 이 주제에 대한 루터파의 모든 교리는 부대우스(Buddæus)[117]에 의해서 작성되었다. 그의 진술은 루터파 신학자들의 보편성에 의해서 언

---

115) 역자 주) 일명 슈말칼트 신조로 불리는 이것은 1537년 마틴 루터가 교회연합회의를 준비하는 가운데 슈말칼트 동맹회의를 위하여 루터파 교회 교리를 요약하여 작성한 신조로서 총 15개 신조로 되어 있다.

116) Tittmann, Lib. Symb. Eccles. Evangel., 271.

117) 역자 주) Johann Franz Buddeus(1667-1729)는 성 바돌로매 대학살 이후에 프랑스를 떠나 독일에 거주한 위그노 가족이었다. 그는 목사의 아들이었고 1685년에 비텐베르크 대학에서 수학하였다. 그리고 할레 대학에서 1690년부터 1705년까지 도덕철학교수로 재직하였다. 그리고 죽을 때까지 제나에서 신학교수로 일했다.

제나 유지된 것을 공정하게 구현한 것임을 조금도 의심할 수 없다: '만일 여러분이 하나님의 법을 본다면 교회의 직분자들은 칭호나 임무가 다 동일한 것임을 알 수 있을 것이다. 감독과 사제들 사이의 차이에는 범접할 수 없는 차이가 있다는 것은 사도들 시대에는 전혀 알지 못하는 것이다. 동시에 교회에서의 그들의 역할과 지위가 동일하지 않다는 방식으로 사용된 적이 전혀 없다. 단지 잘 다스리는 자들 중에서 잘 가르치는 자들을 언급한 것뿐이다. 그 일을 맡은 사람이 가진 권위란 하나님의 법에 의하여 임명된 것으로 믿게 되는 것이다.'[118]

로마교도들이 개혁자들과 개신교회 안에 있는 후계자들의 가르침들을 반대하는 주 쟁점들 중 하나였던 것은 장로들이라 하더라도 그들은 감독들에게만 주어진 기능들로 여겼다는 것이다. 그리고 특별히 단순히 장로들로서 그들은 교회에서 목사들의 후계자를 보존할 수 있는 역량이 없는 자들이요 오로지 감독들만이 목회직에 안수할 권한이 있는 자라는 것이었다. 물론 이것은 감독주의자들에 의해서 우리를 공격할 때 일반적으로 제기하고 있는 동일한 반대 주장이다. 로마교도들이든 감독주의자들에게 제기된 것이든 이 반대 주장에 대해서 장로교도들이 늘 반박한 답변의 본질은 이것이다. 하나님의 말씀의 표준에 따라서 그리스도의 교회에서 장로직제보다 높은 위치에 있는 항구적인 직분은 없다는 것이다. 장로들은 교회의 주 기능들 모두를 수행할 자질이 충분한 자들이라는 것이다. 이 두 가지 내용의 답변은 서로를 확정하고 강화시키는 것이다. 만일 교회 안에 그리스도께서 장로직제보다 보다 높은 항존직을 임명하지 않았다면, 그렇다면 장로들은 필요한 모든 역할들을 수행할 자질이 있어야만

---

118) Instit. Theol. Dogm., 1336; Vide p.1340. Ed. 1724.

한다. 다른 한편으로 만일 그들이 필요한 모든 역할들을 수행할 자질을 갖춘 자들이라고 한다면 이것은 적어도 어떤 구별된 독자적인 역할을 수행하는 높은 직제가 확립된 것이 없다는 것은 매우 강력한 추론이다.

트렌트 교회회의에 의해서 감독직제에 부여된 역할들, 그리고 감독주의자들에 의해서 일반적으로 부여된 역할들과 즉시 구별된 특징들로 묘사한 것들은 다 견진례(confirmation)와 안수례(ordination)이다. 이 두 가지 역할과 관련하여 개혁자들과 개신교도들은 일반적으로 다음의 두 입장을 고수하며 확립시켰다. 첫째, 견진은 교회직의 필요한 기능이 아니다. 그리스도께서 교회가 있는 곳에서는 어디서든지 교회의 통상적인 업무들 가운데 이것이 반드시 포함되어야 할 의향을 가지셨다고 믿을 만한 이유가 있는 절차가 아니다. 둘째, 비록 안수례, 사람을 목회직을 위하여 따로 구분하여 세우는 엄숙한 이 일은 필요한 것이라 할지라도, 그리고 교회의 항구적인 통상적 업무의 필수적인 부분일지라도, 성경에는 장로들이 안수할 온전한 자질을 가지고 있다는 것을 의심할 만한 그 어떤 것도 없는 것이다. 그렇다. 실제로 장로들이 긍정적으로 안수례를 할 수 있는 타당성을 가지고 있는 것만이 아니라 디모데가 장로회에서 안수를 받은 것처럼 규칙적으로 안수례를 행할 수 있는 것이다.

이것들이 교회 정치에 대한 종교개혁자들 전부가 성경으로부터 제시한 주도적인 교리이다. 장로교 원칙에 찬성하는 그들의 가장 분명하고 단호한 증언은 우리로 하여금 트렌트 교회회의의 파문(아나테마)을 완전히 무시할 수 있게 한 것이다. 그리고 보다 높은 감독제를 폐기할 수 있게 하였다. 감독제를 주장하는 자들은 장로교 목사들을 근거도 없고 성직과 역할들에 모독적인 침입자들로 낙인을 찍었다. 그리고 장로교회의 회원들을 '언약되지 않은 자비들'(uncovenanted mercies)에 속한 자들로 불렀다.

3. 직분자들에 대한 공적 선거

교황주의자들은 교회의 정치는 지상에서 베드로의 후계자로서 로마의 감독인 가시적인 수장에게 영구적으로 부여된 군주제라고 주장하였다. 그것은 교회의 모든 업무들을 다스릴 권리가 있는 신의 법이라고 주장하였다. 종교개혁자들은 그리스도께서 교회의 수장이요 통치자라는 측면에서만 교회정치가 군주제라고 주장하였다. 그리스도께서 유일한 수장이요 통치자이시다. 그리고 주님의 교회는 지상에 가시적인 수장을 가지고 있지 않다고 주장하였다. 지상에 존재하는 가시적으로 조직된 사회로서 교회 업무들에 대한 행정과 관련하여, 종교개혁자들은 로마교도들과 반대되게 그리스도께서 자신의 교회를 위하여 임명한 정치가 귀족 정치(aristocracy)와 민주정치의 병합이라고 주장했다.[119] 교회정치에 있어서 귀족 통치 원리는 일반적으로 우리에게 통상적으로 사용되고 있는 용어는 아니다. 그러나 언어학적 의미로서 통치권 수행을 나타내는 말로서 상대적으로 교회 회중 중에서 그 통치 임무에 가장 적합한 것으로 간주되는 자들로 뽑힌 그룹의 소수의 사람들을 지칭하는 것이다. 이들을 성경에서 다스리는 자 혹은 직분자들과 교회의 일반 성도들 사이에 명확하게 구분되어 있는 것에 기초한 설명이다. 그 근거는 특정 종류의 권한을 행사하도록 부여받은 선출된 소수의 사람들에게 주어진 것이다. 그리고 그들에게 일정한 정도의 의무와 복종은 회중들에게 부과된 의무라는 것이다. 이 권한의 성격과 범위, 그리고 상호관계가 있는 복종, 그것들이 정해진 원리들로서 그리고 그 권한이 부여된 사람들의 계층이나 서열과 관련된

---

119) Rutherford's 『Plea for Paul's Presbytery』, 63.

것은 민주적인 요소가 가미된 것이다. 이것이 종교개혁자들이 견지한 견해요 우리가 지금 언급하고 있는 것이다. 그것은 그리스도의 교회의 헌법에 어느 정도 구체적으로 구현된 것이다.

종교개혁자들이 견지한 입장, 민주적 원리가 귀족정치와 마찬가지로 기독교 교회의 헌법에 그대로 드러나고 있는 원리라는 것이다. 즉 교회의 일반 회원들은 크고 작게 혹은 직간접적으로 교회 업무들의 규정에 있어서 나름의 위치를 차지하거나 영향을 끼칠 수 있는 자들이라는 일반적인 개념을 함축하고 있다. 그들이 생각한 이 일반적인 입장은 전적으로 성경에서 그리스도의 교회와 관련하여 말씀하고 있는 것들에 의해서 보증이 된다. 엄격하고 타당한 측면에서 종교개혁자들은 만장일치로 교회를 신자들의 회합(coetus fidelium), 즉 주 예수 그리스도를 믿는 신자들의 모임으로 정의하였다. 개혁자들은 이 모든 것들을 함의하고 있는 것으로 간주한 가시적 교회는 비록 그리스도를 믿는다고 고백하는 많은 사람들 중에 명목상 신앙인들도 포함하고 있다고 하더라도 신자들의 모임이다. 엄밀히 말해서 교회는 회심한 사람들로 구성되어 있다. 그들 모두는 영원한 때부터 영생에 이르도록 선택된 자들이다. 그리고 그들 모두는 하나님의 전능한 능력으로 거듭난 사람들이다. 그리스도 예수 안에서 선한 일을 위하여 새롭게 지으심을 받은 자들이다. 보편적 유형 교회는 한 때 지구상에 살았던 사람들에게 이 묘사가 적용된 모든 사람들을 다 포용한다.

이제 이 교회는 성경에서 신랑이신 그리스도의 신부요 어린양의 부인으로 묘사되고 있다. 이 교회에 대해서 매우 영광스러운 것으로 표현한다. 그리스도께서 인성을 취하시고 고난당하시고 죽으신 위대한 목적은 이 무리들을 그가 사서 그의 특별한 소유로 삼으시고자 한 것이었다. 그리고 그가 세상에서 그들을 불러 모으기 위하여 온전하고 효과적인 방편을 만드시고자 한 것이었다. 그리고 하늘에서 그의 보좌에 그와 함께 앉도록 준비하시기 위함이었다. 그것이 이들을 많은 사람들 가운데서 불러세우신 목적이었다. 영생복락을 누리게 하도록 그들을 세운 것이다. 그리스도께서 지상에 그의 가시적 교회를 세우시고 예전을 제정하시고 그리고 그의 가시적 교회를 특징짓는 외적인 다른 배열을 만드셨다. 이런 배열은 모두 그의 교회의 복락을 위한 것이다. 그것들은 모두 그리스도께서 부여하신 특권으로 간주될 수 있다. 가시적인 교회를 구성하고 있는 다양한 분류들과 구분들을 포함한 유형교회의 방식을 잘 규정하고 있는 것들이다. 그 의무들과 기능들의 수행을 맡아서 그리스도의 오심과 고난당하심과 죽으심의 그 위대한 목적 실행에 실질적으로 영향을 주는 그리스도께서 교회에 수여한 권세를 실행하고 특권들을 증진시키는 배열들이다.

교황주의자들은 지상의 교회를 교회의 머리이신 그리스도와 동일시하는데 익숙한 자들이다. 교황을 단순히 그리스도의 대리인이라는 측면에서만이 아니라 그리스도의 권능과 권위를 옷 입고 특히 가시적인 교회의 머리를 통해서 그리스도께서 지상에 계시한다면 하셨을 일들로서 교황이 그대로 행동할 자격이 있다는 의미에서 그렇게 동일시하고 있는 것이다. 개신교도들은 그 교회를 대리하는 자로 나타내는 그 어떤 증거도 성경에 없다고 이해한다. 그리고 그들은 그 머리와 몸 사이를 구분하는 것에 대해서는 항상 신중한 입장이다. 교회는 그리스도가 아니다. 오로지 어린 양의 신부이다. 이 교회는 이 하나님의 집에 재량권을 행사할 수 있도록 권한을 받은 것이 아니라 우리 주님께서 주신 명령들과 신중함을 가지고 모든 일들을 지도받아야 할 존재인 것이다. 이것들을 함축하고 있거나 내포하고 있는 신자들의 모임이요 보편적 유형교회는 여전히 큰 위엄성과 높은 특권들을 가지고 있다. 심지어 그 사역은 임명된 것이요 교회의 복락을 위하여 세워진 것이다. 그러므로 사역은 분명히 교회에 종속된 위치를 차지하고 있는 것이다. 교회 정치 문제에 있어서 로마교회의 전 체제는 그와 정반대 개념 위에 서있다. 마치 교회의 설립이 교회의 통치자들을 위하여 준비된 교인들(신하들)을 제공하는 목적을 위해 고안되었다는 것이다. 반면에 개신교도들은 그 사역을 항상 사역으로 간주했지만 하나의 목적을 위한 방편으로 교회를 위하여 임명되고 설립된 것으로 간주한다.

내가 앞에서도 지적했듯이 우리의 신앙고백서에서도 밝히고 있는 다음의 사실은 종교개혁의 위대한 원리이다. 즉 그리스도께서 보편적인 유형교회에 사역(the ministry)과 예전(the ordinances) 및 하나님의 말씀(the oracles of God)을 주신 것은 참으로 종교개혁의 놀라운 원리이다. 그리스도께서는 이런 것들을 가시적인 유형 교회에게 주셨다. 그러므로 이것들은 교회에 속한 것이다. 따라서 그 각각의 특성과 목적에 따라 그것을 소유한 사람에게 속한 자질들로서 어떤 의미에서는 회중들이 따라야 하는 종속적인 차원의 한 위치를 차지하고 있는 것이다. 성경에서 제시하고 있는 것과 같이 교회에 대한 이러한 일반적인 개념 위에서 직분자들은 그 위치를 차지하고 있으며 거기에 수여한 권세와 특권들을 가지고 있는 것이다. 종교개혁자들은 조직된 이 교회가 일반적으로 일종의 민주적인 기구여야 함을 변론하였다. 그것은 이 교회를 구성하고 있는 교회 회원들도 교회 업무들을 실행해 감에 있어서 일말의 영향력을 발휘할 자격자들이라는 것이다. 그들은 실로 교회가 그리스도의 권위와 관련하여 직분자들을 반드시 가지고 있어야 하며, 교회가 직분자들을 세울 수 있는 한, 직분자들이 없이 존속하는 것은 합법적이지도 않고 복을 누릴 수도 없다고 하였다. 교회의 통상적인 업무들을 실행해 나가야 하는 그 열쇠를 쥐고 실행할 통상적인 방편은 이들 직분자들에게 맡겨진 것이다. 종교개혁자들은 직분자들이 교회 안에서 급히 근본적으로 잘 준비되고, 교회의 목적을 달성하고 교회의 기능들을 잘 수행하기 위해 가시적 교회를 위하여 필요한 모든 능력과 권위로 교회의 기능들을 잘 수행하게 하는 것이라 하였다. 물론 교회가 그 기능을 잘 수행하고 그 목적을 달성하는데 필요한 모든 권한과 권위는 다 근본적으로 신자들의 모임인 교회 자체에 있는 것이다. 그래서 절실한 뭔가가 요구될 때 교회는 교회 자신의 복락을 위하여 그리고 교회 자체를 위하여 직분자들을 마련하고 세워야 한다. 교회는 영적 복지를 확보하기 위하여 필요한 모든 조치를 다 강구해야 한다. 여기에 그리스도께서 세우신 자신의 복지를 마련하고 성도들은 합당하게 참여해야 한다. 그리고 그리스도께서 제정해 주신 모든 예전들을 잘 활용해야 할 것이다.

루터는 루터를 추종하는 자들이 열렬히 좋아하는 슈말칼트 신조에서 다음의 말로 표현하였다: '교회가 있는 모든 곳에는 항상 복음을 수행하는 규례가 있어야 한다. 그것 때문에 교회는 사역자들을 선발하고 세우는 규례를 가지고 있다. 이것은 인간의 그 어떤 권세가 가져다 줄 수 있는 것이 아니라 교회에게 준 정당한 권리이다. 진정한 교회가 있는 곳에서는 사역자들을 선출하고 세울 권리가 있다.'[120] 이것들이 칼빈이나 다른 개혁자들이 가진 입장이었다. 이 부분에 대해서 칼빈이 그의 평소 포괄적인 지혜를 가지고서 이 주제를 강론하면서 사역자들과 다른 직분자들의 필

---

120) Tittmann, 271-272. *Ubicunque est Ecclesia, ibi est jus adminstrandi Evangelii, Quare necesse, est Ecclesiam retinere jus vocandi, eligendi, et ordinandi ministros. Et hoc jus est donum proprie datum Ecclesiæ, quod nulla humana auctoritas Ecclesiæ eripere potest. Ubi est vera Ecllesia, ibi necesse est esse jus eligendi et ordinandi ministros.*

요성과 관련하여 성경에서 또한 가르치고 있는 것으로 믿는 이것을 교리로 제정하는 것에는 더 신중한 면을 보인 것은 사실이지만 대체로 모호한 입장에서 토론을 벌인 것이 아니다. 칼빈은 직분자들을 세우는 것이 필요한 교훈으로부터(ex necessitate præcepti) 세우는 것이지 중개자의 필요성 때문에(ex necessitate medii) 하는 것이 아니라는 입장이었다. 모든 교회는 사역자들과 직분자들을 가져야 할 의무가 있다. 그리고 그들에게 모든 신적 예전들에 대한 일상적인 운영을 맡겨야 한다. 그리고 사전에 그들의 직분의 역할들을 수행할 권한이 제한적이라는 것을 설명해야 한다. 이 주제에 대해서 종교개혁자들이 가르치고 일반적으로 장로교 목사들이 붙든 일반적인 위대한 원칙은 튜레틴에 의해서 잘 묘사되었다: '교회는 천국 열쇠를 받았다...그리스도께서 교회에게 매고 푸는 권세를 주셨다...나는 이 권세가 교회 통치자들에 의해서 실행된다고 고백한다. 이 일을 함에 있어서 목사들은 그것을 대표하는 교회 전체에 속한 권리를 수행하는 것이다. 그리하여 이 권리는 교회 전체 이름으로 실행되어야만 하고 사용되어야만 하는 것으로서 목사들의 회합 전체에게 속한 적절한 것이다.'[121] 이 일반적인 원리를 서로 인정함에도 불구하고, 종교개혁자들 사이에는 의견의 차이가 있었다. 특히 이 권세의 실천적인 적용이 -어떤 분들은 다른 분들에 비해 보다 민주적으로 적용해야 한다는 방식에서 그러했다. 일반적으로 사람들 사이에 의견의 차이가 있듯이 그들에게도 그러했다. 그리고 이 주제에 있어서 우리의 신앙고백서에 그리스도께서 보편적 유형교회에 사역자들과 예전 및 하나님의 말씀을 주셨다는 표현을 적시하자는 것에 동의하는 자들 가운데서도 이 주제와 관련하여 솔직히 차이들이 있었다.

---

121) Turrettin. Loc. xviii., Qu. xxiv., sec. vii.

그러나 종교개혁자들 사이에 같은 생각이었다는 것을 알 수 있는 한 가지 다른 요점이 있다. 그리고 이것이 그들의 일반적인 입장이었을 보이는 한 가지 다른 사항은 교회 정치가 귀족 정치와 민주적 원리의 병합으로 나타난다는 것이다. 그것은 이것이다. 교회의 일반 회원들 혹은 기독교 회중들은 그들의 목사들과 직분자들을 선출할 권리를 가지고 있다. 물론 그들은 전적으로 그들의 이 권리 침해를 하는 그 어떤 목사들도 강력하게(a fortiori) 막을 권리가 있는 자들이다. 즉 회중의 동의가 없이 혹은 회중들의 뜻에 반하는 일을 거부할 권리이다. 이 교리는 모든 종교개혁자들이 다 가르친 것이었다. 그들은 이 교리를 교회 직분자들을 선출하는 문제를 직접적으로 다루고 있는 신약성경의 가르침에서만 근거하여 가르친 것이 아니라 교회의 역할들과 특권들과 성도 개개인의 권리와 임무들과 관련하여 성경에서 가르치고 있는 일반적인 견해를 바탕으로 해서 가르친 것이었다.

종교개혁자들의 견해와 관련하여 이 입장은 논박이 오고 갔다. 그러나 나는 이 주제를 논의하면서 앞에서도 말했듯이 자질 있는 재판관들 사이에 의견이 다른 정직한 입장을 위한 여지가 있는 곳에서 나온 질문이 아니었다는 점, 그리고 그 입장을 부정하는 자들은 어쩌면 불공정한 것이 없이 그들이 믿지 않는 것을 주장하는 것으로서 제기한 것이었든 또는 어떤 다른 증거에 근거한 신중한 판단으로 그것을 무시했거나 의견을 개진할 형편이 되지 못해서 빠져버린 것이든 둘 중의 하나일 것이라고 말하는 것을 주저하지 않는다. 물론 나는 이 주제에서 파생될 수 있는 그 증거에 대하여 상세히 강론할 필요성을 느끼지 못하지만 그 교리의 중요성 몇 가지를 말하지 않을 수 없다. 그리고 왜 이 교리적 입장이 개혁자들이 다 동의한 것이라고 말하게 되는지 그에 대한 일반적 근거를 말하고자 한다.

그리고 교황주의자들이 왜 이것을 거부하는지에 대해서도 간략하게나마 지적하고자 한다.

종교개혁자들은 장로교도들이었다. 물론 그들은 독립교회 혹은 회중교회 입장으로서가 아니라 장로교회 교인의 입장을 이해한 것이었다. 즉 그들은 교회 통치자들의 위치, 권한 및 역할들과 교회의 일반 성도들의 위치, 권한 및 역할들 사이에 성경적인 구별이 있는 것과 관련하여 이해한 것이다. 다른 말로 하면 종교개혁자들은 교회 법정의 통상적인 통제와 견책들로부터 선택권을 수행함에 있어서 회중들을 제외시킨 것이 아니었다는 것이다. 그들은 직분자들에게 교회 안에서 파당을 짓거나 혼란과 소동을 방지하도록 충분한 권한을 가지고서 선거를 집도하고 중재할 권한이 있다고 했다. 그들은 또한 안수권이 부여된 자들이 성도들이 선택한 사람이 안수를 받기에 합당한 자인지 여부를 스스로 판단할 권리와 회중들의 선택이 나쁜 것이었을 때 그 사람을 안수하기를 거부할 권리를 가지고 있다고 했다. 개혁자들은 장로교인들로서 이 모든 원칙을 유지해야 했으며 공개적으로 이 모든 것들을 주장했다. 우리가 이 사실을 유념할 때 종교개혁자들 중 일부는 직분자들을 선출할 교인들의 권리를 부인했다. 교인들의 의지에 반하는 목사들을 교회에 밀어붙일 수 있는 것이 교회 통치자들(장로회)의 권한으로 인준했다는 증거를 제시함에 있어서 이게 상당히 어렵다는 것을 평범한 지성인이요 분별력 있는 사람이라면 다 발견하지 않을 수 없는 것이다.

종교개혁자들의 입장이 무엇을 의미하는지 판단함에 있어서 유념해야 할 한 가지 다른 것이 있다. 즉 그들은 소명에 대한 광의적인 측면에서 종종 '선거'(election)라는 단어를 사용하였다는 것이다. 즉 사람들을 사역자들로 만드는 전반적인 과정을 포괄하는 단어로, 그리고 사역의 모든 역할들을 수행하기에 자격이 있는 사람으로 만들고 권위 있는 합법적인 직분자들이 되게 하는 모든 과정을 다 포함하고 있는 단어로 선거라는 말을 사용한 것이다. 따라서 그들은 목사 선거를 종종 직분자들 선거로 여겼다. 때로는 일반 회원 선출로 여기기도 했다. 그 두 경우가 다 선거에 해당되기 때문이다. 목사들의 소명에 대한 일반적인 주제에서 가장 중요한 부분은 우리가 흔히 강도권을 획득하게 되는 그 과정을 포함하여 자격심사와 궁극적인 안수식이다. 이 일은 장로교 원리 위에서 교회 직분자를 선출하는 매우 중요한 일이다. 그것을 선거라고 명시하는 것이 흔치 않은 것이 아니다. 그리고 그 일에 있어서 회중들의 지위와 역할에 대해서 말하는 것은 당연한 것이다. 물론 이 때 회중의 지위와 권리는 회중 전체의 동의와 인준 하에서만 있는 제한적인 선거로 이해되는 전 과정을 다 포함하는 것이다. 이 모든 것은 결과적으로 우리 장로교회의 제일치리서를 검증하면서 확립된 것이었다.[122] 이 치리서는 일반적으로 종교개혁자들의 감성과 언어에 잘 조화된 것이다.

또 우리가 기억할 것은 개혁교회 안에서 관행적으로 통용되고 있는 목사 임명의 방식이 무엇이었느냐가 주 쟁점은 아니었다는 것이다. 그러나 목사가 임명될 때 그 방법과 방도가 어떤 것이어야만 하는 것에 관한 종교개혁자들의 교리와 의견들이 무엇이었느냐가 주 쟁점이었다. 종교개혁자들 모두가 이 문제에 대한 자신들의 견해를 온전히 반영하는데 늘 성공했다고 추정할 수 없다. 처음부터 스코틀랜드 장로교회는 평신도 성직 수임권을 단호하게 반대했을지라도 오로지 1649년부터 왕정 복귀가 이

---

122) 역자주) 제일치리서(1560년)와 제이치리서(1578년)는 스코틀랜드 장로교회의 헌법적 문서로서 존 녹스와 다섯명의 동료들(일반적으로 six Jones)에 의해서 제일치리서가, 그리고 앤드류 멜빌에 의해서 제이치리서가 작성된 것이다. 이에 대한 내용은 장대선의 『장로교회의 치리서들』(고백과 문답, 2020년)을 참고하라.

루어진 1660년까지 몇 년 기간 동안 완전히 철폐된 것 빼고는 한 번도 성공한 적이 없었다.[123] 그래서 우리는 대륙의 개혁자들로부터 시민 정부의 위정자들이 이 문제에 성경적인 근거도 없이 개입하도록 방치하고 있다는 불만을 들었어야만 했다. 그리고 회중의 공평성과 성경적인 권리들을 박탈했다고 불평한 것이다. 이 점에 대한 종교개혁자들의 교리를 확인하기 위해서 우리는 그들의 신앙고백을 살펴보아야만 한다. 그리고 공식적으로 이 주제에 대해 강론하고 논의한 그들의 글들 속에 있는 내용들을 살펴보아야만 한다. 특히 장로교 원리들을 담아내고 있는 것들로 간주된 성경의 이런 본문들을 다룬 주석들을 점검해야만 한다. 이것들에 대한 신중하고 세밀한 조사는 모든 합리적이거나 정직한 의혹을 넘어서는 것이다. 즉 종교개혁자들이 성경적인 원리로서 로마교회와 반대하여 회중은 자신들의 목사들과 직분자들을 선출할 권리가 있다는 것을 고수하였다는 입장을 확고히 할 수 있는 것이다.

루터파 교회의 교리는 우리가 인용한 슈말칼트 신조에서 명확하게 선언되고 있다. 개혁교회들의 교리 역시 제이 헬베틱 신앙고백서로부터[124] 발췌한 것에도 동일한 입장이 명백히 선언되고 있다. 그 내용은 개혁자

---

123) 역자 주) 평신도 성직수임권은 교회 평신도들 중 유지되는 자들(영주 혹은 귀족)이 교회 목사를 청빙할 권한을 말하는 것인데 개교회 형편 때문에 대체로 그들의 의견을 회중들이 무시할 수 없는 것이었다. 그러다가 19세기에 와서(1843년, 토마스 찰머스에 의한 자유교회 교단 설립으로) 교회의 영적 독립성이 확립되면서 장로회 원리가 제대로 적용되어 실시되었다.

124) 제일 헬베틱 신앙고백서는 스위스 개혁교회들의 신조로서 1536년에 불링거, 레오 주드, 마틴 부서와 불프강 카피토 등에 의해서 작성된 것이었다. 처음에는 라틴어로 작성되었고 독일어판은 레오 주드가 번역한 것이었다. 이것은 상당히 루터파 신조에 가까웠고 내용도 짧은 것이었다. 그러나 제이 헬베틱 신앙고백서는 1562년에 불링거에 의해서 작성되었고 1564년에 약간 수정되었다. 그리고 1566년에 스위스에 있는 모든 개혁교회가 자신들의 통상적인 신앙신조로 채택하였다. 다만 바젤에 있는 성지자들은 여기에 문제가 있어서라기보다 자신들이 만든 바젤 신앙고백서를 고수하기로 했다. 그러나 제이 헬베틱 신앙고백서는 일반적으로 개혁교회가 인정하는 신조로 간주되고 있다.

들 대부분이 다 공식적으로 입증한 것이었다. "교회의 목사들은 합법적이고 교회조직의 선택과 소명으로 부름을 받으며 선택된다. 즉 회중에 의해 종교적으로 선택된 자들이며, 합당한 절차로 거기에 어떤 소동이나 선동이나 논쟁이 없이 선택되어야 한다."[125] 이 진술은 사실 한 가지 의미를 가질 수 있다. 거기에 그 어떤 속임수가 없이, 또는 외부의 어떤 개입이나 성도의 권리를 제거하는 것이 없는 방식이어야 한다는 것이다. 이에 대한 칼빈의 견해는 명백히 강조하는 다음의 선언에 잘 구현되어 있다: "어떤 회중에게도 그들의 원하지도 않았거나 적어도 자유로운 목소리를 내어 승인하지도 않은 감독(bishop)을 받으라고 강요하는 것은 교회의 사악한 강탈이다."[126] 이 진술을 생략하는 것은 전적으로 불가능하다. 이것은 칼빈의 모든 작품에서 이 주제에 대한 칼빈의 통일되고 일관된 가르침과 완전히 일치하는 것이다. 여기에 명시적으로 그리고 단호하게 선언된 원칙과 모순되거나 상충되는 것처럼 보이는 문장은 칼빈에게서 단 한 문장도 만들어지지 않았다. 여기에서나 다른 곳에서나 칼빈이 사용했거나 사용하여 이 문장에서 나타난 그 원리적인 단어들이 자연스럽게 그리고 보편적으로 담아내고 있는 의미와는 다른 뜻으로 사용했다는 증거는 전혀 나타나지 않는다.

종교개혁자들은 하나의 성경적인 원리로서 자기들 교회의 직분자들을 회중이 선출하는 교인들의 권리가 있음을 가르친 적이 없다는 주장을 입증하기 위하여 주장된 모든 내용의 본질은 다음과 같은 말로 정리할 수 있다. 즉 선거와 동의라는 말은 선출과 동의를 의미하는 것이 아니라 그것은 전적으로 다른 무엇이다. 이 주제를 논의함에 있어서 그들은 이 단

---

125) Confess. Helvetic., cap. xviii. (Corp. Lib. Symbol., Augusti. 1827, 58-59.
126) Calvin's Institu. Lab. iv., c. v., sec. 3.

어들을 다른 그 누구도 사용한 적이 없다는 차원에서 혹은 다른 어떤 경우에도 사용한 적이 없는데 이러한 단어들을 사용하였다는 것이다. 이것이 이 주제에 대한 종교개혁자들의 증언을 회피하고자 시도한 적이 있는 유일한 책략의 집합과 실체요, 구별되고 분명한 명제로서 제시되어야만 하고 그리고 타당하고 적절한 증거에 의해서 입증되어야만 한다. 그런 시도가 있었다면, 마땅히 시도되어야 하는 것인데 사실은 한 번도 그렇게 시도한 적이 없었다. 그 증거의 당치도 않는 결함은 그런 시도를 하는 자는 누구에게나 그런 결과가 반복적으로 나타날 수밖에 없다는 점이다. 성도들은 성경적인 근거에 의해서 자신들의 목사들을 선출할 권한이 있으며, 종교개혁자들도 이것을 주장하였고 로마 교회의 교리와 관행에 반대되는 이것이 아주 중요한 진리임을 굳게 붙들었다는 주장은 명료하게 말로 구현됨이 가능하다. 이 결론을 저항할 수 있는 지성인이나 성실한 사람은 아무도 없을 것이다.

이것은 초대교회가 회중들에 의한 대중선거와 누구도 개입하지 않는 자유의사에 의한 선출 원칙을 채택하고 그에 따라 행동하였다는 증거를 회피하는 교황주의자들도 본질적으로는 그런 시도를 획책한 동일한 계략이다. 그러나 그 획책은 종교개혁자들의 주장을 가지고 시도하는 것보다 초대교회의 사례를 들어 시도하였기에 도리어 수치스러운 결과만 낳았다. 종교개혁자들이 그랬던 것처럼 초대교회도 이 주제에 대해서 동일한 원칙을 붙들고 있었다는 증거는 충분하고 단호하다. 종교개혁자들은 이 문제에 있어서 지금 우리가 하듯 로마교도들을 반대하는 결정적인 한 방으로 이 증거를 제시한다. 그러나 적어도 선거 문제에 있어서 초대교회의 교리적 증거는 전부 다 합쳐서 흠 잡을 데가 없는 것이다. 이것은 5세기와 6세기 증거에서와 같이 다른 어떤 개입이 존재하지 않고 교인들이 자신들의 목사들을 선출하는 것이 매우 자연스럽고 합법적이고 정직한 교회의 법이었음을 교황주의자들이나 감독주의자들 모두가 다 인정하는 것이다. 그러나 종교개혁자들의 입장에 비해서는 충분한 것은 아니다. 그 이유는 초대교회에서 그 문제와 관련한 어떤 이의가 없었기 때문에 그 문제를 가지고 논쟁을 벌인 적이 없었기 때문이다. 그에 비해 종교개혁자들은 이 문제에 대한 로마교회의 교리와 실천에 대해서 반대하고 나섰고 반박하였다. 따라서 그들의 진술에 보다 명확하게 설명하지 않을 수 없었던 것이다.

실로 그들의 진술이 실상보다 조금 부족해 보인다하더라도 그 주제에 대하여 종교개혁자들과 로마교도들 사이의 논쟁에서 그 질문의 요지가 무엇인지를 잘 인지하고 있는 사람은 초대교회가 회중들에 의한 대중선거와 누구의 외부 개입도 없는 선출과정을 가졌었다는 사실을 의심할 사람은 아무도 없다. 이 문제에 대한 어떤 논쟁에서 완벽하고 분명하게 인정하지 않을 수 없는 것은 교리와 논박에 있어서 로마교회가 인정하였고 지금도 인정하고 있듯이 우리나라에 있는 국교회의 회중들에 의해서 실천되고 있는 과정이 보여주듯이 자기들의 목사를 세우는 일에 회중이 상당히 많은 영향을 받고 있다는 것이다. 그러한 일들이 자행되고 있는 것을 옹호하는 자들이 논쟁에서 제시하고 있는 근거들은 모든 측면에서 개입을 방어하는 일에 적어도 교황주의 저자들이 제시하는 것들과 정확하게 똑같다는 것이다. 이것이 그 경우이다. 즉 만일 종교개혁자들이 때때로 그들에게 몰아붙인 견해들을 붙들었던 자들이었다면, 거기에는 그들과 로마교회 사이에 이 주제를 가지고 논쟁을 벌이는 일은 없었을 것이고 있을 수도 없었을 것이다. 이런 입장을 옹호하는 자들은 종교개혁자들과 로마교회에 의한 견해를 붙들고 있는 자들과 모든 교황주의 저자들에 의해서 옹호된 것들을 붙들고 있는 자들 사이에서 어떤 구별된 증거자료들을 제시한다는 것은 전적으로 불가능한 것이다. 그러나 우리는 종교개혁자들과 로마교도들 사이에 하나의 논쟁이 있었다는 것을 알고 있는 것만이 아니다. 우리는 우리가 붙들고 있는 원리들이 이 논쟁에 있어서 종교개혁자들이 고수했던 입장이라는 것과 로마교도들의 견해는 분명히 모든 측면에서 우리의 반대편 사람들이 붙들고 있는 것이라는 것을 쉽게 증명할 수 있다.

우리가 앞서서 감독들과 장로들이 서로 같은 직분인 것을 논의했듯이 선거와 회중의 동의 문제도 사실이다. 이 부분은 전자보다 어쩌면 더 온전히 진실된 것으로 말할 수 있다. 성경적인 초대교회의 실천 사항에 대한 증거들과 흔적들이 계속해서 존속했었다. 그리고 그 실체가 사라지고 없는 국교회들 안에서 하나의 소명의 형식으로서 존재하고 있는 동일한 방식으로 여전히 로마 교회 안에서도 존재하고 있다. 혹은 목사를 임명함에 있어서 선거 혹은 회중의 동의가 필요하다는 교리는 종교개혁자들에 의해서 확실하게 가르쳐진 것으로서 트렌트 교회회의에서도 다뤄지고 논의되어 정죄된 것이었다. 파더 폴은 초대교회에서는 회중들에 의한 공개 선거가 만연되어 있었지만 이것은 한 때 허용된 특별한 특권이었고 그 후에는 교황들에 의해서 적절하게 취해졌다는 것을 인정한 후에 발렌티아(Valentia) 법령에 의하여 그 회의석상에서 만들어진 매우 흥미로운 발언을 기록하였다.[127] 교회를 파괴하기에 적합한 가장 위험한 이단 사상을 부활시키셨다는 죄목으로 현대 이단들에 대한, 즉 종교개혁자들에 대한 대담한 탄핵 선언을 한 후에 폴 신부는 이 교회회의가 이를 정죄하라

---

127) Liv. vii., sec. vii.

고 촉구하였을 뿐 아니라 더 나아가서 예전 예식서에 기록된 고대 교회로부터 전해 내려온 내용들을 다 지워버리라고 했다. 그 내용들은 다 회중에 의한 대중선거와 외부의 개입 불가를 제시하고 증명하고 있는 것들이어서 이단들에게 강력한 구실을 제공하는 것이기 때문에 지워버려야 한다고 촉구한 것이다. 트렌트 교회회의는 그의 청원 첫 부분은 채택하였다. 그리고 회중의 동의가 필요하다는 개신교의 이단을 파문하였다. 그렇지만 그들은 두 번째 삭제하라는 청원은 감히 채택하지 못하였다. 그들은 의심의 여지가 없이 교황청에서 인용한 가치 있는 법령을 폐기하는 것 자체는 엄청 기뻐했었을 것이다. 고대교회의 실천사항이 어떤 것이었는지를 분명히 밝혀주고 있고 현재 자신들의 관행이 잘못된 것임을 정죄하고 있는 그 내용들을 삭제하는 것을 그들은 정말 원했을 것이다. 그러나 그 내용들이 삭제되지 않고 남아 있는 것은 그렇게 하는 것이 더 낫다는 매우 신중한 생각 때문이었다. 그리고 그 내용들을 지워버리는 것보다 그 내용들을 인용하는 도구로 사용하여 회중의 동의가 필요하다는 것을 옹호하는 이단들에게 책임을 떠넘기자고 생각하였다.

종교개혁자들이 회중에 의한 대중 선거 교리를 붙들었다는 주장과는 달리 정반대되는 문서가 있다. 그런 이견이 제기되는 그럴듯한 한 가지 증거는 베자의 편지이다. 이 편지는 훗날에 치열한 공박이 오고간 문건이었다. 내가 그것을 지금 언급하고 있는 것은 내가 그 의미를 논의할 수 있기 때문이 아니라 –이 부분은 다른 책에서 내가 충분히 다루었다– 이것이 아주 중요한 역사적 사실과 연계되는 것 때문이다. 즉 1562년에 그리고 1572년에 모렐리우스(Morellius) 또는 몰리(Morely)에 의해서 제창된 교회 정치에 대한 회중정치 또는 독립정치가 프랑스의 개신교 교회의 인지(認知)하에 부상된 것이다. 프랑스 개신교도들은 프랑스 최고 법원에 의해서 개혁교회들과 일반적으로 일치한다고 하여 정죄를 받았다. 칼빈과 같이 베자는 교회의 목사 청빙에 대한 회중의 권리를 가장 확실하고 단호하게 주장한 사람이었다. 그런데 이 편지에서 한 두 개의 모호하고 분명치 않은 표현을 사용하였다. 그의 다른 저작들의 다른 곳에서 그가 표현한 선언들과 모순되는 것이라는 근거들로서 즉각 제시한 사례들, 그래서 베자는 칼빈 자신과 다른 종교개혁자들에 의해서 반대된 로마교회의 교리를 따르는 자라고 오해하게 만든 표현들이 있다. 이 베자의 편지에 나타난 내용들을 검증함에 있어서 몇 가지 중요한 사실이 첨부되었다. 그 편지의 내용이 직접적으로 그리고 근본적으로 직분자 선출에 대한 주제를 다룬 것인지, 아니면 모렐리우스와 독립교도들에 의해서 제기된 교회 업무들에 대한 규정에서 회중에게 있는 모든 권한과 권위를 다룬 서신인가 하는 것이다. 이 서신은 전적으로 회중들에 의한 대중 선거를 다룬 것이지 독립교도들이 제기한 것과 같이 회중에게 주어진 모든 권한(물론 여기에는 대중선거를 포함한 권한)을 다룬 편지가 아니라는 가정에서 베자를 외부의 개입을 말하는 교황주의자들의 교리를 인준한 사람으로 묘사할 수 있게 하는 논박은 그럴듯한 주장일 수 있다.

이제 그 증거는 완벽하게 결정적이다. 프랑스의 개혁교회에서 모렐리우스가 베자의 편지는 직접적으로 장로교도들이 일반적으로 붙들고 있는 의미의 대중 선거원리에 반하는 표현이 아니라 직분자 선거를 포함한 모든 교회 업무들을 규정함에 있어서 독립교도들에 의하여 회중에게 주어진 모든 권한에 반하는 것이었다는 것을 신나게 주장한 그 논쟁의 특성을 잘 파악하고 있는 자들은 그 사실을 지나칠 수가 없고 느끼지 않을 수 없을 것이다. 이것은 그 편지에서 한두 개 모호하고 애매한 표현들에 대한 만족할만한 설명을 제공한다. 그렇지 않으면 선거에 관한 문제를 베자가 공식적으로 그리고 분명한 의도를 적시한 명확하고 선명한 선언들과 조화를 이루는 것은 거의 없는 것처럼 보였을 것이다. "거기에서 제기된 문제는 목사 선출에 있어서 대체로 회중이 함께 해야 할 부분에 국한되는 것이며", "이 단순한 한 가지 요점을 언급하는 모든 것들은" 우리가 무엇을 말해야 할지 잘 모르는 놀라운 선언 중 하나이며, 그것을 말하든 말든 그것을 만든 사람들의 상식이나 공통된 정직함에 대해서 의심을 하도록 거의 강요한다는 주장이 최근에 만들어졌다.[128]

내가 주목하기를 바라는 한 가지 중요한 요지는 모렐리우스의 독립교회 정치를 정죄하면서 대중선거의 원리와 회중들의 동의가 반드시 필요하다는 것이 성경적인 교리임을 성경이 증명하고 있고 계속해서 주장하는 것이며 고수하는 것이다. 그리고 이 사실을 넘어서 상당히 민주적인 방식임을 포함하고 있는 것으로서 프랑스의 개신교와 제네바 교회 및 다른 개혁교회들이 서로 온 마음을 다해 일치하게 말했다는 점이다. 선거에 있어서 자연스럽고 합법적으로 누구의 개입이 없이 진행되어야 한다는 불간섭 원리는 모렐리우스를 정죄하기 이전이나 이후나 프랑스 개신교의 치리서에 기재된 것이었다. 이것은 이의를 제기하려는 정직한 시도의 가능성을 배제시킬 만큼 명확하고 분명한 것이다. 회중이 자신들의 목사를 선출할 수 있다는 권리가 왜 특별히 중요한지는 전국 총회의 명령에 의해서 모렐리우스를 반박하는 목적으로 쓴 작업에 공개적으로 표현되었고 이것이 사딜(Sadeel) 또는 샨디우(Chandieu)의 이름으로 그들이 출판되었다.[129] 이 사실은 그 질문에 대해 완벽하게 결정적이다. 그리고 모든

---

128) 윌리엄 커닝함의 『*Discussions on Church Principles*』를 보라.

129) 역자 주) Antoine De Chandieu(1534-1591)는 프랑스 개신교의 신학자요 시인이요 목사로서 1557년에 파리 교회 목사로 임명되어 1563년까지 사역을 했는데 이 기간 동안에 프랑스 개신교회의 첫 총회(1559)를 구성하는데 주도적인 역할을 감당하였다. 그리고 오를레앙에서 열린

무의미한 회피의 범위를 넘어서 있다. 이처럼 중요한 일반적인 고려사항은 웨스트민스터 종교회의 당시 스코틀랜드 장로교도들에게서도 정확하게 동의되는 것이었다. 즉 교회정치 문제에 대해서 독립교회 정치 원리를 격하게 반대하면서 그들은 회중들의 직분자 선출권에 대한 성경적인 원리라는 종교개혁의 그 위대한 원리를 계속해서 주장하였다. 그 당시 몇몇 잉글랜드 장로교도들은 독립교도들과 논쟁의 왜곡된 영향력에 양보를 하고 말았다. 그 당시 자신들의 나라의 처한 상황에 물러섰다. 그리하여 그들은 종교개혁의 이 교리를 희생시키거나 타협해 버리는 우를 낳았다. 웨스트민스터 종교회의에 참석했던 스코틀랜드 참관인들과 스코틀랜드 교회의 총대들은 더 확고부동하고 일관성있게 행동했다. 종교개혁자들의 성경적인 견해를 충실하게 붙들었다. 그리고 우리들에게 그것이 하나님께서 계시해 준 진리의 한 몫으로서 주장되고 견지할 수 있도록 넘겨주었다. 그리고 그 원리가 그리스도 교회 최고의 특권이요 진짜 복락들과 밀접하게 연계되어있다는 증거들은 경험적으로 넘쳐난다.

4. 회중주의 혹은 독립정치

나는 예루살렘 공회에 대하여 논의함에 있어서 교회 정치 문제에 대한 장로교도들과 회중주의자들 사이의 주된 차이점들에 대해서 언급했었다. 이 이유 때문에 나는 이 주제에 대해서 더 이상 길게 논하지는 않겠

총회의 총회장으로 섬기기도 했다. 그는 파리교회의 신앙고백서를 작성하여 앙리 2세 국왕에게 헌정하기도 했다.(1557) 개신교에 대한 탄압으로 파리를 떠나 1568년에 제네바에서 망명생활을 했다. 1570년 망명생활을 마치고 고국으로 돌아왔으나 1572년 바돌로메 대학살 이후 다시 스위스 로잔으로 가 1583년까지 머물렀다. 그리고 제네바에 머물면서 매 주일 저녁 예배 때 설교를 하였고 1591년에 거기서 세상을 떠났다. Sadeel에 대해서는 자료를 찾을 수 없어 소개하지 못함을 아쉽게 생각한다.

다. 다만 몇 가지 사항만 간략하게나마 지적하고자 한다. 장로회는 한편 감독제와 다른 한편으로 회중주의 사이에 황금률을 차지한다. 교회 정치 문제와 관련하여 장로회는 회중주의에 반대하는 감독주의자들과 몇 가지 공통적인 원리들을 붙들고 있다. 그리고 감독주의를 반대하는 회중주의자들과도 공통적인 원리를 붙들고 있다. 장로교도들이 회중주의자들을 반대함에 있어서 감독주의자들과 동의하는 주된 요지들은 이것들이다. 교회의 모든 업무들을 규정함에 있어서 각각의 회중(교회)이 완전하고 독립적인 권리와 신적 권리를 소유하고 있다는 것을 부인하는데 동의한다. 각각의 회중(교회)에서 정치의 일반적인 권한이 일반 회원들과는 구별된 직분자들에게 있다고 하는 것을 동의한다. 그리고 이것은 조직된 회중들에 대해서 교회적인 직분자들이 권위를 가지고 통솔하는 증거와 근거를 제시하는 것으로서 각각의 다른 회중(교회)들의 연합 혹은 조직은 합법적이고 적합한 것임을 견지하고 있는 것에 서로 일치하고 있다.

감독주의자들과 장로교도들이 회중주의자들을 반대하면서 서로 동일한 주장을 하는 것은 바로 이러한 일반적인 원리들이다. 그들은 교회의 업무들과 관련된 모든 문제들을 결정하는 궁극적인 권한이 교회의 일반적인 회원 전체에 있다고 서로 동의하지는 않는다. 그리고 교회의 보전과 모든 필요한 교회의 업무들을 운영함에 있어서 필요한 모든 기능을 정기적으로 수행하기에 회중 전제의 모임(공동회의)으로 충분하다고 생각하지 않는다. 그들은 집단적으로 그리고 하나의 몸으로서 간주되는 각각의 회중(교회)에게 모든 권한이나 통솔의 완전한 독립성을 인정하기를 거부한다. 그들은 각각의 회중의 필요한 업무들을 돌아보는 권리 혹은 그 권리의 일반적 실천은 회중 전체에게 주어진 것이 아니라 직분자들(감독주의자들은 아니지만 장로교도들은 각각의 회중은 자기들의 직분자들을 선출하는 권리를 가지고 있다고 주장한다)에게 주어진 것이라고 동의한다. 그리고 그 직분자들의 보다 넓은 연합체(노회)가 그 노회원들이 직간접적으로 대표하고 있는 각각의 교회와 회중들 모두를 관할하는 재판권을 실행한다고 주장한다. 이러한 일반적인 원리들이 회중주의를 배격하는 일에 장로교도들과 감독주의자들이 서로 일치하는 주장들이다. 그들은 이 원리들이 성경적인 진술들과 사도적인 관행으로 인준되는 것으로 간주한다. 그리고 그리스도의 교회의 특성과 조직에 대하여 묘사하고 있는 성경적인 진술들을 반대하는 자들의 입장보다 더 일관성이 있는 원리로 간주한다. 특히 조직된 연합체, 병합된 연합체로서 교회에 대하여 우리에게 주고 있는 표현들은 각각 다른 부분들 혹은 분류들이 매우 밀접하고 친밀하게 서로 연결되어야 한다는 점에서 더욱 성경적인 교훈들과 일치하는 것으로 여긴다.

　장로교도들과 회중주의자들이 감독주의자들을 반대하는 일에 서로 함께 일치하고 있는 것은 사도들이 교회에 세운 직분자들은 오로지 두 가지 뿐이라는 것이다. 즉 장로들과 집사들이 그렇다. 현대 회중주의자들은 일반적으로 장로들 사이에 두 가지 유형으로 나누는 것, 즉 치리장로와 말씀과 가르침에 수고하는 강도장로로 구분하는 것이 근거가 없는 것으로 주장한다. 장로교도들은 이 점에 있어서 회중주의자들과 다른 감독주의자들과 같은 주장을 하는 자들로 여길 수 있다. 그리고 감독주의자들과 다른 주된 입장에서는 회중주의자들과 의견이 일치된다고 말할 수 있다. 교회 정치 문제에 있어서 회중주의자들과 감독주의자들이 장로교도들을 반대하면서 서로 의견이 일치되고 있는 자료적 중요성은 우리가 일반적으로 강도장로와 구별되는 치리 장로로 부르는 직분에 대한 성경적 근거 문제와 연관되어 있다. 우리의 견해와 달리하며 그들이 서로 동일하게 주장하는 입장의 무게감은 솔직히 권위의 문제와 연관된 것인데 회중주의 원리들에 대해서 옹호하는 초창기 탁월한 회중주의자들, 예를 들면 토마스 굿윈, 존 카튼, 그리고 훌륭한 존 오웬 박사 같은 분들은 이 직분에 대한 성경적인 권위를 매우 선호하였던 자들이었다는 사실에 의하여 상당히 감소된다. 이 주제에 대하여 오웬의 장로교 교리는 다음 문장들에서 발견된다(딤전 5:17).[130] 그것은 "편견과 이해관계와 상충되는 문제라도 발생한다면" (치리 장로직을 지지하는) "통제할 수 없는 증거"에 대한 본문이다.

교회정치 문제와 관련하여 장로교도들과 감독주의자들과 다른 회중주의자들의 두 가지 주도적인 요점은 때로 "회중주의자들"과 "독립교도들"로 알려진 이 두 가지 원리적인 명칭에 의해서 묘사된다. 이 개념 하에서 '회중주의자'라는 단어는 교회의 일반 회원들의 모임(공동의회)은 회중의 모든 업무들을 규정할 권리를 소유하고 있다, 이것은 이 권한이 직분자들에게 있다고 하는 장로교도들과는 구분되는 것이라는 입장을 강조하는 것이다. 반면에 "독립교도"라는 말은 그들의 다른 주도적인 원리에 더 방점을 가진 자들이다. 즉 각각의 회중은 직분자들을 포함하여 집합적으로 한 몸으로서 모든 외부의 권위 혹은 통제에 대하여 독립적이다, 모

---

130) 오웬의 『복음적 교회의 참된 특성』, 그의 저작 7권 484를 보라(러셀판 총 20권 분량의 그의 저작에서). 브라운의 교회정치의 장로교 형식에 대한 옹호, Letter ix., 149. Letter xi., 189,190. 옛 잉글랜드 교회의 몇몇 목사들로부터 유사한 인정, 특히 휘트기프트(Whitgift)와 휘트테이커(Whittaker)같은 자들의 인정인데 이것은 아래의 글에서 인용된 것으로 푸치우스와 제임슨의 글에서 주어진 것이다. 회중주의에 대한 푼차드(Punchard)글에서 치리장로에 관한 뉴잉글랜드의 논제, 78쪽을 보라. 푸치우스의 교회정치에서 치리장로에 대한 논쟁, Pars ii., Lab. ii., Tract. iii., c. iv., v., vi. Reference to authorities, c. iv. as above. tom, iii., 457-462. Jameson's Cyprians Isotimus, 540. Bucer, De Gubernatione Ecclesiæ. Miller on the Office of Ruling Elder. King on do, and his Exposition and Defence of Presbyterian Church Government. Smyth(of Charleston) on the Name, Nature, and Function of Ruling Elders-그의 목적은 치리장로들은 자로들이 아니라 회중들을 대표하는 자들이며, 그들의 직분은 한시적이다는 것을 증명하는 것이다. 이 견해는 또한 프린스톤의 핫지 박사의 주장이기도 하다.

든 교회의 직분자들을 보존하고 영속하고 그리고 모든 교회의 기능들을 수행하는데 온전히 적합한 것이며, 어떤 다른 기관의 통제를 받지 않는다는 것에 강조점을 두는 것이다. 이 구분은 적어도 우리로 하여금 올바르게 파악하도록 지원해 주는 것으로서 유용하고 현실적이다. 그리고 이 구분은 장로교도들로서 우리가 그리스도의 교회의 이 분파와 왜 의견을 달리하는지 주된 요점들을 즉각 기억하도록 도와주는데 유용하다.

현대 독립파들과 회중주의자들의 이러한 독특하고 구별되는 원리들은 명확하게 고백되는 것은 아니다. 물론 초대교회에서 공식적으로 방어된 것이라든지 또는 공격당한 것이 아니었다. 논쟁적인 토론의 주제로서 그들은 현저히 현대적인 기원을 가지고 있다. 이 견해들이 교회법과 정치에 대한 성경적인 견해들을 나타내는 것이라고 공개적으로 구별되게 나타나게 된 것은 프랑스의 개혁교회와 연계된 J. B. 모렐리우스 혹은 몰리에 의한 것이었다. 이 주제에 대하여 그가 쓴 책 제목은 『기독교 치리와 정책(Traicte de la Disciple et Police Chretienne)』으로 1561년에 출판되었다. 이 책이 나오자 곧장 1562년 오를레앙에서 모인 총회에 의해서 정죄되었다. 그리고 1572년에 또 다시 Nismes 총회에서도 정죄를 받았다. 이것은 성 바돌로메 대학살 때에 살해된 칭송받는 철학자 라무스(Ramus)가 수용하였다. 그렇지만 이것이 프랑스 개신교회에 미친 영향은 극히 미미하였다. 그것은 2,30년 후 16세기 말, 잉글랜드의 초기 진정한 청교도들의 분파로 간주될 수 있는 몇몇 사람들에 의해서 제기되어 이 나라에서 실천적으로 실천되기 까지-그들은 한 때 브라운주의자들(Brownists)로 불려졌다-거의 주목을 끌지 못하였던 것이다. 이 견해들은 그리스도의 교회들 가운데서 상당히 폭넓게 수용된 적이 없었다. 실로 이 나라에서 처음으로 제창한 자들의 후손들을 제외하고는 거의 주목받은 적이 없었다. 이들은 영

국보다는 지금 미국에서 수적으로는 더 많이 있다.[131]

　사실 감독제도와 장로제도에 대한 논쟁도 종교개혁 전에는 그렇게 많지 않았다. 그러나 우리가 적어도 일찍부터 4세기 때로 거슬러 올라가면 이 두 체제에 선호하는 주장들에 대한 공적인 진술들은 상당히 많이 있다. 장로제도가 성경적이라는 주장은 교부들 중에서 가장 학식이 많은 분으로 간주되는 제롬에 의해서, 감독제도에 대해서는 아리우스에 답하는 가운데서 에피파니우스(Epiphanius)가 주장하였다. 지나가는 김에 장로제도가 성경적이라는 제롬의 주장이 여전히 결정적인 것이며 이의제기할 여지가 없는 것으로 모든 장로교도들이 간주하는 것임을 언급하고 가는 것이 좋겠다. 반면에 에피파니우스가 가장 먼저 감독제를 방어하면서 제기한 주장은 벨라민 추기경, 도미니스(De Dominis), 스팔라트로의 대주교, 후커와 같은 뛰어난 논객들에 의해서 인정된 것이지만 상당히 취약하고 만족스럽지 못한 것이었다. 그렇다고 내가 생각하기로는 그들이 감독제가 장로회 제도보다 우월하다는 것을 입증할만한 그 어떤 개정 작업을 한 것도 아니었다.

　한편 교회정치의 독립교도들의 입장에 대한 초기 출판물이나 주장들과 관련된 자료들은 딱히 호의적인 주장으로 추천할만한 것들은 거의 없다. 그러나 이 입장은 본질적으로 17세기에 가장 존경받는 사람들 몇몇 분들에 의해서 취해졌다. 그들은 그들의 주요 원리들을 수용하고 아주 능력 있게 방어하였다. 우리가 이미 언급한 것과 같이 오웬 박사 같은 사람

---

131) 이 견해의 역사에 대해서는 Punchard가 1841년에 출판한 『회중주의의 역사』를 보라. 그리고 Hanbury의 『독립교도들과 관련한 역사적 회고』, vol. I., 1839을 보라. Morely에 대해서는 Hagg의 프랑스 개신교회를 보라. Aymon, 『Tours les Synodes nationaux』 tome. i., 29, 122-124를 보라. Ramus에 대해서는 Hagg의 『La Ramee』를 보라. Beza, Epistolæ, Epist. lxvii., lxviii.를 보라. Bayle, tome. iii., Art. Ramus. Waddington's 『Ramus, Sa vie, ses critas et ses opinions』, 1855. 239-248, 434.

이다. 그 분은 그 교회 역사상 가장 무게감 있는 이름들 중 한 분이다. 그러나 오웬은 현대 회중주의자들이 한 것처럼 독립정치를 끌고 가지는 않았다. 마찬가지로 현대의 교회적인 문헌들에 대한 역사에서 단지 권위와 관련하여 자신들의 독특한 입장들을 지지함에 있어서 상당히 강한 추정들을 제공하듯이 독립교도들은 의의로 부당하게 언급하는 것이 없다. 내가 여기서 특별히 자신들을 회중주의적 원리들을 고백하는 자들로 자처하지 않은 독립파 교회의 역사에 대한 뛰어난 여러 연구자들은 사도들을 바로 뒤이은 초대교회의 관행이 전적으로 혹은 상당히 회중주의자들의 실천사항들이었다는 것에 동의하였다는 그 사실을 언급한다. 이런 사례들은 훗날에 재무장관이 된 피터 킹(Sir Peter King), 모세임(Mosheim), 애버딘의 캠벨 박사 및 네안더(Neander)들이다.[132] 이 사람들은 다 초대교회의 헌법과 정치에 대한 진술들을 했다. 이것들을 가지고 독립파교도들은 장로교도들의 입장을 반대하는 논리들을 제공하고 있는 것으로 여기지만 솔직히 그들은 모두가 다 동일하게 이 주제에 대한 사도적인 관행이 그 다음 세대에서도 계승된 것이어야만 하는 것으로 간주한 것이 아니었다는 점을 간과해서는 안 된다.

첫 두세기에 교회의 일반적인 실천사항으로서 그들이 피력한 견해는 여전히 회중주의자들에 의해서 취해진 이 주제에 약간의 변동이 있었음을 시인해야만 한다. 그 사람들의 일반적인 탁월함에 의해서 잘 접목된 것으로, 그리고 독립교회를 선호하는 사람들의 마음속에 그들의 교회적

---

132) King, 『초대교회의 법에 관한 질의』, Mosheim, 『교회 역사와 주석들』, Campbell, 『교회사 강의』, Neander, 『기독교 교회 설립과 훈련』. 1844년 Andover에서 출판된 Punchard의 『회중주의 견해』에서(제3부) 이런 사람들의 증언들과 다른 사람들의 증언들을 살펴보라. 또한 Coleman의 『감독 없는 교회』 또는 『사도적 초대교회; 정치에 있어서 대중적이며, 예배에서는 단순한 교회』 c. iii을 보라.

인 관계성을 미리 선입관을 가지게 만들었다. 이 뛰어난 사람들은 적어도 제 일세기에는 각각의 회중, 즉 교회 직분자들 일부가 아닌 전체 회원들을 말하는 각각의 회중은 치리 문제를 포함한 교회의 필요한 일상적인 모든 업무들을 직접 처리하였고, 각각의 회중은 전반적으로 다른 교회들로부터 독립적이었으며 그 교회 외부의 그 누구에게로부터 통제를 받는 일이 없었다는 주장을 다소간에 피력했다.

회중주의 원리를 지지하는 근본적인 주장은 신약에서 교회라는 단어의 유일한 두 가지 의미, 그 단어에 부착된 것으로 보장하는 유일한 두 가지 개념들이 하나의 단수 교회를 말하든지 아니면 진정으로 신앙을 고백하는 그리스도의 백성들 모두를 모은 집합적인 몸통을 말하는 것이냐에 따른 입장이었다. 캠벨 박사는 전 생애동안 스코틀랜드 장로교회 목사로 목회하였고, 자신의 성실성과 솔직함을 가장 교활하고 과시적으로 선포하는 자였다. 그러면서 그는 이 회중 교회 원리들을 유별나게 동의하였다. 나는 앞서서 교회론과 관련하여 성경적인 교리의 일반적인 주제를 논의함에 있어서 이 점을 설명한 적이 있다. 그리고 장로교도들이 왜 이런 입장을 일반적으로 거부하고 있는지 그 근거들을 설명했었다. 그리고 의심 없이 장로회제도야말로 성경에서 가장 흔하게 통상적으로 사용하는 의미였다고 고수하였다. 그리고 단수로서 사용된 에클레시아라는 단어가 교회로서 회중들이 다 모인 복수성에 적용되는 성경적인 근거가 충분히 있다고 주장했다. 즉 하나의 장로회 정치에 복종하는 것이기 때문에 교회 전부 함께 모인 그 자체를 하나의 교회로 묘사하고 있는 것이다.

우리의 교회 정치 형태에 제시된 이것이 분명하게 성립되는 것이라면, 다시 말해서, 성경이 많은 구별된 개교회들이 하나의 장로회 정치 제도 아래로 모여질 수 있는 것으로 확고히 말하고 있다면, 장로회 정치 제도가 이 교회의 존재를 시험해 보는 주요 매개체로서 여러 회중들로 구성된 예루살렘에 있는 기독교 교회가 여전히 단수로 하나의 교회였다고 그리고 하나의 교회로서 장로들과 다스리는 자들을 공통으로 소유하고 있는 하나의 교회라는 것이 분명히 성립된다고 한다면, 그렇다면 장로교도들과 회중주의자들 사이의 논쟁은 해결된다. 회중주의자들이 주장하는 주 원리들과 관련하여 독립정치였다고 하는 것 때문에 두 사이에서 오고간 논쟁들은 종식되는 것이다.

여러 교회들이 집합적으로 합친 에클레시아가 단수로 사용되었다는 또 다른 경우는 사도행전 11장 31절에서 발견된다. 라흐만(Lachmann), 티쎈도르프(Tischendorf) 및 트레겔레스(Tregelles)가 그렇게 읽었다.[133] 회중주의자들도 예루살렘에 있는 교회와 에베소에 있는 교회가 다 하나의 교회로 말하고 있다는 것에 대해서는 부인하지 않는다. 그러나 그들은 그들이 여러 구별된 회중들로 구성된 교회라는 것을 부정한다. 그러나 전체 회중들을 하나의 교회로 사용했다는 것에 대한 증거는 예루살렘 교회를 생각할 때 압도적으로 결정적이다. 에베소 교회 경우도 충분하고 만족스럽다. 예루살렘에 복수의 회중들이 존재했다는 이 점에 대해서 모세임은 내가 이미 언급했듯이 통상적인 장로교회 견해가 확실하다고 했다.[134]

나는 사도행전 15장에 기록된 예루살렘 공회를 살펴보면서 교회정치와 교회 업무들을 다루는 것과 관련하여 우리에게 교훈하시는 것들을 설명하기를, 교회적인 문제들을 결정함에 있어서 직분자들과 일반 성도들의 지위와 기능들 사이에 드러난 두드러진 구별이 있다는 것을 보여주고자 했다. 그리고 우리가 지금 살피고 있는 주제에 중대한 영향을 미치는

---

133) Tregelles의 『헬라어 신약성경의 인쇄된 텍스트에 대한 설명』, 269를 보라.
134) Commentarii, 116.

두 가지 중요한 원리들에 대한 명확한 인준이 있음을 보여주었다. 즉 첫째는 교회에서 발생하는 결정적인 질문들에 대한 타당한 사법권이 일반 회원들에게 있는 것이 아니라 직분자들에게 있다는 것이다. 둘째는 직분자들의 총회는 특별한 회중들을 합법적으로 소유하고 다스릴 권한을 행사할 수 있으며, 그들이 관할하는 교회에서 발생할 수 있는 문제들을 권세 있게 결정할 수 있다는 것이다. 나는 이 요점들을 다시 다룰 필요가 없다. 그러나 내가 주목하고자 하는 것은 장로교도들이 이 원리들은 교회의 일반적인 역할들에 대한 성격과 규정되어야만 하는 교회 업무들에 대한 원리, 직분자들의 권리, 역할, 의무들에 대한 원리들과 관련하여 신약성경에서 가르치고 있는 모든 원리들과 일치한다고 주장한다는 것이다. 그리고 직분자들과 교회의 일반 회원들 사이의 관계에 대한 신약성경의 가르침과 장로교도들의 원리와 일치한다는 주장이다. 즉 장로교회의 원리들인 이 모든 주제들은 신약성경이 가르친 모든 것들과 상충되는 것이 하나도 없다는 사실이다.

장로교도들은 교회 업무들에 대한 통상적인 운영에서 발생하는 문제들을 결정함에 있어서 어떤 타당한 사법적 권위가 직분자들의 것과는 구분되는 것인 일반 회원들에게 있다는 성경적인 충분한 근거가 없다는 입장이다. 그러나 또한 그들은 일반적으로 이 원리들과 완벽하게 일치한다고 생각한다. 즉 첫째, 회중들은 자신들의 직분자들을 선출할 권리를 가지고 있다는 것과, 둘째, 그들이 영향을 받게 되는 교회의 치리에 대한 중요한 행동들과 관련하여 자문을 받아야만 한다는 것이다. 그들이 그것들을 동의하고 찬성하는 것은 모든 타당한 수단들을 행사하기 위해 노력해야 해서 가능하다면 획득해야만 한다. 이런 입장을 장로교도들이 붙들고 있는 것이다. 교황주의자들과 회중주의자들은 장로교도들의 주장이 모순이라고 비난하였다. 한편으로 회중이 모든 사법적 권위를 가지고 있다는 것을 부인한다면서 다른 한편으로는 그들의 직분자들을 선출할 권리가 있음을 동의한다고 말하는 것이 모순이라는 것이다. 교황주의자들은 장로교도들이 하나를 거부하는 것은 그 둘 다 일관되게 부정해야만 하는 것이라고 말한다. 동일한 중재수단을 사용하고 있는 회중주의자들은 장로교도들이 하나를 동의하면서 다른 하나를 부인하는 것은 서로 모순이기에 둘 다 인정해야만 한다고 반박하는 것이다. 그러나 이 다른 두 진영의 두 주장들을 반대함에 있어서 이 두 가지는 같은 것이 아니며, 그 사안의 특성에 있어서 동의한 그 하나가 어떤 식으로도 부인하는 하나도 인정하는 것으로 자연스럽게 추정되는 것이 아님을 보여주는 것은 충분히 쉬운 일이다. 이 두 가지 주제를 담아내고 있는 성경적인 증거와 관련하여 장로교도들은 항상 주장하기를 한 가지에 대한 증거는 넘쳐나고 다른 한 가지에 대한 증거는 없다는 것이다. 그들은 성경은 교회의 일반 회원들이 자신들의 직분자들을 선출함에 있어서 확고하고 영향력 있는 위치를 부여하지만 교회 업무의 다른 영역에서도 그들의 권한을 부여하지는 않는다고 주장한다.

마찬가지로 회중주의자들을 반대함에 있어서, 그리고 앞에서 언급한 높은 권세들을 반대함에 있어서 교회의 업무들을 규정함에 있어서 보다 높은 혹은 넓은 권한이나 영향력을 발휘한다는 것에 대해서 우리에게 전해 주는 고대교회의 역사나 문서들이 하나도 없다는 것을 주장한다. 위에서도 언급하였지만 장로교도들이 성경에 근거하여 교회의 일반 회원들에게 있다고 동의한 것보다 그 이상의 무엇을 말하고 있는 문서나 역사적 기록은 하나도 존재하지 않는 것이다. 이처럼 앞에서 구분하여 설명한 것에 따라서 독립교도들과 구별되는 회중주의자들의 원리를 생각할 때 초대교회의 오래된 문서들 안에 그들이 주장하는 것처럼 장로교도들이 주장하는 원리들에 의해서 교회의 필요한 업무들이 처리되었다는 것보다 회중이 그 당시 교회에서 교회의 업무들을 규정함에 있어서 직분자들 그룹보다 어떤 큰 지위를 가졌다거나 영향력을 행사하였다는 증거가 전혀 없다는 사실이다. 다시 말해서 회중이 자기들의 직분자들을 선출할 권한을 가지고 있고 회중의 동의와 인준을 받아야 하고, 교회 업무의 모든 결정사항들과 회중들에게 강한 영향을 미치는 중요한 치리 문제들을 실행함에 있어서 항상 회중들의 동의를 획득해야 한다는 장로교도들의 주장에 대한 증거들이 더 많은 것이다. 그렇다면 회중주의적인 원리가 없이 장로교도들의 원리를 공정하게 적용하는 것이 교회 업무들의 일반적인 규정에서 회중에게 주는 실질적인 영향력과 현저한 힘은 교회의 일반적인 상태와 상황에 따라서 그것의 외적 나타남이 상당히 다양하게 나타날 수 있다는 것이 충분히 명약관화하다. 또 분명한 것은 고대교회의 모든 상태와 환경들이 이론적으로나 혹은 교리적으로 회중들에게 부여되었다고 말하는 것보다 훨씬 더 두드러진 영향력이 회중에게 주는 경향이 있었을 것이다. 이 사실을 염두에 두고 우리는 회중이 일반적으로 교회 업무를 규정함에 있어서 장로교 원리들과 일치하는 것보다 더 큰 영향력과 권세를 가졌다는 그 어떤 증거를 제공하는 것이 초대교회의 고대 문서들에는 하나도 없다는 것이 분명하다.

이 주제에 대해서 모세임은 말하기를[135] '자신들의 통치자들과 선생들을 선출하거나 혹은 다른 사람들에 의하여 천거되었을 때 자유롭고 권위 있는 동의에 의하여 그들을 수용하는 것은 회중들의 총회였다.' 이것은

---

135) Cent. i., p. ii., s. vi. (Maclaine's Translation)

사실이다. 클레민트 서신이 이를 증명한다. 장로교도들은 그것을 동의한다. "그러나" 모세임이 계속 말한다. "그 동일한 회중이 거부하거나 혹은 그들의 참정권에 의하여 그들의 통치자들이 총회에 제안한 법령들을 확정한다. 품행이 나쁜 사람들이나 덕을 세우지 못하는 사람들을 출교시키고, 회원으로서 권리를 상실한자들이 회개하게 될 때 회복시키며, 공동체 안에서 발생한 논쟁이나 분쟁에 대한 다른 문제들을 판단하며 장로들과 집사들 사이에 벌어진 논쟁들을 검증하고 결정한다. 한마디로 모든 권세가 주권적인 권한을 가지고 행사하도록 회중에게 부여되었다"는 것이다. 이제 나는 이 진술이 만들어진 증거와 같은 그 어떤 것도 본적이 없다. 그 진술이 제일세기에 적용이 됨으로서 그에 대한 증거가 도출될 수 있는 유일한 출처는 사도적 교부들의 글들이다. 그러나 그들의 작품들에서 그토록 강력하고 포괄적인 결론을 합법적으로 추론할 수 있는 것은 분명이 없다. 진짜는 우리가 경쟁하는 관할권의 정당한 제한들과 관련하여 그 어떤 명확하고 분명한 것을 생성하거나 나타낼 가능성이 이 기간 동안에 발생한 분쟁이나 논박들이 있었다는 그 어떤 증거도 없다는 것이다. 교회적인 업무들을 규정함에 있어서 직분자들과 회중 사이에 사실상 동의의 양이나 정도는 우리의 장로교회 원리들을 향한 그 어떤 유용한 반대를 제공할 수 없다.

회중주의자들이 붙들고 있는 다른 특별한 원리와 관련하여, -이것은 독립교도들이라는 이름에 의해서 즉각적으로 더 언급될 수 있는 것인데- 그것은 이러한 형태로 설명할 수 있을 것이다. 초대교회 시대에서 모든 교회들이나 회중들은 서로 독립적이었다. 그들은 모두 동일하게 동등한 권한을 소유했다. 어느 특정한 한 교회가 다른 교회들을 관장하거나 통제할 권한을 소유한 적이 없다. 이와 같은 진술은 의심의 여지가 없이 사실이다. 그러나 이것들이 회중주의자들은 이 주제에 관한 자기들의 특별한 견해와 사실상 일치되고 있는 것으로 간주하고 있지만 그 안에 장로교도들의 원리들과 일치하지 않는 것은 하나도 없다. 장로교도들은 모든 목사들이 다 동등한 것처럼 모든 회중들도 동등하다고 믿는다. 한 사람의 목사가 다른 목사들을 관할할 권한을 가지고 있지 않는 것처럼 지교회들 역시 마찬가지이다. 지교회 역시 각각이 동등한 권한과 권위를 소유하고 있다. 그러나 한 지교회를 통제할 일정한 권한을 가지고 있다고 장로교도들이 말하는 기구는 다른 지교회나 혹은 그 지교회를 대표하는 자들이 아니라 그 지교회들을 포함하고 있는 기구이다. 즉 다뤄야 할 문제들을 일으킨 교회를 포함한 전체 모임(이것을 장로교회에서는 노회라고 한다, 역자 주)이다. 예루살렘 공회는 안디옥 교회에 대한 관할권을 행사하는 존재로서 예루살렘의 교회를 나타내는 것이라고 장로교도들이 주장하는 것이 아니다. 그러나 하나의 조직이 구성되고 대표하는 자들이 예루살렘에서 모인 하나의 기구에 있다는 것이다. 그 기구가 예루살렘과 안디옥의 교회들에 대해 동등하게 관할권을 행사할 자격이 있으며 실제로 많은 사람들이 믿는 것처럼 그 기구에 의해서 대표되는 다른 교회들을 관장할 수 있는 기구로 보는 것이다. 이런 일반적인 원리가 장로교회의 모든 규례들에 (arrangements) 만연되어 있다. 각각의 목사, 각각의 회중들, 각각의 전형적인 회집 그리고 각각의 노회 혹은 총회가 등급이나 규모가 다른 어떤 교회와도 동등하고 독립적이다.

노회와 같은 전형적인 회집이 목사들에 대한 관할권을 가지고 있으며, 교회들을 통솔할 권한을 가지고 있다는 것은 이 모든 목사들과 이 모든 교회들이 다 이 노회에 속하였기 때문이다. 그러한 동일한 원리가 장로회와 관련하여 대회나 총회와 같은 상회기관에 그대로 적용된다. 그렇다면 초대교회에서 모든 교회들이 동등하고 서로에게 독립적이다, 서로가 동등한 권위와 관할권을 가지고 있다는 것을 주장하거나 증명하고자 하는 것이 목적이 아니다. 다만 이런 주장에 장로교회의 원리들과 실천사항들과 일치하지 않는 것은 하나도 없다는 사실이다. 또 독립교도들의 견해에 기울어지게 할 만한 그 어떤 요소도 없다. 그러나 우리는 초대교회들의 일반적인 상태나 현상과 관련하여 이것이 사실이었다고 충분히 입증될 수 있다고 믿는다.

이 초대교회 시기에 각각의 회중이 독립적이고 동등한 권리를 가지고 있었다고 주장한 후에 모세임은 계속해서 이렇게 말했다. 그 말은 지금 우리가 살피고 있는 주제에 더 적절한 것이다.[136] '일세기에는 교회회의들이나 대도시 간에 서로 연합하여 활동했다며 노회나 총회를 만든 발판으로 삼은 것을 추적하게 하는 그 어떤 지역 교회들의 연합에 대한 가장 작은 흔적조차도 나타나지 않는다.' 이제, 장로교회 정치와 규례에 연합되어지는 회중들의 범위와 규칙성은 물론 어느 정도는 일반적으로 교회의 상황, 특정한 시대와 국가, 그리고 그 공동체의 일반적인 상황에 의존되어져야만 할 것이다. 사도 시대에 교회와 세상의 상황, 그리고 그 후속 시대의 모습은 장로교회의 조직과 규례들의 세부적인 발전을 이루기에는 일반적으로 상당히 힘든 시기였다. 신앙을 고백하는 성도들의 모임은 장로회(노회)의 정치에 실질적으로 복종함이 없이 교회의 권리와 특권에 관한 성경에서 가르치는 일반 원칙에 근거하여 독립적으로 조직하고 모든 교회의 역할들을 자체적으로 수행할 수 있도록 그리고 그 자체의 영속성을 위하여 준비해 나가도록 섭리가운데서 배치되어졌을 것이다. 그러한

---

136) Cent. i., P. ii., c. ii., s. xiv.

교회들이 초기에 존재했었다는 것에 대해서 논박하지 않는다. 그러나 만일 그런 연합이나 조직의 일반적인 원리가 성경에 의해서 인준되는 것이라면, 그리고 몇몇의 모범 사례들이 성경에서 우리에게 제시되어 있다면, -이것은 장로교도들이 만족스럽게 입증할 수 있다고 생각하는 것이다,- 우리는 다음과 같이 말할 수 있다. 이 연합과 조직된 상황은 교회의 완전하고 규범적이고 완벽한 상태이며 이것을 목적으로 만들어져야 하고 상황이나 환경이 허락하는 한 연합체는 조직되고 실행되어야 하는 것이다.

초대교회 그 어떤 문헌에도 이것이 성경적이며 교회가 처한 일반적인 상황과 세상이 이것이야말로 실천적인 것이라는 장로교 원리를 부정하는 것은 하나도 없다. 도리어 그와 정반대로 이것이 겨냥되었고 어느 정도 성취되었다는 생각을 가지게 하는 사례는 적은 것이 아니다. 물론 초대교회에서도 장로교회 조직과 규례들이 상세하고 완벽하게 발전된 모습으로 존재했었다고 주장하는 것은 아니다. 그러나 성경에서 지칭하고 있는 것처럼 우리의 근본적인 원리들이 상황들이 허락되는 한 실행되어졌다고 믿을만한 훌륭한 근거는 있다. 그러나 얼마 안가서 초대교회에 만연되어 있는 매우 자연스럽게 적절한 성경적인 정서가 교회의 일반적인 특성과 헌법과 관련하여, 사도들이 인준한 규례들을 채우고 따라가는 결과와 관련하여 교회는 일반적으로 주도적인 모습들과 규례들에 있어서 그리고 지속적으로 존속이 되다가 교회의 본래의 정치 원리가 감독제의 점진적인 성장으로 말미암아 장로회주의를 점차적으로 대체해버린 것이 되었다.[137]

---

137) 이 주제에 대한 책들은 우리가 예루살렘 공회를 다루면서 언급한 것들이다.

제27장

국가만능주의 논쟁

제27장
국가만능주의 논쟁

1. 시민 정부의 위정자들과 종교

교회와 국가 관계 또는 위정자들과 교회의 지도자들 사이의 일반적인 관계성 주제는 종교개혁 이전에 논의되었었다. 특히 *세속 정부와 교회적 권위*(사제직) 사이의 관계성이라는 제목으로 주로 논의되었다(*inter imperium et sacerdotium*, 직역하면 군주와 성직으로 번역할 수 있겠다).[138] 나는 늘 그런 전제로 이 주제가 취급되었던 방식에는 매우 결함이 있고 불완전한 것이라고 설명한 적이 있었다. 한쪽은 국가는 교회에 복종해야 한다는 교황주의자들의 극단적 입장이었다. 다른 반대의 극단적 입장은 교회가 국가에 종속된다는 것이다. 이 후자들을 훗날에 개신교도들 사이에서 국가만능주의자(Erastianism)들이라고 불렀다. 국가와 교회 당국의 상호 독립성에 대한 참된 성경적인 장로교 교리에 대한 명확한 인식을 가진 사람은 거의 없었다. 즉 성경적인 장로교회의 원리는 각자의 최고 우위권이 각자의 영역에서 있다는 것과 그 둘 사이의 참된 관계성인데 이것은 다음과 같은 표현으로 묘사하고 있다: *권력의 효과적인 협력 그리고 상호 종속적이다*(*a co-*

---

138) 역자 주) 편의상 국가와 교회 관계로 번역한다.

ordination of powers and a mutual subordination of persons). 나는 이미 이 주제에 대한 교황주의자들의 원칙과 장로교도들이 성경적인 것으로 유지해온 원칙들 사이의 명확하고 분명한 경계선을 지적했었다. 그리고 교황주의자들과 장로교도들이 동의하는 유일한 요점들을 지지함에 있어서 그 주장들을 다루는 것에 대한 감독주의자들과 국가만능주의자들의 계획의 취약점과 불공평성을 폭로했었다. 즉 교회 업무들에 있어서 세속 정부가 관할권 혹은 권세 있는 통제권을 행사할 수 있다고 추정하는 위정자의 권세의 불법성을 교황주의자들과 장로교도들이 서로 동의하는 것이다. 그리고 공적에 대한 주장을 회피하고 대체물로서, 그리고 이 시점에서 장로교도들과 교황주의자들이 동의하는 단순한 사실을 흥미진진하게 편견의 수단으로 어떤 무엇을 만들고자 하는 것으로 구성된 계획의 실상을 폭로했었다. 나는 종교개혁 시대에 이 주제를 진술하고 논의한 방식 몇 가지에 주목하고자 한다.

세속 정부의 위정자들이 종교와 교회 업무에 대해 간섭할 수 있다는 주제에 대하여 종교개혁자들이 섭리가운데서 자연스럽게 그리고 필연적으로 말하게 되고 글을 쓰게 된 상황으로 이끌림을 받은 것은 그와 관련된 적확하고 분명한 의견들을 형성하고자 하는 목적에 우호적인 어떤 수단으로 말미암아 된 것이 아니다. 로마교회는 두 지배권을 전적으로 뒤죽박죽으로 만들었다. 모든 독립적인 권위로부터 파생되는 국가 위정자들과 단순히 교회의 일군으로서 자신의 판단이나 확신하고는 상관이 없이 교회의 판결조항들을 수행하는 교회의 단순한 일군이요 또는 성직자 자신이 교회의 권세와 역할뿐 아니라 시민 정부의 통솔권까지 취하여 행사하는 사람으로 요구되거나 의무를 지닌 자인지 이 모든 것을 엉망이 되게 만들었다. 이 점에 대해서 종교개혁자들은 성직권에 반대하는 제국 군주의 권한을 옹호하는 반종교개혁 세력들과 같이 종교적인 문제에 있어서 시민 정부가 권한을 과도하게 확대하고 싶은 유혹에 빠지기 쉽다는 것을 지적하였다. 거기에다 그들은 교회를 지키고 지원하는 방식에 대해 국가로부터 기대하는 내용들을 일반적으로 언급하였다. 교권세력들로부터보다 세속권력으로부터 종교개혁자들이 선언한 진리를 수호해 주고 지키고 격려해 주기를 기대했다.

세속 정부의 위정자들이 종교개혁의 필요성을 인지하고 따르게 되었을 때, 거기에는 세속 정부의 일들과 교회 업무들이 철저하게 뒤섞여서 진행되는 결과를 초래하여 결국 시민 정부가 교회에 전적으로 종속하게 되었다. 이것은 이미 전에 획득한 것으로 그들이 처리해야 할 많은 일들을 위한 필요성이 있었다. 종교개혁자들은 교회 업무들을 다룸에 있어서 현존하는 교회 지도자들과 반대되는 많은 중요한 변화를 만들었다. 이 문제에 대해서는 종교개혁자들이 입증하고 방어하는데 거의 실패한 일이 없었다. 이 모든 현상은 종교개혁자들 입장에서는 매우 자연스럽게 발생하는 흐름이다. 국가는 종교문제에 대해서 시민 정부의 권세와 권리를 주장하는 경향을 자연스럽게 들춰낸다. 그것도 가장 온전하고 완벽한 어조로 그렇게 주장한다. 이런 설명에서 첫 종교개혁자들이 특별히 그들의 사역 초창기에 시민 정부 위정자들이 종교개혁의 필요성을 전적으로 지원하는 수고를 아끼지 않았을 때, 이런 문제에 대해서 다소간의 신중한 언어들을 써가면서 시민 통치권자의 권한에 대해서 말을 했다면 그렇게 놀랄 일은 아니었을 것이다. 또한 그 당시에 온전하고 공적인 논쟁적 논의의 한 주제로서 이 일반적인 주제가 아주 중요한 주제가 되어버린 것이다. 그들 중 몇몇은 이와 관련된 그들의 주장에서 완전히 선명하고 적확한 의견들을 결코 얻어내지 못하였다. 그런 경우를 우리는 지금 언급할 수 있다. 여기에서 우리는 종교개혁자들의 증언일 것이라고 교회정치와 교회적 업무들에 대한 규정과 연계된 다른 주제들처럼 단호하게 주장할 수 있는 같은 확신을 가지고 지금 이 문제를 다룰 수는 없다.

그것은 국가만능주의자들의 논쟁에 내포된 요점들 몇 가지에는 전체 종교개혁자들에 의해서 주어진 조화로운 증언이나 매우 명백한 증언이 있었다. 나는 분명히 이 문제와 관련하여 말하는 증명된 주장을 살펴볼 수 없다. 장로교 정치와 대중 선거에 대한 주제들과 관련하여 무엇을 말할 것인지, 다른 문제를 다룰 때 보여준 담대한 확신을 주기가 어렵다. 물론 종교개혁자들의 견해가 어떠했는지에 대한 질문은 솔직히 의견의 차이가 있을 만한 것이 없다.

종교개혁자들은 모두가 다 시민 정부의 위정자들에 대한 신적인 가르침과 그 유익들에 대한 교훈은 합법적인 것임을 강력한 어조로 주장했다. 개혁자들 자신들을 생각할 때 이러한 일반적 입장은 적어도 모든 권세와 특권을 시민 정부 당국자들에게 주어진 것으로 본 자들임을 의심하지 않는다. 그리고 거룩한 성경 말씀으로부터 그 어떤 인준을 가지고 있다고 보여줄 수 있는 의무감들 역시 위정자들에게 부여되었다는 것이다. 종교개혁자들은 로마교회가 시민 통치자들을 그들의 적합한 위치 아래에 두고 억누르고 있었고 거기로부터 위정자들의 올바르고 독립적인 관할권을 제시하였을 뿐 아니라 재세례파들은 모든 시민 정부와 권한들이 기독교 신앙 입장에서 보면 결코 합법적이라거나 권위 있는 자들이 아니라고 주장하였다. 더구나 신앙인으로서 그러한 권세를 행사한다거나 그들의 권위 인정을 부인한 것 때문에 시민 정부 위정자에 대한 자신들의 일반적인 뛰어난 입장들을 말하지 않을 수 없게 한 것이다. 이런 사실들이 왜 개혁파 교회 신앙고백서 안에 한 장, 혹은 한 단락으로 위정자에 대하여 라는 항목이 기록되어 있는지 그 이유이기도 하다. 그리고 왜 그것이 일반적으로 신학 체계에 있어서 독특한 논의 주제를 지속적으로 형성하고 있는지의 이유이다.

시민 정부 혹은 위정자라는 일반적인 제목으로 성경에서 가르치고 있는 것이 무엇인지를 강론함에 있어서 정부 형태가 어떤 것이든, 시민의 최고 권세자들, 위정자들의 역할과 임무가 어떤 것들인지에 대해 종교개혁자들은 만장일치로 현대적으로 부르는 국가교회의 원리(the principle of national establishment of religion)를 결정하고 주장했다. 즉 참 종교의 복락인 하나님의 영광과 그리스도의 교회의 번영을 증진시키는 것을 목표로 하는 것이 시민들의 문제들을 합법적으로 국가를 통솔하는 그들의 권한 수행에 있어서 또는 그들의 직무 역량에서 위정자들은 그런 권한을 가지고 있고 그에 대한 책임을 진다는 것이다. 우리가 종교의 국가적 성립이라 표현되는 국가 교회 제도를 견지하고 있는 모든 것을 포괄적으로 내포하고 있는 이 원칙은 성경이 온전히 인증하는 것이라고 우리는 믿는다. 그것을 지지함에 있어서 우리가 내세우는 것은 종교개혁자들의 결정과 만장일치의 증언이다. 그 당시의 재세례파들은 제5세기의 도나티스트들(Donatists)를 제외하고 처음으로 장로회주의의 이 원칙을 반대한 사람들이며 우리에게 알려진 임의기부제도(Voluntary principle)를 제창한 자들이다.[139]

---

139) 역자 주) 일명 도나투스파로 알려진 이들은 주후 4-5세기 경 로마의 아프리카 속주에서(지금의 알제리와 튀니지 지역) 번성했던 이단으로 분파주의자들이다. 이들은 로마제국의 기독교 박해 때 변절한 자들을 그 이후에 색출하여 과실이 있는 목사들과 함께 할 수 없다며 분리를 추구한 극단적인 분리주의자들이라고 할 수 있다. 우리나라의 해방이후 신사참배자들과 함께 할 수 없다고 하며 순수하게 교회를 재건한다고 한 재건파도 이와 유사하다.

임의기부제도는 교회와 국가관계를 정교분리로 규정하고 서로의 필요에 의해서 도움을 요할 때 자발적인 의사 결정으로 협력한다는 원칙이다. 국가교회를 인정하지 않는 것이다. 장로교회는 정교분리 원칙이 아니 정교구분 원칙이다. 비록 우리는 국가교회를 인정하고 있지 않지만 국가와 교회와의 관계는 국가교회제도를 주장한 개혁자들과 장로교도들의 원칙인 정교구 사실 '임의기부제도'라는 것은 가장 부정확하고 적절하지 못한 교리적 입장이다. 이 용어는 논쟁에 있어서 질문의 지위 문제에 대한 급진적인 오류를 교묘하게 심어주기에 적합한 것이다. 임의기부제도란 하나님과 그리스도의 왕국을 위하여 인간이 가진 재능과 영향력 및 세속적인 재산 등을 자발적으로 적용하는 인간의 수고에 기인하는 의무를 제창하는 원리이다. 물론 국가교회제도를 옹호하는 자들도 임의기부제도 원리를 그 자체의 유일하고 적절한 의미에서 참되다는 것을 의문시한 자들은 아무도 없다. 그러나 차이점들은 이것이다. 국가교회 제도 원리를 붙들고 있는 우리는 이 일반적인 의무를 국가와 위정자들에게까지 확장한다. 반면에 우리를 반대하는 자들은 그 임무를 개인에게 제한시킨다. 그래서 임의기부제도 원리는 그런 측면에서 우리가 거부하고 반대하는 것이다. 결과적으로 그것은 공정하고 영광스러운 논쟁의 주제를 형성하는 것으로서 하나님의 일과 그리스도의 왕국을 흥왕케 하고자 하는 이 의무의 영역의 제한은 오로지 개인들에게 속한 것으로만 보는 것을 부정한다. 그 의무는 국가와 국가 지도자들에게까지 확장되는 것이다. 그러나 우리는 이 문제를 여기서 논의하고 싶은 마음은 없다. 우리는 국가교회제도 원리를 지지함에 있어서 이것이 성경적인 진리의 한 부분으로서 종교개혁자들의 만장일치의 주장과 단호한 증언을 가지고 있다. 시민 정부의 위정자들은 그의 합법적인 권위의 실행에 있어서 국가적인 업무들에 대한 정당한 관할권은 그가 할 수 있는 한 최대한으로 참된 종교의 복락과 그리스도의 교회의 번영을 증진시키도록 힘써야 하는 것에 매여야한다.

이 교리를 지지하는 종교개혁자들의 증언을 무력화시키기 위하여 그

분원리를 따른다.

들이 이 일반적인 주제에 대해 큰 오류를 유지하면서, 특히 시민 통치자들에게 권위 있는 통제권을 부여했다는 주장이 종종 제기되어 왔다. 이 주장이 지금 국가만능주의라고 하는 것이다. 종교적 근거에 대한 편협함과 박해를 승인함으로써 종교에 관한 시민 정부 위정자들의 권세와 의무에 관하여 그들의 정서는 존중을 받을 자격이 없는 것이다. 이 주장의 첫 번째 요지와 관련하여 우리는 종교개혁자들이 일반적으로 국가만능주의 원리를 붙들었고, 국가 위정자들에게 교회의 업무들을 통솔할 권위를 지니고 있다고 주장했다는 것을 인정하지도 않지만 부인한다. 물론 우리가 시인했던 것처럼 이 주제에 관한 몇몇 개혁자들의 견해는 잘 정립된 것이 아니거나 적확하게 제시된 것임이 사실이다. 그렇지만 그들이 국가만능주의 원리를 주장했다는 것은 사실이 아니다. 둘째 주장과 관련하여 우리는 그들이 관용의 주제에 대한 잘못된 견해를 가지고 있었고, 이제는 개신교도들에 의하여 보편적으로 거부되는 종교적 근거에 대한 처벌의 권한을 시민 정부의 위정자들에게 부여시키고 있는 것에 대해서는 인정한다. 그러나 우리는 이 문제에 있어서 그들의 의심의 여지가 없는 이 오류가 국가와 위정자들의 성경적인 임무를 지지하는 개혁자들의 일반적인 증언의 모든 무게감이나 존중되어야 함을 박탈해 버리는 것이라는 것은 인정하지 않는다.

참된 종교와 그리스도의 교회의 복락을 증진시키는 것과 관련하여 국가와 위정자들에게 지워진 일반적인 임무 또는 의무라고 하는 주장과 이 의무를 이행함에 있어서 이 목적을 달성하기 위하여 위정자들이 보증하고 수용하도록 요구할 수 있는 구체적인 조치들 사이에는 본질적인 차이가 하나 있다. 이러한 문제에 있어서 시민 정부의 위정자들이 채택해야만 하는 특별한 조치들에 대한 문제는 상대적으로 말해서 세부 사항 중 하나를 말하거나 적어도 중요성 면에서 열등하고 더 어렵고 복잡한 것이다. 성경적인 진리의 한 몫으로서 일반적인 임무 혹은 의무가 있다고 주장하는 것에 동의하는 자들은 그 임무 수행에 있어서 채택하는 것이 합법적이라거나 지워진 것이라고 하는 조치들에 관하여는 서로 다를 수 있다. 그리고 의무를 이행해야 하는 특정 방식에 관한 오류는 공정하게도 그러한 의무가 구속력이 있다는 일반적 진리에 반대하는 사람들의 마음을 미리 생각할 필요가 없다.

첫째 질문은 이것이다. 참 종교의 복락을 증진시키고 그리스도의 교회를 흥왕케 하는 임무가 국가나 국가와 같은 또는 그것들을 대표하는 시민 정부의 위정자들에게 있는가? 그리고 그들의 업무들을 규정하는 것과 같은 것이 있는가? 만일 이 질문에 대해 우리가 반드시 그렇게 되어야 한다고 생각하는 것처럼 확언할 수 있다면, 우리가 그 다음에 생각할 질문은 이것이다. 실행되어야만 하는 그 임무를 어떤 방식으로 또는 어떤 수단으로 행할 것인가? 이 두 번째 질문에는 그 견해를 합법적으로 수행할 수 있는 것과, 그리고 자연스럽게 그 목적을 이룰 수단으로서 적합한 것들과 관련하여 상당히 고려해야 할 의견의 차이가 있다. 반면에 또한 분명한 것은 그 일반적인 주제에서 이해된 일부 주제와 관련하여 그 당시 국가나 지역사회의 특별한 상황은 실천 가능한 것이 무엇인지 그리고 그 문제를 실행하기 적합한 것은 무엇인지 그 일에 영향을 미치거나 결정하게 만들 것이란 점이다.

실로 이 주제에 관한 몇 가지 일반적인 원리들이 있다. 그 원리들은 성경과 이성과 경험으로부터 충분히 발견될 수 있고 성립될 수 있는 것임을 일반적으로 인정하는 것이다. 이것들은 모두 긍정적이고 부정적인 종류의 것인데, 즉 시민 통치자들이 해야 할 일과 하지 말아야 할 일을 이 임무 수행과 이 목적을 달성하기 위한 것이 무엇인지를 설명하는 것이다. 하지 말아야 할 일과 관련하여 우리는 일반적인 의무를 지지하는 종교개혁자들의 증언의 가치를 생각하지 않을 수 없다. 여기에 두 가지 가장 중요한 조치는 다음과 같다. 첫째, 시민 정부의 위정자들은 종교 문제와 관련하여 그들이 반드시 수행해야 할 임무 실행에 있어서 그리스도의 교회의 업무들에 대한 규정을 통제할 그 어떤 관할권이나 권세가 있다고 추측해서는 안 된다(한 마디로 위정자들은 교회 문제를 관할할 권세가 없다는 것이다). 둘째, 시민 정부의 위정자들은 교회 지도자들에게 시민법에 의한 형량을 부과해서는 안 된다. 즉 단순히 종교적인 주제들에 대한 의견이 다르다고 해서 종교지도자들에게 형사법에 의한 벌금을 부과하거나 감옥에 가두거나 사형선고와 같은 형량을 내릴 수 없는 것이다.

이 원리들 중 첫 번째 것에 의해서 차단되는 것은 국가만능주의에 의해서 일반적으로 이해되는 것이다. 그것은 그리스도의 교회의 특성, 헌법 및 정치와 관련하여 성경에서 계시된 것에 의해서 배제되는 것이거나 불법적인 것으로 간주된다. 즉 성경은 시민 정부의 위정자들이 규정되어져야만 하는 교회의 업무들에 대한 원리들과 표준 및 당사자들에 관련된 것들에 개입하는 것은 불법적임을 분명히 밝히고 있는 것이다. 이 원리들 중 두 번째 것에 의해서 차단되는 것은 불관용과 핍박 문제이다. 그것을 배제하거나 불법적인 것으로 간주하는 것은 성경에 근거가 희박하기 때문이다. 양심을 총괄하는 일은 하나님의 주재권이다. 하나님께서 인간에게 수여하신 자연적인 권리요 자유이다. 종교적인 문제들에 있어서 시민 정부의 위정자들 편에서 권한 행사에 대한 본질적인 이 제한은 우리에게 매우 명약관화한 것이다. 그러나 그 제한적 권한 행사는 국가들과 통치자들의 성경적 의무라고 주장하는 자들에 의해서 항상 나타나지거나 긍정적으로 고맙게 여긴 적이 없었다. 실로 국가나 통치자들의 일반적인 의무를 견지함에 있어서 논리적인 결과나 자연스러운 흐름에 의해서 주장될 만한 것은 아무 것도 없다. 즉 우리로 하여금 국가만능주의를 따르게 할 만한 혹은 불관용을 추종하게 할 만한 것은 전혀 없는 것이다. 그리고 앞에서 다룬 두 가지 부정적인 입장들에 대하여 그 어느 것 하나라도 거부하거나 삭제하는 책임성을 일반적인 원칙에 부과시키고자 하는 시도는 근거도 없고 공정한 처사도 아니다. 그러나 그것들 중 첫 번째 것은 여전히 오늘날에도 간주되지 않는 것이며 전 세계에 있는 개신교 교회들이 다 뭉개버리는 것이다. 왜냐하면 지금은 국가가 그것을 죄로 여겨 처벌하거나 교회가 국가만능주의 원칙에 복종하지 않는 것을 죄로 간주하여 처벌하는 것이 없기 때문이다. 불관용이나 핍박을 가할 수 있다는 위정자들의 권한이 불법적인 것으로 배제해야 한다는 두 번째 입장은 로마교회에 의해서 언제나 부정되고 거부된 것이었다. 성경으로부터 몇몇 지지를 얻고 있는 것으로 보이는 이것에 대하여 거부함으로써 종교개혁자들 대부분이 정도의 차이는 있지만 로마교회가 가르치고 있는 이 문제에 대한 감성적인 것들을 지속적으로 보류하였다.

　실천적으로 이 제도는 나쁜 것이다. 종교의 특권들과 공동체의 복락에 해를 끼치는 것이며 신자들에게 상당히 반감을 불러일으키는 것이다. 시민 정부의 통치자들이 교회를 자신들이 원하는 교회로 국가에 예속시키고 자신들의 의견을 따르지 않는 자들은 핍박할 수 있기 때문이다. 사실 그들은 종교와 관련하여서 증진시키고 보존하는 것 외에 할 수 있는 것은 아무 것도 없다. 그러나 국가만능주의 제도가 이론적으로 교리나 추측의 문제로서 그러한 의무가 국가와 그 통치자들에게 부여되어 있음을 완전히 부인하는 것은 그 의무를 이행해야 하는 방식에 대한 잘못된 개념을 유지하는 것보다 진리의 표준에서 조금 벗어나는 오류를 줄이는 것이다. 우리는 모든 국가만능주의와 모든 불관용이 합법적이지 않은 것이기에 단호히 배제하며 교회의 권리와 양심의 권리를 박탈하는 죄악된 것으로서 온전히 배격한다. 그러나 우리는 국가만능주의의 수장 하에 포함되어 있는 모든 것들, 혹은 불관용 원칙이 불법적인 것으로서 배격하지만 국가와 통치자들에게 부과된 참 종교의 복락과 그리스도의 교회의 번영을 증진시키는 목적을 달성하는 일반적인 임무가 있다는 면은 일말의 진리임을 명확하고 확실하게 밝힌다. 이러한 이유로 우리는 종교개혁자들의 오류, 불관용과 박해에 대한 교황주의자들의 원리를 어느 정도 인정하고, 특히 하나님의 말씀이 재가하고 요구하는 것을 넘어서 종교 문제에 있어서 오류를 처벌할 시민 통치권자들의 권리를 강조했다는 종교개혁자들의 오류가 이러한 문제에 어떤 무게감을 더하게 되어서 그들의 증언의 무게감을 전적으로 무력화시키고자 하는 의도를 단호히 거부한다. 한 마디로 참 종교와 그리스도의 교회와 관련하여 국가와 그 통치자들에게 부과되어 있는 의무에 관한 교리를 지지한다고 해서 종교개혁자들이 교황주의자들의 입장을 어느 정도 인정하는 듯한 표현이 국가만능주의 제도에 대한 그들의 단호한 입장이 별 의미가 없지 않느냐라는 입장은 인정할 수 없는 것이다.

종교와 관련하여 시민 정부의 통치자들의 임무를 수행함에 있어서 반드시 안내받아야 할 원리들에 대한 일반적 주제는 그리 신중하게 연구되지 못했다. 일단 우선적으로 소유하고 있다는 것으로 보이는 일반적 규칙이 정해지면 그것이 무엇이든 그것은 항상 소유하고 있는 것으로 여기는 것이 통상적인 생각이다. 그 임무 수행에 있어서 그렇게 시도하고 또 반드시 그렇게 시도돼야 한다는 목적에 적합한 것으로 간주하는 것이다. 국가만능주의 제도와 박해를 옹호하는 자들은 이런 추정 위에서 행동하는 것이다. 그들은 그 임무 수행의 특별한 방식에 대한 것이 합법적이라는 것을 입증하려거나 위정자들의 그 위대한 일반적 임무를 확립하기보다는 그 이상의 어떤 것도 할 수 없을 때 국가만능주의와 불관용에 대한 각각의 원리들을 정립했다고 생각한다.

이에 대한 현저한 설명은 탁월한 두 사람 베자와 그로티우스의 글들에서 찾아진다. 베자는 '이단들을 벌주는 시민 행정'*(De Hæreticis a civili magistratu puniendis)*이라는 제목이 붙은 세베르투스의 사례를 언급하면서 불관용과 박해하는 원리들을 옹호하는 정교한 논문을 썼다. 이 글에서 그의 주된 목적은 이단들과 신성모독죄를 범하는 자들은 시민 정부의 통치자들에 의해서 합법적으로 처형될 수 있다는 것을 입증하는 것이다. 세베르투스는 이단이요 모독죄를 범한 자이기에 그는 자신의 범죄에 대한 합당한 형벌을 받은 것이다. 그러나 이 주제에 대한 일반적인 원리를 고려할 때 베자가 정말 입증하고자 한 것은 오로지 이것이다. 시민 정부의 통치자들이 그들의 권위를 실천함에 있어서 하나님의 영광을 증진시키고 진리의 특권들을 조성하는 목적에 매여야 한다는 것이다. 물론 모독죄와 이단들을 퇴치시키는 일에도 마찬가지이다. 그는 이것을 입증한 것이다. 그는 그것을 결정적으로 증명한다. 다른 말로 말해서 그는 종교의 국가적 설립(국가교회)의 추상적인 합법성을 추론할 수 있는 위대한 일반 원칙의 성경적인 권위를 증명하는 것이지 그 이상의 무엇을 입증하고자 한 것이 아니다. 그는 기독교 경륜의 시대에서 시민 정부의 통치자들이 이단들과 신성모독죄를 범하는 자들에게 사형선고를 가할 수 있는 의무 그 이상도 그 이하도 아니라는 것을 증명한 것이 아니다. 그렇다고 이단들과 모독죄를 범하는 자들이 이단과 신성모독죄를 저지하는 하나의 수단으로서 적합하다거나 그럴 경향이 있다는 것을 입증한 것도 아니다.

그로티우스(Grotius)도 마찬가지로 '교회공동체를 다스리는 통치권의 모든 것'(*De Imperio Summarum Potestatum circa Sacra*)이라는 제목의 논문을 썼는데 철저히 국가만능주의 사상을 옹호하는 것이다. 이 목적을 성취하기 위하여 그는 베자가 한 것처럼 종교의 복락과 교회의 번영을 증진시키고자 시민 정부의 통치자들의 임무에 대한 일반적인 원리를 확립함으로 말미암아 자신의 논리를 펼친다. 그는 이에 대한 일반적인 질문 전체를 해결한 다음 사실 이어지는 조사를 위하여 시민 통치자들이 교회의 통상적인 업무의 다른 영역들에 대한 규제와 관리에 권위를 가지고 개입해야만 할 것이라는 여지만 남겨두었다. 베자가 했던 것같이 그도 참된 종교의 복락과 교회의 번영을 증진시키는 목적을 달성하는 시민 정부의 통치자들의 권한과 의무를 만족스럽게 증명한다. 그러나 그는 이 입장을 확립함에 있어서 교회에 대한 국가만능주의자들이 주장하는 통제권에 찬성하여 결론을 내리는 그 어떤 것도 덧붙이지 않았다.

그로티우스가 그의 논문에서 표현한 '교회 공동체를'(*circa Sacra*) 통솔하는 권한은 장로교도들과 국가만능주의 신학자들이 언제나 시민 정부의 통치자들에게 있다고 동의한 것이다. 실로 이것은 우리가 자주 언급한 일반적인 원리에 자연히 내포된 것이다. 이것은 참 종교의 증진을 목적하는 그의 임무는 그의 합법적인 권위나 올바른 관할권을 정당하게 사용할 자격이 있으며 사용하라고 요청하는 것이다. 세상적인 업무들 수행함에 있어서 종교의 이익을 증진시키는 것에 대한 견해와 더불어 통치자들은 이 임무 수행을 위한 권리를 사용할 수 있다는 것이다. 그러나 그로티우스의 책에서 확립하려는 그 위대한 목적이었던 단지 교회 공동체에 관한 관할권(*circa Sacra*)은 교회를 통솔하는 국가만능주의 원리를 위한 충분한 근거를 제공하지 않는다. 국가만능주의는 단순한 통솔권이 아니라 거룩한 것들(in sacris)에 대해서도 관할권을 행사할 권리가 있다는 것이다. 즉 교회적인 업무들의 실질적인 규정에 있어서 적절한 통제권 혹은 권위 있는 통제권을 실행할 권리가 있다는 것이다. 그리고 하나의 조직된 사회로서 교회의 통상적인 업무들을 운영함에 통제권을 실행할 권리가 있다는 것이다. 이 권세는 교회의 복락을 목표로 하는 시민 정부 통치자의 의무의 일반적인 원칙에 관여하거나 추론할 수 있을 뿐 아니라, 교회와 관련하여, 그리스도와 그의 말씀과 관련하여, 그리고 그리스도께서 교회 정치를 위하여 만드신 전반적인 계획과 관련하여 우리에게 알려진 성경의 모든 가르침을 다 살펴보아도 인정할 수 없고 반드시 배제시켜야 하는 권리이다.

이러한 사례들은 참된 종교와 그리스도의 교회의 번영을 증진시키는 목적에 국가와 통치자들에게 부과되어 있는 의무와 그 목적을 위하여 고용될 수 있는 수단에 대한 그 어떤 특별한 이론을 채택하는 일반적인 원리 사이에 만들어져야 하는 구별이 있음을 설명해 주는 것들이다. 이 모든 것이 종종 만들어진 특별한 적용들과 함께 일반적인 원리에 너무 짐을 싣는 것이라는 의견은 근거 없음을 보여주는 경향이 있다. 반면에 이것은 확립될 수 있는 그 일반적인 원칙 자체 위에서 성경과 이성으로부터 파생된 근거의 명확성과 확실성을 선호하는 매우 강력한 추론을 제공해 준다.

이 주제에 대한 지류를 떠나기 전에 종교개혁자들이 일반적으로 로마교회에 의해서 가르쳐진 불관용과 박해의 원리 전부를 유지한 것이 아니었다는 것을 지적하는 것이 옳다. 그들은 사람들을 진리를 고백하는 자가 되도록 이끌려는 목적을 위하여 공권력이나 핍박을 사용한다는 교황주의자들의 원리에는 불법적이고 매우 불합리한 것이 있다는 것을 파악했고 인식하고 있었다. 따라서 그들은 배도의 특징을 이루는 대대적인 박해를 결코 용납하지 않았다. 종교개혁자들이 일관되게 붙들고 있는 종교와 관련하여 위정자들의 권리에 관한 주제의 근본적인 오류와 이 모든 주제에 대해서 그들의 취지와 행실을 왜곡시킨 근본적인 원리는 사람들에게 형벌을 가한다는 시민 정부의 통치자들의 권리와 의무에 대한 개념이었다. 그리고 심지어 이단과 신성모독죄를 범한 자들에게 사형을 선고할 수 있다는 개념이었다. 종교개혁자들은 이단과 신성 모독으로 인해 고통과 처벌을 가함이 시민 통치자의 권리라는 일반적인 원칙은 인정했다. 물론 그들은 다른 사람들을 이러한 죄에 빠지게 하는 것에 상당한 해를 끼치고 있는 자들에게 사형선고를 내리는 것에 대해서는 제한을 두었다.

이제 이 개념은 굳건한 토대가 없으며, 오류투성이요 위험성을 안고 있는 것일지라도, 일부 성경적인 진술들과 특별히 모세의 판결법으로부터 파생된 몇 가지 고려사항을 자연스럽고 충분히 오용함에 있어서 그럴듯한 모양새가 결핍된 것은 아니다. 실로 그 주제는 난해한 면이 있다. 그것은 위에서 언급한 종교개혁자들의 마음에 그 개념이 어느 정도 시인하는 것이었다. 그 질문은 사실 여러 세대 동안 지속적으로 신학자들의 마음을 당혹스럽게 했다. 17세기 전반에 걸쳐서 개신교 신학자들은 일반적으로 적어도 시민 정부 통치자들에게 이단들에게 처벌을 가하는 권한을 부여했었다. 그러나 지금은 지금 로마교회 신자들을 제외하고는 보편적으로 거부하는 것이다.

루터는 그의 초기 작품들에서 교회 업무들을 규정함에 있어서 시민 정부 통치자들의 권한에 대해서 좀 완화된 폭넓은 입장을 언급했었다. 루터의 명예를 위해서 언급해야 할 것은 비록 이단이나 다른 심각한 종교적인 오류를 가지고 있다고 해도 그들에게 형벌을 가할 수 있다는 위정자들의 권한을 제한시켰다. 이것은 대부분의 다른 종교개혁자들의 의견보다 더

협소한 제한이었다. 여기서 루터의 후기 작품들 가운데서 두 가지 주목할 만한 내용을 언급하는 것은 가치 있는 일이라고 생각한다. 먼저 그는 교회의 업무들을 규정함에 있어서 시민 정부의 통치자들이 개입할 권한이나 통제권을 지니고 있다는 것에 대해서는 일절 부인하였다. 그렇게 함에 있어서 루터는 우리의 선진들이 그리스도의 왕국을 다스리는 것과 그의 집을 관할하는 그리스도의 유일한 권리를 지킴에 있어서 시민 정부의 통치자들의 권력을 찬탈하는 것을 반대하는 주장에 사용된 용어들을 볼 때 그 본질과 의미가 매유 유사한 용어를 사용하였다. 그리고 그 뉘앙스나 정신도 거의 같았다. 그러나 나중에 그는 시민 정부의 통치자들이 교회를 보호하고 지원해 주는 대가로 교회의 업무들을 규정함에 있어서 국가만능주의자들의 통제로부터 개신교도들의 권리로서 확립하는 것에는 심각한 손상을 입을 수 있다는 우려를 표명하였다.

멜랑흐톤에게 쓴 서신으로 그가 출판한 『consilia』에서 루터는 교회를 관할하는 통치권을 수행하는 감독의 권한을 부인한 후에 다음과 같이 말했다. "감독이 통치자라고 하면 그는 더더욱 교회에 아무 짐도 지울 수 없다. 왜냐하면 이것은 두 권세를 완전히 섞어버리는 것이기 때문이다... 그리고 우리들이 인정하듯이 이러한 결합이야말로 신성모독적이다. 이 점에서 불경건함을 낳고 범죄를 저지르느니 차라리 죽는 것이 낫다. 이제도 나는 교회에 대해서 말한다. 교회는 시민 정치와 구분하여 독자적인 정치적 지위를 가진다."[140] 다른 문장은 인용하기엔 너무나 길다. 그러나 그것은 교회의 업무들을 실행함에 있어서 시민 정부의 통치자들의 개입이 증폭되는 것은 종교에 심각한 해를 끼치는 것이라는 루터의 깊은 염려를

---

140) Voetii Polit. Eccles., i., Lib. i., Tract. ii., c. iii., tom. i. 174.

매우 잘 강조한 표현이었다. 멜랑흐톤은 이 영역에서 루터가 이해한 해악과 위험성을 충분히 공감하고 있었던 것 같다. 교회의 업무들에 대한 규정에 시민 정부의 집권자들이 개입하게 되는 것은 개신교 교회에 해악을 끼치고 참 종교의 유익을 훼손한다는 멜랑흐톤의 염려 역시 그의 마음을 상당히 짓누르는 고려사항 중 하나였다. 그리고 로마 교회와 더불어 수정안을 강력히 원하였으며, 그의 개인사에서 그토록 두드러진 특징을 형성한 진리 혹은 이와 유사한 것들에 대해 타협한다는 경향이 있지 않은지 그가 상당히 많이 우려하였다는 것을 보여주는 정황들이 많이 있다.

우리가 지난 300년 동안의 개신교 역사를 통해서 충분히 드러난 명백한 사실은 교회 문제에 있어서 시민 정부의 통치자들의 권위적인 간섭이 교회에 얼마나 많은 해를 끼치며 악영향을 주었는지에 대한 루터나 멜랑흐톤의 우려가 기우가 아니었다는 것을 실감한다. 대부분의 개신교 국가들 안에서 시민 정부 통치자들은 대체로 교황이 교회에 대한 절대적인 통치권을 주장하며 행사하듯이 자신들이 좋아하고 지원한다고 한 교회에 대한 동일한 통치권을 구가하고자 했고 그렇게 단행하였다. 이런 일들은 여러 측면에서 참 종교의 유익에 가장 큰 해악이었음을 입증한다. 모든 개신교 나라들 중에 잉글랜드는 교회 위에 왕권이 있다는 선언이 가장 공개적으로 구현된 나라이다. 왕권의 우위성을 가장 온전히 동의했고 그래서 교회에 가장 해악을 많이 끼쳤다. 반면에 우리의 사랑하는 나라 스코틀랜드는 가장 격렬하게 그리고 가장 성공적으로 그것을 저항해 냈다. 실로 시민 정부의 통치자들이 교회에 대한 국가만능주의 사상을 완전히 획득한 때는 1843년이었다. 그리고 그것을 모든 다른 개신교 교회들이 그들의 머리를 조아리기 전에 오래전에 가졌던 것과 동일한 죄악된 복종 상태로 한정시키는데 온전히 성공했다.

비록 이단을 처벌할 시민 정부의 통치자들의 권리와 관련하여 그 당시에 널리 인식하고 있는 생각들을 뛰어넘는 것은 아니었을지라도, 시민 정부의 통치자들의 국가만능사상의 침해에 반대함에 있어서 교회 업무들을 운영하는 통상적인 행정과 관련하여 볼 때 칼빈은 시민 위정자들과 교회 지도자들 사이의 관계를 규정해야만 하는 확고하고 적확한 참된 성경적 원리를 부여잡는 일에 항상 건전하고 예리한 통찰력을 잘 드러냈다. 우리가 종종 설명할 기회를 가졌었던 것처럼 비록 츠빙글리의 입장을 잘못되게 묘사한 실수를 하였을지라도 이 주제에 대한 칼빈의 취지를 설명한 모세임의 글은 의심할 바 없이 정확한 것이다. 그의 말을 원어에 있는 대로 인용하는 것은 매우 가치 있다고 생각한다. 왜냐하면 그것이 머르독(Murdock)의 설명보다 더 명쾌하고 분명한 것이기 때문이며, 그것들에 대한 맥클레인(Maclaine)의 번역보다 더 정확하기 때문이다. 모세임은 이렇게 말하고 있다: '칼빈은 위정자들에게 종교문제에 대한 권한은 한정적이라고 했다. 교회 자체의 권한인(교회의 영적 독립성을 말함) 성직자들의 모임, 교회회의나 총회의 회집 문제를 포함하여 한정적이라는 것이다. 옛 교회들이 스스로 다스렸다는(자치) 원리는 선언되어야 하며 다만 외부의 침입으로부터 교회를 보호하는 것은 위정자의 의무로 허용하였다.'[141] 여기에 언급된 소감과 칼빈에 대하여 말한 것은 장로교도들이 국가만능

---

141) Moshemii Institut., Sæc. xvi., sec. iii., P. ii., c. ii.,§ xii. Calvin. Institut., Lib. iv., c. xi., sec. 16. Revii. Examen., 21. *Calvinus magistratum in res religionis potestatem angustis circumscribebat finibus, atque ecclesiam sui juris esse, seque ipsam per collegia Presbyterorum et Synodos seu conventus Presbyterorum, veteris ecclesiæ more, regere debere adseverabat, tutelâ tamen et externâ curâ ecclesiæ magistratui relictâ.* 역자 주) 칼빈은 그의 『기독교 강요』에서 교회는 국가가 행사하는 공권력을 갖고 있지 않고 또 그런 것을 구해서도 안 되기 때문에 항상 교회법과 칙령과 재판들로서 신앙이 유지되도록 하는 것이 경건한 왕과 군주의 임무라고 하였다. 그는 교회의 질서를 침해하지 않고 보존하며 교회의 권징을 깨뜨리지 않고 세우는 경우에, 비록 군주가 교회문제에 개입하여 권위를 주장한다고 해도 저항한 것이 아니라고 하면서 교회는 스스로 통치해야 함을 강조하였다.

주의 주장들과 선언들을 반대하며 주장한 것들과 전반적으로 그리고 본질적으로 맞는 것이며 명확히 구현한 것이다. 비록 칼빈은 어찌된 일인지 그 부분에 대해서 충분히 개진한 적이 없었고, 이 주제에 대해서 그가 고백한 그 원리들을 상세하게 적용시켜 나간 것이 없었지만 그러나 그가 적시한 그 원리들 자체와 제네바 시 당국과 교회 지도자들 사이에 논쟁이 된 교회 권징 문제에 대해서 그가 만든 실천적인 적용점들은 모든 합리적인 의심을 넘어서 그가 그 쓸모없는 추측과 실제적인 절차를 취함에 어느 편에 섰을 것인지를 분명히 확립해준다. 이것이 국가만능주의 논쟁이라고 불리는 것을 구성한 것이라고 말할 수 있다.

2. 에라스투스(Erastus)와 에라스티안들(Erastians)

이 논쟁에 따라붙은 이름인 토마스 에라스투스는 제일세대 종교개혁자들이 다 세상을 떠난 후에까지도 그의 생각들이 어떤 것인지 출판되지 않았다. 그는 하이델베르크에서 의사였다. 그 후에 팔라틴 선거후의 영지의 수도로 옮겨갔다. 이곳은 독일교회 내에서 루터주의와는 구별된 칼빈주의의 사령부였다. 여기서 그의 재능과 학식 및 일반적인 성품에 대하여 상당히 높이 평가를 받은 것으로 보인다. 1568년에 하나의 시도가 팔라틴 영내의 교회에 소개가 되었는데 그것은 성례에 사람들을 참여시키는 문제와 관련하여 엄중한 훈육이 필요하다는 것이었다. 이 주제는 그 영내 안에서 그리고 한 두 개의 개혁 교회들 안에서 상당히 무시되었던 것이었다. 에라스투스는 교회의 개혁이나 정화 작업에 이런 시도를 하는 것에 대해서 반대 입장을 표명하였다. 그리고 그런 경우를 대비해서 백 개의 논문들 혹은 건의서들을 작성했다. 그 후에는 그것들을 75개로 축소했다. 그 내용들은 성경이 교회의 그 주장을 인준하는 것이 아님을 보여주고자 작성된 것들이었다. 즉 하나의 모임으로서 혹은 교회의 직분자들로서 교회가 기독교 신앙을 고백하고 성례에 참여하기를 원하는 교인을 부도덕한 행실로 인해 성례에 참여하지 못하도록 출교시킬 권한을 허락한 적이 없다는 것이다.

이런 논문들은 출판되지 않았다. 그러나 그 원고들은 칼빈 사후에 개혁교회에서 가장 영향력을 행사하고 있는 베자에게 보내졌다. 베자는 그에게 충분하고도 재능 넘치는 답변을 보냈다. 그 답변을 받아 본 에라스투스는 얼마 안가서 1570년에 『Thesium Confirmatio』로 이름 붙인 6권의 책으로 베자에게 매우 정교한 답변을 보냈다. 그 당시의 취리히의 뛰어난 지도자들인 츠빙글리의 후계자인 블링거와 츠빙글리의 사위인 구알테르(Gualther)는 어떤 측면에서 훈육과 출교문제에 관한 에라스투스의 견해에 호의적이었다. 그들은 이 주제에 대한 공개적인 논쟁을 막기 위해 열심히 노력했다. 결국 그들의 글들을 출판하지 않도록 양측을 제지하는 데 성공했다. 따라서 그 문제들은 에라스투스가 사망한 1589년까지 묻혀 있었다. 그런데 그의 미망인이 잉글랜드로 이주하면서 대주교 휘트기프트(Whitgift)의 선동과 후원 하에서 블링거와 구알테르의 추천서를 곁들여 1589년에 런던에서 출판됨으로서 주목을 끌게 된 것이다. 그런데 블링거와 구알테르의 이름은 출판사와 인쇄업자에게 가상으로 알려진 것이었다.

이 책자가 베자에게 주어졌을 때 그는 자신이 에라스투스에게 보낸 원래의 답변들을 모아서 1590년 즉시 출판하였다. 그 책 제목은 『Tractatus pius et moderatus de Vera Excommunicatione et Christiano Presbyterio』(진정한 출교와 기독교 장로회)였는데 매우 흥미로운 서문이 들어있다. 이 서문에서 그는 이 문제의 발단이 된 과정을 설명하였고 블링거와 구알테르의 행위들에 대한 비난도 서술하였다. 그리고 그가 당시 70세임에도 불구하고 그 책자에 충분한 답변을 준비하고 출판하여서 그의 생각이 어떤 것인지를 선언한 것이었다. 그러나 그의 의도는 그렇게 큰 효과를 이끌어 내지 못하였다.

에라스투스와 베자의 글들은 주로 출교 문제에 대한 논의로 도배되어 있다. 즉 그 질문에 대한 연구와 함께, 성경이 교회 직분자들의 법정에 의해서, 부도덕한 행실을 한 신앙고백자들의 성례 참여를 금하는 권한을 보증하고 승인하는지의 여부, 이 문제는 베자는 인정하지만 에라스투스는 부인하는 것이었다. 그리고 국가만능주의의 기원과 성장에 대한 매우 흥미로운 역사를 수록하고 있는 길레스피의 『아론의 싹난 지팡이』 책 2권의 첫 장에서 설명하고 있는 바와 같이, 에라스투스는 자신의 입장을 지지함에 있어서 매우 정교하고 독창적으로 주장하였다. 특히 그 자체의 본질적인 모호함과 명백한 거짓된 가르침으로부터 몇몇 상당한 불일치를 영속화하고자 그런 주장을 펼친 것이다. 그러나 에라스투스가 만일 그가 자신을 출교문제에만 집중적으로 다루고, 출교에 대한 싸움을 뒷받침하는 성경적인 근거들을 검증하는 일에만 한정시켰다고 한다면, 일반적으로 2세기 이상 동안 개신교도들 사이에서 시민 권력자들과 교회의 지도자들 사이에 존속하는 관계성에 대한 모든 주제에 대한 논의를 이해하는 것으로서 간주된 논쟁에서 그의 이름은 그렇게 자주 언급되지는 않았을 것이다.

따라서 그의 논문의 서문과 결론 부분에서 그리고 견진에 대한 책 3권의 첫 장에서 더 온전히 드러나고 있는데, 그는 그 이후로 그의 이름을 딴 논쟁에 의해서 수용된 것보다 더 폭넓은 영역에까지 진입하였다. 그는 거기에서 교회의 업무들에 대한 규정에 있어서 일반적인 판결권 혹은 권위적인 관할권이 시민 정부 통치자에게 있다고 기술하였다. 그리고 그는 그리스도께서 교회의 일반적으로 필요한 사업 운영을 위하여 교회에 구별된 정치를 제정하였다는 것은 부인하였다. 이것들이 국가만능주의 논쟁에서 포함된 모든 내용이다. 그리고 종교와 그리스도의 교회 문제와 관련하여 시민 정부 위정자들의 권위에 대한 모든 주제가 실제로 뒤집혔다. 에라스투스는 교회 문제에 있어서 시민 정부의 판결권 혹은 권위적인 통제권을 시민 정부에 두었을 뿐 아니라 그리스도께서 교회 자체의 통치를 위한 정치를 제정하여 주셨다는 것을 부인하였다. 그리고 그는 이러한 견해가 지금까지 계속해서 옹호되어온 몇 가지 주요 주장을 지적하였다. 그는 이 주제에 대한 자신들의 반대 입장을 지지함에 있어서 늘상 제시한 교황주의자들과 에라스티안들이 익숙하게 사용한 일반 원칙들을 전적으로 동의한다고 선언하였다.[142] 즉 그들이 말하는 국가 내에 있는 국가 (imperium in imperio)라는 어리석은 주장, 또는 엄밀히 말해서 같은 것으로 시민 통치권과 교회의 일들에 대해서 최고의 권위 및 궁극적인 관할권을 가진 하나의 권력과 정부가 있어야 한다는 필요성을 선언한 것이다. 물론 교황주의자들은 이 최고의 권위를 교회 혹은 교회를 대표하는 교황에 있다고 주장한다. 에라스투스와 그의 이름을 따라 불리는 추종자들은 그것이 시민 정부 위정자에게 있다고 하는 것이다. 따라서 명백한 것은 비록 에라스투스의 책이 주로 출교문제를 다루었다 하더라도 그는 실제로 개신교도들 사이에 국가만능주의 사상 논쟁의 발판을 놓은 자이다. 그는 시민 정부와 교회 당국 사이의 존속해야하는 관계에 대한 전체 주제에 늘

---

142) Pp. 159-161.

국가만능주의자들의 입장이 무엇인지를 장로교 신학자들이 즐겨 지적하는 그 주도적인 근거들을 닮은 사람이었다.

에라스투스도 실로 시민 통치권자들이 교회 문제를 관장하는 일에 있어서 자신의 유일한 규범이요 표준으로서 하나님의 말씀을 취해야만 한다는 것을 인정한다. 이 부분에 있어서 그는 현대 시대에 국가만능주의자들로 칭해지는 사람들보다 약간 나은 존재이다. 어쩌면 그를 국가만능주의자라고 칭하는 것은 공의롭지 못한 것일 수도 있다. 그러나 우리가 언급하고 있는 이들에 대해서는 국가만능주의 원칙을 붙든 자들이라고 말하는 것이 전혀 불공정한 지적은 아니다. 그들은 필요한 논리적 순서에 따라서 교회의 모든 업무들을 규정하기 위하여 바르고 적절한 표준인 하나님의 말씀과 일치하는지 아닌지에 관계없이 이 나라의 법으로 규정하는 행동 절차를 밟았다. 그러나 에라스투스가 하나님의 말씀은 교회의 업무들을 규정하는 것이 반드시 하나님의 말씀에 기초한 것이어야만 한다는 것을 인정했다. 그렇지만 그는 교회가 존재하는 곳에서 종종 발생하게 되는 문제들에 대한 결정에 성경적인 진술들을 적용시켜 판단하게 되는 것이 교회 직분자들에게 주어진 권위 있는 임무라는 것은 부인하였다. 그리고 시민 정부의 통치자들에게 교회의 업무들을 판단하는 최고의 권위를 지닌 자들로 간주했다. 그들이 사법적으로 혹은 법리적으로 교회 일들이 결정되어야 할 때 교회 지도자들의 모임인 노회나 총회가 하지 않고 시민 통치자의 임무라고 한 것이다.

그의 추종자들이 일반적으로 해왔던 것보다 통상적으로 그들이 즐긴 견해들과 조금 다른 한 가지 중요한 면이 에라스투스에게 있다. 앞에서 언급한 대다수의 사람들은 이미 설명을 한 근거들을 가지고 에라스티안으로 불리는 장로교 목사들에 의한 역할들의 구별은 인정하였다. 물론 정치 분야를 구분시킨 것은 아니지만(그들은 교회가 전체 운영을 위한 정치조직이 있어야 한다는 것을 부정한 것이기 때문이다, 역자 주) 시민 정부의 역할과 교회 업무들 사이의 관계에 있어서 역할들의 구분을 두었다. 다른 말로 하면 정도의 차이는 있지만 공개적으로 명확하게 선언한 일반적인 원칙은 교회 직분과 예전에 참여토록 허용해야 하는 모든 사법적 혹은 법리적인 문제들은 궁극적으로, 적어도 최후의 수단으로서 시민 정부의 위정자에 의해서 결정되어져야만 한다는 것이다. 따라서 교회 안에 구별된 정치제도가 있어야 함을 부정한 것이다. 그들이 항상 동의하고 있는 것은 교회 직분자들만이 합법적으로 예전 집례를 합법적으로 수행할 수 있다는 것이다. 그래서 그들은 위정자들과 목사들 사이의 역할의 차이를 인정한다. 심지어 잉글랜드 교회도 말씀과 성례를 집전할 권리를 시민 정부의 위정자들로부터 배제시키고 있다. 그러나 에라스투스는 시민 정부의 위정자들이 만일 자신의 다른 임무들로 인하여 그 업무를 수행하도록 허락이 된다면 그러한 예전 집례도 스스로 실행하는 것은 정당하고 합법적이라는 것이다. 이것이 그의 명백한 의견이었음이 분명하다: '시민 정부 위정자가 성례를 가르치고 집례하는 것이 합법적이 아니라는 것은 사실이 아니다(교회 직분자들과 위정자가 충분히 수행할 수 있는 업무라고 추정된다). 하나님은 이를 결코 금하시지 않으셨다.'[143] 에라스투스가 우리가 그의 입장이라고 말하고 있는 이 모든 견해들을 확고히 주장했기 때문에 베자도 그것들 모두를 반대하고 반박하였던 것이다. 물론 예외적으로 한 가지 동의한 것은 우리가 이미 본 것처럼 에라스투스가 동의하는 것으로서 교회가 처리해야 할 모든 업무 수행에 있어서 하나님의 말씀이 유일한 규범 혹은 표

---

143) *'Quod addis, non licere Magistratui, re ita postulante, docere et Sacramenta administrare(si modo per negotia possit utrique muneri sufficere), id verum non est. Nusquam enim Deus vetuit.'*265.

준이라는 것이다. 베자가 에라스투스의 견해들을 반대한 것들은 개혁주의 신학자들이 모두가 동의한 단호하고 진실된 일반적인 원칙들에 대한 것이었다. 그리고 그 반대 입장들은 모든 시대의 모든 장로교의 건전한 목사들이 다 인정하는 것이었다. 요즘에 에라스티안들은 자신들의 입장을 지지함에 있어서 종교개혁자들에게 호소하는 경향이 있다. 그들로부터 몇 가지 지원 사격을 받는다고 고백하였다. 나는 종교개혁자들의 증언이 장로교 교회 정치 문제와 교회 직분자들의 대중적 선출에 대해서 그렇게 완전하고 명확하게 또는 결정적으로 국가만능주의자들의 견해를 지지하는 면이 있지 않음을 확신한다. 그리고 이미 그 이유를 설명하였다. 그러나 다시 한 번 확실하게 선언한다. 나는 일반적으로 종교개혁자들의 증언이 교회 업무들을 수행함에 있어서 시민 정부의 위정자들의 권한과 권리가 있다는 에라스티안들의 견해를 지지하는 것이 아니라 확실히 반대하는 입장이었다는 것을 보여주는 자료들을 충분히 제시하였다. 그러나 에라스티안들이 자신들의 입장을 지지하는 종교개혁자들의 증언이 있다고 하니 그들이 내세우는 근본적인 근거들 몇 가지를 간략하게 제시하고자 한다.

첫째, 그들이 제시하는 루터와 츠빙글리의 강력하고 부주의한 발언이다. 이들이 작센의 선거후와 취리히의 다른 위정자들을 선동하고 격려하여 교황주의자들의 체계를 무너뜨리고 종교개혁의 정신을 세우는 열심을 다하도록 권력자들의 권한을 행사하도록 했다는 것이다. 우리는 그들이 언급한 몇몇 진술들은 어느 정도 시민 정부의 영역과 교회 지도자들의 영역 사이의 경계선에 대한 분명하고 적확한 개념들이 잘 정립되지 않은 상황에서 나온 진술들이었다고 본다. 그러나 우리는 그 사실이 그렇게 중요하거나 적실성이 있는 것 중의 하나로 보지 않는 이유를 이미 충분히 설명했다. 그리고 에라스티안들은 루터와 츠빙글리의 성숙하고 사려 깊은 증언에 호소할 입장도 못 된다는 것을 증명하였다. 그러나 유사한 사례가 하나 있다. 그것은 실질적으로 가치가 있는 것은 아니지만 우리의 종교개혁자인 존 녹스가 만든 진술들을 들어 언급하는 경우이다. 특히 녹스가 만든 진술 혹은 스코틀랜드 귀족들에게 보내는 호소문을 가지고 언급한다. 그 호소문에서 녹스는 교회 당국이 자신에게 사형선고를 내린 것에 반대하는 입장을 표명해 달라는 청원이었다. 그 내용들 중 몇몇은 루터와 츠빙글리에 의해서 작성된 것이기도 하였는데 에라스티안들이 녹스의 이 글을 가지고 자신들이 만들어낼 수 있었던 진술에 그렇게 반대할 만하다거나 부정확한 것이 있는 것은 하나도 없다. 녹스는 칼빈의 포괄적이고 예리한 심성이 이 주제에 던진 그 빛의 혜택을 입었다. 녹스는 에라스티안의 고유한 진술 중 그 어디에도 자신을 드러내는 배신을 하지 않았다. 예를 들면 교회가 가지는 자치 정치를 부인하는 진술이라든지, 교회의 업무들에서 시민 정부의 통치자들이 관할권을 행사할 수 있다는 그들의 진술에 동조한 적이 없다. 그의 청원은 무엇보다 순수하게 시민적인 문제에 한하는 것이었다. 그리고 위정자들의 영역 안에 놓인 권한행사를 청원한 것이었다. 즉 교회 당국자들이 그에게 가한 사형선고 문제였다. 이 선고를 변경시켜 달라고 시민 통치권자들에게 청원하고 그 결과로부터 자신을 보호해 달라는 청원을 올림에 있어서 그는 교회 업무들을 관장하는 그 어떤 관할권을 행사해 달라는 요청은 하지 않았으며 또 할 필요도 없는 것이었다. 그들에게 그의 일반적인 권면은 교황제를 반대하는 일에 그들의 권력을 행사해 달라는 것이었다. 개신교 진리를 증진시키는 그 모든 일을 위하여 우리가 이미 설명하고 적시한 것과 같이 국가와 통치자들의 임무에 대한 원리들로 충분히 다 해결할 수 있는 것이다. 그 원리는 종교개혁자들 모두가 붙들고 있었던 것이었다. 간단히 말해서 녹스로부터 국가만능주의 사상을 선호하는 그 어떤 진술도 생산할 수 없다. 녹스가 준비한 첫 스코츠 신앙고백서에 제시된 견해들에서 교회와 헌법 및 운용해야 할 정치 원리 등을 적시함에 국가만능주의라는 이름으로 이해될 수 있는 모든 것들을 다 배제시킨 것이다. 즉 장로교도들이 거부하거나 받아들이기가 난처한 것들은 다 배제시켰다.

둘째, 현대 에라스티안들이 늘 제시하는 또 다른 근거는 블링거와 구알테르가 에라스투스의 글들을 얼마만큼 지지하고 승인하고 있느냐는 것이다. 그러나 그들의 승인은 에라스투스의 논문에 대한 직접적이고 우선적인 주제, 즉 출교문제에 대한 것이었지 일반적으로 에라스투스의 시민 통치권자들의 권세에 관한 그의 유별난 의견들에 대한 지지나 승인이 아니었다는 것이다. 심지어 출교문제와 관해서도 베자가 에라스투스에게 답변한 서문에서 보여준 것은 블링거와 츠빙글리의 글들에서부터 발췌한 것에서 밝히고 있는 것이다. 그것은 위정자들의 통치권에 대한 에라스투스의 입장을 동의하는 것과는 거리가 멀다. 특별히 그들이 출교문제를 다루고 있는 성경 본문에 대한 에라스투스의 해석을 채택하지 않았다고 밝혔다.[144] 현대 에라스티안들이 종교개혁자들로부터 자신들의 견해를 지지하는 근거를 획득하고자 제시하는 유일한 다른 주제는 블링거와 구알테르 외에 그 당시 두 세 명의 신학자들이다. 물론 이들은 주도적인 종교개혁자들의 그룹에 속한 자들이 아니며 명성이나 권위적인 면에서

---

144) De Moor, Comment. in Marck. Compend., c. xxxiii., § xxi,, tom. vi., 400을 보라.

그들과 버금가는 인물들은 아니다. 이들이 다음과 같은 개념을 지지하였다: 즉 '교회 안에서 기독교인 위정자들이 없을 때에 교회의 직분자들이 출교문제를 포함하여 교회의 훈육의 모든 기능들을 수행할 수 있다. 그러나 교회를 도와주고 보존하는 그의 권한을 행사하는 기독교인 위정자가 있을 때는 교회 훈육의 실행이 그에게 있으며 교회 직분자들에 의해서 할 일이라고 추정되지 말아야 한다.' 우리는 이것이 합리적이지도 않고 근거도 없는 주장이라고 생각한다. 그 개념을 붙든 자들은 시민 통치권자와 교회 지도자들의 권리와 역할들에 관해서 결함투성이이며 부정확한 견해를 지닌 자들이다. 그러나 이 개념은 다행히도 그 당시에 따르는 자들이 많지 않았다. 종교개혁자들의 증언의 중요성이 하나의 몸체로서 미치는 영향만큼 크지 못했다. 그것은 논쟁이 필요하기 때문에 이 구실이 어느 정도 정당화되지는 않지만 완화시킬 목적으로 편리하게 사용될 수 있다고 생각하는 에라스티안 저자들이 교회 문제에 있어서 시민 정부의 통치자들이 개입할 수 있다는 것에 대해 다소 명시적으로 비난을 받은 이후로 자주 사용되어 온 개념이었다. 그것은 우리 시대에 때때로 제시된 구별과 상당히 유사한 기조를 가지고 있다. 그렇게 주장하는 자들은 에라스티안 견해를 독특하게 혹은 명백하게 적용하는 모험을 한 적이 결코 없지만 절대적으로 고려되는 그리스도의 교회와 국가 교회 사이에 이 개념을 제시하는 것이다.

그러나 그 구분의 거짓됨과 그에 접근하려거나 닮고자 하는 모든 시도들에 대하여, 그리고 교회의 업무들에 있어서 시민 정부의 통치권자들의 권위적인 개입이 가능함을 지지하는 것은 전적으로 부적절하다는 입장은 수세기 전에 이미 장로교도 저자들에 의해서 확정되어졌었다. 두 가지 입장들에 의해서 확립된 것이었다. 첫째, 시민 정부의 통치자들이 기독교인이 되고 교회 회원이 된 후에 그 교회를 자신의 보호 하에 두고, 교회의 증진과 번영을 위하여 자신의 권위와 영향력을 행사하며, 그 교회에 한정적인 혜택과 특권을 수여함으로 말미암아 자신이 통치자로서의 업무를 벗어나 어떤 새로운 권리나 힘을 획득하려고 해서는 안 된다. 더 나아가 특별히 교회보존과 증진을 위한 수고에 힘입어서 교회의 역할이나 재판권 혹은 교회 문제들에 대한 어떤 규정을 정함에 있어서 권위를 가지고 개입하는 어떤 권한도 획득해서는 안 된다는 점을 분명히 했다. 둘째, 교회와 교회 직분자들은 어떤 이유로든 어떤 상황에서든 그리스도께서 그들에게 부과하신 의무의 이행, 그리스도께서 그들에게 수여해 주신 역할 수행을 어느 당사자에게 위임하거나 양보하는 것에 매인 자들이 아닐 뿐 아니라 그렇게 할 자유도 없는 자들이다. 그러나 그들은 항상, 모든 상황과 모든 위험 가운데서도 그리스도의 집에서 필요한 모든 업무들을 스스로 책임지고 그리스도에게만 복종하고 그의 말씀하신 말씀의 표준에 따라 스스로 수행해야 할 것에 항상 구속되어 있는 자들이다.

이런 입장만이 결정적으로 확립되어질 수 있는 것이다. 직분자들이 그 문제의 근저에까지 가서 그리스도의 교회의 권리와 자유를 왜곡시킨 에라스티안의 모든 근거들을 뒤집어버려야 한다. 그들이 만들어서 충분히 옹호할 수 있다고 한 모든 구실들을 다 훼파해야 한다. 교회 문제들에 있어서 시민 정부의 위정자들이 개입할 수 있다는 그들의 주장에 반대하여 우리의 믿음의 선진들이 싸우면서 주장한 모든 것들을 온전히 지켜내야 한다. 그 선진들이 남겨둔 것들은 지금 우리의 스코틀랜드 자유교회가 국가교회로부터 떠나 분립하며 제정한 헌법의 모든 절차들을 근거하는 토대이다(이 분립은 1843년에 일어났다. 역자 주). 그것들은 보증만이 아니라 우리가 하나님의 인도 하에 지금 차지하고 있는 위치로 가져온 그 단계들의 의무와 필요성을 확립해 주는 것들이다.

3. 국가만능주의와 17세기

나는 앞선 논쟁에서 에라스티안의 존재에 대해서 이미 언급했었다. 나는 황제들과 중세시대의 교황들 사이에 벌어진 논쟁을 주목했었어야만 했다. 시민 통치자들과 교회 지도자들의 각각의 영역과 역할들에 관한 논쟁이었다. 또는 그 이후로 통상적으로 국가와 교회(*inter imperium et sacerdotium*, 정부와 성직) 관계의 논쟁으로 불려진다. 그 때 나는 이 주제에 대한 교황주의 교리와 장로교도들이 붙들고 있는 교리의 차이를 완전히 설명할 기회를 가졌었다. 이것은 종종 무지에서 비롯되거나 더 심하게 혼동되는 것이다. 반면에 16세기와 연관해서 나는 이 논쟁에 자신의 이름을 붙인 영광을 가진 에라스투스의 견해를 설명하였다. 그리고 엘리자베스 통치 기간 동안 잉글랜드에서 벌어진 논쟁에 대한 것도 설명했다. 그러나 17세기는 시민 정부와 교회 당국자들 사이의 관계를 규정해야만 하는 원리들에 관한 중요한 논쟁이 벌어진 시기였다. 그리고 그들 각자의 영역과 역할들을 결정해야 할 시기였다. 그 모든 주제에 대한 실질적인 공적이 마련된 시기였다. 그 논쟁에 포함된 모든 주제들은 온전히 개진되었고 양측의 가장 중요한 작업들이 완성된 시기였다. 그런데 그 논쟁이 우리 시대에 다시 부활했다. 그 문제는 적어도 그 어느 때보다 실질적으로 중요성을 지니고 있다. 스코틀랜드 자유교회 교단과 관계된 모든 사람들에게 항상 특별나게 흥미진진한 것이었다. 나는 이 주제가 논쟁적인 토론을 불러일으켰을 때의 원칙적인 경우에만 언급하고자 한다. 그리고 이러한 다른 분파들을 낳은 그 논쟁의 가장 중요한 작업을 언급하고자 한다.

17세기에 이 주제에 대한 초기 논쟁들은 홀란드에서 알미니안 논쟁이 발흥한 것과 연결되어 있다. 그리고 알미니우스와 그의 추종자들이 낳은 견해들을 신학적으로 논박하는 일에 시민 정부의 통치자들의 개입으로부터 불거진 것들과 연계되어 있는 것이다. 그래서 그것은 알미니안 논쟁의 여섯 번째 요점 혹은 논지로 간주될 수 있을 것이다. 알미니안들은 일반적으로 에라스티안 입장을 채택하였다. 물론 그것은 칼빈주의자들과 장로교도들이 일반적으로 하나님의 말씀에 근거하여 주장한 것들보다 종교와 교회적인 업무들에 있어서 시민 정부의 위정자들에게 관할권 혹은 권위를 상당하게 부여한 자들이다. 그 이유는 부분적으로 의심의 여지가 없이 도르트 공회가 소집되기 전, 그 논쟁의 초기 단계에서 시민 당국자들은 일반적으로 그 개념을 선호하였고 그들의 견해들을 조성하도록 배치된 자들이었기 때문이다. 반면에 교회 당국자들, 교회 법정은 그들의 발상들을 확고히 반대했다. 그러나 에라스티안주의에 대한 그들의 기대는 일반적으로 그들의 교리적인 특성과 경향을 기대는 것보다 더 깊은 기조를 가지고 있다. 특별히 하나님의 모든 진리를 발견하고 유지하는 것과 연관된 적절한 책임감의 부족을 암시하거나 생성한 그들의 광교회주의(latitudinarianism)[145]에서 더 깊은 기초를 가지고 있는 것이다. 따라서 그것은 종교적인 논쟁들을 결정하는 일과 교회 업무들을 규정함에 있어서 낯설고 부적당한 권위의 간섭을 허용하거나 용인하는 경향이 있었다. 1614년에 알미니안의 영향 하에 있는 홀란드 정부는 금지를 뜻하는 엄청난 제한을 부과하는 칙령을 발하였다. 즉 논쟁을 일으킨 사안들에 대해서 공개적인 토론을 금지시킨 칙령이었다. 이것은 본질에 있어서나 목적

---

145) 역자 주) 광교회주의자들이란 일반적으로 교의에 매이지 않는 자유주의자들을 의미한다.

Sibrandus Lubbertus 교수

에 있어서 잉글랜드에서 라우드 대주교의 영향 하에 왕권으로 발하게 된 발포명령과 매우 유사한 것이었다. 프라네커(Franeker)에 있는 정통주의 신학자인 시브란두스 루베르투스(Sibrandus Lubbertus) 교수가[146] 이 칙령에 대해서 공격하였다. 그는 그 자체가 죄악된 것임을 지적하였는데, 하나님께서 부여해 주신 임무를 간과하거나 깨버리는 것이라고 했다. 그리고 이것은 시민 권력자들 면에서 권위를 행사할 수 있다는 죄악된 추정을 포함하고 있는 것이라 하며 공격한 것이다. 그로티우스는 이 칙령을 옹호하였다. 그의 신학전집 제6권에 내포된 여러 글들 속에 있는 것들을 기초한 원리들을 옹호하였다. 가장 주된 작품은 "Ordium Hollandæ ac Westfrisiæ Pietas(홀란드의 판결법과 웨스트프라시아의 경건)"인데 이것은 교리와 관련하여 가장 광교회주의자들의 견해들과 함께 국가만능주의를 잘 병합시킨 대표적인 글이다. 동시에 그는 그의 유명한 논문을 썼다. "De Imperio Summarum Potestatum circa Sacra(교회 공동체를 다스리는 통치권의 모든 것)"라는 제목인데 내가 이미 한번 언급한 적이 있다.[147] 이 논문은 가장 심한 국가만능주의 체계를 매우 정교하게 방어한 것으로서 심지어 그와 친하게 교분을 나눈 잉글랜드의 감독주의자들 조차도 잘 소화시키지 못한 것이었다. 이 작품은 저자가 사망한지 2년 후인 1647년까지는 출판하지 않았다.

---

146) 역자 주) 화란의 칼빈주의 신학자로 1585년에 설립된 프라네커 대학교에서 40년 동안 교수했다. 그는 도르트 교회회의에서 주도적인 역할을 감당하였고 특히 벨라민의 가르침인 로마가톨릭 교리를 집중적으로 공격하였고 소시니안과 알미니안 사상에서 적극 반대 입장을 표명한 신학자였다.

147) 그로티우스의 이 책자는 기독교사상사 연구라는 제목의 두 볼륨의 책으로 H. van Dam가 번역하여 2001년 라이든 대학교에서 출판하였다.

또 동일한 논쟁의 다른 지류는 헤이그에서 사역한 우텐보가드 (Utenbogard)의 작품에서 시작되었다. 그는 아주 열렬한 영향력 있는 알미니안주의 지지자였다. 그의 작품은 교회 문제에 있어서 기독교인 위정자의 권위에 대한 것으로 1610년 화란어로 출판되었다. 이것은 후에 라이든 대학에서 신학교수로 봉직한 발레우스(Walæus)에 의해서 답변된 것이었다. 이는 아주 가치 있는 논문인데 제목은 "*De munere Ministrorum Ecclesæ, et Inspectione Magistratus circa illud*(목사의 역할과 교회에 관한 위정자의 검열)"로 그의 전집 제2권에 포함된 것이다. 이 논문은 알미니안 논쟁의 몇 가지 중요한 논문들을 포함하고 있는데, 특히 코르비누스(Corvinus)를 반대하는 몰리네우스(Molinæus)의 "Anatome Arminianismi(알미니안주의에 대한 분석)"를 방어하는 것도 포함되어 있다.[148] 우텐보가드의 논문은 옹호되었고 아주 뛰어난 재능과 학문을 소유한 Gerhard John Vossius와 Episcopius 두 사람에 의하여 발레우스의 글에 대한 대응이었다. 보시우스(Vossius)는 많이 배운 사람이었고 알미니안주의를 많이 의지한 사람이었다. 그렇다고 알미니안주의 신학 전체를 다 수용한 것은 아니었다. 발레우스에 대한 그의 답변은 그로티우스에게 보낸 서신 형식으로 1616년에 작성되었다. 그것은 매우 흥미로운 작품 속에 포함되어 있는데 그 제목은 『Præstantium ac Eruditorum Virorum Epistolæ Ecclesiasticæ et Theologiæ(교회와 신학의 박식한 사람들)』였다.[149] 이 작품은 림브로치에 의

---

148) Petrus Molinaeus(1568-1658)는 Pierre Du Moulin으로 불리는 프랑스의 위그노 목사였다. 후에 몇 년 동안은 잉글랜드에 거주하였다고 한다. 런던과 케임브리지에서 수학한 그는 1592년에 라이덴 대학으로 가서 여러 해 동안 가르쳤다. 1598년에 프랑스로 돌아와 파리와 샤렌톤에서 위그노 목사로 섬겼다. 1615년 제임스 왕의 초청으로 잉글랜드에 돌아온 그는 케임브리지에서 명예박사 학위를 받았고 켄터베리 대성당의 수급성직자로 임명되기도 했던 그는 1625년 세단에 돌아가 거기에서 1658년에 세상을 떠났다.

149) 보시우스는 라이덴 대학에서 신학을 공부하고 도르트에서 목회를 한 아버지 밑에서 성장한 그

Pierre Du Moulin

Gerhard John Vossius(1577-1649)

하여 출판되었고 알미니안주의 사상을 촉진시킨 책이다. 그것은 또한 1669년에 소책자로 분리되어 따로 출판되었다. 그 책의 제목은 『Dissertatio Epistolica de jure Magistratus circa Sacra(교회의 모든 일들에 대한 위정자들의 규율에 대한 논제)』였다. 우텐보가드에 대한 에피스코피우스의 옹호는 1618년에 『De jure Magistratus circa Sacra(교회의 모든 일들에 대한 위정자들의 규율)』로 출판되었다. 이것은 그의 저작 제2권에 수록되어 있다. 칼빈주의자들과 알미니안들과 계속해서 벌어진 논쟁은 이 주제에 대한 것이었다. 특히 1618-19년 도르트 공회의 이후에도 자료들의 어떤 변화가 없이 지속된 논쟁이었다. 라이덴 대학의 신학자들을 중심으로 한 '검열과정(Censura)'에 대한 논쟁이 있었고 다른 쪽은 그 검열과정에 대한 답변에서 에피스코피우스의 '신앙고백을 위한 변명(Apologia pro Confessione)'에 대한 논쟁이 있었다.

또 다른 어떤 양상이 그 논쟁에 주어졌는데 그것은 베델리우스(Vedelius)에 의한 소책자로 1641년에 출판된 것이었다. 제목은 『De Episcopatu Constantini magni(위대한 콘스탄틴의 감독)』였다. 베델리우스는 칼빈주의 학

는 라이덴 대학에 입학하면서 평생 휴고 그로티우스의 친구로 지냈다. 그는 고전문헌과 히브리어 교회사 및 신학을 섭렵한 화란의 대 신학자였다. 그의 명성은 프랑스와 잉글랜드까지 자자했다. 그는 알미니안 논쟁에 있어서 중용적이고 개입하지 않았음에도 불구하고 이단이라는 의혹을 샀다. 그리하여 1619년에 교수직을 사임하였다. 그러다가 1622년에 다시 그 대학에서 수사학 교수로 재직하다 잉글랜드로 갔다가 찰스 1세의 허락으로 화란으로 돌아가 암스텔담에서 세상을 떠났다.

자로서 프라네커 대학의 신학 교수였다. 그는 알미니안들을 아주 짜증나게 한 『De Arcanis Arminianismi(알미니안주의에 대한 대응책)』라는 매우 귀한 책을 썼다. 이것은 에피스코피우스에 의하여 답변된 것이었다. 그는 종교적인 문제와 관련하여 시민 정부 통치자들의 관할권과 관련하여 알미니안 교리를 정면으로 거부한다고 고백하였다. 그리고 알미니안들이 했던 것보다 훨씬 제한된 간섭의 권한이 주어진다고 했다. 그러나 그의 견해는 여전히 에라스티안 성향을 띠고 있다고 생각한 정통신학자들의 일반적인 성향을 만족시키지는 못했다. 교황주의자들의 오류를 반대함에 있어서 그는 또 다른 극단적인 방향으로 흘러갔다. 그리고 그는 종교문제에 있어서 너무 많은 권위를 시민권 통치자에게 돌렸다. 이 주제에 대해서 그의 반대편에 있는 베델리우스가 붙든 상당히 보완된 입장은 그에게 답변하면서 그전에 했던 것보다 상당히 더 밀접하게 다루도록 이끌었다. 여기에서 그 질문의 실제 복잡성과 어려움 그리고 더 온전히 진전된 것과 그에 포함된 다른 주제들에 대한 더 많은 해명을 위해서 필요한 더 세밀한 구분을 가지고 다룬 것이다. 결과적으로 그들의 작품들은 건전한 장로교 신학자들에 의하여 통상적으로 국가만능주의 논쟁이라고 부르는 것에 포함된 원리들에 대하여 가장 완전하고 적확한 견해를 나타내고 있는 것으로 간주되었다.

베델리우스의 저작에 대한 근본적인 답변은 다음 세 가지였다. 그 모든 것들은 아주 가치 있는 것들이다. 이 주제에 대해서 통틀어 잘 이해하기를 원하는 자들은 잘 음미해야 할 가치가 있는 것들이다. Revius의 『Examen Dissertationis Vedelii(베델리우스의 논제 소고)』, 그리고 Trigladius의 『Dissertatio Theologica de Civili et Ecclesiastica Potestate(시민통치권과 교회 통치권에 대한 신학적 소고)』, 그리고 Apollonius의 『Jus Majestatis circa

Sacra(성직에 대한 위정자의 권리)』이다. 이 모든 작품들은 베델리우스의 저서가 나오자마자 출판된 것들이었다. 그 시기는 막 웨스트민스터 종교회의가 모일 시점이었다. 우트렉트에서 수년간 교수사역을 한 비상한 학자 푸치우스(Voetius)도 국가만능주의에 대하여 열정적으로 반대했다. 그의 생애의 다른 기간에 쓴 다른 반대 입장들을 반대하면서 그의 대작 『Politica Ecclesiastica(교회정치)』 첫 부분과 마지막 부분에서 이 주제에 대한 글도 썼다. 초판은 1663년에 출판되었고 최종판은 1676년이었다. 이 주제에 대한 그의 주 적수는 루이스 두 몰린(Du Moulin) 또는 루도비쿠스 몰리내우스(Ludovicus Molinæus)라는 자였다. 그 사람은 알미니안 논쟁에서 왕성하게 활동한 자였다. 그리고 프랑스 개신교에서 오랫동안 주도적인 신학자로 일했다. 루이스는 잉글랜드에 정착했다. 공화정치 때 옥스퍼드에서 교수직을 얻었다. 그는 교회 정치에 대하여 독립정치 혹은 회중정치를 수용한 것으로 보인다. 그 이유는 독립정치가 장로회주의 원리들보다 더 국가만능주의에 가깝다고 본 것이었기 때문이다. 그는 웨스트민스터 총회에서 다섯 명의 분리주의 형제들이라고 불린 최고로 명석한 회중주의 신학자들의 권위에 하나의 개념을 천거하였다. 그들의 "변증적 설명"에서 그들은 종교적인 문제들에 있어서 장로교도들이 시민권 통치자들에게 부여할 수 있었던 것보다 더 많은 권한을 주었거나 더 많은 권한이 있다고 생각한다는 주장이었다. 그것은 정직하게든 위선적으로 한 것이든 회중주의 원칙을 유지하는데 성공한 사람들에게는 매우 용감한 선언이었다.

두 몰린은 국가만능주의를 방어하기 위하여 적어도 네 권의 책을 저술하였다. 하나는 영어로 쓴 『교회의 권리와 교회 문제에 대한 위정자의 권한』이라는 제목이었다. 세 권은 라틴어로 썼다. 라틴어판 첫 번째 책은 가장 중요한 것으로 『Parænesis ad ædificatores imperii in imperio(정부 내에서 주권 행사하는 자를 향한 조언)』이라는 제목이 붙었다. 이 주장은 그리스도의 교회의 독립성에 관한 성경적이라는 장로교도들의 견해는 국가와 교회를 총괄하는 하나의 정치 권력자를(imperium in imperio) 세운다는 것이다. 이것은 내가 전에도 설명했듯이 에라스티안들이 선호하는 논리였다. 다른 두 권의 책 제목은 『Jugulum causæ(간결한 이유)』와 『Papa Ultrajectinus(우트렉트의 교황)』였다. 푸치우스는 우트렉트의 교황이었다. 그 제목은 여전히 자주 그랬던 것처럼 이 주제에 대한 장로교회 원리들은 로마교회의 원리들과 같은 것들이라는 것을 암시하려는 의도로 붙여진 것이다.

나는 푸치우스와 그의 주 적수인 두 몰린을 주목함으로써 이제 17세기에 홀란드에서 벌어진 이 논쟁에 관해서 말하고자 했던 것을 다 마쳤다고 본다. 이제는 웨스트민스터 종교회의 기간에 벌어진 영국의 에라스티안 논쟁으로 눈을 돌리자. 논쟁이 벌어지면서 그 논쟁에 대한 최고의 설명은 해써링톤(Hetherington) 박사의 걸작 『웨스트민스터 종교회의의 역

William M. Hetherington박사

사』에서 발견될 것이다.[150] 나는 그 기간에 장로회주의를 방어하고 에라스티안를 반대함에 있어서 출품된 두 가지 대표적인 저작을 언급할 수 있을 뿐이다. 하나는 길레스피의 『아론의 싹난 지팡이』요 다른 하나는 루터포드의 『교회 정치의 신적 권리』이다. 이 둘은 다 1646년에 출판되었다. 길레스피의

---

150) William Maxwell Hetherington(1803-1865)박사는 스코틀랜드 자유교회 목사요 글라스고에 있던 자유교회 신학대학에서 1857년부터 변증학과 조직신학 교수로 봉직하였다. 그 전에는 린리스고와 에딘버러에서 목회를 하였다.

저술은 루터포드의 책보다 훨씬 더 명료한 작품이요, 잘 소화되는 책이다. 그런데 어쩌면 당시 에라스티안 논쟁의 원리들에 대하여 가장 포괄적인 견해를 획득하려면 루터포드의 책이 가장 읽기 좋은 책이라고 생각한다. 이 시대의 주된 에라스티안 책은 셀덴(Selden)이 쓴 『De Synedriis』이다.[151] 이 책은 구약성경과 유대인들의 정치 자료들을 곁들여 밀려오는 장로회주의 원리들을 공격하고자 작성된 것이었다. 그 자료들은 길레스피의 『아론의 싹난 지팡이』 책에서 논의된 것들이다.

왕정복권 이후(1660년) 잉글랜드에서 이 문제에 대해서는 거의 논의가 없었다. 그 논쟁은 스코틀랜드로 옮겨와 장로교 비국교도들에 의해서 이루어졌다. 그들은 그 당시 국가에 부과된 국가교회 설립에 대한 그들의 거부입장을 옹호하면서 부과된 것의 본질적인 불법성에 대하여 반대하였다. 그 뿐만이 아니라 그리스도의 권리와 그의 교회의 권리에 대한 불법적인 찬탈의 죄악을 반대하였다. 이 찬탈된 권리들은 시민 정부 통치자들에게 부과된 권세에 의해서 드러나는 것이었다. 따라서 그들은 종교 문제와 관련하여 시민 정부의 통치자들의 간섭을 규제해야 하는 원칙들을 설명하게 된 것이다. 이 주제에 대한 그들의 견해를 잘 드러낸 주된 책들은 1665년에 출판된 Brown of Wamphray의 『변증적인 관계(Apologetical Relation)』와, 1677년에 출판된 『장로교 개혁교회에서 억압받고 핍박받는 목사들과 교수들을 위한 변증』, 그리고 1684년에 출판된 포레스터(Forrester)의 『Rectius Instruendum(올바른 교훈)』 등이다. 그 이후로부터 우리시대까지 스코틀랜드에서 이 주제에 대한 논의는 없었다. 왐프리의 브

---

151) 역자 주) 존 셀덴(John Selden, 1584-1654)은 영국의 법학자로 고대법률과 헌법, 및 유대법전 전공자였다. 그는 에라스티안 견해를 신봉한 자로서 웨스트민스터 종교회의에서 길레스피에 의해 반박당하였다. De Synedriis는 1650년에 출판되었다.

라운은 홀란드에서 망명생활을 했는데 이 주제에 대하여 매우 귀중한 책을 1670년에 출판하였다. 그 제목은 『*Libertino-Erastianæ Lamberti Velthusii Sententiæ, de Ministerio, Regimine, et Disciplina Ecclesiatica Confutatio*(교회 치리에 대한 목사들과 위정들 사이의 논박에 대한 리베르티노 에라스티안 람베르티 벨추이쉬의 견해)』로서 정독할 가치가 있는 책이다.

이것들이 에라스티안 논쟁을 주로 다룬 것들이었다. 이 기간은 특히 시민 통치자들과 교회 지도자들의 권한의 영역, 역할 및 의무들 그리고 그들 사이의 관계성에 대하여 규정되어져야만 하는 원리들을 다룬 논쟁의 시간들이었다. 이 논쟁들을 다룬 책들은 이 주제들에 대한 지식을 충분히 얻게 하는 자료들이다. 그들이 어떻게 논쟁을 했는지에 대한 방식도 얻게 된다. 그런 논쟁에 또 다른 빛을 비추어주는 여러 가지 흥미로운 영역들도 있지만 나는 단순히 언급하고 지나가고자 한다. 첫째는 17세기 프랑스에서 벌어진 논쟁이었다. 이것은 국가만능주의에 대한 극단적인 반대편자들로부터 그들의 교황주의적인 입장에 의해서 보존된 Richer, Fleury, Dupin 및 Bossuet에 나타나는 갈리칸 자유인들에 대한 논쟁이었다. 그런데 이 논쟁은 교회 문제에 대해서 시민통치자들은 완전히 독립적이라는 것을 확립시키는 일에서 주로 다뤄졌다. 그들은 직간접적으로 현세적 관할권에 대한 교황의 주장을 반박할 수 있었고 그리고 장로교도들과 동일한 일반적인 결론에 도달하였다. 둘째는 명예혁명 이후 잉글랜드에서 벌어진 논쟁인데 이것은 충성선서 거부자들에[152] 의해서 주도된 것이었다. 특히 레슬리(Leslie), 힉스(Hickes), 도드웰(Dodwell), 브렛트(Brett)등이 주도했는데 잉글랜드의 신조와 법령에 제시된 교회에 대한 왕의 수장

---

152) 역자 주) 충성선서 거부자들이란 윌리암 3세와 메리에게 신하로서의 서약을 거부한 국교회 성직자들을 말한다.

권을 방해하는 것이었다. 그들은 그리스도의 교회의 독립성에 관하여 성경적이고 장로회주의 원리들을 공정하게 접근하였다. 이들의 주장은 우리 시대에 이 주제에 대하여 옥스퍼드 운동주의자들에 의해서 제기된 것과 매우 유사한 것이었다. 마지막으로 17세기에 철저하게 에라스티안 주장을 옹호한 것이다. 그리고 18세기 초엽에 철학적으로 정치적으로 그리고 역사적인 근거들을 가지고서 펼친 자들인데 그들은 몇몇 뛰어난 독일의 법률가들과 변호사들이다. 그들은 교회 역사에 상당한 식견을 가진 자들로서 토마시우스(Thomasius)와 보에메르(Boehmer), 푸펜도르프(Puffendorf)이다.

4. 스코틀랜드 자유교회

이 논쟁은 우리의 시대에 다시 살아났다. 그에 대한 실천적인 결말은 이 나라에 국가교회의 분열과 자유교회 교단 설립의 즉각적인 원인을 입증하였다. 교회 분열의 명백한 원인 혹은 근거는 이것이었다. 시민 통치 권자들이 교회의 직분자들로서 혹은 그리스도의 교회의 통상적인 필요한 업무수행에 있어서 우리에게 하라고 요구한 것이 하나님의 말씀과 위배되는 것이요 교회의 공인된 헌법과도 맞지 않는 것이었다. 그래서 우리에게 요구한 것을 거절한 것이다. 첫째, 우리에게 요구한 것들은 그 자체가 잘못된 것들이요 죄악된 것들이며 하나님의 말씀에 계시된 하나님의 마음과 뜻에 반대되는 것이기 때문이었다. 그리고 참 종교의 권익과도 반대되는 것이었다. 둘째로는 우리에게 요구한 것을 순종함은 즉 이 나라의 제정된 법률에 복종하라는 요구에 순종한다는 것은 죄를 완화시키기보다는 더 가중시켰을 것이다. 추가적으로 시민 당국자들에 의해서 그리스

자유교회 로고
(불붙은 가시떨기 나무)

도의 집을 간섭하고 그리스도의 왕국의 업무들을 운영함에 있어서 그리스도의 왕권 대신에 집권자들의 법령을 대체하여 그리스도의 왕권을 강탈하는 죄악을 더 깊이 인식하게 되었을 것이다.

이런 것들에 근거하여 우리는 양심을 저버릴 수 없어서 국가와의 우리의 관계를 청산하지 않을 수 없게 된 것이다. 국가 교회 안에서 우리가 누린 모든 현상적인 혜택들을 버릴 수밖에 없게 된 것이다. 우리는 그리스도의 진리를 증거하도록 부름 받았음에 대한 다른 근거를 선호할 수 없었다. 그리고 하나님께서 그의 위대한 섭리 가운데 하나님께서 스코틀랜드 교회의 관할 하에 위임된 것으로 보이는 그 위대한 원리보다 그리스도의 이름 때문에 고난 받는 것을 포기하게 하는 다른 근거를 선호할 수 없었다. 즉 그리스도의 집에서 그리스도만이 유일한 권리를 가진다는 것을 포기할 수 없었던 것이다. 그리스도께서 그의 왕국을 다스린다. 그리스도께서는 자신의 법에 의해서 교회의 모든 업무들을 통치하신다. 그리고 그의 교회 직분자들을 도구삼아 통치하신다. 이러한 원리를 우리는 결코 포기할 수 없기 때문이다. 스코틀랜드 자유교회가 무엇을 기초로 하여 세워지게 되었는지 그 원리들을 이해하는 것은 매우 중요하다. 그리하여 우리는 그것들을 지적으로 설명할 수 있고 방어해 나갈 수 있을 것이다. 우리에 관한 한, 그 원리들은 온전히 유지되고, 정당하게 존중받으며 충실하게 적용되도록 주의를 기울어야 한다.

이런 방식으로 형성되었고 이 원리들을 근거하여 세워진 스코틀랜드 자유교회는 자연스럽게 스코틀랜드교회의 모든 표준들과 원리들을 지지하는 쪽으로 나아갔다. 그리고 이 교회는 현재 국가 교회 제도를 반대함에 있어서 그렇게 표명하는 우리의 권리를 주장하며 강도권과 안수를 위한 이 교회의 규범에 이 교회의 독특한 지위와 증언을 명백히 더 언급할 권리를 가지는 것이다. 이 점에 대해 나는 지금 결론적으로 간략하게 주장하는 것이다. 교회 분열 이후 자유교회 교단 규범에 만들어진 원론적인 변화들은 다음과 같다: 첫째, 세 번째 질문에서 Bourignian이라는 단어를 에라스티안이라는 단어로 대체하고, 교회 분열의 원인과 근거, 그리고 자유교회의 특별한 지위와 증언에 대해서 더 즉각적으로 설명하는 다섯 번째 질문의 도입부분이다. 본래 1711년에 채택하여 여전히 국가교회 안에서 사용하고 있는 옛 규범에 의하면 목사 후보생들과 목사들 모두에게 우리의 신앙고백서와 반대되는 모든 교황주의적인 이론, 아리안주의, 소시니안주의 사상, 알미니안 사상, 보리그니안 사상 및 다른 교리들과 주의(主義)들, 의견들을 다 버리라고 요구받는다. 안토니아 보리그논(Antonia Bourignon)에 대한 역사는 지금은 거의 잊힌 존재이지만 우리는 그녀의 오류들을 폐기해서는 안 될 이유가 있다고 생각하는 것은 아니다. 결론적으로 우리는 국가만능주의에 대한 공개적인 증언을 하는 것이 현재 의무의 중요한 부분이라고 생각한다. 그리고 이 질문에 있어서 보리그니안 대신에 우리의 신앙고백에서 반대하는 에라스티안으로 대체되고 있음을 동의하는 것이라고 쉽게 증명될 수 있다고 본다.

위에서 언급된 그 목적을 위한 규범에 소개된 다섯 번째 질문은 이것이다. "여러분은 왕이시며 교회의 머리이신 예수 그리스도께서 시민 정부와는 구별되는 교회의 직분자들의 손에 한 정부를 임명하셨으며 교회의 영역을 그 시민 정부에 종속되는 것으로 만들지 아니하셨고, 시민 정부의 위정자들은 그리스도의 교회의 업무들에 대한 규정을 관할한다거나 권위 있는 통제권을 가지고 있는 것이 아니라고 믿는가? 여러분은

1842년에 스코틀랜드 교회의 총회에서 채택한 주장, 선언 및 항의에 포함된 일반 원리들을 동의하는가? 그리고 목사와 장로들 및 총회에 참여하는 노회 총대들의 항의문을 1843년 5월 18일에 왕실 특사의 면전에서 읽은 것, 하나님의 말씀과 이 교회의 표준들 의해서 인준된 견해들을 선언함으로써, 교회의 유일한 머리로서 그리스도에게 복종하는 것과 교회의 유일한 표준으로서 그리스도의 말씀에 복종한다고 읽은 것을 동의하는가?"

나는 이 질문에 대한 설명에 하나 또는 두 개만 추가할 수 있다. 그것은 두 가지 요소로 구성되어 있다. 첫 번째는 그리스도의 교회의 헌법, 및 시민 정부의 권리와 교회의 권위 사이의 관계와 관련하여 확실한 교리들을 동의하는가를 묻는 것이다. 둘째는 확실한 문서들에 구현된 일반적인 *원리들*에 동의하는지를 묻는 것이다. 그것은 우리의 신앙고백서에 잘 적시되어 있다. "그리스도는 교회의 왕이시오 머리로서 교회의 직분자들의 손에 하나의 정부를 임명하셨으며 그것은 시민 정부의 위정자들과는 구별된 것이다." 베일리의 확고한 증언으로부터 우리가 아는 것은 이 진술이 국가만능주의를 정죄하고자 하는 목적으로 신앙고백서에 포함되어 있다는 것이다. 그 시대의 능력 있고 학식 있는 에라스티안들이 보고 *인정한 것*은 그 진술이 국가만능주의를 뿌리부터 잘라버리는 것이다. 결과적으로 잉글랜드 의회가 신앙고백서의 그 부분을 승인하는 하는 것을 성공적으로 막으려는 노력을 했다는 것이다. 그것은 우리 시대에 능력 있고 학식 있는 것도 아닌 에라스티안들을 반대하는 최근의 논쟁에서 종종 발견되는 것이다. 즉 그들은 자신들이 붙들고 있는 견해들과 논지를 추구한 것들을 포기한다든지 또는 그들이 서명한 우리의 신앙고백서의 이 교리를 포기해야만 하는 것이다.

우리는 여전이 이 위대한 진리를 우리가 시민 당국자들과 논쟁에서 추구했던 모든 과정을 보증하는 것으로 간주한다. 그것이 하나님의 말씀만이 아니라 이 나라의 법에 의해서도 인준된 것으로 간주하는 것이다. 우리는 여전히 그것이 교회의 영성과 자유와 관련하여 우리의 독특한 위치와 증언의 근거와 기초가 되는 것으로 선언한다. 그리고 교회의 유일한 머리로서의 그리스도와의 관계의 기초가 되는 것임을 선언한다. 이 질문의 첫째 부분에서 교리적 그 진술에 소개된 부차적인 문제는 우리가 신앙고백서의 기초를 형성한 신앙고백서의 교리로부터 암시하거나 추론할 수 있는 것으로 간주하고 모든 국가만능주의를 전복하는 것으로 보다 완전하고 명시적인 그 중요성과 적용을 이끌어 내는데 적합하다고 간주한다. 만일 그리스도께서 그의 교회 안에 시민 정부와 구별되는 정부를 세우신 것이라고 한다면 그것은 교회 자신의 영역을 시민 정부에게 종속시킬 수가 없는 것이다. 자연적으로 그 두 정부의 구별은 하나가 다른 하나에 종속되는 것을 포함하는 것이 아니다. 그리스도께서 하나를 다른 하나에 종속시키고자 하셨다는 것을 입증할 수 있는 것이 아닌 한 그 자체를 결정적인 요점이 되는 것으로 붙들어야 한다. 솔직하고 정직한 국가만능주의의 유일한 합법적인 토대는 우리가 논쟁을 벌여야만 했던 에라스티안들에 의해서 공개적으로 유지된 적이 없는 입장이다.

그리스도께서 교회 안에 시민 정부에 종속되지 않는 정부를 세우셨다는 것은 자연적으로 다음의 입장으로 나아가게 한다. 그것은 이 질문에 대하여 이전에 진행된 일의 연장 혹은 확장이며 교회 분열을 일으킨 절차들을 보다 직접적이고 구체적인 것으로 지적하는 것이다. 즉, 시민 정부의 위정자들이 그리스도의 교회의 업무들에 대한 규정들을 관할하거나 권세 있는 통솔권을 소유하고 있다는 것이 아님을 지적하는 것이다. 그것은 또한 신앙고백서에 포함된 다른 입장에서 명백하게 공식적으로 주장한 것이다. 다시 말하면 시민 정부의 위정자는 자신을 "열쇠권"을 가진 자로 간주해서는 안 된다. 신학자들이 사용한 것에 따르면 이 문구는 말씀과 성례 집전을 포함하고 있는 것이다. 그러나 신앙고백서에서 확실히 표현되고 있는 것처럼 이것들과 구분할 때 이 문구는 교회의 업무들의 규정에서 *필히* 관할권을 수행하는 것을 의미하는 것이다. 물론 관할권 혹은 권위적인 통솔권은 교회의 업무들을 규정하는 법들을 만들 수 있다는 것을 의미한다. 그 권리는 제정한 법들을 실행할 권위로부터 순종하게 만드는 것이며 또는 우리가 순종해야만 하는 선언들을 공포할 권리이다. 왜냐하면 그 문제에 합법적으로 순종을 요구할 수 있는 정당한 사람에 의하여 선언된 것이기 때문이다. 만일 어떤 위정자들은 자신이 교회의 모든 업무 규정에 있어서 관할권이나 권위 있는 통솔권을 가지고 있다고 여긴다면 그는 죄를 짓는 것이다. 그리고 교회가 그러한 관할권 실행에 복종한다면 교회 역시 그의 죄의 공범자가 되는 것이다. 그리고 그 죄의 모든 죄책에 포함된 일에 관여한 자가 되는 것이다.

1842년의 권리 청원과 1843년의 항거, 이 두 문서는 그 질문의 두 번째 부분에 언급된 것인데 보다 넓은 차원에서 시민 정부의 권세가들이 교회 문제들과 관련하여 간섭할 수 있다는 것은 이 나라의 헌법을 파괴하는 것이요 법령들을 어기는 것으로 구성된 것이다. 그러므로 이것은 그것들 안에 구현된 일반적인 원리들에게 동의할 것이 요구되는 것이다. 이 일반적인 원리들은 그 질문의 첫 번째 부분에 적시된 것들이다. 이 문서들에게 언급된 것은 즉시 성경적인 교리들, 헌법적인 원리들과 연계된다. 그리고 매우 중요한 역사적인 전환과 연계된다. 이 모든 것들은 스코틀랜드의 자유교회의 구별된 지위와 증언이 적시되어 있는 것에 다 병합되어 있

Thomas Chalmers (1780–1847,
자유교회 교단 설립자, 초대 총회장)

다. 그리고 그 입장은 지금 이 교회가 차지하고 있는 입장을 대변한다. 교회 편에서 그 절차의 일반적인 과정이 그 원리에 나아가게 하는 것이다. 이것들은 교회 분열의 결과로 나타난 강도권과 안수를 위한 우리의 규범에 소개된 명백한 문건의 변화들이다. 그것들은 오로지 우리의 구별된 원리들과 우리의 독특한 증언을 더욱 완전하고 두드러지게 이끌어 내는 목적을 가리킨다. 그 원리들과 증언을 우리가 존속시키고 그리고 우리가 바꾸고 덧붙인 것들에 의하여 우리는 즉시 선언하며 확립하기는 우리의 주장이 스코틀랜드 교회의 주장으로 간주된다는 것이다. 우리는 우리 교회가 먼저는 교황제로부터 개혁되고 그 다음에는 감독제로부터의 개혁 그리고 왕권의 교회적 최고 우위권으로부터 개혁되게 한 그 원리들과 권리들을 물려받은 자들이요 소유한 자들이라는 스코틀랜드 장로교회의 주장들을 따른다.

William
Cunningham

역사신학 4
Historical Theology 4

지은이 | 윌리엄 커닝함(William Cunningham)
옮긴이 | 서창원

펴낸이 | 유명자
펴낸곳 | 진리의깃발
편 집 | 이희수

펴낸날 | 2020년 12월 15일(초판 1쇄)

주 소 | 서울특별시 도봉구 방학로 31-16(방학동) 신일빌딩4층
전 화 | 02-984-2590
팩 스 | 02-945-9986
http://www.kirp.org, kirp@chol.com

등 록 | 1995년 1월 27일(제17-203호)

ISBN 978-89-87124-39-1 (94230)
ISBN 978-89-87124-26-1 (세트)

값 30,000원